강영안 교수의
십계명 강의

IVP(InterVarsity Press)는
캠퍼스와 세상 속의 하나님 나라 운동을 지향하는
IVF(InterVarsity Christian Fellowship)의 출판부로
생각하는 그리스도인을 위한 문서 운동을 실천합니다.

강영안 교수의 십계명 강의

십계명이 열어 보인 삶의 길, 자유의 길

YOUNG AHN KANG
THE TEN COMMANDMENTS

IVP

차례

강의를 열며   9

십계명 서론   33
1. 십계명의 성격   35
2. 언약과 십계명의 형식   41
3. 야웨 하나님과 하나님 백성의 공동체   47

1계명   57
1. "열 마디의 말"   60
2. 나 외에 다른 신을 두지 말라   67
3. 왜 우상숭배를 금하는가?   72

2계명   87
1. 형상을 만들어 하나님을 섬긴 경우   89
2. 왜 하나님을 어떤 형상을 통해 섬길 수 없는가?   96
3. 우리의 생각을 통해 만들어 낸 하나님   107

3계명   115
1. 이름의 의미   117
2. 하나님의 이름   122
3. 하나님의 이름을 오용하는 경우   129
4. 예수의 이름으로   133
5. 3계명이 담고 있는 적극적 의미   138

4계명 — 141
1. 안식일과 관련된 질문 세 가지 — 145
2. 안식일의 왜곡 — 153
3. 안식의 의미 — 162
4. 쉬어라. 쉬되 예배드리면서 쉬고, 남과 더불어 쉬어라 — 170

5계명 — 173
1. 네 아버지와 네 어머니를 공경하라 — 177
2. 권위의 소재 — 179
3. 부모와 자식 관계에서의 훈육, 훈계, 징계 — 182
4. 권위의 위기와 정당한 권위 — 184
5. 성경은 전통적 권위만을 지지하는가? — 193
6. 약속 있는 계명 — 197

6계명 — 201
1. 채식주의자가 되어야 하는가? — 207
2. 왜 살인할 수 없는가? — 212
3. '죽인다'는 것 — 216
4. 삶을 가꿀 책임 — 227

7계명 — 235
1. 구약시대 사람은 '간음하지 말라'를 어떻게 이해했는가? — 237
2. 결혼과 성 — 247
3. 남자와 여자 — 257
4. 몸을 쳐 죽이는 연습 — 267

8계명 — 271
1. 사람 도둑에 관한 계명 — 273
2. 부와 재산 — 281
3. 왜 부를 경계하는가? — 292
4. 도둑질하지 않기 위해서 무엇을 해야 하는가? — 301

9계명 — 311
1. 재판에서의 거짓증언 — 313
2. 여러 가지 거짓말들 — 322
3. 거짓말을 할 수 있는 경우 — 330
4. 진실해야 할 의무 — 340

10계명 — 347
1. 무엇이 탐내는 것인가? — 349
2. 어떤 욕망이라도 버려야 하는가? — 355
3. 욕구와 욕망, 이성과 정욕 — 360
4. 누가 이웃인가? — 371

강의를 닫으며 — 377
감사의 글 — 393
주 — 397

강의를 열며

한국 기독교는 여러 측면에서 도전에 직면해 있다는 생각을 최근 들어 많이 하게 됩니다. 그럴 만한 증세와 현상이 보이기 때문입니다. 이 증세들은 서로 연관될 수도 있고 독립적일 수도 있습니다. 저는 세 가지를 지목하고 싶습니다. 반기독교 정서가 우리 사회에 서서히 퍼지기 시작했다는 것이 하나이고, 종교 다원적 상황에서 그리스도인들이 어떻게 처신해야 할지 잘 모른다는 것이 두 번째이고, 세 번째로는 신앙의 기본적인 방향과 교회 사역자들의 목회 방향이 제자도의 삶과 거리가 있는 쪽으로 굳어지고 있다는 것입니다. 십계명을 한 계명씩 살펴보기 전에, 이 증세와 현상을 먼저 생각해 보기를 제안합니다.

1. 반기독교 정서의 출현

기독교에 반대하는 정서가 최근 우리 사회 속에 서서히, 그러나 부인할 수 없을 정도로 눈에 띄게 형성되어 왔습니다. 언론 매체가 그 가운데서 중요한 역할을 하지 않는가 생각합니다. 무신론의 전사(戰士)로 자처하는 리처드 도킨스(Richard Dawkins)의 「만들어진 신」(The God Delusion, 김영사)은 출간된 지 2주 만에 5만 부 이상 팔렸습니다. 주요 신문들뿐 아니라 심지어 방송에서도 크게 다뤄 준 덕을 보았습니다. 젊은 언론인들을 포함해서 한국의 지식인 가운데 많은 이들이 기독교, 특히 한국 개신교에 대해 호감을 갖고 있지 않은 것 같습니다.

기독교 역사를 보면, 복음이 들어간 곳마다 늘 거부와 반대가 있었습니다. 어느 사회, 어느 문화도 저항 없이 복음을 수용한 적이 없습니다. 복음은 기존의 사고와 행동 양식과는 전혀 다른 선택을 요구하기 때문에 복음이 곧장 수용된 적이 없습니다. 그러므로 비난이나 비판을 받는다는 사실 자체를 기독교가 당면한 문제로 인식하는 것은 잘못입니다. 기독교 복음이 제대로 전해진다면 그곳에는 심각한 갈등이 발생할 수밖에 없습니다. 그런데 우리가 분명히 인식해야 할 것은 최근 한국 사회에 표출되는 반기독교 정서는 선교 초기에 기독교에 보일 수 있는 반감과는 성격이 다르다는 사실입니다. 이 땅의 기독교 역사는 천주교를 포함하면 이미 200년이 넘었고, 개신교만 해도 100년이 지난 지 오래되었습니다. 많은 이들이 기독교와 접촉했고, 그중 적지 않은 사람들이 그리스도인이 되었습니다. 사람들은 기독교가 한국 사회에 끼친 선한 영향도 잘 알고 있습니다.

그럼에도 반기독교 세력이 일어나고, 대중매체를 통해 기독교가 조롱의 대상이 되고 있다는 사실은, 그리스도인인 우리 자신을 곰곰이 되돌아보게 하는 이유가 됩니다. 국내에서 최근 나타나기 시작한 반기독교 정서와 '안티 기독교 운동'은 크게 보면—레슬리 뉴비긴(Lesslie Newbigin)의 표현을 빌리자면—'근대성의 문화'(the culture of modernity)[1]의 틀 안에 있으면서도, 미시적으로는 한국 사회의 특수성과 깊이 관련되어 있다고 저는 생각합니다. 좀더 설명해 보겠습니다.

국내의 기독교 비판은 첫 번째로, 서양의 이른바 '근대성의 문화'에서 찾아볼 수 있는 기독교 비판과 맥을 같이합니다. 서양의 기독교 비판 중에도 특별히 근대 무신론의 출현에는 크게 두 갈래가 있습니다. 하나는 데이비드 흄(David Hume)을 따르는 노선입니다. 기독교 신앙은 참됨을 뒷받침하기엔 '경험적 증거'가 너무 희박하다는 입장입니다. 흄이 드러내 놓고 무신론을 내세우지는 않았지만 우리 삶에 신의 존재를 끌어들이는 것은 무책임하다고 생각한 것은 틀림없습니다.[2] '믿음의 윤리'(the ethics of belief)란 말을 만들어 낸 윌리엄 클리포드(William Clifford)와 「나는 왜 기독교인이 아닌가」(Why I am not a Christian, 사회평론)로 유명한 버트런드 러셀(Bertrand Russell)은 모두 경험적 증거를 요구한다는 점에서 흄의 후예들입니다. 이들의 무신론을 저는 '증거론적 무신론'이라 부르고자 합니다.[3]

이와는 달리, 마르크스(Karl Marx), 니체(Friedrich Nietzsche), 프로이트(Sigmund Freud)는 '혐의론적 무신론'이라 부를 수 있는 유형의 무신론을 내세웁니다. 기독교 신앙은 일종의 환상이며 착각이라고 주장하면서, 이런 착각과 환상을 마치 참인 것으로 주장하는 데는 모종의 숨은 동기가 있다고, 기독교에 대해 혐의를 품는 무신론입니다. 기독교 신앙을 가진 자의 권리를 정당화하는 것으로 보거나

(마르크스), 집단 신경증 증상으로 보거나(프로이트), 힘 있고 뛰어난 소수에 대한 힘없는 다수의 반감의 소산(니체)으로 보는 것입니다.

과학을 유일한 진리의 시금석으로 생각하는 사람이면 '증거론적 무신론자'이기 쉽고, 현대의 예술·문화·사회과학적인 논의에 깊이 훈련된 사람이면 '혐의론적 무신론자'가 되기 쉽습니다. 전자의 경우는 과학적으로 검증될 수 있는 것만이 참된 '경험적 증거'로 의미를 갖기 때문에 과학적 검증을 벗어나서는 또 다른 의미에서의 '경험적 증거'가 주어질 수 없다고 생각합니다. 후자는 종교란 인류의 문화 발전 단계에 따라 권력의 도구로 생산된 것이라 생각하여, 종교적 신앙이 초월적이고 비판적이며 개방적일 수 있다는 가능성을 무시합니다. 따라서 종교적 신앙의 의미를 매우 좁은 범위 안에 가둬 넣는 결과를 가져옵니다.

리처드 도킨스는 이 두 유형의 무신론을 하나로 결합하여, 이제는 무신론을 시민운동의 차원으로까지 이끌어 가고자 합니다. 이러한 무신론은 국내에서 활동하고 있는 반기독교 운동의 추종자들에게 젖과 꿀이 될 것이 분명합니다.

국내의 기독교 비판은 두 번째로, 한국 사회 특수성과 관련지어 이해할 수 있습니다. 여기에는 여러 요소가 함께 작용합니다. 첫째, 80년대 후반 시민운동이 조직화되기 시작하면서 이를 모범으로 삼아 90년대 이후 반기독교 운동도 시민운동의 한 형태로 조직화하면서 등장하기 시작합니다. 둘째, 인터넷 사용이 대중화되면서 반기독교 운동의 전달과 확산 매체로 인터넷이 사용됩니다. 매체 특성상 익명성이 보장되기 때문에 반기독교 정서가 거친 언어로 여과 없이 표출됩니다. 셋째, 80년대 중반 이후 특별히 기독교 지도자들이 사회적 지탄의 대상이 됩니다. 예컨대 아직도 우리 기억에 생생한 부천 성고문 사건, 박종철 고문치사 사건, 형제 복지원 사건 등이 있습니다. 이 사건에 관련된 사람들이 교회 집사이거나 장로였습니다. 근래에는 목회 세습, 일부 대형 교회 목사들의 지나치게 부유한 생활이 비판의 대상이 되기도 했습니다. 넷째, 노무현 정부 출범 이후, 한국 기독교는 정치적 사건이 있을 때마다 친미, 보수 편에 서서 목소리를 드높였고 시청 앞에서 여러 차례 집회를 했을 뿐 아니라, 이명박 대통령 만들기를 드러내 놓고 할 정도로 정치적 편향성을 강하게 보여 왔습니다. 몇 해 전 발생한 한국 기독교인들의 아프가니스탄 피랍 사건도 안티 기독교 운동에 기름을 부은 셈이 되었습니다.

그 밖에도 열거할 일이 많지만, 앞의 두 가지가 반기독교 운동의 통로 역할을 했다면 나머지 두 가지는 반기독교 운동의 빌미와 내용을 제공해 준 게 아닌가 생각합니다. 이런 배경 아래서 언론 매체, 그중에서도 방송 매체를 통한 기독교 비판이 나올 수 있었던 것으로 보입니다.

그럼에도 반기독교 운동이 목소리를 높이게 되는 계기는 단순히 이론에 있지 않음을 주목해야 합니다. 예컨대 흄에 앞서 경험론적 지식론을 수립한 존 로크(John Locke)를 보면 경험적 증거의 요구는 이론적 관심에서 우러난 것이 아니라 실천적 고려 때문이었음을 알 수 있습니다.

17세기 유럽은 가톨릭과 개신교의 싸움으로 사회는 분열되고, 사람들 사이에는 갈등이 생기고 나라와 나라 간에는 끔찍한 전쟁이 여러 차례 일어났습니다. 따라서 갈등을 해소하고 전쟁을 방지할 수 있는 방법으로 로크는 관용을 내세우고 이른바 '믿음의 윤리', 곧 경험적 증거가 확실하면 할수록 믿음의 강도를 높이라는 원칙을 내세웠습니다.[4] 로크 자신은 기독교 신앙인이었지만 감각적 경험으로 확증할 수 없는 분야(예컨대 정치, 종교, 예술)에서는 싸움을 멈추고 '관용'을 보여야 한다고 주장하게 된 것입니다. 요즘 우리에게 '똘레랑스'(tolérance)라는 용어로 잘 알려진 관용의 문제를 거론한 철학자가 바로 로크였습니다. 흄은 로크의 경험의 원리를 충실하게 따랐습니다. 그 결과 흄은 기독교 신앙이 기적에 대한 믿음에 근거하고 있다고 보고, 기적은 사실상 불가능한 것임을 논증합니다. 흄은 또한 종교가 원시 상태에서 문명 상태로 진화하는 과정 중에 발생한 것으로 해석하기 시작했습니다. 마르크스의 기독교 비판도 당시 사회의 기득권자들을 옹호하는 기독교, 현세적 삶을 무시하는 기독교와 관련 있습니다.

 기독교 비판은 이론에 대한 회의나 의심보다는 잘못된 실천에서부터 비롯된다는 사실을 역사를 통해 어렵지 않게 확인할 수 있습니다. 열매(복음이 가르친 삶의 실천)가 없기 때문에 나무뿌리(가르침)조차 거짓이라고 생각하는 결과가 온 것입니다. 국내의 반기독교 정서도 그리스도인의 삶에 거룩함이 없고, 삶의 열매가 없는 것과 직접 관련된 것은 아닌지, 그리스도인들이 실제로는 세상 사람들과 마찬가지로 무신론자가 되어 버렸기 때문은 아닌지 생각해 봐야 합니다. 세상 사람들이 설사 세속적 가치를 좇아 산다 해도, 그들 가운데 그것이 가장 좋은 길이라고 확신하는 사람이 얼마나 있을지 잘 모르겠습니다. 뭔가 참된 것을 가졌으리라 생각하고, 또 그렇게 살아 주기를 바라는 신자들이, 하나님을 모르는 자신들과 똑같은 모습으로 사는 것을 세상 사람들은 도무지 참을 수 없어, 이런 또는 저런 방식으로 비난의 화살을 쏘는 것은 아닌지 생각해 볼 수도 있습니다.

이 상황을 극복하는 길은 그리스도인의 올바른 실천적 삶(*orthopraxis*, 正行)에 있다고 생각합니다. 올바른 실천은 삶 속에서 맺는 복음의 열매, 빛의 열매를 통해 나타납니다. 빛의 열매는 선함(*agathosune*)과 의로움(*dikaiosune*)과 진실함(*aletheia*)에 있다고 에베소서 5장은 말합니다. 고통받는 타자에게 관심을 보이고, 정의롭고 공정하며, 거짓이나 감춤 없이 정직하라는 말입니다. 열매는 맺고 싶다고 맺는 것이 아닙니다. 씨가 뿌려져야 하고, 뿌리가 튼튼해야 하고, 나무가 제대로 자라야 합니다. 적합한 수분과 영양과 공기와 햇빛이 공급되어야 합니다. 그런데 그리스도인들에게는 삼위일체 하나님이 있고, 복음이 있고, 교회 공동체가 있고, 교육이 있고, 양육이 있습니다. 이것들이 그리스도인의 성장에 필요한 조건을 제공합니다. 그럼에도 세상 사람들 눈에 비친 교회와 교회 지도자들의 모습은 어떻습니까? 정직하지 못하고, 공정하지 않으며, 고통받는 자들에게는 무관심할 뿐 아니라 이기적이고 독선적이며 배타적인 집단으로 각인된 것은 무슨 까닭입니까? 십계명 1계명에서 말하는 하나님을 떠나, 아니 하나님을 곁에 두고 다른 신을 섬기기 때문은 아닌지 깊이 생각해 보아야 합니다.

앞에서 무신론에 관해 언급했지만, 그리스도인이 정작 두려워해야 할 무신론은 세상 사람들이 주장하는 이론적 무신론(theoretical atheism)이 아닙니다. 그보다는 오히려 교회 안에 존재하는 '실제적(현실적) 무신론'(practical atheism)입니다. 현실적 무신론은 디도서

1장 16절에서 어떤 부류의 사람들을 일컬어 "그들이 하나님을 시인하나 행위로는 부인하니 가증한 자요 복종하지 아니하는 자요 모든 선한 일을 버리는 자니라"라고 할 때, 그 사람들이 가진 사상과 삶에 붙일 수 있는 말입니다. 입으로는 하나님을 시인하고, 예배에 열심히 참석하고, 헌금 하면서도, 실제 삶 속에서 빛의 열매가 없고 하나님의 나라, 하나님의 통치의 표지(정의와 평화와 인애)가 드러나지 않는 것이 현재 우리가 처한 가장 큰 위기의 근원이 아닌가 생각합니다.

2. 종교 갈등 문제

기독교와 관련해서 우리 사회에 나타나는 여러 현상 중, 두 번째로 눈에 띄는 것은 종교 갈등의 가능성입니다. 곧장 말하자면 불교계와의 갈등 가능성입니다. 대체로 인정하듯이 우리 그리스도인들은 다른 생각, 다른 태도, 다른 종교를 가진 사람들과 어울려 사는 연습이 잘 되어 있지 않습니다. 일상에서는 수많은 비그리스도인들과 생활하고 왕래하면서도 막상 공식적으로 타종교와의 문제가 거론될 때는 그들을 어떻게 대해야 할지, 훈련이 제대로 되어 있지 않습니다.

한국은 다종교 사회이면서도 종교 간 갈등이 표면화되지 않은 나라 중 대표적인 나라입니다. 저는 그 이유가 한국 종교인들의 관용성 때문이라기보다는 주도적 종교의 부재 때문이라고 생각합니다. 유교, 불교, 기독교, 무교 등이 존재하지만, 지난 세기 이후 지배적 종교는 더 이상 없습니다. 그야말로 이제 종교는 선택의 문제가 되었습니다. 미국인이나 유럽인뿐 아니라 한국인도 종교와 관련해서는, 피터 버거(Peter Berger)의 말을 빌리자면 '선택의 명령'(the heretical imperative)과 더불어 살고 있다고 해야 할 것입니다.[5] 종교는 필연이나 강제가 아니라 하나의 선택(*hairesis*, option) 대상이 되었다는 말입니다. 그럼에도 두 가지 눈에 띄는 일이 우리에게 두려움을 줍니다.

첫째, 2007년 17대 대통령 선거에서도 나타났듯이 그리스도인들, 특히 기독교계 지도자들이 정치적 목소리를 높이려 한다는 점입니다. 이것은 기독교가 한국 사회에서 주류라는 의식의 표출이 아닌가 하는 짐작을 낳습니다. 이제는 활동의 폭을 넓혀 사회 전반에까지 영향력을 행사해 보겠다는 표현입니다. 당연하게도 이러한 움직임은 기독교와 맞서 가장 큰 세력임을 자처하는 불교계의 반발을 사게 됩니다. 이명박 대통령이 서울 시장 시절 '성시화'(聖市化) 운동에 참여하여 서울을 하나님의 거룩한 도시로 만들겠다고 선언한 것에 대해서 불교계에서 크게 반발하였습니다.

둘째, 불교계의 움직임입니다. 일반적으로 알려진 바로는, 불자들은 기독교 신자들만큼 멤버십 의식이 강하지 않습니다. 매주, 또는 매일 교회를 찾는 신자들과는 달리 불자들은 반드시 정기적으로 절에 가거나, 불교 활동에 적극적으로 참여하는 일은 드뭅니다. 그러나 이명박 정부가 들어선 뒤, 불교계는 이런 저런 심기의 불편함을 자주 드러내었습니다. 그리하여 마치 기독교와 불교 사이에 갈등이 있는 것처럼 비치기 시작했습니다. 불교계 안에서는 이것이 오히려 불자들에게는 불자임을 의식하고 종교 차별에 대해 저항하게 만든 계기가 되었다고 보는 이들도 있습니다. 신앙의 차이로 갈등이 빚어지고 충돌이 발생하는 것은 우리가 살고 있는 사회 전체뿐 아니라 불교계나 기독교계에 모두 바람직하지 않습니다.

그렇다면 문제는 여러 종교가 있는 상황에서 기독교 신자와 불자가 각각 어떻게 해야 할 것인가, 하는 물음입니다. 여러 학자들은 종교다원주의가 그 대안이라고 보고 있습니다. 종교다원주의를 수용할 경우 종교 간 갈등이 해소될 수 있다는 것이지요. 종교다원주의 수용을 해결안으로 보는 것은, 갈등의 소지를 기독교에 내재되어 있는 배타주의에서 찾기 때문입니다. 그러므로 기독교는 배타주의를 벗어나 다원주의 입장을 취해야 하고, 다원주의 입장을 취할 때 종교 간 평화가 보장된다고 보는 것입니다. 이것이 과연 해결책인지를 생각해 보기 전에, 다원주의에 대한 일반적 논의를 먼저 하겠습니다. 그 다음에 종교다원주의가 기독교에 요구하는 것이 무엇인지, 그리고 그리스도인들이 취해야 할 태도는 무엇인지 생각해 보겠습니다.

먼저 '다원주의'(pluralism)란 말을 봅시다. 다원주의는 '하나'만 있는 것이 아니라 '둘 이상', 또는 '여럿'이 있다는 뜻입니다. 일종의 '복수주의'(many-ism)입니다. 분야에 따라 인식론적 다원주의, 윤리적 다원주의, 종교적 다원주의, 미적 다원주의, 사회적 다원주의 등 여러 가지 다원주의 형태가 있습니다. 모든 경우에 다원주의의 공통점은 '하나'만 있는 것이 아니라 '복수', '다수'가 있다는 것입니다. 타당한 지식 체계는 하나만 있는 것이 아니라 둘 이상 있다고 보면 인식론적 다원주의라고 할 수 있고, 윤리 체계도 하나가 아닌 여럿이 있다고 보면 윤리적 다원주의라고 할 수 있습니다. 마찬가지로 종교, 구원의 길도 하나가 아니라 여럿이라고 보면 종교다원주의가 됩니다.

다원주의는 있는 그대로를 보느냐, 아니면 그렇게 되어야 할 것으로 보느냐에 따라 서술적(descriptive) 의미의 다원주의와 규범적(prescriptive) 의미의 다원주의로 나눌 수 있습니다. 서술적 다원주의란 현실 상황에 여러 종교, 여러 인식 체계, 여러 윤리 규범이 있음을 인정하는 것입니다. 예컨대 가족 형성 방식에서 어디에는 일부일처제가, 또 어디에는 일부다처제가 있을 경우, 주어진 현실이 그렇다고 서술한다는 의미에서 서술적 다원주의라고 합니다. 가족 형성 방식은 일부일처제보다 일부다처제, 또는 다부일처제가 바람직하다고 말하면 규범적 의미가 되므로 규범적 다원주의라고 부를 수 있습니다.

종교도 하나가 아니라 불교, 기독교, 이슬람 등 여러 가지가 있다고 서술할 뿐이라면, 서술적 의미의 종교다원주의가 됩니다. 그런데 종교는 여럿 있는 것이 좋다, 어떤 종교를 통해서나 구원받을 수 있다, 이렇게 말한다면 규범적 의미의 다원주의가 됩니다. 어떤 차원에서 다원주의를 말하는지 분명히 구별해야 합니다. 그러므로 혼동을 피하기 위해서 어떤 종교를 통해서나 구원받을 수 있다고 보는 종교다원주의는 규범적 의미에 한정하고, 서술적 의미의 다원주의, 곧 우리는 현재 다양한 종교가 주어진 상황에 살고 있다는 의미의 다원주의는 차라리 '종교 다원적 상황'으로 표현하는 것이 낫다고 생각합니다. 종교다원주의의 경우, 서술적 의미의 다원주의의 입장은 문제될 것이 없습니다. 왜냐하면 우리가 살고 있는 환경이 종교가 여럿 있는 상황이기 때문입니다. 문제가 되는 다원주의는 세계관과 가치관과 관련해서 규범적으로 그와 같은 다원주의가 바람직하다고 보는 입장입니다.

종교다원주의가 종교 다원적 상황에서 하나의 가능한 해결책으로 제안되고 있음에도 그리스도인들에게 문제가 되는 이유는 무엇입니까? 종교다원주의 주장을 따르면, 예수 그리스도 자신이 "내가 곧 길이요 진리요 생명이니 나로 말미암지 않고는 아버지께로 올 자가 없느니라"(요 14:6)라고 하신 말씀을 거부해야 합니다. 다원주의가 옳다면, 우리는 예수 그리스도가 하나님이 자신을 보여 준 여러 통로 중 하나일 뿐 유일한 길은 아니라고 해야 할 것입니다. 그리고 예수 그리스도를 우리 죄를 대속한 대속주로도 볼 수 없습니다. 만일 그렇다면 기독교 신앙은 무엇이고 복음은 무엇입니까? 기독교를 기독교 되게 하는 것을 삭제하고도 종교로 남아 타종교와 공동의 평화를 추구한다는 것이 과연 가능한지 저로서는 이해할 수 없습니다. 이것이 종교다원주의에 대해서 제가 갖는 난점 가운데 난점입니다.

물론 저는 계시의 역사적 제약성이라든지, 하나님은 어느 종교에나 계신다든지, 인간 이해의 유한성이라든지 하는, 근대 철학과 더불어 등장한 생각들에 대체로 동의합니다. 그리고 기독교 신학의 오류 가능성이나 역사상 보인 교회의 배타성과 억압성 등도 인정합니다. 서구 기독교를 포함하여 기독교가 때로는 타문화를 배타적이고 억압적으로 대한 경우도 인정합니다. 역사상 기독교는 칭찬받을 일도 했지만 그렇지 못한 면도 많음을 알고 있습니다. 그러나 그리스도를 우리의 주, 우리의 구주로 고백하는 일을 포기하고, 자신의 관점과 신앙이 상대적임을 인정하고 타종교와의 대화와 공존을 요구하는 것은 이해하기가 쉽지 않습니다.

종교다원주의의 가장 중요한 동기는 아마도 종교 간 평화를 통해 세계 평화를 이루자는 것이 아닐까 생각합니다. 한스 큉(Hans Küng)은 "종교 간의 평화 없이 세계 평화는 없다"고 말했습니다.[6] 그러나 제가 납득할 수 없는 것은, 과연 한 종교의 핵심을 이루는 믿음을 제거하고도 평화가 가능한가 하는 점입니다. 우리는 종교가 위안을 주기도 하지만 갈등의 원천이 되기도 한다는 것을 경험하는 세계에 살고 있습니다. 그러나 그 종교 갈등이라는 것이 심하게 정치화된 종교에 의해 유발되는 것은 아닌지 묻고 싶습니다. 정치화된 종교의 폭력성을 제거하기 위해, 예컨대 예수 그리스도의 대속적 죽음과 예수 그리스도를 통한 하나님과의 화해 가르침에 대해 침묵해야 한다는 것은 지나친 비약이 아닐까 생각합니다. 종교 중에서 가장 포용력 있는 종교인 힌두교를 신봉하는 사람들 사이에서 40년 간 선교사로 활동한 레슬리 뉴비긴의 말은, 이런 상황에서 한번 귀 기울여 들어 볼 만합니다.

다원주의와 포용주의를 주장하는 이유는 보통 인류의 하나 됨에 최우선을 두기 때문이다. 특히 핵전쟁과 환경 파괴의 위협으로 인해 그 필요성이 더욱 증대되었다. 물론 우리도 그런 필요성에 공감해야 마땅하다. 하지만 그렇게 공감한다고 해서 그런 통일을 이룰 수 있는 실마리가 발견되는 것은 아니며, 종교가 그것을 이룩할 수 있는 수단이라는 주장이 정당화되는 것도 아니다. 여기서 우리는 진리의 문제에 직면해야 한다. (중략) 우리는 인류 공동체로서 함께 순례의 길을 걷고 있는 만큼 갈 길을 알아야 한다. 모든 길이 동일한 산꼭대기로 통한다는 말은 틀린 말이다. 절벽으로 향하는 길도 있다. 그리스도 안에서 우리는 그 길을 발견했다. 이 지식을 그저 우리만을 위한 사적인 문제로 취급할 수 없다. 인류 가족 전체와 관련된 문제이기 때문이다. 우리가 모든 민족의 구원을 지향하는 하나님의 권능과 자비를 감히 제한해서는 안 되지만, 그것이 계시되느라 값비싼 대가가 치러졌고 또 그 화해의 사역이 우리에게 구원의 확신을 준 만큼, 우리도 그 길과 그 목표를 볼 수 있도록 하나님이 주신 안목을 동료 순례자들과 함께 나누어야 마땅하다.[7]

제가 제안하는 것은 이것입니다. 그리스도인은 불교 신자와 무교 신자들과 함께 살고 있다는 사실, 즉 종교 다원적 상황에 살고 있다는 사실을 인정하고 서로의 다름을 현실적으로 수용하자는 것입니다. 타종교인들의 신앙과 종교 행위가 그들의 진정한 마음에서 우러나온 것임을 인정하는 데서부터 갈등의 소지를 없앨 수 있습니다. 서로의 다름을 인정하는 것은 궁극적으로 서로 지향하는 점에 공통점이 있으면서도 근본적인 차이가 있음을 동시에 인정한다는 말입니다.

종교다원주의자들이 말하듯이, 과연 기독교와 불교, 유교와 무교가 각각 다른 방식과 다른 길을 통해 동일한 목적에 도달하는 종교입니까? 제가 알기로는 각 종교들이 모두 구원을 추구하는 것도 아니고, 구원을 추구한다 해도 그 의미가 다릅니다. 예컨대 유교가 지향하는 구원은 '내성외왕'(內聖外王), 안으로는 성인이 되고 밖으로는 사람을 다스리는 자가 되는 것입니다. 이를 두고 「논어」에서는 '수기치인'(修己治人)이라고 표현합니다. 불교가 지향하는 것은, 선불교 용어로 말해 '견성성불'(見性成佛), 즉 부처가 되는 것입니다. 기독교의 구원은 예수 그리스도를 통해 죄와 율법과 사망에서 벗어나 하나님과 화평을 누리는 것입니다.

그런데 길은 다르나 동일한 목적을 향해 나간다는 명분 아래, 각각의 종교가 다른 종교와 상충되는 주장에 대해 침묵하게 한다면, 그것은 어느 종교에 대해서도 바람직하지 않을 것입니다. 오히려 각 종교는 자신들의 종교를 공적으로 선포하고 증언하되, 증언하는 방식은 사람들이 함께 공동으로 살아가는 데 필요한 의식, 곧 상식(common sense)에 부합하는 방식이어야 한다고 생각합니다. 그러므로 저는 타종교에 대한 기독교인들의 바람직한 태도로 다음 세 가지를 말씀드리고 싶습니다.

우선 가장 시급하게 요구되는 태도는 타종교에 대한 존경입니다. 베드로전서 3장 15-16절 말씀을 보면 "너희 마음에 그리스도를 주로 삼아 거룩하게 하고 너희 속에 있는 소망에 관한 이유를 묻는 자에게는 대답할 것을 항상 준비하되 온유와 두려움으로 하고 선한 양심을 가지라"라고 합니다. 무엇보다 필요한 것은 온유입니다. 부드럽고 신사적인 태도입니다. 이것이 예수님의 마음입니다. 두 번째는 두려움, 곧 존경하는 마음입니다. 그리고 덧붙여 선한 양심을 가지라고 말합니다. 불상을 훼손한다든지 집회를 방해한다든지 해서는 안 됩니다. 서울대 종교학과에서 오랫동안 가르쳤던 정진홍 교수님께 들은 얘기입니다. 어느 날 서울 근교 절에 들렀는데 밤이 되자 주지 스님이 그날 밤 절에 머물렀다가 가시라고 간곡하게 청을 하더랍니다. 그런데 새벽에 찬송가 소리를 들려서 나가 보니 대여섯 명의 남녀가 절 마당에 서서 "믿는 사람들은 군병 같으니…"라는 찬송가를 부르고 있더랍니다. 이렇게 해서는 안 됩니다. 그리스도인들이 복음을 전하더라도 모든 것을 규모 있고, 평화롭게 상식을 따라 행동해야 합니다. 왜냐하면 하나님이 원하시는 것은 화평, 곧 평화이기 때문입니다. 히브리서 12장 12절은 화평함과 거룩함이 없으면 하나님을 보지 못한다고까지 말하고 있습니다. 예레미야는 포로가 되어 바벨론으로 간 이스라엘 사람들에게 그 나라의 화평(평화)을 위해 기도할 것을 당부했습니다.

두 번째는 "너희 속에 있는 소망에 관한 이유(*logon peri tes en humin elpidos*)를 묻는 자에게 대답(*apologia*)할 것을 항상 준비하되"라는 말씀처럼, 타종교인이 원한다면 우리의 믿는 근거, 믿는 이유(*logos*)를 증거하고 설명하고 토론할 준비를 하는 일입니다. 불자든 그리스도인이든 먼저 윤리적으로 타자의 타자성을 인정하고 받아들이되, 자신이 소망을 둔 바에 대해 근거와 이유를 묻는다면 그에 답할 수 있는 준비를 해야 합니다. 왜냐하면 종교다원주의가 전제하는 인간 존재의 역사성과 유한성 때문에 상호간의 증거와 논증, 토론이 불가능하다고는 볼 수 없기 때문입니다. 비록 의존하는 경전이 다르고 전통이 다르지만 참된 것에 대한 갈망, 선한 것에 대한 갈망, 아름다운 것에 대한 갈망은 그리스도인이나 불자 모두에게 다 있기 때문에 서로 자신의 신앙을 증거하고 토론할 공통의 기반이 주어져 있다고 봅니다. 그러자면 한국 기독교 안에 깊이 뿌리박고 있는 반지성주의가 극복되지 않으면 안 됩니다. 우리는 줄곧 "무조건 믿어라"라는 말에 익숙해 있습니다. 대부분의 신자들은 무조건 믿는 것이 신앙인 줄 압니다. 그러나 이제는 "믿었으면 힘써 알아야지!" 하는 신앙 태도를 가져야 합니다. "알기 위해서 믿는다"(*Credo ut intelligam*)에 이어 안셀무스(Anselmus)가 덧붙여 하는 말인 '알고자 하는 신앙', '지성을 추구하는 신앙'(*fides quaerens intellectum*)이 이제는 우리의 표어가 되어야 합니다.[8] 앎이 전부가 되어서는 결코 안 됩니다. 그러나 제대로 알지 못하고서야 제대로 된 신앙이라 할 수 없습니다.

세 번째는 베드로전서 3장 15절에서 "너희 마음에 그리스도를 주로 삼아 거룩하게 하고"의 말씀처럼 우리의 일상 속에서 그리스도를 주로 삼아 거룩한 삶을 사는 것이라고 생각합니다. 그리스도는 구원의 주입니다. 구원은 죄로 왜곡된 삶의 회복입니다. 그렇다면 예수 그리스도를 통한 구원은 우리의 모든 일상적 삶을 회복하는 데서부터 시작한다고 할 것입니다. 이때 그리스도인의 기본 정서는 감사입니다. 그러므로 「하이델베르크 교리문답」(*Heidelberg Katechismus*)[9]은 구원받은 성도의 삶을 가르치는 부분을 감사로 출발합니다. 일상의 모든 순간을 감사(*eucharistia*)하는 마음으로 회복한다면, 우리 삶에서 지극히 작고 보잘것없는 부분까지도 하나님이 거저 주시는 선물, 곧 은혜(*charis*)로 살아가는 성만찬적, 감사의 삶(Eucharistic life)이 될 것입니다. 일상 속에서 거룩성 회복, 이것이 오늘 그리스도의 제자도를 실천해야 할 우리에게 절실히 요청되는 일입니다. 종교 다원적 상황에서 살아가는 그리스도인들이 복음의 참됨을 증거할 수 있는 최선의 방법은 빛의 열매(선함과 의로움과 진실함)를 맺음으로 거룩성을 회복하는 일이기 때문입니다.

종교 다원적 상황에서 그리스도인들이 무엇을 할 수 있을지에 대한 저의 결론은 매우 단순합니다. 그리스도인들은 첫째 여러 종교가 함께 있는 종교 다원적 상황에 살고 있음을 인식하고, 둘째 삶의 모든 부분에서 선하고 의롭고 진실된 삶을 실천하여 주의 이름을 거룩하게 하고, 셋째 자신이 소망을 두고 있는 근거와 이유에 대해 묻는 이들에게는 논리적으로 설명하고 변호할 수 있는 준비를 하되, 넷째 이 모든 증거와 설득을 온유와 존경심 그리고 선한 양심을 가지고 해야 한다는 것입니다. 신앙의 확신을 갖되 시민적 교양과 상식을 가지고 타인과 타종교를 대하는 그리스도인, 타인을 용납하고 관용을 보이되 그럼에도 확신 안에 거하는 그리스도인. 굳이 영어로 표현해 보자면 "A Christian of conviction with civility, and a Christian of civility with conviction."(타인과 함께 살아가는 예의를 갖추되 확신이 있는 그리스도인, 확신을 갖되 타인과 함께 살아가는 예의가 있는 그리스도인.) 이것이 종교 다원 사회에 살고 있는 오늘 우리 한국 그리스도인의 모습이 되어야 한다고 생각합니다. 이렇게 될 때 우리는 비로소 제대로 된 전도나 선교를 할 수 있는 발판을 마련할 수 있습니다.

3. 신앙, 목회, 교회의 근본 방향 설정 문제

그런데 종교 다원적 상황에서의 기독교적 교양과 시민적 교양의 부족보다 좀더 근본적이고 현실적인 문제는 한국 교회 그리스도인과 목회자의 신앙과 목회, 그리고 교회에 대한 근본 이해와 방향 설정이 예수님이 우리에게 요구하신 제자도와 너무나 거리가 멀어지고 있는 것이라고 저는 생각합니다.

첫 번째로 생각해 볼 것은 신앙에 대한 이해 문제입니다. "왜 믿는가?" 이 질문에 한국 교회 목회자들과 그리스도인들은 뭐라고 답하겠습니까? 보통 한국 그리스도인들이 생각하는 신앙의 의미 즉, 예수 믿는다는 것은 죄 용서받고, 이 땅에서 물질과 건강의 복을 누리며, 자녀들이 잘되는 복도 받고, 죽어서는 천국 가는 정도일 것입니다. 예배에 잘 참석하고, 헌금 하고, 구역 모임에 나가고, 다른 사람들을 전도하면 그리스도인으로서 의무를 다한 것이라 생각합니다. 신앙의 기본 설정이 종교적 의무와 이승과 저승에서 누릴 '복락'(福樂)에 맞춰져 있습니다. 이것이 한국 교회 목회자들과 그리스도인들에게 널리 퍼져 있는 일반적인 신앙 이해가 아닐까 생각합니다. 여기에는 두 가지 문제가 있습니다. 첫째, 예수를 믿는다는 것은 예수를 따라 사는 삶이라고 하는 제자도(discipleship) 정신이 결여되어 있습니다. 한국 교회에서 제자도 정신의 결여는 믿음에 수반되는 고난을 무시하게 만듭니다. 둘째, 신앙의 목적이나 방식면에서는 한국 불교 신자들이 믿는 방식이나 그리스도인들이 믿는 방식에 사실상 아무런 차이가 없습니다. 신앙의 대상이 다를 뿐, 종교적 의무를 수행하는 형태나 그와 함께 수반되는 복락의 내용은 거의 같습니다. 따라서 그리스도인에게 바랄 수 있는 빛의 열매를 이런 방식의 신앙 이해에서는 기대할 수 없습니다.

두 번째는 목회에 대한 이해 문제입니다. 한국 목회자들은 목회에 대해 어떻게 이해하고 있을까요? 설문 조사를 한 것은 아니기 때문에 정확한 수치를 낼 수는 없지만, 오랜 관찰을 바탕으로 보자면 목회는 교회에 나온 사람들을 신자로 만들어, 교회에서 해야 할 의무(예배 참석, 헌금, 봉사)를 다하게 할 뿐 아니라 믿지 않는 사람들을 전도해서 새 신자로 만들도록 가르치고 양육하는 일이며, 최종 목적은 한 영혼을 구원하는 일로 인식되고 있다고 말할 수 있습니다. 이를 위해 목회자는 예배를 드리고, 예배 중에 설교하고 기도하고 성경공부하고, 심방하고, 행사를 기획·진행하고, 제자 훈련을 시킵니다. 열심히 교회 생활에 참여하고, 교회 재정에 충분히 기여하고, 가정에서 화목하고, 열심히 기도하고, 주님을 의지하면서 사업에 성공하는 그리스도인을 목회자는 당연히 훌륭한 신자로 여기고 좋아합니다. 이런 신자들의 수가 늘어나면 날수록, 그래서 교인 수가 많으면 많을수록 목회는 성공한 것이 되고, 그 목회자는 성공한 목회자가 됩니다. 구원받는 영혼의 수가 늘어나는 것, 이것이 목회 성공의 척도가 됩니다. 여기에 무슨 문제가 있습니까? 대다수 신학생들도 이런 목회자가 되길 꿈꾸지 않습니까?

에베소서 4장에 따르면 하나님이 목사를 세운 까닭은 '성도를 온전케 하기 위함'(12절)입니다. 여기서 '온전케 한다'는 말(*katartizein*)은 정확하게는 '준비시킨다', '구비(具備)시킨다'는 뜻입니다. 성도로서 섬김(*diakonia*)의 삶을 살고, 그리스도의 몸을 이루고, 그리스도를 아는 믿음과 지식이 하나 되어 '온전한 인간'으로 그리스도의 장성한 분량에 이르도록 하는 것입니다. 그러므로 목사를 세운 목적, 곧 목회의 목적은 '온전한 인간'이 되도록 성도를 준비시키고, 훈련시키기 위함입니다. 온전한 인간이란 빛의 삶을 사는 사람입니다. 이것이 에베소서 5장에는 빛의 열매를 맺는 삶으로 표현되어 있습니다.[10] 구원받은 영혼을 단순히 확대 재생산하는 것이 아니라 '전에는 어두움이던'(엡 5:8) 사람이 빛의 사람으로 존재 변환되도록 돕고, 존재가 변환된 사람이 그리스도인으로서 세상의 각 영역에서 살아가도록 하는 것이 목회라고 한다면, 그리고 그렇게 제대로 한다면 교회에서, 세상에서 빛의 열매를 맺는 그리스도인이 많아질 것이고, 이것이 세상을 바꾸고, 세상 사람들이 하늘에 계신 아버지께 영광을 돌리게 될 것입니다. 구비 목회는 세상으로 그리스도인을 무장시켜 보내고, 상처 받고 돌아온 이들을 다시 치유해서 세상으로 내보내 삶의 모든 영역에서 그리스도의 주되심을 실천하게 하는 목회가 될 것입니다.

세 번째로 교회에 대해 생각해 봅시다. 신학교에서 가르친 교회론과 현재 한국 사회에 뿌리내린 교회의 실제 모습은 같은 것인가? 그리스도인들은 교회를 어떻게 보고 있으며, 목회자는 교회를 어떤 곳으로 보는가? 노회는 무엇이며, 총회는 무엇이며, 한기총은 무엇인가? 하나님의 교회에 대해서 신학적으로는 '하나님의 백성'이요, '그리스도의 몸'이요, '성령의 전'이라고 하지만 현실 교회는 한국 전통 종교인 불교에서 볼 수 있는 모습과 현대 소비 사회의 모습을 그대로 닮아 있습니다. 불자들이 절에 가듯이 교인들은 주일마다 새벽마다 교회에 갑니다. 불자들이 불공드리듯, 교인들도 예배를 드립니다. 스님들이 절을 지키듯 목사님들이 교회를 지키고 있는 것처럼 보입니다. 절에서는 스님들이 중심이 되고, 불자들은 아무리 능동적으로 활동하고 봉사해도 늘 수혜자이며 수동적 입장에 있듯이, 교인들도 비슷한 위치에 있습니다. 중이 싫으면 절을 떠나라고 하듯이, 목사가 싫으면 교인이 떠나야 한다는 말도 공공연히 존재합니다. 천 년을 훨씬 넘게 행해 온 종교적 습관을, 뿌리도 다르고 정신도 다른 기독교회가 그대로 답습하고 있습니다. 토착화의 측면에서 보면 긍정적이지만 제자도와 하나님 나라의 관점에서 보면 심각한 문제가 있습니다.

소비 사회의 모습은 서울과 지방, 동네 교회와 대형 교회의 구별에 따라 적나라하게 보입니다. 동네 교회에 출석하는 것은 마치 동네 슈퍼마켓에서 시장을 보는 것처럼 여기고, 대형 교회에 출석하는 것은 마치 유명 백화점을 드나들면서 쇼핑하는 듯한 느낌을 받습니다. 교인은 욕구 충족을 찾아 헤매는 소비자가 되고, 목회자는 고객 만족을 위해 애쓰는 연예인처럼 변했습니다. 교회가 세상을 바꾸기보다 세상이 교회를 바꾸어 놓았기 때문에 교회는 소비 사회의 패턴을 그대로 따르고 있습니다.

한국 교회에 시급한 것은 베드로전서 2장 9절 이하의 말씀을 따라 참된 교회의 모습을 회복하는 일입니다. "여러분은 택하심을 받은 족속이요, 왕과 같은 제사장들이요, 거룩한 민족이요, 하나님의 소유가 된 백성입니다. 그래서 여러분을 어둠에서 불러내어 자기의 놀라운 빛 가운데로 인도하신 분의 업적을, 여러분이 선포하는 것입니다. …영혼을 거슬러 싸우는 육적인 욕정을 멀리하십시오. 여러분은 이방 사람 가운데서 행실을 바르게 하십시오. 그렇게 해야 그들은 여러분더러 악을 행하는 자라고 욕하다가도, 여러분의 바른 행위를 보고 하나님께서 찾아오시는 날에 하나님께 영광을 돌릴 것입니다"(벧전 2:9-12, 새번역).

비록 세상 사람들이 그리스도인들이 악을 행하는 자라고 욕을 한다고 해도, 실제로 선한 행실을 한다면 결국 그들이 하나님께 영광을 돌릴 것이라고 베드로는 말합니다. 그러므로 교회는 산 위에 우뚝 선 모습을 회복해야 합니다. 그렇지 않으면 맛을 잃은 소금처럼 버려져서 사람들에게 밟힐 뿐이고, 하나님의 영광을 가릴 뿐입니다. 문제는 세상보다 더 세상이 되어 버린 교회가 본래의 모습을 회복하는 것입니다. 교회는 성도들의 공동체성과, 개체교회를 벗어난 공교회성을 회복하고 이 땅에서 이방인이며 나그네로서 세상의 고난과 기쁨을 함께 짊어진 참다운 윤리적 공동체로 거듭나야 할 것입니다. 십계명을 공부하고 다시 생각해 보는 까닭은 십계명이야말로 그리스도인의 공동체가 이 땅을 사는 동안, 걸어가야 할 길을 잘 보여 주고 있기 때문입니다.

십계명 서론

1. 십계명의 성격
2. 언약과 십계명의 형식
3. 야웨 하나님과 하나님 백성의 공동체

하나님이 이 모든 말씀으로 말씀하여 이르시되 나는 너를 애굽 땅, 종 되었던 집에서 인도하여 낸 너의 하나님 여호와니라 너는 나 외에는 다른 신들을 네게 두지 말라 너를 위하여 새긴 우상을 만들지 말고 또 위로 하늘에 있는 것이나 아래로 땅에 있는 것이나 땅 아래 물 속에 있는 것의 아무 형상도 만들지 말며 그것들에게 절하지 말며 그것들을 섬기지 말라 나 네 하나님 여호와는 질투하는 하나님인즉 나를 미워하는 자의 죄를 갚되 아버지로부터 아들에게로 삼사 대까지 이르게 하거니와 나를 사랑하고 내 계명을 지키는 자에게는 천 대까지 은혜를 베푸느니라 너는 네 하나님 여호와의 이름을 망령되게 부르지 말라 여호와는 그의 이름을 망령되게 부르는 자를 죄 없다 하지 아니하리라 안식일을 기억하여 거룩하게 지키라 엿새 동안은 힘써 네 모든 일을 행할 것이나 일곱째 날은 네 하나님 여호와의 안식일인즉 너나 네 아들이나 네 딸이나 네 남종이나 네 여종이나 네 가축이나 네 문 안에 머무는 객이라도 아무 일도 하지 말라 이는 엿새 동안에 나 여호와가 하늘과 땅과 바다와 그 가운데 모든 것을 만들고 일곱째 날에 쉬었음이라 그러므로 나 여호와가 안식일을 복되게 하여 그날을 거룩하게 하였느니라 네 부모를 공경하라 그리하면 네 하나님 여호와가 네게 준 땅에서 네 생명이 길리라 살인하지 말라 간음하지 말라 도둑질하지 말라 네 이웃에 대하여 거짓증거하지 말라 네 이웃의 집을 탐내지 말라 네 이웃의 아내나 그의 남종이나 그의 여종이나 그의 소나 그의 나귀나 무릇 네 이웃의 소유를 탐내지 말라.

출 20:1-17

1. 십계명의 성격

출애굽기에 실려 있는 십계명을 같이 읽었습니다. 무엇보다 먼저 생각해 봐야 할 것은 십계명이 차지하고 있는 위치입니다. 교회사를 통해서 보면 십계명은 교리 공부에서 중요한 몫을 차지했습니다. 교리 공부는 주로 사도신경, 십계명, 주기도문을 다루었습니다. 종교개혁 이전에도 그랬고, 특별히 종교개혁 이후에 나온 여러 신앙 고백서들을 보면 십계명에 관한 부분이 상당히 많은 분량을 차지하고 있습니다. 개혁파 전통에서 사용하는 「하이델베르크 교리문답」(1563년, 총 129문)에는 92문에서 115문까지, 총 24개의 문답이 십계명에 관한 것입니다. 장로교 전통에서 쓰는 「웨스트민스터 대교리문답」(1648년, 총 196문)에는 91문에서 148문까지, 「소교리문답」(총 107문)에는 39문에서 81문까지가 십계명에 관한 것입니다.[1] 이처럼 십계명은 2천 년 교회사 전통에서 늘 소중하게 생각되어 왔습니다.

십계명은 구약과 신약 성경에서도 중요한 위치를 차지하고 있습니다. 구약성경에는 십계명이 두 군데 나옵니다. 출애굽기 20장이 그중 하나입니다. 또 신명기 5장에 나오는 십계명은 모세가 죽기 직전, 이스라엘 백성들이 가나안에 들어가기 직전에 다시 선포된 것입니다. 물론 출애굽기와 신명기 사이에 약간 차이는 있지만 본질적인 차이는 없습니다. 그런데 무엇보다 눈에 띄는 것은 십계명이 주어질 때의 상황이 상당히 극적이라는 사실입니다.

출애굽기 19장을 보십시오. "셋째 날 아침에 우레와 번개와 빽빽한 구름이 산 위에 있고(보통의 자연적인 상황이 아니라 아주 특별한 상황입니다) 나팔 소리가 매우 크게 들리니 진중에 있는 모든 백성들이 다 떨더라 모세가 하나님을 맞으려고 백성을 거느리고 진에서 나오매 그들이 산기슭에 섰더니 시내 산에 연기가 자욱하니 여호와께서 불 가운데서 거기 강림하심이라 그 연기가 옹기 가마 연기같이 떠오르고 온 산이 크게 진동하며 나팔소리가 점점 커질 때에 모세가 말한즉 하나님이 음성으로 대답하시더라"(출 19:16-19). 이렇게 아주 특별하고 극적인 상황에서 십계명이 주어졌을 뿐 아니라 하나님이 직접 십계명을 기록하셨다고 출애굽기는 전합니다(출 31:18). 십계명 외에 다른 율법은 모세의 입을 통해 전달되었습니다. 하지만 십계명만은 하나님이 직접 돌판에 쓰셨다고 성경은 기록하고 있습니다. 이스라엘 사람들은 십계명을 하나님의 성소의 법계 안에 놓아두었습니다. 십계명은 이와 같은 방식으로 이스라엘의 삶에 함께하시는 하나님의 임재를 상징합니다.

십계명은 「모세 5경」뿐 아니라 선지자들의 글에도 반복되어 나옵니다. "보라 너희가 무익한 거짓말을 의뢰하는도다 너희가 도둑질하며 살인하며 간음하며 거짓 맹세하며 바알에게 분향하며 너희의 알지 못하는 다른 신들을 따르면서"라고 이스라엘 백성들을 질책하는 예레미야의 말(렘 7:8-9)에서나 "오직 저주와 속임과 살인과 도둑질과 간음뿐이요 포악하여 피가 피를 뒤이음이라"라는 호세아의 말(호 4:2)에서도, 십계명이 이스라엘의 삶에서 중요한데도 전혀 존중받지 못하는 상황을 그리고 있습니다. 이스라엘 사람들은 우상을 섬기고 사람들을 죽이고 거짓말하고 간음하고 폭력을 행함으로 하나님을 떠났습니다. 호세아는 이런 행위들을 보고 "하나님을 아는 지식이 없다"(호 4:1)고까지 말하고 있습니다. 말로는 하나님을 찾으나 하나님의 계명을 어기는 것을 보니, 사실은 하나님을 모른다는 결론을 내릴 수밖에 없다는 것입니다.

십계명은 신약성경에서도 반복되고 있습니다. 어느 부자 청년이 예수님께 어떤 선한 일을 하여야 영생을 얻겠느냐고 물었습니다. 예수님은 "네가 생명에 들어가려면 계명들을 지키라"라고 말씀하셨습니다. 그러고는 "살인하지 말라 간음하지 말라 도둑질하지 말라 거짓 증언하지 말라 네 부모를 공경하라 네 이웃을 네 자신과 같이 사랑하라 하신 것이니라"라고 계명의 내용을 열거하셨습니다(마 19:16-19). 순서는 다르지만 십계명의 내용이 이 속에 담겨 있습니다.

바울과 야고보도 비슷한 내용을 언급하고 있습니다. 바울은 "피차 사랑의 빚 외에는 아무에게든지 아무 빚도 지지 말라 남을 사랑하는 자는 율법을 다 이루었느니라"(롬 13:8)라고 십계명의 근본 정신을 언급한 뒤, "간음하지 말라 살인하지 말라 도둑질하지 말라 탐내지 말라 한 것과 그 외에 다른 계명이 있을지라도 네 이웃을 네 자신과 같이 사랑하라 하신 그 말씀 가운데 다 들었느니라"(롬 13:9)라고 십계명의 내용을 구체적으로 소개하고 있습니다. 야고보는 십계명 가운데 하나를 범하면 나머지 모두를 범하는 것이라고 오히려 바울보다 더 강하게 말하고 있습니다. "누구든지 온 율법을 지키다가 그 하나를 범하면 모두 범한 자가 되나니 간음하지 말라 하신 이가 또한 살인하지 말라 하셨은즉 네가 비록 간음하지 아니하여도 살인하면 율법을 범한 자가 되느니라"(약 2:10-11). 십계명의 일부가 언급되고 있지만 신약 교회에서도 십계명이 여전히 적용된다는 것을 이 구절들을 통해서 알 수 있습니다.

우리가 생각해 봐야 할 두 번째 사항은 십계명의 기능과 목적입니다. 십계명이 구원을 위한 길로서 주어졌는지 아니면 다른 목적으로 주어졌는지 하는 물음입니다. 이스라엘 사람들 중에는 율법을 지키는 것, 그중에서도 십계명을 지키는 것이 바로 하나님 앞에서 구원받는 길이라고 생각한 자들이 있었습니다. 그런데 신약성경에 와서 보면, 예수님이 율법을 모두 이루었다고 하셨습니다. 바울은 로마서 10장 4절에서 '예수님이 율법의 마침'이라고 말하고 있습니다. 율법의 마침이란 구원의 길로서 율법의 효력은 이제 끝났다는 뜻입니다. 그러므로 바울은 신약 교회의 성도들을 향하여 더 이상 율법 아래 있지 않고 은혜 아래 있다고 가르치고 있습니다(롬 6:14). 그리스도인은 율법에 대해 죽은 자요(롬 7:4) 율법에 대해서 죽은 것은 하나님 앞에서 다시 살기 위한 것이라고 말합니다(갈 2:19). 율법은 이제 그리스도의 오심과 죽으심과 부활하심과 함께 더 이상 구원에 이르는 길이 아니라는 것입니다.

그렇다면 율법은 폐기처분되어야 합니까? 그렇지 않다는 것을 우리는 여러 성경을 통해서 알고 있습니다. 로마서 7장 12절을 봅시다. "이로 보건대 율법은 거룩하고 계명도 거룩하고 의로우며 선하도다." 즉, 예수님이 오셨다고 해서 율법의 본질이 변한 것은 아니라는 말입니다. 율법은 율법대로의 본질과 효용성을 그대로 지니고 있습니다. 율법에 대한 우리의 신분, 우리의 위치가 바뀐 것입니다. 율법과 그리스도인의 관계를 이해할 때 기억해야 할 것은 율법이 전혀 다른 형태로 바뀐 것이 아니라, 여전히 의롭고 선하고 거룩한 하나님 뜻의 표현이라는 사실입니다. 이전 사람들은 자신의 행위를 통해서 율법을 이루어 보려고 노력했습니다. 그러나 이제는 우리의 행위를 통해 율법을 이루려 하기보다 그리스도 안에서 율법을 삶의 규범으로 실천하는 것입니다.

로마서 8장 4절을 보면 "육신을 따르지 않고 그 영을 따라 행하는 우리에게 율법의 요구가 이루어지게 하려 하심이니라"라고 바울은 말합니다. 영을 따른다는 것은 성령 안에서 율법을 우리 삶의 규범으로 행할 수 있다는 것입니다. 그런데 고린도후서 5장 17절 "그런즉 누구든지 그리스도 안에 있으면 새로운 피조물이라 이전 것은 지나갔으니 보라 새것이 되었도다"라는 말씀처럼 그리스도 안에서 우리는 새로운 피조물이 되었습니다. 새로운 피조물인 우리가 어떻게 해야 하는지, 어떤 길을 걸어가야 하는지를 십계명은 제시하고 있습니다. 이렇게 새로워진 관계에서 율법을 본다면, 이제 우리는 종으로 율법을 대하는 것이 아니라 자유인으로 대하게 됩니다. 야고보서 1장 25절에 보면 '자유롭게 하는 온전한 율법'이라고 말하고 있습니다. "자유롭게 하는 온전한 율법을 들여다보고 있는 자는 듣고 잊어버리는 자가 아니요 실천하는 자니 이 사람은 그 행하는 일에 복을 받으리라." 이제 율법은 구원의 길로서 주어진 것이 아니라 삶의 길로서, 삶의 규범으로서 주어졌습니다.

출애굽기 20장 2절은 이와 관련해서 매우 중요합니다. "나는 너를 애굽 땅 종 되었던 집에서 인도하여 낸 네 하나님 여호와니라." 무엇을 하라, 무엇을 하지 말라고 하기 전에, "나는 너를 애굽 땅 종 되었던 집에서 인도하여 낸 네 하나님 여호와니라"라고 하였습니다. 여기에 무슨 뜻이 담겨 있습니까? 구원이 앞서 이루어졌다는 것입니다. 신약적인 언어로 말하자면 예수 그리스도로 인한 구원, 예수 그리스도로 인한 해방이 먼저 주어지고, 그 뒤에 어떻게 살아야 할 것인지 과제가 주어졌다는 말입니다. '너희가 이것을 지켜라,

그리하면 구원받을 것이다, 해방될 것이다'라는 얘기가 아닙니다. 오히려 '애굽 땅 종살이 하던 집에서 구원해 내었다, 그렇기 때문에 이렇게 살아라'라는 것입니다.

산상설교도 동일한 구조를 보여 줍니다. 예수님은 "심령이 가난한 자는 복이 있나니…"로 시작해서 '복되다'는 말씀을 먼저 선포하십니다. 그러고는 마태복음 5장 13절 이하에서 "너희는 세상의 소금이다, 너희는 세상의 빛이다"라고 말씀하십니다. 그리고 이어서 계명이 지닌 새로운 의미를 풀어 설명하십니다. 그렇게 하고는 "하늘에 계신 너희 아버지의 온전하심같이 너희도 온전하라"라고 가르치고 있습니다. 하나님 나라 안에서 누리는 구원의 선포, 자유의 선포, 복된 길의 선포가 있고, 그 다음에 이어 삶의 길이 주어집니다. 어떻게 살 것인가 하는 행위의 문제는, '존재 변화'의 선포에 뒤따라 나옵니다.

우리가 윤리를 통해서 구원받는 것은 아닙니다. 제대로 산다고 해서 구원이 주어지지 않습니다. 값없이 주시는 하나님의 은혜로 구원받는다는 것이 성경의 가르침입니다. 그러나 구원받은 사람은 마땅히 윤리적으로 제대로 살아야 합니다. 십계명을 공부할 때 우리는 늘 이것을 염두에 두어야 합니다. 십계명은 구원받은 하나님의 백성, 하나님과 언약을 맺은 새로운 백성으로 걸어가야 할 길을 보여 줍니다. 그러므로 우리를 얽매고 속박하는 것이 아니라, 그리스도를 통해서 자유함을 얻은 자가 어떻게 살아야 할지, 어떤 길을 걸어가야 할지를 보여 줍니다.

우리가 생각해 봐야 할 세 번째 사항은 예수 그리스도와 십계명의 관계입니다. 이 관계를 마태복음 5장에서 잘 볼 수 있습니다.

"내가 율법이나 선지자나 폐하러 온 줄로 생각하지 말라 폐하러 온 것이 아니요 완전하게 하려 함이라"(마 5:17). 예수님은 율법을 완전하게 하러 왔다는 말씀입니다. 그런 다음 예수님은 옛 사람들의 가르침과 자신의 가르침을 대비시켜 말씀하십니다. 옛 사람들은 살인하지 말라는 계명을 사람을 죽이지 않는 것으로만 가르쳤으나, 예수님은 형제에게 바보라고 하는 것이나 형제에게 노하는 것이 살인하는 것임을 지적합니다. 옛 사람들은 간음하지 말라고 일렀지만, 예수님은 음욕을 품는 자마다 이미 간음한 것이라고 말씀하십니다. 예수님은 십계명이 가르치는 정신을 심화시키고, 그 뿌리로까지 내려가서 더 철저하게 적용(radicalization)하고 계십니다. 이뿐 아니라 십계명의 근본 정신은 하나님을 사랑하라는 것과 이웃 사랑임을 예수님은 보여 주셨습니다. 다시 한마디로 요약하면 사랑입니다. 사랑이 율법의 핵심이라는 것입니다. 그러므로 예수님은 "새 계명을 너희에게 주노니 서로 사랑하라…"(요 13:34)라고 말씀하십니다. 사랑이 십계명을 통합하는 원리임을 보여 주십니다.

2. 언약과 십계명의 형식

"하나님이 이 모든 말씀으로 말씀하여 이르시되 나는 너를 애굽 땅 종 되었던 집에서 인도하여 낸 네 하나님 여호와니라"(출 20:1-2). 이 구절은 십계명의 시작입니다(유대인들은 이것을 1계명으로 보았습니다). 십계명을 읽을 때 이 부분을 빼버리고 읽는 경우가 많습니다만, 그렇게 해서는 안 될 만큼 매우 중요한 부분입니다. 이 부분이 없다면 십계명이 지닌 독특한 의미가 아마 절반은 감소될 것입니다. 이 시작 부분을 잘 이해해야 십계명이 다른 종교에서 가르치는 계명들과 어떤 차이가 있는지 알 수 있습니다.

십계명(十誡命)은 문자 그대로 '열 가지 계명'이라는 말입니다. 영어로 'The Ten Commandments'라고 하는 것을 그대로 옮겨 왔기 때문에 우리는 이렇게 부르는 데 익숙해 있습니다. 그러나 구약성경이 기록된 히브리어로는 십계명을 일컬어 '아세렛 하드바림'(Aseret Hadebarim) 또는 유대 전통에서는 아세렛 하디브롯(Aseret Hadiberot)이라고 합니다. 출애굽기 34장 28절, 신명기 4장 13절, 신명기 10장 4절로 거슬러 올라가는 표현입니다. 우리말로 하자면 그냥 '열 마디 말'이란 뜻입니다. 영어로 하면 '텐 워즈'(Ten Words)입니다. 그래서 영어로 10계명을 '데칼로그스'(Decalogues)라고도 합니다. 데카(deca)라는 말이 열, 십(十)이라는 뜻이고, 로고스(logos)는 말이라는 뜻이니, 즉 '열 마디 말', '십언'(十言)이라는 뜻입니다.

십계명은 '하지 말라', '하라', 이런 형식으로 되어 있습니다. 그렇기 때문에 십계명은 그야말로 '계명'이지요. 계명은 두 가지 형식으로 나타날 수 있습니다. 예컨대 공부해라, 청소해라 등 '무엇을 하라'는 형식과, '무엇을 하지 말라'는 형식이 있습니다. '하라'는 명령과 '하지 말라'는 명령, 곧 금령(禁令), 이 두 가지 형식을 취할 수가 있습니다. 그런데 여기서 잠깐 짚고 넘어갈 것은, "나 외에 다른 신들을 네게 두지 말라", "내 이름을 망령되게 부르지 말라", "안식일을 기억하여 거룩하게 지키라" 등 십계명의 경우 아무 단서 없이 '하라' '하지 말라'고 명령하고 있다는 것입니다. 그런데 이것과 조금 다른 명령 형태도 있습니다. 즉 '이런 때는 이러이러하게 하라'는 경우입니다.

출애굽기 21장 22절을 보면 "사람이 서로 싸우다가 임신한 여자를 쳐서 낙태하게 하였으나 다른 해가 없으면 그 남편의 청구대로 반드시 벌금을 내되 재판장의 판결을 따라 낼 것이니라"라는 구절이 있습니다. '이런 경우에는 이렇게 하고, 저런 경우에는 저렇게 하라'는 명령입니다. 출애굽기 22장 1절에는 "사람이 소나 양을 도둑질하여 잡거나 팔면 그는 소 한 마리에 소 다섯 마리로 갚고 양 한 마리에 양 네 마리로 갚을지니라"라는 구절이 있습니다. '소나 양을 도둑질하여 잡거나 팔았을 경우'에 소 한 마리에 소 다섯 마리로 갚고 양 한 마리에 양 네 마리로 갚으라는 방식으로 명령하는 형식입니다. '이럴 경우에는 이렇게 하라, 저럴 경우에는 저렇게 하라'는 방식을 전문 용어로는 결의법(決疑法, casuistics)이라고 합니다. 칸트는 이런 방식의 명령을 '조건명법', 조금 더 어려운 말로 '가언명법'(hypothetical imperative)이라고 합니다.[2] 예를 들어, 어떤 사람이 건강하고 싶다고 합시다. '만일 건강하고 싶으면', 운동을 하든지 휴식을 충분히 취하라고 조언할 것입니다. 즉 '만일 건강하고 싶으면, 휴식을 충분히 취하라…' 이렇게 조건이 붙습니다. 이것을 조건명법이라고 합니다. '무엇을 하라'는 것은 목적을 이루기 위한 하나의 수단이 됩니다.

이와 달리 무조건 '무엇을 하라'는 명령도 가능합니다. "나 외에는 다른 신을 두지 말라", "안식일을 거룩히 지키라"는 어떤 목적을 위한 수단으로 말한 게 아닙니다. 그렇게 명령하는 행위 자체가 목적입니다. 이것을 칸트는 '무조건적 명법'(uncoditional imperative), 조금 어렵게는 '정언명법'(categorical imperative)이라고 합니다. 아무런 조건 없이, 무조건적으로 하는 명령입니다. 이 둘 사이에는 큰 차이가 있습니다. 조건명법은 지키지 않을 경우에도 크게 문제되지 않을 수 있습니다. 왜냐하면 그 명령은 단지 어떤 하나의 목적을 위한 수단이기 때문입니다. 그런데 정언명법의 경우에는 조금 성격이 다릅니다. 그것은 무엇을 위한 수단으로서가 아니라 그 자체가 중요한 목적, 중요한 의미를 갖습니다. 그런데 십계명의 열 계명은 모두 정언명법으로 되어 있습니다. 그 말은 십계명에 담겨 있는 내용은 어느 시대, 어떤 상황, 어느 장소, 어떤 사람이라도 반드시 지켜야 할 절대적인 하나님의 뜻이라는 의미입니다. 가언명법으로 되어 있는 것들은 어떤 상황이나 인물에 매일 수 있습니다. 그렇지만 십계명의 명령은, 어떤 상황이나 인물, 장소에 매이는 게 아니라 보편적으로 어디에나 누구에게나 적용되는 하나님의 뜻이고 하나님의 절대 명령입니다. 물론, 하나님의 백성이라면, 언제 어디서나 지켜야 할 명령이라는 단서를 여기에 붙여야 할 것입니다.

십계명은 '하지 말라'는 것과 '하라'는 것을 각각 다섯으로 나누지 않았습니다. 4계명 "안식일을 거룩하게 지키라" 그리고 5계명 "네 부모를 공경하라"는 두 계명만이 '하라'는 명령으로 되어 있습니다. 그 외에는 모두 '하지 말라'입니다. 두 계명만 명령으로 되어 있고, 나머지 여덟 개는 금령으로 되어 있습니다. 그런데 '하지 말라'고 말하는 것은 유독 기독교에만 있는 것이 아닙니다. 아이들에게도 "밥 먹어라", "공부하라"고 말하지만 이것은 아이가 좀 컸을 때 하는 얘기입니다. 어린 아이를 키울 때는 '하지 말라'고 하는 게 훨씬 많습니다. "뜨거운 데 손대지 마라, 날카로운 것 잡지 마라…" 등등 '하지 말라'부터 먼저 이야기합니다. 그게 보편적인 우리의 교육 방식입니다. '하지 말라'는 것의 숫자가 성경에 더 많은 것은, 우리가 올바른 일을 자발적으로 하기보다는 그 반대의 일을 할 가능성이 훨씬 많음을 보여 줍니다. 우리는 하나님의 명령을 따르고 순종하기보다는 어기는 경우가 더 많습니다.

성경에 '하지 말라'는 가르침이 많으니 우리는 모든 것을 하지 말고 살아야 하고, 다만 해야 할 것은 안식일을 지키고 부모를 공경하는 것뿐이라고 생각할 어리석은 사람은 아무도 없을 것입니다. 칼뱅이 강조한 것처럼 사실 '하지 말라'고 하는 데는 '무엇을 하라'는 뜻이 숨어 있습니다. '살인하지 말라'는 것은 단지 살인만 하지 말라는 뜻이 아니라 살인을 하지 말고 오히려 생명을 귀중히 여기라, 죽음보다는 삶을 택하라, 살아 있는 것들을 돌보라는 의미가 들어 있습니다. 간음하지 말라는 것은 간음하지 말고 올바르게 가정 생활을 하고 올바른 관계를 가지라는 의미입니다. 탐내지 말라는 것은 단지 탐만 내지 않는 게 아니라, 오히려 네가 가진 것을 다른 사람과 나누라는 의미인 것입니다. 그러므로 '하지 말라'는 명령에는 '하라'는 더 적극적 의미가 담겨 있습니다. 십계명이 가르치는 금령과 명령, 특히 '하지 말라'는 많은 계명들은 이것도 할 수 없고, 저것도 할 수 없고, 아무것도 할 수 없으니 그냥 손 놓고 가만있으라는 의미가 아니라, '이것만 하지 말고 그 외에 이것과 관련된 일을 다 하라'는 계명입니다. 예를 들어 생명과 관련된 일에 대해서는 죽이는 일, 그것만 하지 말고, 그 외에 생명을 보호하고 생명을 위하는 일은 무슨 일이든지 다 하라는 의미입니다. 즉, 해서는 안 될 최소한의 것만을 하지 말라고 가르쳐 주고, 그 외에 그와 관련된 것을 다 하라는 적극적 의미가 들어 있습니다.

십계명의 형식에서 중요한 것은 십계명이 '하나님과 하나님 백성 사이의 언약'이라는 사실입니다. 그 언약을 문서로 담아 놓은 글입니다. "하나님이 이 모든 말씀으로 말씀하여 이르시되 나는 너를 애굽 땅 종 되었던 집에서 인도하여 낸 네 하나님 여호와니라" 하는 말씀에서 이것이 분명하게 나타납니다. 그런데 이 문장만 봐서는 잘 모릅니다. 이게 어떻게 언약입니까? 영어로는 언약을 '커버넌트'(covenant)라고 합니다. 히브리어로는 '브리트'라고 하지요. '계약'을 뜻합니다.

십계명의 이 부분만 보고는 언약 또는 계약인 것을 잘 모를 수도 있지만, 이런 형식으로 된 그 당시 근동 아시아의 다른 문헌들을 살펴보면 이것이 '언약의 형식'임을 알 수 있습니다. 구약학자들은 십계명의 구조가 히타이트 족이 정복한 나라와 조약을 맺는 형식과 유사하다고 지적합니다.[3] 대부분의 조약과 마찬가지로 정복국 히타이트 왕이 베푼 은혜를 먼저 나열하고 이어서 지켜야 할 사항으로 첫째, 둘째, 셋째 등을 나열하는 방식입니다. 십계명과 이런 방식의 조약의 비슷한 점을 몇 가지만 얘기해 보겠습니다.

첫째, '왕 아무개는 이렇게 말한다'는 형식입니다. 출애굽기 20장 2절 "나는 너를 애굽 땅 종 되었던 집에서 인도하여 낸 네 하나님 여호와니라"는 바로 이런 형식입니다. 둘째, 다른 종주국을 섬겨서는 안 된다는 것이 조약 문서에 표현되어 있습니다. 십계명도 첫 계명으로 오직 하나님만 섬길 것을 얘기하고 있습니다. 셋째, 종주국 히타이트 국은 조약 문서를 사당이나 신전 등에 모셔 두고 해마다 백성들 앞에서 낭독할 것을 요구했습니다. 십계명도 언약궤(증거궤) 안에 두었습니다(신 31: 9-12 참조). 하나님이 원하시는 게 무엇인지 백성들에게 선포함으로 그것을 듣고 행하도록 하신 것입니다.

넷째, 축복과 저주입니다. 조약에 쓰인 것을 잘 지키면 복을 받고 그렇지 않으면 저주를 받는다는 내용입니다. 종주국과 조공국 사이에 어떤 저주가 있겠습니까? 군대를 몰고 가서 징벌을 가하는 것입니다. 마찬가지로 하나님은 하나님의 말씀을 지키면 복을 주고 지키지 않으면 벌을 준다고 하였습니다. 신명기 27장과 28장에 상세하게 이 내용이 기술되어 있습니다.

3. 야웨 하나님과 하나님 백성의 공동체

"나는 너를 애굽 땅 종 되었던 집에서 인도하여 낸 네 하나님 여호와니라"라는 십계명의 서론 형식만 보더라도, 하나님이 우리의 왕이 되시고 우리는 그 왕의 백성이라는 사실을 알 수 있습니다. 하나님이 언약을 맺으신 중요한 이유는, 하나님이 이스라엘 백성의 하나님이 되시고, 언약의 당사자인 이스라엘 백성 그리고 신약 교회에서 그리스도를 통해 부름받은 우리 자신을 하나님의 백성으로 삼기 위한 것입니다. 언약의 중요한 의미는 하나님과 하나님의 백성이 언약을 통해서 하나님이 원하시는 뜻대로 사는 하나의 공동체, 곧 하나님의 나라가 형성된다는 데 있습니다.

앞에서는 형식에 관해 설명했습니다. 이제는 이 말씀의 내용에 관해 살펴보도록 하겠습니다. 첫 번째는, 언약의 당사자가 누구인가 하는 점입니다. 우리는 계약서를 쓸 때 갑 누구, 을 누구라고 쓴 다음, '갑과 을이 다음과 같은 계약 사항을 지킨다', 이렇게 계약서를 씁니다. 그런 식으로 계약 당사자가 누구인지 여기 나와 있습니다. 계약 당사자는 누구입니까? '나는 야웨 하나님이다', 즉 여호와 하나님이 계약 당사자가 되시고, 그 여호와 하나님과 계약을 맺는 당사자는, 애굽 땅 종 되었던 집에서 인도함을 받은 이스라엘 백성들입니다. 그래서 우선 여호와 하나님이 전면에 나타납니다. 이것이 첫 번째 중요한 사항입니다. 두 번째는, 여호와 하나님이 백성들을 애굽 종살이에서 건져내셨다는 사실입니다. 세 번째는, 백성을 구원하신 하나님이 '나는 너의 하나님이 되고 너는 나의 백성이 되려면 지켜야 할 사항이 무엇인지' 말씀하셨다는 것입니다. 그 전체 내용이 1계명부터 10계명까지를 이루고 있습니다. 그러므로 이 세 가지를 하나씩 짚어 보겠습니다.

첫 번째로, '나는 여호와 하나님이다'라는 말씀입니다. 십계명뿐 아니고 구약성경 곳곳에 나옵니다. 예를 들어 레위기 19장 1-3절을 보면 "여호와께서 모세에게 말씀하여 이르시되 너는 이스라엘 자손의 온 회중에게 말하여 이르라 너희는 거룩하라 이는 나 여호와 너희 하나님이 거룩함이니라 너희 각 사람은 부모를 경외하고 나의 안식일을 지키라 나는 너희의 하나님 여호와이니라"라는 말씀이 있습니다. 4절 마지막에도 "나는 너희의 하나님 여호와이니라", 그리고 10절과 17-18절에도 "나는 하나님 여호와이니라"라는 표현이 반복됩니다.

여호와는 하나님이 자신의 이름으로 계시해 주신 이름입니다. 출애굽기 3장을 보십시오. 모세가 호렙 산에 다가갔을 때, 가시떨기 나무에 불이 붙어 있는 것을 보았습니다. 그러나 떨기나무는 타지 않고 불만 계속 붙어 있었습니다. 그러더니 "여기는 거룩한 곳이니 네 발에 신을 벗으라"라는 말씀을 듣게 되고, 여호와께서 모세와 애기를 하십니다. 모세는 이스라엘 민족을 이끌고 애굽을 나와

가나안으로 인도하라는 말씀을 듣습니다. 모세가 하나님께 묻습니다. "내가 이스라엘 자손에게 가서 이르기를 너희의 조상의 하나님이 나를 너희에게 보내셨다 하면 그들이 내게 묻기를 그의 이름이 무엇이냐 하리니 내가 무엇이라고 그들에게 말하리이까?"(출 3:13). 하나님은 모세에게 (우리말 번역으로는) "나는 스스로 있는 자이니라"라고 말씀하시고 "너는 이스라엘 자손에게 이같이 이르기를 스스로 있는 자가 나를 너희에게 보내셨다 하라"고 지시하였습니다. 하나님은 여기서 자신이 '스스로 있는 자', '여호와' 또는 '야웨'임을 보여 주셨습니다.

'스스로 있는 자'란 무슨 뜻입니까? 하나님은 전에도 계시고 지금도 계시고 그리고 영원토록 계실 하나님이시다, 과거와 현재와 미래에 '항상 계시는 하나님'이라는 것입니다. 우리의 머리로, 우리의 생각으로 지어 낸 하나님, 우리의 생각을 투영해서 상상으로 만들어 낸 하나님, 우리에 의존해서, 우리가 원하기 때문에 존재하는 하나님이 아니라, 우리의 원함이나 우리의 투영, 우리의 상상과 상관없이 현존하는 하나님이시라는 것입니다. 내가 원하든 원하지 않든, 내가 뭐라고 생각하든 뭐라고 생각하지 않든, 현존하시는 하나님, 계시는 하나님입니다.

그런데 우리에 의존하지 않고 언제나 같은 분으로 계시는 하나님을, 교회의 역사를 보면 오해하는 경우가 있었습니다. 하나님의 불변성, 영원성을 이 땅의 가변성과 시간성과 대비해 보는 것이지요. 우리 눈의 감각을 통해 보이는 것들은 모두 생성하고 변화하고 그리고는 결국 사멸하는 것들임에 비해 하나님은 불변하시고 단순하시고 한 분이시기 때문에 생성, 변화, 사멸에서 벗어나 있다고 생각한 것이지요. 하나님은 생성 변화하는 이 세계와는 상관없는, 초연한 존재라고 생각하는 관점이 생겼습니다. 이런 생각이 생기는 데는 생성과 존재, 수동과 능동을 대립시키는 그리스 철학 전통이 크게 기여했습니다. 생성 세계 배후에, 변화하지 않으면서 존재하는 신은 그러므로 고통받을 수도, 운동에 참여할 수도 없다고 본 것이지요. 그리하여 신은 모든 것을 움직이지만 스스로는 움직이지 않는 존재라는 관념이 형성됩니다. 그런데 출애굽기 3장을 보십시오. 그리스 철학자들이 그리는 신의 모습과는 다릅니다. "여호와께서 이르시되 내가 애굽에 있는 내 백성의 고통을 분명히 보고 그들이 그들의 감독자로 말미암아 부르짖음을 듣고 그 근심을 알고 내가 내려가서 그들을 애굽인의 손에서 건져내고 그들을 그 땅에서 인도하여 아름답고 광대한 땅, 젖과 꿀이 흐르는 땅 곧 가나안 족속, 헷 족속, 아모리 족속, 브리스 족속, 히위 족속, 여부스 족속의 지방에 데려가려 하노라."

　동사의 연계를 보십시오. '보고, 듣고, 알고, 내려가서, 건져내고, 인도하여, 데려가려 하노라.' 여기서 하나님은 역사의 뒷전에 숨어, 생성 변화하는 이 더러운 세상에서 몸을 더럽히지 않기 위해 초연히 계시는 분이 아니라, 고통받는 백성의 고통을 보고 듣고 같이 아파하고, 내려오고, 건져 주는, 역사에 참여하는 하나님입니다.[4] 하나님이 영원하시다는 얘기는, 어제나 오늘이나 내일이나 꼼짝도 하지 않으면서, 어제도 있었고 오늘도 있고 내일도 있을 것이라는 의미보다는, 어제나 오늘이나 내일이나 신실하시고 약속을 지키시고 그 백성들에게 관심을 갖는 일관된 하나님이라는 의미입니다. 하나님의 불변성은 존재론적으로 이해할 것이 아니라 철저하게 윤리적,

실천적으로 이해해야 합니다. 그리스도인이 믿는 하나님은 아리스토텔레스(Aristoteles)가 말한 '부동(不動)의 원동자(原動者)' 곧 자기는 까딱도 하지 않으면서 세계를 움직이는 그런 하나님이 아니라, 함께 움직이고, 함께 활동하고, 함께 뛰고, 함께 아파하고, 함께 역사에 참여하는 하나님입니다. 그러므로 '나는 스스로 있는 자다, 나는 야웨다'라는 말씀은, '나는 있겠다, 나는 현존하겠다', '나는 내 백성이 고통받는 그곳에 함께하겠다'라는 뜻으로 이해할 수 있습니다. 여호와 하나님, 야웨 하나님은 구원의 능력으로, 해방의 힘으로 고난의 현장, 역사의 현장에 동참하는 하나님입니다.

"사람은 생각하는 갈대"라는 말로 유명한 철학자 파스칼(Pascal)은 서른아홉 살의 젊은 나이에 죽었습니다. 파스칼이 죽은 뒤, 늘 입고 다니던 양복 주머니 안에서 실로 꿰매서 아무도 보지 못하게 해 놓은 물건 하나가 발견되었습니다. 나중에 뜯어 보니, 양피지에 자신의 신앙고백을 적어 놓은 것이었습니다. 제일 위에 '불', 그리고 '평화, 평화, 평화. 확신, 확신, 확신'을 적어 두고, 그 다음에 '아브라함의 하나님, 이삭의 하나님, 야곱의 하나님은 철학자와 지식인의 하나님이 아니다'라고 적어 두었습니다. '철학자와 지식인의 하나님'은 부동의 원동자, 제1원인, 최고 존재자와 같은 아리스토텔레스의 하나님입니다. 이 하나님은 절대 움직이면 안 됩니다. 하나님이 움직인다는 것은 사람과 같다는 것입니다. 움직이면 변하지요. 그렇기 때문에 하나님을 움직이지 않는 하나님으로 만들어 놓은 것입니다. 그래서 16, 17세기 서양 근대사상에는 소위 '이신론'(理神論, deism)이라는 게 생겼습니다. 하나님이 세상을 만든 다음에는, 이 세상을 자연법칙에 맡겨 놓고 세상 뒷전에 계신다는 사상입

니다. 그래서 데우스 오티오수스(Deus otiosus), '한가한 하나님'이
라고 부르게 된 것입니다. 그러나 성경에서 말하는 하나님은 그런
하나님이 아닙니다. 아브라함의 하나님, 이삭의 하나님, 야곱의 하
나님입니다.

성경에는 아브라함이 하나님을 확인해 가는 역사적 과정이 있습
니다. 이삭의 과정도 보십시오. 야곱도 그렇습니다. 야곱이 형 에서
를 피해 삼촌 라반의 집으로 떠날 때 벧엘 광야에서 경험한 하나님
과 몇 십 년 뒤 돌아올 때 경험한 하나님을 비교해 보면 아주 많이
다릅니다. 야곱이 벧엘에서 하나님을 경험했을 때만 해도 그분이
누구신지 잘 몰랐습니다. 그러나 훗날 얍복 강가에서 하나님과 투
쟁하고, 그래서 이스라엘이라는 이름을 얻고 나서야 야곱이 창세기
31장에서 고백한 하나님은 '엘 엘로헤 이스라엘'이었습니다. 그 전
까지만 해도 야곱에게 하나님은 "아브라함의 하나님, 나홀의 하나
님, 이삭의 하나님"이었습니다. 그렇게 하나님을 부르던 야곱이 나
중에는 단지 조상의 하나님일 뿐 아니라 자신의 하나님이라고 고백
합니다. 엘 엘로헤 이스라엘, '하나님은 이스라엘의 엘로헤', 곧
'야곱 자손의 하나님'이라고 고백합니다. 하나님을 이렇게 고백하
기까지는 역사적 과정이 개입됩니다. 이제 하나님은 자신과 언약을
맺는 백성에게 '아노키 야웨 엘로헤이카', '나는 야웨 너의 엘로힘',
'나는 주 너의 하나님'이라고 말씀하십니다.

두 번째로, 십계명이 주어지기 전에 하나님의 구원이 선행했다
는 사실입니다. 십계명은 출애굽기 20장에 있습니다. 그런데 그 전
19장까지를 한번 보십시오. 온갖 이야기가 다 나와 있습니다. 하나
님은 모세를 부르시고, 그를 세우셔서 바로에게 보냈습니다. 바로

의 마음을 강퍅하게 하셔서 바로가 쉽게 이스라엘 백성을 내보내지 않습니다. 이스라엘 백성들은 하나님이 자기 백성을 건지기 위해 애굽 사람들에게 재앙을 내리는 것을 보았습니다. 마지막 재앙 때 그들이 무엇을 경험했습니까? 애굽 사람들의 장자(長子)가 죽는 일이었습니다. 홍해를 건너는 경험을 했고 물과 만나와 메추라기의 기적도 경험했습니다. 온갖 이적과 기적, 하나님의 구원하시는 힘을 경험한 뒤, 하나님이 모세를 통하여 이스라엘 백성에게 십계명을 주시는 얘기가 나옵니다. 명령을 주시기 전에, 계명을 주시기 전에 하나님은 이스라엘 백성을 인도해 내시고 구원해 주셨습니다.

우리가 어떻게 살아야 할 것인지, 우리가 무엇을 지켜야 할 것인지를 말씀하시기 이전에 하나님이 건져내신 구원의 역사가 있습니다. 구원의 역사가 없다면 이 계명 자체가 구원에 이르는 길이어야 합니다. 그러나 하나님이 건져내시는 구원의 사건이 선행하고 나서 계명이 주어진 것입니다. 말하자면 윤리는 구원의 결과입니다. 구원은 윤리에 선행합니다. 이제 출애굽기 20장, 출애굽기 서론에서 이것을 분명하게 볼 수 있습니다. 하나님이 먼저 해방시켜 주시고, 그 다음 우리에게 해방받은 자가 어떻게 해야 할 것인지 말씀해 주십니다. 하나님의 구원이, 우리에게 그럴 만한 가치가 있어서 주어진 게 아니라는 점을 우리는 너무 잘 알고 있습니다. 이스라엘 백성들도 무슨 가치가 있었기 때문에 하나님이 택하시고 구원하신 것이 아닙니다. 이스라엘 백성들은 하나님의 온갖 구원에도 불구하고 하나님을 원망하고 모세에게 불평을 했습니다. 이스라엘 자손의 자질이나 도덕적 품성이나 인격을 보면 도무지 구원받을 만한 가치가 없습니다. 그럼에도 하나님은 이스라엘을 건지시고 돌보시고 인도

하셨습니다. 이스라엘 백성이 목이 곧고 완악했지만, 모세는 그럼에도 그들을 멸하지 말고 끝까지 인도해 달라는 중보 기도를 드렸습니다(신 9:26-28). 이스라엘 백성들이 의로워서가 아니라 하나님이 아브라함과 이삭과 야곱에게 하신 약속을 생각해 달라는 것이 첫째 이유이고, 믿지 않는 이방 백성들이 하나님을 조롱할까 두려운 것이 그렇게 기도한 둘째 이유였습니다.

세 번째로, 구원받은 백성들이 지켜야 할 게 무엇인지가 주어졌다는 것입니다. 앞서도 언급했듯이 하나님의 구원 다음에 따라오는 것이 윤리입니다. 고등종교와 일반 자연종교의 차이가 여기에 있습니다. 자연종교는 무엇을 할 것인지에 대해 별로 가르치지 않습니다. 어떻게 하면 복 받는가, 어떻게 하면 재앙을 면할 것인가에만 관심이 있습니다. 한국의 기독교가 무속화된다고 걱정하는 것은 바로 이런 자연종교화를 두고 말하는 것입니다. 하나님의 백성이 마땅히 지켜야 하고 절제해야 하고 따라야 할 것에 대해서는 무관심하면서, 복 받고 부자 되고 건강하게 되는 것에만 관심 두는 것, 그것을 우려해서 기독교가 무속화된다고 말하는 것이지요. 기독교는 결코 그런 종교가 아닙니다. 구원받은 백성이 반드시 지켜야 할 거룩한 삶에 대해서 관심을 가지고 있습니다.

거룩한 삶에 대한 관심은 다음 몇몇 성경구절에 확실하게 나타납니다. "너희는 거룩하라 이는 나 여호와 너희 하나님이 거룩함이니라"(레 19:2). "너희는 나에게 거룩할지어다 이는 나 여호와가 거룩하고 내가 또 너희를 나의 소유로 삼으려고 너희를 만민 중에서 구별하였음이니라"(레 20:26). 구약뿐 아니라 신약에서도 하나님의 백성에게 요구하는 것은 거룩입니다. "오직 너희를 부르신 거룩한 이처럼 너희도 모든 행실에 거룩한 자가 되라 기록되었으되 내가 거룩하니 너희도 거룩할지어다 하셨느니라"(벧전 1:15-16). 레위기의 말씀을 베드로는 그대로 반복합니다. 다시 베드로전서 2장에 가서도 같은 말을 하고 있습니다. "너희는 택하신 족속이요 왕 같은 제사장들이요 거룩한 나라요 그의 소유가 된 백성이니 이는 너희를 어두운 데서 불러내어 그의 기이한 빛에 들어가게 하신 이의 아름다운 덕을 선포하게 하려 하심이라"(벧전 2:9). 고난에 참여하는 하나님이 백성들을 불러내신 것은 그들을 거룩한 백성, 거룩한 나라로 만들기 위한 것입니다. 십계명의 의미를 우리는 여기서 찾아야 합니다.

이제 이어서 1계명부터 각 계명을 하나씩 생각해 보겠습니다.

1계명

1. "열 마디의 말"
2. 나 외에 다른 신을 두지 말라
3. 왜 우상숭배를 금하는가?

너는 나 외에는 다른 신들을 네게 두지 말라.
출 20:3

이스라엘아 들으라 우리 하나님 여호와는 오직 유일한 여호와이시니 너는 마음을 다하고 뜻을 다하고 힘을 다하여 네 하나님 여호와를 사랑하라.
신 6:4-5

어떤 구절도 십계명의 기초, 십계명이 서 있는 터전을 이 말씀만큼 잘 보여 줄 수는 없습니다. 이스라엘 백성들에게, 그리고 예수 그리스도를 통해서 우리 성도들에게 이 계명을 주실 때 무엇보다도 하나님은 우리와 언약 관계, 곧 하나님은 우리의 하나님이 되시고 우리는 하나님의 백성이 된다는 사실을 보여 주셨습니다.

우리가 누구입니까? 베드로전서 2장 10절의 말씀대로 "전에는 백성이 아니더니 이제는 하나님의 백성이요 전에는 긍휼을 얻지 못하였더니 이제는 긍휼을 얻은 자"입니다. 에베소서 2장 11-12절의 말씀을 따르자면 우리는 "그리스도 밖에 있었고 이스라엘 나라 밖의 사람"이요, "약속의 언약들에 대하여는 외인이요 세상에서 소망이 없"는 사람들이었습니다. 그리스어 한 단어로 말하자면 '아테오이'(*atheoi*), 영어로 하자면 '에이티이스츠'(atheists) 곧 '하나님 없는 사람', '하나님 바깥에 있는 사람'이었습니다.

장로교 첫 선교사였던 언더우드가 1890년 요코하마에 있는 인쇄소를 통해 출판한 최초의 영한사전을 보면 요즘은 '무신론자'로 번역하는 'atheisist'를 '하나님 없다 하는 이'라고 해 두었습니다.[1] 그런데 사실 이 말이 더 쉽지요? 원래 '아테오이'는 '하나님이 없는 사람들', '하나님 바깥에 있는 사람들'입니다. 하나님 바깥에, 하나님 없이 살던 사람들이 예수 그리스도를 통해 이제는 "외인도 아니요 나그네도 아니요 오직 성도들과 동일한 시민이요 하나님의 권속"(엡 2:19)이요, 이제는 "택하신 족속이요 왕 같은 제사장들이요 거룩한 나라요 그의 소유가 된 백성"(벧전 2:9)이 되었습니다. 출애굽기 19장 5절 말씀에 따르면 하나님의 '스굴라', 곧 하나님의 '소유', 하나님의 '보배로운 소유'입니다.

우리를 보배 삼으신 분, 우리를 그분의 백성으로 삼으신 분이 우리가 걸어가야 할 길을 보여 주신 것이 십계명입니다. 십계명은 하나님이 '애굽의 종살이'에서 해방시킨 사람들에게, (신약 교회의 용어로 말하자면) 예수 그리스도를 통하여 성령 안에서 죄와 어둠의 멍에에서 자유함을 입은 사람들에게 주신 삶의 길입니다. 그러므로 율법주의적으로 이 계명들을 이해해서는 안 됩니다. 이 계명들은 하나님의 은혜로 주신 것이요, 하나님의 은혜 가운데서 걸어갈 수 있는 길입니다.

1. "열 마디의 말"

십계명에서 계명이 모두 열 개라는 데는 논란이 없습니다. 하지만 무엇이 십계명이냐 하는 것은 전통에 따라 조금씩 다릅니다. 유대교 전통에서는 우리가 '십계명 서론'으로 다룬 내용을 1계명으로 삼습니다. 그래서 "나 외에 다른 신들을 네게 두지 말라"는 2계명이 되는 것이지요. 우상을 빚어 만들지 말라는 것은 2계명 속에 포함됩니다. 3계명은 "하나님의 이름을 망령되이 일컫지 말라"입니다. 우리가 사용하는 십계명과 동일합니다.

가톨릭에서는 유대교 전통처럼 십계명 서론을 포함해서 우리가 1계명이라 부르는 것을 1계명으로 삼고 곧장 "하나님의 이름을 망령되이 일컫지 말라"를 2계명으로 삼습니다. 우상을 만들지 말라는 것이 빠져 있습니다. 그러면 모두 9계명밖에 되지 않지요. 그래서 우리가 열 번째 계명으로 삼는 것을 둘로 나누어 "네 이웃의 집을 탐내지 말라"를 9계명으로, "네 이웃의 아내를 탐내지 말라"를 10

계명으로 삼습니다. 루터파 교회도 가톨릭에서 사용하는 십계명과 동일한 십계명을 사용합니다.

그러나 대부분의 개신교 교회와 그리스정교회 전통은 우리가 쓰고 있는 십계명과 비슷합니다. 정교회는 십계명 서론을 1계명에 포함시킨다는 것이 다를 뿐입니다. 십계명 서론을 칼뱅의 전통을 따르는 개혁주의 교회(장로교)를 포함해서 대부분의 개신교 전통에서 포함시키지 않는 이유는 그것이 명령의 형식이 아니기 때문입니다. 그러나 십계명의 기초로서 매우 소중한 것임은 말할 필요가 없습니다.

십계명은 두 돌판에 새겨졌다고 합니다. 두 돌판에 새겼다는 것을 두 가지로 이해할 수 있습니다. 하나는 조약을 할 때 문서를 두 부(部) 만드는 경우를 생각할 수 있습니다. 두 돌판에 계명의 내용을 각각 새겨 하나는 하나님 편의 문서로, 다른 하나는 우리 편의 문서로 보는 것입니다. 또 다른 하나는 하나님이 두 돌판에 새긴 것은 하나의 돌판에는 하나님과 관련된 것을, 다른 돌판에는 사람과 관련된 것을 명령했다고 생각할 수 있습니다. 이렇게 보는 것을 교회의 오랜 전통이 지지해 왔습니다. 계약 문서, 조약 문서로 보자면 전자가 옳다는 생각이지만, 굳이 뒤의 생각을 거부할 필요가 없습니다. 저도 후자에 따라 말씀드리겠습니다.

그런데 두 돌판에 계명을 나누어 새겼다는 것을 받아들인다 해도 논란이 없지 않습니다. 유대교 전통은 부모를 공경하라는 것까지를 포함하여 다섯 계명이 앞 돌판에 들어가고, 나머지는 두 번째 돌판에 새긴 것으로 생각합니다. 그 외의 전통은 안식일을 거룩하게 지키라까지를 넣고, 나머지를 두 번째 돌판에 새긴 것으로 생각합니다. 어떤 것이 어느 쪽에 있느냐는 사실 그렇게 중요하지 않습니다. 중요한 것은 왜 이렇게 나누어 계명을 주셨을까 하는 점입니다.

주기도문을 보십시오. 사실 주기도문도 두 부분으로 나누어져 있습니다. 주기도문에도 서론 같은 것이 있습니다. "하늘에 계신 우리 아버지여"라는, 기도를 시작할 때 누구에게 기도하는지를 보여 주는 부름이 있습니다. '하늘에 계신 분', 곧 우리와는 전혀 다른 분이고 비교할 수 없고 그런 의미에서 도무지 가까이 다가갈 수 없는 분이면서도, 그분의 아들이신 예수 그리스도를 통해 우리가 비로소 '아버지'라 부를 수 있는 분에게 기도를 드린다는 말입니다.

주기도문의 내용을 크게 두 부분으로 나눌 수 있습니다. "이름이 거룩히 여김을 받으시오며", "나라이 임하옵시며", "뜻이 하늘에서 이룬 것같이 땅에서도 이루어지이다." 이것이 첫 번째 기도 내용입니다. 아버지의 이름이 거룩해지고, 아버지가 다스리는 나라가 이 땅에 오고, 아버지가 원하시는 뜻이 하늘에서 이루어진 것같이 땅에서 이루어지기를 비는 것이지요. 신학자들은 이 기도를 일컬어 '당신에 대한 기도'(*Du-Bitten*, Thou-petitions)라고 부릅니다.²⁾ 아버지의 이름, 아버지의 나라, 아버지의 뜻에 관한 것이기 때문입니다.

그 다음, "일용할 양식을 우리에게 주옵시고", "우리가 우리에게 죄 지은 자를 사하여 준 것같이 우리 죄를 사하여 주옵시고", "우리를 시험에 들게 하지 마옵시고"라는 것이 두 번째 기도 내용입니다. '우리'라는 말이 세 번이나 나오지요? 그래서 이것을 신학자들은 '우리에 대한 청원'(*Wir-Bitten*, We-Petitions)이라고 합니다. 이렇게 하나님 아버지의 나라와 통치에 대한 기도와 우리의 연약성과 필요에 대해 기도하는 것이 주기도문의 내용입니다. 먼저 하나님에 관한 것을 기도하고, 그 다음에는 우리의 실존적 조건과 우리 삶의 조건에 관한 기도를 드립니다. 십계명도 하나님에 관한 명령이 먼저이고, 그 뒤를 이어 이웃에 대해 어떻게 해야 할 것인지가 따라옵니다.

이처럼 주기도문과 십계명이 나누어진다는 사실에는 어떤 의미가 있습니까? 주기도문만 가지고 생각해 봅시다. 우리가 하나님 앞에 기도하도록 예수님이 가르치실 때, 예수님은 분명히 우리의 먹고사는 일, 우리의 일상생활에 대해서 기도하도록 가르치신 것이지요. 어떻게 생각해 보면 먹고사는 일 같은 별로 중요하지 않은 문제를 가지고, 예수님이 왜 기도까지 하라고 그러셨나 하는 의문이 들 수 있습니다. 그렇게 기도하라고 말씀하시고 나서야 우리의 죄를 용서해 달라고 기도하라 하셨고, 그리고 죄에 빠지지 않도록, 시험에 들지 않도록 기도하라고 가르치셨습니다. 예수님은 우리의 일상적 삶을 매우 중요하게 생각하고, 거기서 부딪히는 문제를 하나님께 맡기고 기도하도록 가르쳤습니다.

하지만 그 기도 전에 먼저 드려야 할 기도가 있습니다. 하나님의 이름이 거룩해지기를 구하고, 하나님 나라가 이루어지기를 바라고, 하나님의 나라 안에서 하나님의 뜻이 이루어지기를 먼저 기도해야 합니다. 이런 사실만 보아도 주기도문은 '하나님 중심의 기도'라고 말할 수 있습니다. 우리가 기도할 때 늘 우리의 일용할 양식, 우리의 직장, 우리의 일, 우리의 가족 등 '우리'에 대해서만 관심을 갖고 기도하지만, 예수님은 무엇보다도 하나님이 하나님으로 인정받으시고 그분의 통치가 이루어지는 공동체가 형성되고 그 공동체 안에서 하나님이 원하시는 뜻이 이루어지도록 기도할 것을 가르치셨습니다. 그러고 나서 우리의 일용할 양식과 우리의 죄사함을, 그리고 날마다 우리를 엄습하고 사로잡는 죄에서, 시험에서 우리를 건져 달라고 구하는 기도를 하게 하신 것입니다. 마찬가지로 십계명을 시작할 때도 먼저 하나님에 대해서 우리가 무엇을 할 것인지, 하나님의 위엄과 하나님의 권위를 우리가 어떻게 높여 드려야 할 것인지를 가르치고 나서, 사람에 대해서 무엇을 할 것인지 가르치고 있습니다.

그러면 왜 그렇게 하셨을까요? 하나님은 하나님이시기 때문에 마땅히 하나님께 드려야 할 영광과 경배를 받으시고자 하기 때문이라고 하면, 아마도 가장 쉬운 답이 되겠지요. 그런데 그뿐일까요? 이 계명들의 순서를 바꾸어서 처음에 사람에 대한 것부터 시작한다면, 예를 들어 1계명을 '부모를 공경하라'로 한다면 이해하기가 쉬울 것입니다. 유교에서 가장 중요하게 생각하는 것을 한마디로 요약하면 '효제충신'(孝悌忠信)입니다. 집에서는 부모에게 효도하고 형제간에 우애 있게 살고, 밖에서는 사람들에게 마음을 다해 성실하게, 믿음을 갖게 하도록 살라는 말입니다. 가까운 곳에서부터 출발하는 방식입니다. 십계명도 그렇게 할 수 있지 않았을까요? 먼저 가까운 관계에서 시작해 점점 멀리 나아가는 방법 말이지요. 부모를 공경하라고 한 다음 살인하지 말라, 간음하지 말라, 도둑질하지 말라, 거짓 증거하지 말라, 그리고 네 이웃의 남종이나 여종이나 무엇이든 탐내지 말라 이렇게 가르친 뒤, 그 다음에 하나님을 어떻게 섬기라고 가르쳐도 될 것 같은데, 순서를 보면 하나님에 관한 사항이 먼저 나와 있습니다. 왜 그렇습니까? 하나님을 제대로 알고 바로 섬기지 못하면 부모도 제대로 섬길 수 없고, 이웃을 미워하지 않을 수 없고, 간음하지 않을 수 없고, 또 거짓 증거하지 않을 수 없고,

탐내지 않을 수 없기 때문입니다. 하나님을 사랑하고 하나님을 아는 것이 먼저이고, 그것이 전제 조건이 되어서 비로소 사람에 대한 규칙도 지킬 수 있다는 것입니다.

호세아서가 이것을 잘 보여 줍니다. 호세아 선지자가 외친 것, 호세아서의 중요한 주제 중 하나가 하나님을 아는 지식이 이스라엘 백성 가운데 없다, 이스라엘 백성들이 하나님을 알지 못한다는 것이었습니다. 이스라엘 백성들이 하나님을 모르기 때문에, 기억하지 않고 망각하기 때문에, 이제 그 이스라엘을 하나님이 버리시겠다는 내용입니다. 그러면서도 하나님이 끝까지 이스라엘을 보호하시고 사랑하시는 모습을 볼 수 있습니다.

호세아서 4장을 보십시오. "이스라엘 자손들아 여호와의 말씀을 들으라 여호와께서 이 땅 주민과 논쟁하시나니 이 땅에는 진실도 없고 인애도 없고 하나님을 아는 지식도 없고"(호 4:1). 여기 "진실도 없고 인애도 없고"라는 말이 있습니다. 이 '진실과 인애'는 시편에 자주 나옵니다. 진실을 히브리어로는 '에메트'라고 하고, 인애는 히브리어로 '헤세드'라는 말인데, '에메트 워 헤세드', '진실과 인애'라는 이 말은 하나님의 신실하심을 나타내는 말로 항상 붙어다닙니다. 그런데 너희 속에는 그런 진실도 없고 인애도 없고 하나님을 아는 지식도 없다는 것입니다.

그런데 하나님을 아는 지식이 없다는 것은 도대체 무엇을 보고 하는 말일까요? 2절을 보십시오. "오직 저주와 속임과 살인과 도둑질과 간음뿐이요 포악하여 피가 피를 뒤이음이라." 하나하나 정확하게 일대일 대응관계를 찾을 수 없지만 십계명의 내용이 이 속에 담겨 있습니다. 저주라는 것은 무엇입니까? 다른 사람들을 미워하고, 그 사람이 나쁘게 되기를 바라는 것이지요. 속임은 거짓입니다. 거짓 증거나 거짓말하는 것을 말합니다. 살인, 도둑질 그리고 간음이 나옵니다. 십계명 후반부의 간음하지 말라, 살인하지 말라, 거짓 증거하지 말라, 이웃의 것을 탐내지 말라와 비슷한 것들입니다.

이스라엘 백성들이 하나님을 모른다 하는 것은, 그들이 거짓을 행하고 살인을 행하고 간음하고 포악하여 피가 뒤이음을 볼 때 뚜렷하게 보입니다. 하나님에 대한 지식이 있는지 없는지를 시험지에 써서 물을 수 없습니다. 예를 들어 삼각형이 세모난 도형을 말하는 것인 줄 아는지 모르는지는 삼각형을 보여 주면서 무슨 도형인지 물어 보면 됩니다. 하나님에 대한 지식도 그렇게 할 수 있습니까? 하나님은 무한하시다, 유한하시다, 이 중에 어느 답이 맞는지 물어 보고, 무한하다고 답하면 하나님을 아는 것이고, 유한하다고 말하면 모르는 것일까요? 하나님은 이렇게 아는 것이 아니지요. 오히려 어떻게 사는지, 이웃에 대해서 어떤 일을 하는지를 통해서 하나님을 아는지 모르는지가 드러난다는 것이 호세아의 가르침입니다. 이웃에 대해서 어떻게 하는가는 결국 그 사람의 하나님에 대한 지식에 달려 있기 때문입니다. 하나님을 모르면 필연적으로 하나님이 금하신 일을 이웃에게 행하게 되어 있습니다.

하나님에 대한 지식이 사람에게 어떻게 행동해야 하는지의 지식보다 선행됩니다. 그런데 하나님에 대한 지식이 있는지 없는지는 입으로 하는 말에 달려 있지 않고 실제 살아가는 모습으로 알 수 있습니다. 삶과 행동은 그가 어떤 사람인지, 어떤 생각을 하는지, 무엇을 가치 있게 생각하는지, 무엇을 지향하는지 등을 통해 나타납니다. 하나님을 아는 지식은 단지 '하나님은 창조주시다, 하나님은 나의 구원자시다, 하나님은 지금도 이 세상을 보호하고 섭리하시는 분이시다' 정도로 말하는 것이 다가 아니라, 하나님이 하시는 일들에 관심을 두고 하나님께 마땅히 드려야 할 경배를 드리는 것까지 포함합니다. 즉 이론적인 지식, 실천적인 지식, 심지어 경건의 지식까지 그 모든 것을 포함하는 것입니다.

2. 나 외에 다른 신을 두지 말라

이제 1계명의 내용을 살펴보겠습니다. 1계명은 "너는 나 외에는 다른 신들을 네게 두지 말라"입니다. 무슨 말입니까? 무엇을 금하고 있는지 먼저 생각해 보십시오. 하나님 외에 다른 신들을 두지 말라는 것입니다. 하나님이 아닌 다른 신이 무엇입니까? 우상이지요. 눈에 보이는 것뿐만 아니라 눈에 보이지 않는 것조차 우리가 그것을 하나님으로 삼는다면 그것이 우상입니다. 그렇다면 1계명은 2계명과 서로 혼동되지 않느냐고 물을 수 있습니다. 1계명과 2계명의 차이를 우선 확인해 두고, 1계명의 내용을 살펴보겠습니다.

2계명은 "너를 위하여 새긴 우상을 만들지 말고 또 위로 하늘에 있는 것이나 아래로 땅에 있는 것이나 땅 아래 물속에 있는 것의 어떤 형상도 만들지 말며 그것들에게 절하지 말며 그것들을 섬기지 말라"(출 20:4-5)입니다. 2계명도 우상숭배하지 말라는 것을 명하고 있습니까? 어떤 차이가 있습니까?

1계명은 "나 이외에 다른 신들을 네게 두지 말라"는 것이고 2계명은 어떤 형상을 만들어 섬기지 말라는 것입니다. 하나님을 나타내는 어떤 모양, 그것이 하늘에서 가져온 것이든, 땅에 있는 것이든,

물속에 있는 것이든 간에 어떤 모양으로든 하나님을 만들지 말라는 것입니다. 다시 말해 하나님의 모양을 사람들이 눈으로 볼 수 있게 만드는 일을 금지하는 것입니다.

하나님이 아닌 다른 신을 경배하는 행위, 곧 우상숭배 금지는 1계명의 내용입니다. 2계명은 우상숭배에 관한 것이 아니라 하나님을 어떤 상(像)으로 만들어서 표현하려는 일을 금지하고 있습니다. 칼뱅이나 다우마(J. Douma)는 이 해석을 지지합니다.[3] 「하나님을 아는 지식」을 쓴 제임스 패커(James Packer)도 2계명을 이렇게 이해하고 있습니다.[4]

그런데 무엇이 우상입니까? 어떻게 하는 것이 우상을 숭배하는 것입니까? 성경에 우상숭배하는 모습이 많이 보입니다. 가장 자주 등장하는 우상숭배는 바알 숭배입니다. 이스라엘 백성들이 가나안에 정착한 뒤로는 곧장 바알 숭배를 하게 됩니다. 사사기 2장 11절을 보면 "이스라엘 자손이 여호와의 목전에 악을 행하여 바알들을 섬기며"라고 적혀 있습니다. '바알들'이라고 복수형으로 되어 있습니다.

바알은 남자 신이고 아스다롯은 여자 신입니다. 그리스 신들이나 고대 근동의 신들을 보면 다 남신과 여신으로 나누어져 있습니다. 바알과 아스다롯은 농사의 신입니다. 비를 내리고 바람을 보내고 햇볕을 쬐고 그래서 풍년이 오도록 도와주는 신입니다. 농사를 지어 살아야 하는 사람들에게는 햇볕이 쨍쨍 비치고 비가 제때 와서 수확을 많이 거두는 것이 가장 중요한 일이었습니다. 그러니 농사를 잘 짓도록 도와주는 신을 섬기는 것입니다. 바알은 '주인'이라는 뜻입니다. 가나안 사람들이 섬겼고 이스라엘 사람들조차 섬기는 신이 곧 '주인'이라는 이름을 가진 바알이었습니다. 먹고살아야 하는 연약한 사람들이, 자기들을 도와줄 수 있는 신을 만들어 놓고 그 신에게 경배하는 것이 우상입니다. 고대 세계에서 우상은 주로 자연의 힘을 절대화한 것입니다. 제우스는 하늘과 번개의 신이고 포세이돈은 바다의 신인 것처럼 말이지요.

고대인들이 자연현상을 신격화한 것을 그렇게 낯설게 볼 필요는 없습니다. 가만 생각해 보면 왜 사람들이 해를 섬기고 달을 섬기고, 하늘의 신과 땅의 신들을 만들었는지 이해할 수 있습니다. 해가 없다고 생각해 보십시오. 그러면 식물이 자랄 수 없고 동물도 살 수 없습니다. 이 세상 모든 생물은 해 없이는 생육이 가능하지 않습니다. 탄소동화작용도 할 수 없을 것이고, 물도 생산될 수 없습니다. 그러면 우리가 도저히 살아갈 수 없겠지요. 하나님이 지으신 것 중에 해만큼 은덕을 베푸는 것도 없습니다. 그렇게 해서 해가 곧 신이 되는 것이지요. 해를 숭배하는 종교가 그래서 나옵니다. 알고 보면 태양은 수소 덩어리입니다. 수소가 계속 폭발하면서 열과 빛을 유지합니다. 그런 수소 덩어리를 사람들이 오랫동안 섬겼습니다. 그런데 그 수소 덩어리는 하나님이 만드셨습니다. 하나님이 그 수소 덩어리를 통해서 그 많은 은덕을, 많은 사랑을 베풀어 주신다는 것을 모르면 해를 숭배할 수밖에 없습니다.

사람의 힘도 우상이 될 수 있습니다. 하박국서 1장 11절을 보면 "그들은 자기들의 힘을 자기들의 신으로 삼는 자들이라 이에 바람같이 급히 몰아 지나치게 행하여 범죄하리라"라는 말씀이 나옵니다. 사람의 힘을 신으로 삼았다는 말입니다. 그런데 그들이 누구입니까? 6절을 보면 "보라 내가 사납고 성급한 백성 곧 땅의 넓은 곳으로 다니며 자기의 소유 아닌 거처들을 점령하는 갈대아 사람을 일으켰나니"라고 되어 있습니다. 갈대아 사람은 지금 이란 지역 사람들입니다. 그 사람들은 자기들이 가진 힘, 자기들의 무력을 믿는다고 했습니다. 사람이 가진 힘, 완력을 신으로 생각하는 것이지요.

우상은 이렇게 자연의 힘을 신격화한 것일 수 있고 사람의 힘이 될 수도 있고 사람이 좋아하는 것, 사람이 따르는 것이 될 수도 있습니다. 재물이 우상이 될 수 있고(마 6:24), 탐심도 우상이 될 수 있습니다(골 3:5). 먹는 것이 우상이 될 수도 있습니다(빌 3:19). 이런 배경에서 보면 사람들이 자연의 힘, 풍요의 신을 우상으로 삼을 수 있다는 것을 충분히 이해할 수 있습니다. 나무나 돌로 만들어진 것은 하나의 상징입니다. 절에 다니는 사람에게 왜 부처상 앞에 절을 하는지 물어 보십시오. 부처상을 신이라 생각하여 절하는 것이 아닙니다. 불자들도 벽에 그려 놓거나, 법당에 만들어 놓은 그 부처가 무슨 힘을 발휘한다고 생각하지 않을 것입니다. 우상이 되는 것은 일차적으로는 상으로 만든 것이 아니라, 상으로 표현하도록 그 배후에 자리 잡고 있는 힘입니다. 그게 자연의 힘일 수도 있고, 사람의 힘일 수도 있고 돈이나 탐심일 수도 있습니다.

중요한 것은 궁극적으로 우리가 누구를 신뢰하며 누구를 믿는가 하는 것입니다. 그 궁극적인 것이 곧 우리에게 신이 됩니다. 하나님께 절대적 신뢰를 둔다면 참된 신앙이고 그 외의 다른 것에 둔다면 잘못된 신앙이라고 루터는 생각합니다. 다시 말해 하나님 대신, 혹은 하나님과 나란히 우리 자신을 맡길 그 무엇을 만들어 내면 그것이 곧 우상이고 그것에게 마음을 바치면 우상숭배라는 것입니다.

그런데 대개 우상숭배라고 하면 하나님과 대적해서 하나님 없이, 하나님 대신에 하나님 자리에 놓을 무엇을 가지는 것만 생각합니다. '나 외에'라고 하는 말을 '하나님과 대적해서'라는 말로 읽을 수 있습니다. 그러나 성경에 보면 그렇지만은 않습니다. 하나님을 믿으면서도, 하나님과 나란히 우상숭배도 할 수 있습니다. '나 외에'라는 말이 '하나님과 나란히, 하나님 곁에'라는 뜻이 될 수도 있습니다. 또 '하나님 면전에서'라는 뜻도 됩니다.

출애굽기 20장 3절을 다시 봅시다. "너는 나 외에는 다른 신들을 네게 두지 말라." 여기서 우리말 성경에 '나 외에'라고 번역된 말, '알 파나이'(*al panay*)는 방금 말한 세 가지 번역이 다 가능합니다. '파나이'라는 말 속에는 '파님'(*panim*)이라는 말이 들어 있습니다. '얼굴'이란 뜻입니다. 그래서 '알 파나이'는 '내 얼굴 앞에서', '내 면전에서'라는 뜻으로 읽을 수 있습니다. "내 얼굴 앞에서 네가 다른 신을 두지 말라"는 것입니다. 그래서 사람들이 하나님 면전은 아니지만 그 뒤에서 다른 신을 두려고 할 수도 있습니다.

이 점이 그리스도인이 늘 깨어 있어야 할 이유입니다. 하나님을 믿으면서도 하나님과 나란히 우상을 섬길 수 있기 때문입니다. 하나님을 믿고 하나님께 맡긴다고 하면서도 사실은 하나님께 우리의 모든 것을 맡기지 않고 다른 어떤 대상에 맡길 경우를 말하는 것입니다. 내 생각에 맡기거나 재산에 맡기거나 자식에 맡기거나 어떤 다른 것에 나를 맡길 수 있기 때문입니다. 이것이 우상숭배이고 1계명을 어기는 것입니다.

요한일서 5장 4절을 보면 "무릇 하나님께로부터 난 자마다 세상을 이기느니라 세상을 이기는 승리는 이것이니 우리의 믿음이니라"라고 했습니다. 예수 그리스도에 대한 우리의 믿음, 예수 그리스도가 하나님의 아들이심을 믿는 자가 세상을 이기는 자라는 이 믿음으로 인해서 우리가 세상을 이긴다는 것을 가르치고 나서, 즉 어떤 것도 우리를 엄습할 수 없고 우리를 지배할 수 없다는 것을 가르치고 나서 요한일서 5장 21절에서 요한 사도는 이렇게 말합니다. "자녀들아 너희 자신을 지켜 우상에게서 멀리하라." 우리가 예수를 믿는다고 하면서, 예수를 따른다고 하면서도 얼마든지 우상을 섬길 수 있음을 경고한 것입니다.

왜 그렇습니까? 하나님을 믿는 믿음이 있다고 하면서도 우상을 섬길 수 있는 것은 항상 세상을 사랑할 가능성이 있다는 것입니다. 그것은 요한일서 2장 15-16절에 잘 나타나 있습니다. "이 세상이나 세상에 있는 것들을 사랑하지 말라 누구든지 세상을 사랑하면 아버지의 사랑이 그 안에 있지 아니하니 이는 세상에 있는 모든 것이 육신의 정욕과 안목의 정욕과 이생의 자랑이니 다 아버지께로부터 온 것이 아니요 세상으로부터 온 것이라." 우상숭배의 본질은 하나님이 아닌 세상, 혹은 세상에 있는 것을 사랑하는 것입니다.

3. 왜 우상숭배를 금하는가?

"너는 나 외에는 다른 신들을 네게 두지 말라." 여기서 질문이 하나 생깁니다. '나 외에 다른 신을 두지 말라'는 '나 외에 다른 신이 있다'는 것이 전제되지 않았는가 하는 점입니다. 다른 신이 없다면, 하나님이 다른 신을 두지 말라고 말씀하실 필요가 없을 것이란 말이지요. '과연 하나님 외에 다른 신이 있는가?' 하는 질문이 그래서 당연히 생깁니다.

많은 사람들이 이스라엘은 유일신론이 아니라 최고유일신론(henotheism)이었다고 말합니다. 이스라엘 백성들은 '천상천하에 오직 하나님 한 분밖에 없다'고 생각하지 않고 오히려 '이스라엘 백성에게는 이스라엘의 신이 있고, 모압에는 모압의 신이 있고, 에돔 사람에게는 에돔 사람의 신이 있다. 그런데 이스라엘이 섬기는 하나님은 최고의 하나님이다. 그러므로 이스라엘 백성은 여호와 하나님 한 분만 섬겨야 한다' 이렇게 가르쳤다는 것입니다. 유일신론은 영어로 'monotheism', 즉 하나님(*theos*)이 한 분(*monas*)밖에 없다는 것입니다. 그와 구별해서 각 민족마다 각각 한 신을 섬기되, 이스라엘의 하나님이 신 중의 신, 곧 최고유일신이란 의미에서 최고유일신론을 말하는 것입니다. 출애굽기 15장 10장을 보십시오. "여호와여 신 중에 주와 같은 자가 누구니이까 주와 같이 거룩함으로 영광스러우며 찬송할 만한 위엄이 있으며 기이한 일을 행하는 자가 누구니이까"라고 하나님을 찬양하고 있습니다. 하나님은 신들 가운데 최고신으로 생각할 수 있습니다. 성경을 자세히 보면, 사실 신이라고 부를 수 있는 존재는 오직 하나님밖에 없다고 가르치고 있습니다. 이런 가르침을 바탕으로 '하나님 외에 다른 신이 있는가?'라는 질문에 대해서 어떻게 대답할 수 있겠습니까? 없다고 해야 합니다. 하나님 외에 다른 신은 없다. 이것이 성경 전체의 답입니다. 그럼에도 하나님 외에 다른 신이 없다면 왜 1계명에서 '나 외에 다른 신들을 네게 두지 말라'고 명령했는지 의문이 생깁니다.

다시 묻습니다. 하나님 외에 다른 신이 있습니까? 없습니다. 그런데 왜 다른 신을 섬기지 말라고 하십니까? 인간이 그런 신을 만들기 때문입니다. 이 점을 잘 알아야 합니다. 실제로는 하나님 외에 다른 신이 없지만, 사람들이 그런 신을 만들어 냅니다. 원래 신이 아닌 것을, 우리가 생각으로 섬기기 때문에 그야말로 그 신들은 '만들어 낸 신들'입니다. 그 신을 섬기는 것이 우리의 본성이요, 우리라는 존재라는 것이 1계명의 전제입니다.

솔로몬을 보십시오. 이스라엘 왕 중에서 가장 지혜로운 왕이었습니다. 솔로몬은 하나님이 무엇이든 구하라 하셨을 때, 부나 권력, 명예를 구하지 않고 지혜를 구했습니다. 왜냐하면 지혜는 통치자에게 가장 필요한 덕목이기 때문입니다. 성경에서 지혜라는 말은 선과 악, 옳고 그름을 구별하는 능력입니다. 좋은 통치자가 되려면 우선 법을 올바르게 채택할 수 있어야 하고, 무엇이 옳은지 무엇이 그른지 잘 가려낼 수 있어야 합니다. 재판관으로서의 역할, 통치자로서의 역할을 하려면 옳고 그름을 잘 구별해야 합니다. 그래서 솔로몬은 다른 어떤 것보다도 통치자의 덕목인 지혜를 구했습니다. 그래서 지혜가 다른 어떤 왕보다, 다른 어떤 사람보다 뛰어나다는 칭찬을 받았습니다. 그에게 하나님은 지혜뿐 아니라 다른 것도 충분하게 채워 주셨습니다.

그러나 솔로몬은 말년에 비참한 사람이 되었습니다. 지혜가 어두워진 사람의 말로가 어떤지를 솔로몬에게서 볼 수 있습니다. 젊을 때는 총명하고 신앙생활 잘하다가 나이 들어 곁길로 가는 사람들의 반면교사가 솔로몬입니다. 솔로몬이 나이가 들면서 아버지 다윗이 품었던 여호와를 경외하는 마음을 버렸습니다. "솔로몬 왕이 바로의 딸 외에 이방의 많은 여인을 사랑하였으니 곧 모압과 암몬과 에돔과 시돈과 헷 여인이라 여호와께서 일찍이 이 여러 백성에 대하여 이스라엘 자손에게 말씀하시기를 너희는 그들과 서로 통혼하지 말며 그들도 너희와 서로 통혼하게 하지 말라 그들이 반드시 너희의 마음을 돌려 그들의 신들을 따르게 하리라 하셨으나 솔로몬이 그들을 사랑하였더라"(왕상 11:1-2). 솔로몬이 얼마나 지혜와 반대되는 어두움에 빠졌는지 보여 줍니다.

이스라엘 백성은 엄격한 의미에서 순혈주의자들은 아니었습니다. 이스라엘은 사실은 혈통보다 하나님과의 언약, 하나님과의 계약으로 형성된 공동체입니다. 그러므로 그들에게는 생물학적 순종(純種)이 중요한 것이 아니라 '역사'가 중요했습니다. 사건에 참여하고, 공동 기억 속에 담아, 삶을 살아가는 일이 그들에게는 값진 것이었습니다. 순혈주의에 근거한 공동체였다면 이방인은 포함되어서는 안 됩니다. 그런데 보십시오. 예수님의 족보에 등장하는 여인들 가운데 가나안 땅 기생 라합과 다윗의 할머니가 된 모압 여인 룻이 있습니다. 그러니 이방 민족과 결혼을 금하신 것은 피의 순수성, 곧 순혈주의에서 비롯된 것이라기보다는 다른 민족들이 섬기는 신들이 이스라엘에 들어와서 이스라엘 백성들이 그 신들을 섬길 가능성이 있었기 때문입니다.

그런데 "솔로몬이 그들을 사랑하였더라", 곧 솔로몬이 다른 민족의 여자들을 좋아하게 되었다고 성경은 말합니다. 그 다음 구절을 보십시오. "왕은 후궁이 칠백 명이요 첩이 삼백 명이라 그의 여인들이 왕의 마음을 돌아서게 하였더라 솔로몬의 나이가 많을 때에 그의 여인들이 그의 마음을 돌려 다른 신들을 따르게 하였으므로 왕의 마음이 그의 아버지 다윗의 마음과 같지 아니하여 그의 하나님 여호와 앞에 온전하지 못하였으니"(왕상 11:3-4). 솔로몬이 여호와 하나님을 섬기지 않은 것이 아닙니다. 솔로몬은 분명히 하나님을 섬기고, 여호와께서 하나님이심을 알았습니다. 그런데 하나님을 섬기면서, 그 곁에 다른 신들을 두게 된 셈이지요.

솔로몬의 죄에 대해서 열왕기상 11장 5-6절은 좀더 구체적으로 설명합니다. "이는 시돈 사람의 여신 아스다롯을 따르고 암몬 사람의 가증한 밀곰을 따름이라 솔로몬이 여호와의 눈앞에서 악을 행하여 그의 아버지 다윗이 여호와를 온전히 따름같이 따르지 아니하고." 여기서 '온전히'라는 말은 오직 하나님만 따르는 것을 말합니다. 산상설교를 보면 "하늘에 계신 아버지께서 온전하신 것같이 너희도 온전하라"(마 5:48)라고 하십니다. 온전하다는 것은 완전한 사람이 되라는 의미보다는 처음부터 끝까지 일관되라는 말입니다. 한 분 하나님을 섬겼으면 처음부터 끝까지 한 하나님을 섬겨야 하는데, 솔로몬은 말년에 다른 신을 섬겼습니다. 그것을 일컬어 성경은 온전치 못했다고 이야기하고 있습니다.

열왕기상 11장 7-8절에는 이어서 이렇게 적혀 있습니다. "모압의 가증한 그모스를 위하여 예루살렘 앞산에 산당을 지었고 또 암몬 자손의 가증한 몰록을 위하여 그와 같이 하였으며 그가 또 그의 이방 여인들을 위하여 다 그와 같이 한지라 그들이 자기의 신들에게 분향하며 제사하였더라." 이스라엘에 여호와 하나님 외에, 솔로몬 왕 때문에 들어온 신들의 이름만 살펴보십시오. 원래 가나안 땅에 바알이 있었지요, 그 다음에 시돈 사람의 여신 아스다롯이 들어왔습니다. 그 다음에 밀곰이 들어왔고, 모압 사람이 섬기던 그모스, 또 암몬 자손들의 몰록(이 신 앞에는 어린아이를 제물로 바쳤습니다)이 들어왔습니다. 온갖 신이 이스라엘에 다 들어오게 되었습니다. 솔로몬이 아무리 지혜로웠다고 하지만 말년에는 결국 여자들 때문에 온갖 우상이 이스라엘에 들어오게 되어 이스라엘 백성들이 하나님을 섬기는 마음을 빼앗아 갔습니다.

그런데 사람들이 신을 만들어 내고, 신을 섬기는 이유가 무엇입니까? 우상숭배의 근원이 무엇인가 하는 질문입니다. 사람의 연약성 때문입니다. 사람은 우선 신체적으로 연약합니다. 신체를 연장해서 많은 기술을 창안했습니다. 눈을 더 늘려서 망원경도 만들고, 현미경도 만들었습니다. 손을 늘려 수많은 건설 장비도 만들었습니다. 날개는 없지만 비행기를 만들어 날아다닙니다. 다리 힘은 제한되어 있지만 자동차를 만들어 빠르게 달립니다. 그러나 역시 인간 신체의 힘에는 한계가 있습니다. 인간의 지적 능력도 제한이 있습니다. 무엇보다도 미래를 볼 수 없습니다. 일기예보를 할 수 있고, 투표 동향도 분석할 수 있지만, 당장 한 시간 뒤에 무슨 일이 일어날지 잘 모릅니다. 세계에 유명한 정치학자가 많고, 외교에 정통한 사람도 많지만 1991년에 소련이 무너질 거라고는 아무도 예측하지 못했습니다. 남북한 관계가 어떻게 될지, 언제 통일이 될지 아무도 모릅니다. 그런데 인간에게는 미래를 예측하지 못하면서도 자신의 존재를 유지하고 미래를 보장하고픈 욕망이 있습니다. 그래서 보험에도 가입하고, 미래를 준비하는 것이지요. 우상을 만들어 내는 것은 인간의 연약성과 삶의 보장에 대한 욕망 때문이라고 할 수 있습니다.

그러나 저는 이것이 우상숭배의 유일한 이유라고 생각하지 않습니다. 우상숭배의 근원은 사실 하나님이 우리에게 심어 두신 하나님에 대한 동경, 하나님에 대한 그리움 때문이라고 해야 할 것입니다. 칼뱅은 「기독교 강요」 1권 초반부에서 우리 마음속에 '종교의 씨앗'(semen religionis)이 뿌려져 있다고 말합니다. 다른 말로는 '신에 대한 의식'(sensus divinitatis)이라고 합니다. 영국의 기자요 문필가였던 G. K. 체스터튼(Chesterton)은 "사창가 문을 두드리는 사람은 누구나 하나님을 찾고 있다"(Every man who knocks on the door of a brothel is looking for God)고 말했다고 합니다(체스터튼이 정말 이렇게 말했느냐에 대해서는 논란이 있습니다).[5] 어떤 분들은 반대하겠지요. 하나님께 등을 돌린 사람이나 사창가를 찾는 것이지 어떻게 사창가에서 하나님을 찾겠느냐고 말이지요. 옳은 말입니다. 그러나 그렇게 생각하는 것은 인간의 깊은 내면을 아직 들여다보지 못한 것입니다. 인간에게는 근본적으로 희망과 두려움이 있습니다. 두려움은 피하고자 하고 희망은 쟁취하고자 합니다. 그러나 대부분 이것은 빗나가고 맙니다. 왜냐하면 삶의 근본적인 현실과 직면하려고 하지 않기 때문입니다. 아우구스티누스(Aurelius Augustinus)의 말대로 사람은 하나님 안에서 쉼을 얻기까지는 그 마음이 평안을 얻을 수 없는 존재입니다.[6] 왜냐하면 하나님이 사람을 당신께로 향하도록(ad Deum) 지으셨기 때문입니다. 그러므로 그분 품 안에 안길 때야 비로소 마음 깊은 곳에 있는 그리움과 동경, 희망과 두려움이 충족될 수 있습니다. 그렇지 못한 동안에는 하나님을 찾을 수밖에 없고, 하나님을 찾는다면서 대부분 엉뚱한 곳에서 헤맬 수밖에 없습니다.

그런데 여러분 중에는 "이제는 사람들이 우상을 섬기지 않지 않느냐"고 묻고 싶은 분이 있을 것입니다. 아스다롯이나 밀곰, 몰록이나 그모스 등 솔로몬 시대의 우상은 모양이 있었습니다. 동물의 모양이거나 사람과 비슷한 모양이었지요. 이제는 이런 모양을 가진 우상을 만들어 섬기는 일이 줄어든 건 사실입니다. 그러나 눈에 보이는 우상을 섬기는 것은 줄었다 하더라도, 그리스도인들을 포함하여 사람들은 여전히 우상을 섬기고 있습니다. 민족이 최우선에 서는 민족주의, 경제를 최우선으로 보는 경제제일주의, 국가를 우상시하는 국가주의 등 현대의 우상이 많습니다. 하웃즈바르트(Bob Goudzwaard)라는 기독교 경제학자는 80년대 초반 혁명 이데올로기, 민족주의 이데올로기, 물질 번영의 이데올로기, 안보 이데올로기가 서방 세계를 지배하는 이데올로기며 우상이라고 진단한 적이 있습니다.[7] 혁명 이데올로기는 이제 철 지난 느낌이 있지만 그 외의 이데올로기는 오늘의 우상으로 여전히 중요한 역할을 하고 있습니다.

오늘 우리나라 사람들을 사로잡는 가장 큰 우상은 무엇입니까? 아마 사람에 따라 각각 다를 것입니다. 하지만 우리 사회가 점점 더 자본주의화되어 가면서 역시 돈이 제일 중요한 우상으로 등장했다고 생각합니다. 왜 돈이 가장 중요한 우상으로 자리 잡았습니까? 사람들이 왜 그렇게 돈에 기댑니까? 돈은 옛날부터 사람들의 마음을 사로잡았지만 우리가 살고 있는 자본주의 사회에서는 옛날보다 더합니다. 예수님이 무엇이라 하셨습니까? 너희가 하나님과 재물, 둘 중 하나만 섬길 수 있지 둘 다 섬기지는 못한다고 하셨습니다. 이때, 성경에서는 재물을 '맘몬'이라고 불렀습니다. 예수님의 말씀은 하나님과 맘몬 가운데 어느 한편을 섬길 수 있을 뿐 둘 다 섬길 수는 없다고 하십니다. 맘몬이라는 말에서 '배금주의'를 뜻하는 맘모니즘(mammonism)이 나왔습니다.[8]

예수님이 "하나님이냐 맘몬이냐"라고 말씀하실 때, 맘몬이라는 단어를 선택했다는 것이 큰 의미가 있습니다. 왜냐하면 '맘몬'이라는 말의 원래 뿌리가 '아멘'이라는 말과 같기 때문입니다. '아멘'은 '아만'과 '에메트'와 같은 뿌리를 가진 말입니다. '에메트'는 진리, 신실이라는 뜻이고, '아만'은 참되다, 견고하다, 튼튼하다는 뜻입니다. 튼튼하기 때문에 신뢰할 수 있습니다. 시편에는 하나님이 참되시고 신실하시다는 표현을 많이 쓰고 있는데 이때 쓰는 말이 에메트입니다. 앞에서도 언급했지만, 에메트와 항상 함께 다니는 말이 헤세드인데, 하나님이 한번 약속하신 말은 끝까지 지키신다, 자기 백성을 돌보신다고 할 때 쓴 말입니다. 하나님은 진실하시고 신뢰할 만하고 언약 백성들에게 인애와 자비를 베푸시는 분이라는 말입니다. 하나님을 반석에 비유한 것은, 하나님은 믿을 만하고 신뢰할 만하고 기댈 만하다는 뜻입니다.

여호와 하나님을 그처럼 견고하고 튼튼한 하나님으로 믿지 않는다면, 이 세상 어디서 기댈 언덕을 찾겠습니까? 맘몬, 돈이 하나님 대신 사람들이 믿을 수 있는 견고한 것, 튼튼한 것, 피난처가 된다는 의미입니다. 어원상으로는 같습니다. 그래서 예수님이 "너희가 하나님이냐 재물이냐 둘 중에서 택하라"고 하셨을 때, 재물에 대한 여러 단어가 있음에도 불구하고 굳이 맘몬이라는 말을 선택하신 것은 이 돈이라는 것이 하나님을 대신하여 우리의 피난처가 될 수 있다, 우리가 피할 튼튼한 반석이 될 수 있다는 우리의 생각을 표현하신 것입니다. 그런 생각 때문에 사람들이 맘몬, 돈을 섬기는 것입니다.

우리가 돈을 섬기고 돈을 추구하는 것은 단지 돈으로 무엇을 살 수 있기 때문만은 아닙니다. 요즘은 돈이면 못 사는 게 없다고 생각합니다. 학벌도, 지위도, 사랑도 살 수 있다고 사람들은 생각합니다. 돈의 힘은 구매력에 있습니다. 구매력이 없다면, 돈이라는 것은 그

가치가 없는 것이지요. 그러나 돈은 단지 구매력으로만 작용할 뿐 아니라 궁극적으로는 우리의 삶을 보장해 주는 신이 될 수 있는 것입니다. "돌들이 소리 지르리라"(눅 19:40)라는 말씀 외에는 예수님이 어떤 사물을 인격화하신 경우는 거의 없습니다. 그런데 유독 재물, 돈을 일컬어서 인격화하고 거의 신격화하시는 것을 보더라도, 우리가 전적으로 하나님을 신뢰하지 않는다면 돈을 신뢰하고 부동산을 신뢰할 수밖에 없음을 보여 줍니다. 아리스토텔레스가 쓴 개념 가운데 '우시아'(*ousia*)라는 말이 있습니다. 이 말은 라틴어로는 '실체'를 뜻하는 수브스탄치아(*substantia*) 또는 레스(*res*)로 번역되어 사용되었습니다. 그리스어의 '우시아'나 라틴어의 '레스'는 다 같이 '부동산'이란 뜻이 있습니다." 영어로 부동산을 일컫는 '리얼티'(realty)가 이 말에 뿌리를 두고 있습니다. 부동산만큼 현실적이고 실재적인 것이 어디 있겠습니까?

   그런데 돈이라고 하는 것이 신격화될 수 있고, 하나님의 자리를 차지할 수 있다면, 그게 도대체 무슨 문제가 됩니까? 기댈 게 없다면 돈에라도 기대야 하지 않습니까? 그만큼 확실한 게 어디 있습니까? 의지할 데가 없다면 건강에라도 의지해야 하고, 그것조차 없다면 어디엔가 기대야 하지 않겠습니까? 이것이 도대체 무슨 문제냐고 물을 수 있습니다. 좀더 나아가서, 우상숭배가 왜 그렇게 문제가 되느냐 물을 수 있습니다. 왜 그럴까요? 문제는 하나님을 하나님으로 바르게 섬기지 못한다는 데 있습니다. 하나님을 제대로 섬기지 않는 것은 하나님을 하나님으로 알고 제대로 섬기지 못한다는 뜻만이 아닙니다. 사람이 사람으로서의 가치를 제대로 발휘하지 못한다는 의미가 이 말에 들어 있습니다.

이집트에는 거의 모든 짐승이 신으로 대우받았습니다. 소가 대접을 받고, 곤충이 섬김을 받았습니다. 그리스의 신은 이집트의 신들보다 조금 나은 편입니다. 그나마 그리스의 신들은 사람을 많이 닮았기 때문입니다. 트로이 전쟁을 보십시오. 그리스 편을 든 헤라와 트로이 편을 든 아프로디테, 그리고 아테네가 줄곧 서로 싸울 뿐 아니라 아킬레스의 어머니 테티스 여신은 아들을 위해서 제우스에게 계속 그리스를 도와줄 것을 간청합니다. 사람들의 전쟁은 신들의 전쟁이고, 신들의 전쟁은 사람들에 대한 편애에 따라 결정됩니다. 신들은 사람들과 똑같은 성정을 가지고, 질투하고 사기도 치고 거짓말도 하고 간통도 하고, 사람들이 하는 온갖 나쁜 짓을 다 합니다. 신과 사람의 차이는 신들이 사람보다 좀더 강하다는 것과 죽지 않는다는 것뿐입니다. 도덕적으로 사람보다 전혀 뛰어나지 않습니다. 그렇다면 사람의 도덕성을 어디서 찾아야 합니까? 신화의 시대가 지나고 비극의 시대를 거치면서 그리스 문화는 영웅적인 인간들의 용기와 지혜, 절제와 정의감을 소중하게 생각하게 됩니다. 그 영웅들이란 운명에 맞서 때로는 아무런 죄 없이도 죽어 간 사람들입니다. 여기서 그리스의 비극적 인간관이 탄생합니다. 불가항력적인 운명에 처한 인간이 그 운명에 맞서 싸워 보지만, 결국 죽을 수밖에 없는 인간으로서는 그 운명을 극복할 수 없다는 것이 비극의 핵심입니다.

사람은 누구를 섬기느냐에 따라 그가 누구인지 결정됩니다. 곤충을 섬기면 곤충을 닮아 가고, 소를 섬기면 소가 기준이 됩니다. 여기에 선을 베푼다든지, 공의를 실현한다든지, 진실을 소중하게 생각한다든지 하는 것을 찾을 수 없습니다. 사람이 돈을 섬기면 돈의 성질을 닮게 되고, 사람을 섬기면 사람의 성품을 닮습니다. 짐승보다 사람의 성품을 닮는 것이 좋겠지만 그것도 완전하지는 않습니다. 신들을 섬기면 신들의 성품을 닮아 갑니다. 디오니소스 신을 섬기면 디오니소스적인 열광과 정열의 인간이 되고, 아폴로 신을 섬기면 아폴로적인 지성을 가진 인간이 될 것입니다. 지식을 섬기면 지식의 성품을 닮아 갑니다. 지식의 성품이란 보편타당한 객관성을 추구하는 것입니다. 구체적인 모든 것으로부터 추상해서 보편적으로 사물을 보고 판단하는 것이지요. 이 경우 좋은 점도 있지만, 구체적이고 개별적인 인간이 사라지는 폐단이 있습니다.

1계명은 "하나님 외에는 다른 신을 섬기지 말라"고 말씀하십니다. 짐승이나 사람이 우리 삶의 기준이 아니라 하나님이 삶의 기준이 되어야 한다는 것입니다. 하나님을 제대로 알고, 제대로 섬기면 사람의 가치가 그만큼 높아진다는 것입니다. 짐승을 섬기면 사람의 가치는 짐승 정도입니다. 하나님을 섬기면 사람의 가치가 하나님만큼 되는 것입니다. 우리가 하나님만큼 되겠습니까만, 그래도 하나님의 형상대로 지음받은 자의 가치를 제대로 발휘할 수 있다는 것입니다.

성경에서 말하는 하나님의 가장 중요한 속성은 무엇입니까? 레위기에서 "내가 거룩하니 너희도 거룩하라"라고 하듯이 '거룩'이 아닐까 생각합니다. '거룩'은 다른 모든 것과 구별이 된다는 뜻과 함께 도덕적으로 흠도 없고 점도 없는, 성결하다는 뜻입니다. 소나 돼지는 우리에게 '너희가 거룩하라'는 명령을 제시해 주지 않습니다. 그리스 신들이 '너희가 거룩하라'고 말하지 않습니다. 신들의 호의를 받을 정도로 살면 됩니다. 현대 사람들이 섬기는 돈은 '너희가 거룩하라'고 말하지 않습니다. 오히려 '어떤 수단을 다해서라도 나를 쟁취하라, 나를 얻으면 너희가 구원을 받으리라' 그렇게 말하는 것이 돈의 메시지가 아닐까 생각합니다. 돈은 인격이 없습니다. 도덕이 없습니다. 정의가 없습니다. 그래서 우리가 다른 신을 섬기지 않고 하나님을 섬긴다는 것은, 우리에게 높은 삶의 이상이 있다는 것이고, 그 삶의 이상은 하나님을 따라가는 것이고, 그렇게 하나님을 따라가다 보면 인간의 가치가 그만큼 살아난다는 것입니다.

또한 하나님이 공의롭고 정의로우시다는 것도 우리가 알아야 할 하나님의 성품입니다. 하나님은 외모로 사람을 취하지 않으십니다. 그러므로 부자라고 잘 봐주고 가난한 사람이라고 박대하지 않습니다. 하나님의 성품이 공의롭고 정의로우시기 때문에 그분이 사람들에게 원하시는 것도 동일합니다. 미가서 6장 8절 말씀을 보면, 하나님이 사람에게 요구하시는 것으로 세 가지를 말씀하십니다. 그중 첫 번째가 공의를 행하라(Do justice)는 것입니다. 공평하라는 것이지요. 히브리어로 '미쉬파트'란 말을 썼습니다. 재판할 때를 생각하면 됩니다. 하나님은 공의롭고 정의로우면서도 동시에 인애롭고 자비로우신 분입니다. 십계명의 돌판을 깨뜨린 후 모세가 손수 깎은 돌판 두 개를 들고 다시 시내 산에 올라갔을 때, 하나님은 모세 앞을 지나면서 이렇게 말씀하십니다. "여호와로라 여호와로라 자비롭고 은혜롭고 노하기를 더디하고 인자와 진실이 많은 하나님이라"(출 34:6). 하나님이 사랑임을 이렇게 표현하신 것이지요.

하나님은 무한하시고 인격적인 분이라고 표현할 수도 있습니다. 우리가 섬기는 하나님은 우리가 기도할 수 있고, 우리가 부르짖을 수 있는 하나님입니다. 그 하나님은 옳고 그름을 분별하시고 좋은 것과 나쁜 것을 구별하시고, 복 줄 수 있는 것은 복 주시고 벌해야 할 것은 벌하시는 분입니다. 엘리야가 갈멜 산에서 바알 제사장들과 싸울 때 그들을 조롱한 말을 보십시오. "그들이 받은 송아지를 가져다가 잡고 아침부터 낮까지 바알의 이름을 불러 이르되 바알이여 우리에게 응답하소서 하나 아무 소리도 없고 아무 응답하는 자도 없으므로 그들이 그 쌓은 제단 주위에서 뛰놀더라 정오에 이르러는 엘리야가 그들을 조롱하여 이르되 큰 소리로 부르라 그는 신인즉 묵상하고 있는지 혹은 그가 잠깐 나갔는지 혹은 그가 길을 행하는지 혹은 그가 잠이 들어서 깨워야 할 것인지 하매"(왕상 18:26-27).

그러나 여호와 하나님은 다릅니다. 나중에 하나님이 불을 내리시니 백성들이 뭐라고 합니까? "이에 여호와의 불이 내려서 번제물과 나무와 돌과 흙을 태우고 또 도랑의 물을 핥은지라 모든 백성이 보고 엎드려 말하되 여호와 그는 하나님이시로다 여호와 그는 하나님이시로다"(왕상 18:38-39). 여호와, 곧 야웨 주께서는 진정한 하나님이라고 인정한 것이지요. 그는 들으시고 응답하시고 행동하시는 분입니다. 그 하나님의 성품을 배워 가고 닮아 가는 것이 우리의 신앙의 덕을 키워 가는 길입니다.

"나 외에 다른 신들을 네게 두지 말라"는 계명은 협박이 아니라 하나님의 사랑을 표현한 것입니다. 십계명 하나하나가 사실은 하나님의 사랑 표현이 아닌 것이 없습니다. 우리가 다른 신을 두지 않고 오직 한 분 하나님을 바로 섬길 때, 그때 비로소 하나님이 지으신 우리 인간의 가치가 회복되고 발휘될 수 있습니다. 하나님 아닌 다른 것들을, 그게 돈이든 지식이든 세상의 권세든 간에 그런 것들을 섬겨서는 인간으로서의 가치가 제대로 발휘되지 않습니다. 왜냐하면 이런 것들은 사람을 끝까지 충성하게 만들어서 결국은 파멸로 이끌기 때문입니다.

하나님을 바로 섬기고 그래서 인간으로서의 가치를 회복해야 그 외의 것들이 비로소 가치를 가질 수 있습니다. 돌맹이든, 나무든, 지식이든, 돈이든 하나님을 바로 알 때 비로소 귀한 수단이 됩니다. 돈은 사람의 혼을 다 빼앗고 그 앞에 모든 것을 굴복시킬 엄청난 힘을 지닌 신이 될 수 있지만, 일단 돈을 상대화하여 생활을 유지하고 하나님과 이웃을 섬기는 수단으로 쓴다면 그만큼 좋은 도구가 없습니다. 선한 일을 모두 돈으로 하는 것은 아니지만 돈 없이는 또한 잘할 수 없습니다. 그러므로 돈은 상대화되어야 합니다. 그뿐 아니라 지식도, 영향력도 모두 상대화되어야 수단적 가치로서 제대로 그 가치를 발휘할 수 있습니다.

"나 외에 다른 신을 네게 두지 말라"는 계명은 이렇게 살펴보면 하나님을 바로 섬기고 바로 알라고 하는 것이면서 동시에 사람의 가치를 발견하고, 가치를 실현하는 길입니다. 세상의 재물이나 지식, 기술, 물질적 수단도 제대로 평가받게 할 수 있는 계명입니다. 그러므로 하나님을 하나님의 자리에 바로 모시게 되면 이 세상 모든 것에 질서가 부여됩니다. 하나님으로 인해 질서 있는 세계가 됩니다. 1계명이 다른 어떤 계명보다도 먼저 온 것은, 이 계명이 지켜질 때 비로소 하나님과 인간과 이 세상 모든 것이 질서 잡힌 형태로 제 위치에 있을 수 있고 제대로 가치를 발휘할 수 있기 때문입니다. 그러므로 신앙생활을 올바로 할 뿐 아니라 사람으로서 제대로 살고자 하면 1계명을 지키지 않을 수 없습니다.

2계명

1. 형상을 만들어 하나님을 섬긴 경우
2. 왜 하나님을 어떤 형상을 통해 섬길 수 없는가?
3. 우리의 생각을 통해 만들어 낸 하나님

너를 위하여 새긴 우상을 만들지 말고 또 위로 하늘에 있는 것이나 아래로 땅에 있는 것이나 땅 아래 물속에 있는 것의 어떤 형상도 만들지 말며 그것들에게 절하지 말며 그것들을 섬기지 말라 나 네 하나님 여호와는 질투하는 하나님인즉 나를 미워하는 자의 죄를 갚되 아버지로부터 아들에게로 삼사 대까지 이르게 하거니와 나를 사랑하고 내 계명을 지키는 자에게는 천 대까지 은혜를 베푸느니라.

출 20:4-6

여호와께서 호렙 산 불길 중에서 너희에게 말씀하시던 날에 너희가 어떤 형상도 보지 못하였은즉 너희는 깊이 삼가라 그리하여 스스로 부패하여 자기를 위해 어떤 형상대로든지 우상을 새겨 만들지 말라 남자의 형상이든지, 여자의 형상이든지, 땅 위에 있는 어떤 짐승의 형상이든지, 하늘을 나는 날개 가진 어떤 새의 형상이든지, 땅 위에 기는 어떤 곤충의 형상이든지, 땅 아래 물속에 있는 어떤 어족의 형상이든지 만들지 말라 또 그리하여 네가 하늘을 향하여 눈을 들어 해와 달과 별들, 하늘 위의 모든 천체 곧 너희의 하나님 여호와께서 천하 만민을 위하여 배정하신 것을 보고 미혹하여 그것에 경배하며 섬기지 말라 여호와께서 너희를 택하시고 너희를 쇠 풀무불 곧 애굽에서 인도하여 내사 자기 기업의 백성을 삼으신 것이 오늘과 같아도 여호와께서 너희로 말미암아 내게 진노하사 내게 요단을 건너지 못하며 네 하나님 여호와께서 네게 기업으로 주신 그 아름다운 땅에 들어가지 못하게 하리라고 맹세하셨은즉

신 4:15-21

너희는 스스로 삼가 너희의 하나님 여호와께서 너희와 세우신 언약을 잊지 말고 네 하나님 여호와께서 금하신 어떤 형상의 우상도 조각하지 말라 네 하나님 여호와는 소멸하는 불이시요 질투하시는 하나님이시니라.

신 4:23-24

1계명은 하나님 아닌 다른 신을 섬기는 행위, 곧 우상숭배를 금지하는 계명입니다. 2계명은 하나님을 섬기되 하나님이 명령하는 방식으로 섬기라는, 하나님에 대한 바른 예배에 관한 계명으로 이해할 수 있습니다. 우상숭배에 대한 금지라기보다는 하나님을 어떤 상을 만들어 예배하는 일을 금하는 계명입니다.

1. 어떤 형상을 만들어 하나님을 섬긴 경우

하나님을 어떤 형상으로 그려 보려는 노력을 성경에서 여러 번 볼 수 있습니다. 대표적인 사례가 이스라엘 백성들이 금송아지를 만든 일입니다. 모세가 시내 산에 올라가 40일 동안 율법을 받고 있을 때, 이스라엘 백성들은 모세가 보이지 않자 불안해지기 시작했습니다. 그러다가 자기들과 함께 남아 있던 모세의 형 아론에게 요구했습니다. "우리를 인도할 신을 만들라 이 모세 곧 우리를 애굽 땅에서 인도하여 낸 사람은 어찌 되었는지 알지 못함이니라"(출 32:1). 모세를 하나님의 현신(顯身)이나 눈으로 볼 수 있는 어떤 증거(證據)로 생각하다가, 오랫동안 눈으로 볼 수 없게 되자, 이스라엘 사람들은 눈에 보이는 신을 요구한 것입니다. "우리를 인도할 신을 만들라"는 요구였습니다.

생각해 보십시오. 이스라엘 백성들은 애굽에 사는 동안 수없이 많은 신상을 보아 왔습니다. 신을 숭배하는 일은 눈앞에 볼 수 있도록 주어진 신을 섬기는 일로, 이스라엘 백성들은 주변 종교와 문화를 통해 당연한 사실처럼 배웠을 것입니다. 아론도 마찬가지였겠지요. 모세만 해도 야웨 하나님과 직접 만나 소통하지만 아론은 그렇지 않았습니다. 아론 자신은 하나님의 음성을 직접 들은 적이 없습니다. 그러므로 애굽 종교 문화에 익숙했던 그에게도 눈에 보이는 신의 모습이 필요했을 것으로 보입니다.

이스라엘 백성들의 요구를 받고 아론은 어떻게 반응합니까? 금을 모으게 합니다. 그리고 모은 금으로 송아지 모양의 신상을 만들었습니다. 그게 금송아지입니다. 금송아지를 만들어 놓고 무엇이라 말했습니까? "이스라엘아 이는 너희를 애굽 땅에서 인도하여 낸 너희의 신이로다"(출 32:4). 의미심장한 말입니다. 이스라엘 백성들이 야웨 하나님을 섬기지 않겠다고 한 것이 아닙니다. 이스라엘 백성들은 야웨 하나님을 섬긴다고 생각했고, 야웨 하나님을 믿고 경배하고 따른다고 생각했습니다. 다른 신을 섬긴 것이 아니었습니다. 야웨 하나님을 섬기되, 하나의 상을 만들어 그 하나님을 눈으로 볼 수 있게 한 것이지요.

성경은 그들의 모습을 이렇게 그립니다. "내일은 여호와의 절일이니라 하니 이튿날에 그들이 일찍이 일어나 번제를 드리며 화목제를 드리고 백성이 앉아서 먹고 마시며 일어나서 뛰놀더라"(출 32:5-6). 하나님을 섬기되 이방인들이 섬기는 방식으로 섬기려고 한 것입니다. 오랫동안 몸담고 살았던 주변 문화에 익숙한 사람들에게는 참으로 자연스러운 반응이었습니다. 그런데 그들은 왜 야웨 하나님을 표현하되, 송아지 모양을 선택했습니까? 새도 있고, 땅 위의 짐승들도 있고, 바다의 물고기도 있는데 왜 송아지를 선택했을까요? 이때 송아지는 히브리어로 '에겔'입니다. 1년생 수송아지를 가리키는 것이지요. 힘을 상징합니다. 강한 팔로 이스라엘 백성을 애굽에서 인도하여 낸 하나님의 힘을 송아지상에 담아 섬기려고 한 것입니다. 그리하여 말로는 야웨 하나님을 섬긴다 하면서 사실은 1년생 수송아지가 보이는 자연의 힘을 섬긴 결과가 되었습니다.

야웨 하나님의 상을 만든 사례가 또 있습니다. 사사기 17-18장을 보면 에브라임에 사는 미가라는 사람이 자기 어머니가 잃어버린 은 천백을 되찾아 주었더니, 그 어머니가 아들을 위해 그 은으로 신상을 만들어 준 얘기가 있습니다. 미가 어머니의 말을 잘 들어 보십시오. "내 아들이 여호와께 복 받기를 원하노라…미가가 은 천백을 그의 어머니에게 도로 주매 어머니가 이르되 내가 내 아들을 위하여 한 신상을 새기며 한 신상을 부어 만들기 위해 내 손에서 이 은을 여호와께 거룩히 드리노라"(삿 17:2-3). 하나님을 잘 섬기겠다는 신앙적 동기가 드러납니다. 상을 만들되, 동기는 신앙적이었습니다. 4절 이하를 보십시오. "미가가 그 은을 그의 어머니에게 도로 주었으므로 어머니가 그 은 이백을 가져다 은장색에게 주어 한 신상을 새기고 한 신상을 부어 만들었더니 그 신상이 미가의 집에 있더라. 그 사람 미가에게 신당이 있으므로 그가 에봇과 드라빔을(이것을 보면 반드시 여호와만 섬긴 것이 아니라 다른 미신적인 믿음도 있었다는 것을 볼 수 있습니다) 만들고 한 아들을 세워 그의 제사장으로 삼았더라." 그 뒤, 레위 족속에 속하는 젊은이가 베들레헴에서 내려오자 그를 제사장을 삼아 종교 행위를 하였습니다. 하나님의 신상을 만든 것은 하나님을 섬기지 않겠다는 뜻이 아니라, 하나님을 섬기기는 섬기되 자기 방식대로, 하나님이 금하신 방식대로 섬기려 했음을 볼 수 있습니다. 결국 사람의 욕심이 반영된 것입니다. 미가 어머니가 찾은 돈으로 신상을 만들게 한 것은 아들이 복 받게 하기 위한 것이었습니다. 하나님을 자기 욕심을 위해 섬기느라고 신상을 만들었습니다.

세 번째 사례가 구약성경에 또 있습니다. 이스라엘의 세 번째 왕 솔로몬 이후에 그 아들 세대에 가서는 이스라엘이 남과 북으로 분열되었습니다. 북쪽은 열 지파가 나가서 북이스라엘이 되고, 남쪽에는 유다와 베냐민 두 지파가 남아 남유다 왕국을 형성했습니다. 그렇게 나라가 쪼개질 때, 남쪽 왕국에는 예루살렘이 있었기 때문에 하나님의 성전이 있었습니다. 그래서 백성들이 하나님을 어디서 섬길 것이냐는 장소 문제가 불거졌습니다. 그런데 북쪽 왕국을 분리해 나갔던 지도자 여로보암이 자기 백성들이 절기를 지키고 하나님께 예배드리려고 예루살렘으로 가는 것을 보게 되었습니다. 그렇게 하다가는 백성들을 다 잃을 뿐 아니라 자기 자리도 위태로워 보였습니다. 그래서 여로보암이 한 짓이 또 송아지를 만든 것입니다. 이번에는 송아지를 두 개 만들었습니다. 열왕기상 12장 28절에 보면 금송아지 두 개를 만들어 하나는 벧엘에, 다른 하나는 단에 두었습니다. 여로보암의 경우에는 정치적 동기가 분명합니다. 이스라엘 백성들이 예루살렘에 가는 것을 막기 위해서 예루살렘이 아닌 벧엘과 단에도 제단을 만들어 놓고 여기서도 너희들이 하나님을 섬길 수 있다고 한 것입니다. 그런데 예루살렘에는 법궤가 있고 하나님의 성전이 있으니, 그 대신 벧엘과 단에는 송아지상을 세워 놓고 하나님을 섬기라고 했던 것입니다.

여기서 의문이 하나 생깁니다. "왜 야웨 하나님을 어떤 상을 만들어 섬겨서는 안 되는가?" 하는 것입니다. 또 하나는 "사람들이 하나님을 그림이나 조각으로 만들어 섬기려는 의도가 무엇인가?"입니다. 왜 사람들이 무엇인가를 만들어 하나님을 섬기려 하는지, 그

의도가 무엇인지 먼저 생각해 보겠습니다.

 왜 상을 만드는가? 가만히 생각해 보면 쉽게 알 수 있습니다. 가장 중요한 동기는, 섬기는 신을 상으로 만들어 두면 그 신이 여기저기 왔다갔다 하지 못하고 한 곳에 머무르도록 붙잡아 둘 수 있기 때문입니다. 섬기는 신이 어디 있는지 확실하게 모르면 섬기는 사람이 불안해질 수 있습니다. 여기도 계시고 저기도 계시다면 여기서 섬겨야 할지 저기서 섬겨야 할지 잘 모릅니다. 그래서 어느 한 곳에다 고정시키고 싶은 마음이 생깁니다. 하나님도 여기저기 마음대로 나타나도록 하지 말고, 여기 이 자리에 눈에 보이도록 고정시켜 두면 섬기기가 쉬워 보이는 게 사실입니다. 한 장소를 거룩하게 하고, 일정한 사람이 종교 행위를 관리하고, 일정한 시간에 예배를 드리는 것이 사실은 편하기 때문입니다. 이것을 일컬어 '로컬리제이션 모티브'(localization motive)라고 부를 수 있습니다. 어떠한 장소를 정해서 고정시키고자 하는 동기입니다.[1] 내가 섬기는 신을 한 곳에 두면 내가 확실하게 볼 수 있고 섬길 수 있습니다. 경배하고 싶으면 가서 경배하면 되고 절하고 싶으면 가서 절하고서 '내가 하나님을 섬겼다' 하고 확인할 수 있습니다. 그래서 하나님을, 혹은 각자가 섬기는 신을 그와 같은 방식으로 한 곳에다 만들어 세워 두려고 합니다.

 그런데 왜 그렇게 한 곳에다 세워 두고 섬기려고 합니까? 아까 언급했듯이 우리가 섬기는 하나님처럼 눈으로 볼 수도 없고 무소부재하시다면 불안하기 때문입니다. 그래서 마음에 안정을 찾기 위해 한군데에 위치시키는 것입니다. "하나님 왔다갔다 하지 마시고 여기 계십시오. 그러면 내가 와서 열심히 섬기겠습니다" 하는 의도도 있습니다. 그런데 더 깊은 의도는 내 마음대로 주물러 보자는 것입니다. 이것을 '매니플레이션 모티브'(manipulation motive)라고 부를 수 있습니다. 영어의 매니플레이션은 '손으로 마음대로 한다'는 말에서 온 것입니다. 금송아지로 만들어서든지 아니면 어떤 모양으로든 만들어서 딱 세워 놓고 나면 그 다음부터는 내 손을 벗어나지 못합니다. 물론 내가 가서 절도 하고 온갖 행위는 다하지만 그렇더라고 내 눈에 보이는 모습으로 만들어 놓고 나면 내가 마음대로 주무를 수 있다고 생각하는 것입니다. 이것이 바로 신상을 만드는 동기입니다.

그러면 왜 마음대로 주무르려고 합니까? 그것은 우리의 안전을 보장하려고 하는 욕망 때문입니다. 우리의 손으로 잡을 수 있고 확실하게 확인할 수 있고, 그래서 내 욕망을 충족시키는 수단으로 상을 만드는 것입니다. 이 욕망은 사실상 우리 안에 너무나 깊숙이 깔려 있기 때문에 하나님을 매우 잘 섬기는 경건한 사람조차도 이 욕망을 완전히 제거하기가 힘든 경우가 많습니다.

중세 때 수없이 많은 조각과 상들이 교회에 들어왔습니다. 물론 그것을 하나님으로 생각하지는 않았습니다. 그러나 거기에 경배하고 절하고 그것을 마치 하나님처럼 섬기는 것을 볼 수 있습니다. 그래서 1522년을 기점으로 우상 파괴 작업(iconoclasm)이 본격적으로 일어났습니다. 가톨릭 성당에 있는 마리아상이나 온갖 성인들의 상을 깨뜨려 버리기 시작했던 것이지요. 개신교에는 그래서 어떤 성상도 볼 수 없습니다. 성당에 가면 마리아상 등을 볼 수 있지만 개신교에서는 아무 상도 볼 수 없습니다. 그렇지만 우리 생활에는 일부 그 잔재가 남아 있기도 합니다.

옛날에는 물고기 표시를 단 차를 그리 많이 보지 못했습니다. 90년대 초반 자동차가 보편화될 무렵, 서울의 어느 큰 교회에서 교인들에게 물고기 표시를 나누어 주었습니다. 주차 관리를 쉽게 하기 위해서였다고 합니다. 그런데 요즘은 그 교회에 소속된 차들뿐 아니라 상당히 많은 차들이 차 뒤에다 물고기 표시를 하고 다니고, 운전대 앞 백미러에다 십자가 표시를 걸고 다니는 것을 봅니다. 물고기 표시는 로마 시대에 카타콤 생활을 하던 교인들끼리의 비밀 신호였습니다. 물고기라는 말이 그리스어로 '익투스'(ichthus)인데, '예수 그리스도, 하나님의 아들, 구세주'(iesous christos theou huios soter)라는 그리스어 문구에서 각 단어 첫 글자를 따서 모으면 '익투스'가 됩니다. 그래서 물고기를 기독교인임을 나타내는 비밀 표시로 삼았던 것이지요. 물론 물고기를 그려 놓고 누구도 그것을 섬기지 않습니다. 그렇지만 어느 정도 주술적 요소―십자가를 자동차에 단다든가 하는―를 가지고 있습니다. 어떤 힘을 발휘하고 하나님의 임재를 내 손으로 만져 보고 확인하고자 하는 욕망이 전혀 깔려 있지 않다고는 말하기 힘들 것입니다.

예수님상에 대한 것도 마찬가지입니다. 과거에는 긴 머리에 수염이 난 예수님상이 한참 유행하다가, 한때는 중국 어디서 사진작가가 찍었다는 눈 속에 박힌 예수님상이 굉장히 유행했습니다. 우리에게 익숙한 예수님상은 워너 샐먼(Warner Sallman)이란 분이 1940년에 그린 그림입니다(이 그림의 원화는 현재 미국 앤더슨 대학에 보관되어 있습니다).[2] 문 밖에 서서 문을 두드리고 있는 예수님 모습도 샐먼의 그림입니다. 예수님 사진을 벽에 걸어 두고 보고 싶어하는 동기야 나무랄 수 없지만, 어쨌든 예수님의 모습을 떠올려 본다든지 하나님을 어떤 방식으로든 그려 본다든지 하는 행태의 깊은 동기에는 쉽게, 가까이 하나님을 곁에 두려는 의도가 있습니다.[3]

2. 왜 하나님을 어떤 형상을 통해 섬길 수 없는가?

그런데 하나님을 섬기는 방식에서, 그처럼 모양을 만들어서 섬기는 것이 안 되는 이유는 무엇입니까?[4] 세 가지로 생각해 볼 수 있습니다.

첫째, 하나님을 어떤 모양으로 만들어서 섬기는 것은 하나님의 자유를 제한하기 때문입니다. 하나님은 우리가 어떻게 하고 싶다고 해서 어떻게 할 수 있는 분이 아닙니다. 이스라엘 백성을 하나님이 스스로 택하셨고, 이스라엘 백성을 하나님이 스스로 인도하셨고, 심지어 이스라엘 백성들이 죄를 지을 때 하나님은 그들을 진멸하실 수도 있었습니다. 이스라엘에게 해당되는 것은 우리에게도 해당됩니다. 우리를 불러 주신 것도 우리가 원했기 때문이 아니라 하나님이 그분의 전권에 따라, 그분의 전적인 자유에 따라 불러 주셨습니다. 그런데 상을 만들어 놓고 섬기면 하나님의 전적인 자유를 우리가 제약하는 셈이 됩니다.

재미난 이야기를 사무엘상 4장에서 볼 수 있습니다. 이때는 엘리 제사장 시절입니다. 이스라엘 백성과 블레셋 사이에 전쟁이 있었습니다. 그런데 이스라엘 백성들이 블레셋과의 전쟁에서 패하여 4천 명 정도가 죽었습니다. 그래서 이스라엘 장로들이 모여서 의논한 끝에 야웨의 언약궤를 실로에서 가져와(이때는 아직 성전이 지어지기 전이기 때문에 야웨의 법궤가 실로에 있었습니다) 진중(陣中)에 있게 하고 여호와께서 힘을 발휘하게 하자고 했습니다. 언약궤가 도착했을 때 여호와의 백성들이 좋아서 얼마나 크게 소리를 외쳤던지 땅이 울릴 정도였습니다. 블레셋 사람들은 그 소리를 듣고 "여호와의 궤가 진영에 들어온 줄을 깨달은지라 블레셋 사람이 두려워하여 이르되 신이 진영에 이르렀도다 하고 또 이르되 우리에게 화로다 전날에는 이런 일이 없었도다 우리에게 화로다 누가 우리를 이 능한 신들의 손에서 건지리요"(삼상 4:6-7) 하고 걱정했습니다. 싸워 보기도 전에 블레셋 사람들은 여호와 하나님의 힘에 대해 인정을 한 것입니다. 하나님이 이스라엘 백성을 애굽에서 끌어낸 사건, 그리고 가나안 백성들을 쳤던 이야기를 그들은 알고 있었습니다. 그래서 야웨께서 만일 이스라엘 백성들의 편에 서 준다면 도무지 이길 수 없다는 것을 알고 있었습니다.

재미있는 것은 그 다음입니다. 이스라엘 백성들은 전쟁에 늘 지니까 야웨의 언약궤를 갖다 놓으면 그것이 힘을 발휘해서 이기지 않겠는가 하고 생각했습니다. 하나님이 이기게 해 주시리라는 믿음보다는 언약궤라고 하는 물건에 신뢰를 두었던 것입니다. 언약궤가 하나님의 궤니까, 거기에 하나님이 계시니까, 이것을 갖다 놓으면 주술적인 힘을 발휘해서 싸움을 이기게 해주실 것이라고 기대한 것입니다. 그런데 결과가 어떻게 되었습니까? 언약궤가 오니까 블레셋 사람들은 아주 엄숙해졌습니다. 이러고 있다가는 다 죽겠다는 생각에 "사람들아 강하게 되며 대장부가 되라"(삼상 4:9), 곧 목숨 걸고 싸워라, 여호와께서 싸우실 테니 잘못하면 우리가 죽는다, 그러니 용기를 가지고 싸우라고 독려했습니다. 그렇게 "블레셋 사람들이 쳤더니 이스라엘이 패하여 각기 장막으로 도망하였고 살륙이심히 커서 이스라엘 보병의 엎드린 자가 3만이었으며"(삼상 4:10)라고 성경은 기록하고 있습니다. 첫 번째 전쟁에서는 4천 명 정도가 죽었는데 두 번째 전쟁에서는 삼만 명이나 죽었습니다. 거의 열 배에 가까울 정도로 이스라엘 사람들이 죽었습니다. 이 이야기를 보면, 이스라엘 백성들은 여호와 하나님을 인격적으로 신뢰하기보다는 언약궤를 믿었습니다. 그러나 하나님은 거기 계시지 않았습니다.

사무엘상 5장의 이야기도 흥미롭습니다. 블레셋 사람들이 언약궤를 노획물로 삼아 자기들 땅으로 갔습니다. 그러고는 자기들의 다곤 신전에 갖다 놓았습니다. 그 다음날 이상한 사건이 일어났습니다. "이튿날 일찍이 일어나 본즉 다곤이 여호와의 궤 앞에서 엎드러져 그 얼굴이 땅에 닿았는지라"(삼상 5:3). 첫날은 그냥 엎드러져 얼굴이 땅에 닿았는데, 다시 일으켜 세워 놓았더니 그 다음날엔 "엎드러져서 그 머리와 두 손목은 끊어져 문지방에 있고"(삼상 5:4) 다곤이 산산조각이 나 버렸습니다. 그것을 보면 언약궤에 힘이 있었지요. 하나님이 그곳에 임재하셨기 때문입니다. 언약궤 자체는 나무상자에 불과합니다. 십계명을 적은 두 돌판도 하나님이 스스로 임재하고자 하지 않으신다면 그냥 돌판일 뿐입니다. 하나님이 그곳에 임재하실 때 효력을 발휘할 수 있을 뿐이지 물건 자체에 힘이 있는 것은 아닙니다.

두 돌판은 하나님이 직접 쓰신 것입니다. 그리고 법궤는 하나님이 만들라고 명령하셔서 하나님을 섬기는 수단으로 만든 것입니다. 하물며 하나님이 명령하셔서 만든 물건도 그 자체로서 효력을 발생하지 못하는데, 하나님이 만들지 말라고 한 것이 어떻게 힘을 발휘하겠습니까. 하나님을 어떤 형상으로도 만들지 말라 하셨는데, 우리가 하나님을 모시겠다며 어떤 형상을 만들어 놓고 "하나님 여기 계십시오. 우리가 날마다 열심히 모시겠습니다" 해 봐야 소용없는 일입니다. 피조 세계에 있는 것, 피조물로 하나님을 섬기려는 것을 하나님은 금하고 계십니다. 왜냐하면 이것들은 만드신 자의 자유, 하나님이 스스로 선택하고 스스로 이끌어 나가고 스스로 활동하는 자유를 제약하기 때문입니다.

하나님을 어떤 신상으로도 표현하면 안 되는 두 번째 이유가 있습니다. 하늘에 있는 것이나 땅에 있는 것이나 물속에 있는 것 중에 그 무엇도 하나님으로서 마땅히 받으셔야 할 영광, 하나님의 위엄, 하나님의 높으심을 도무지 표현할 수 없기 때문입니다. 신명기 4장 11-12절을 보면 "너희가 가까이 나아와서 산 아래에 서니 그 산에 불이 붙어 불길이 충천하고 어둠과 구름과 흑암이 덮였는데 여호와께서 불길 중에서 너희에게 말씀하시되 음성뿐이므로 너희가 그 말소리만 듣고 형상은 보지 못하였느니라"라는 말씀이 있습니다. 하나님의 형상은 보지 못하고 음성만 들었다고 했습니다. 15-16절을 보면 "불길 중에서 너희에게 말씀하시던 날에 너희가 어떤 형상도 보지 못하였은즉 너희는 깊이 삼가라 그리하여 스스로 부패하여 자기를 위해 어떤 형상대로든지 우상을 새겨 만들지 말라 남자의 형상이든지 여자의 형상이든지…"라고 말하고 있습니다. 아무도 하나님의 형상을 보지 못했다는 것은 누구도 어떠한 형상을 통해서 하나님의 크심, 하나님의 능력, 하나님의 영광을 전혀 표현할 수 없었다는 말입니다. 하나님은 우리가 표현할 수 있는, 우리의 손으로 표현할 수 있는 것과는 전혀 다르다는 것입니다.

동일한 얘기를 신명기 4장 28절에서도 볼 수가 있습니다. "너희는 거기서 사람의 손으로 만든 바 보지도 못하며 듣지도 못하며 먹지도 못하며 냄새도 맡지 못하는 목석의 신들을 섬기리라." 하나님을 섬기지 않을 경우 목신을 섬길 것인데, 그 목신에 대한 묘사를 보십시오. 우선 사람의 손으로 만든 것이고, 보지도 못하고 듣지도 못하고 먹지도 못하고 냄새도 맡지 못합니다. 아무런 감각 작용도 없고 생각할 줄도 모르고 그야말로 '아무것도 아닌 것'이 목신입니다. 그것들을 사람의 손으로 만들어서 섬기는 것입니다. 하나님은 그처럼 사람의 손으로 만든 것과는 전혀 다르다는 것을 말하고 계십니다.

이와 관련하여 몇 가지 더 찾아보겠습니다. 이사야서 40장 18-20절을 보면 이 말씀이 있습니다. "그런즉 너희가 하나님을 누구와 같다 하겠으며 무슨 형상을 그에게 비기겠느냐 우상은 장인이 부어 만들었고 장색이 금으로 입혔고 또 은사슬을 만든 것이니라 궁핍한 자는 거제를 드릴 때에 썩지 아니하는 나무를 택하고 지혜로운 장인을 구하여 우상을 만들어 흔들리지 아니하도록 세우느니라." 여기에는 조롱이 담겨 있습니다. 돈 많은 사람들은 금이나 은으로 우상을 만들고 돈 없는 사람들은 나무를 손질하여 우상을 만든다는 것이지요. 그 다음 구절을 보십시오. "우상을 만들어서 흔들리지 아니하도록 세우느니라"(사 40:20). 다시 말해 망치로 못질을 해서 만든 것이 어떻게 신이냐는 것입니다. 그러한 조롱이 담겨 있습니다.

이사야 40장 21-24절에 보면 "너희가 알지 못하였느냐 너희가 듣지 못하였느냐 태초부터 너희에게 전하지 아니하였느냐 땅의 기초가 창조될 때부터 너희가 깨닫지 못하였느냐 그는 땅 위 궁창에 앉으시나니 땅에 사는 사람들은 메뚜기 같으니라 그가 하늘을 차일

같이 펴셨으며 거주할 천막같이 치셨고 귀인들을 폐하시며 세상의 사사들을 헛되게 하시나니 그들은 겨우 심기고 겨우 뿌려졌으며 그 줄기가 겨우 땅에 뿌리를 박자 곧 하나님이 입김을 부시니 그들은 말라 회오리바람에 불려 가는 초개 같도다"라고 했습니다. 우상과 하나님을 대비하고 있습니다. 다른 모든 것은 메뚜기 같고 초개(草芥, 풀과 티끌, 지푸라기) 같지만 하나님은 이 세상을 창조하신 분이라는 것입니다. 그리고 25-26절에 "거룩하신 이가 이르시되 그런즉 너희가 나를 누구에게 비교하여 나를 그와 동등하게 하겠느냐 하시니라 너희는 눈을 높이 들어 누가 이 모든 것을 창조하였나 보라"라고 하였습니다. 하늘에 있는 것이나 땅에 있는 것이나 아니면 물속에 있는 것이나 그 어떤 형상이든지 그것으로 하나님의 형상을 만드는 것은 하나님을 모독하는 것입니다. 왜냐하면 그런 것들과 하나님을 도무지 비교할 수 없기 때문입니다. 심지어 사람조차도 마른 풀과 같고 메뚜기와 같은데, 금방 있다가 없어질 그런 것을 가지고 어떻게 하나님을 표현하겠느냐는 말입니다. 그렇기 때문에 우리가 아무리 좋은 의도로, 심지어 하나님을 더 잘 섬기려는 의도로 그랬다 하더라도 어떤 상을 만들어서 하나님을 섬기는 것은 하나님의 영광과 권능과 능력에 전혀 합당하지 못합니다. 하나님의 영광은 어떤 모양, 어떤 형상으로도 표현할 수가 없습니다.

 하나님을 어떤 신상으로도 표현해서 안 되는 세 번째 이유는 하나님과 이스라엘의 관계, 하나님과 우리 자신의 관계가 언약 관계이기 때문입니다. 우리에게 하나님을 만질 수 있는 방식으로 표현하고 싶은 욕망이 있더라도 결코 그럴 수 없습니다. 왜냐하면 신명기 4장에서 보았듯이 하나님은 형상을 보여 주지 않으셨고 다만 음성을 전달 방식으로 택하셨기 때문입니다. 오늘 우리에게 들려주시는 음성은 성경을 통한 것입니다. 성경이 가르치는 대로, 성경을 통해서 약속하고 권유하는 대로 우리가 믿고 따르고 사는 것, 그것이 하나님을 바르게 섬기는 방식입니다. 성경이 가르치는 대로 따라 하나님을 섬기지 않으면 그것은 도리어 하나님을 무시하는 결과를 가져옵니다. 하나님은 자신의 모습을 보여 주고 그 모습을 만들어 섬기라고 하신 것이 아니라, 음성을 들려주시고 말씀을 하시고, 그 말씀하신 대로 우리가 지키고 살면 그것이 우리에게 복이 되고 생명이 된다고 말씀하십니다(신 6:24 참조).

우상을 만들어서 섬기는 사람들에게 뭐라고 말씀하십니까? 축복과 저주가 있습니다. "너를 위하여 새긴 우상을 만들지 말고 또 위로 하늘에 있는 것이나 아래로 땅에 있는 것이나 땅 아래 물속에 있는 것의 어떤 형상도 만들지 말며 그것들에게 절하지 말며 그것들을 섬기지 말라 나 네 하나님 여호와는 질투하는 하나님인즉 나를 미워하는 자의 죄를 갚되 아버지로부터 아들에게로 삼사 대까지 이르게 하거니와 나를 사랑하고 내 계명을 지키는 자에게는 천 대까지 은혜를 베푸느니라"(출 20:4-6). 축복과 저주를 주시는 까닭이 무엇입니까? 하나님은 '질투하는 하나님'이시기 때문입니다.

이상하지요? 하나님이 사람입니까? 질투를 하시게요? 그런데 사람은 언제 질투합니까? 다른 사람에게 사랑을 빼앗겼을 때입니다. 그러면 하나님이 질투하는 하나님이시라면 딴 사람에게 사랑을 빼앗긴 경우, 즉 마땅히 하나님을 사랑해야 하는데 하나님을 사랑하지 않고 우상을 섬기니까 하나님이 질투하신다는 의미일까요? 그런 의미도 담겨 있을 것입니다. 그런데 그것은 '질투하는 하나님'이라는 표현의 한 면만 드러내는 말입니다. 왜냐하면 '질투하는 하나님'은 하나님을 미워하고 섬기지 않는 사람에게 보복하신다는 의미뿐 아니라 하나님을 사랑하는 사람에게는 복을 주시는 분이라는 의미를 담고 있기 때문입니다.

그렇지만 '질투하는 하나님'이라는 말에서 '하나님을 사랑하는 사람에게는 더 은혜를 베푸시고 하나님을 미워하는 자에게는 벌을 주신다'는 풀이를 이끌어 내기는 힘들지 않습니까? 그렇습니다. 질투하는 하나님이라는 표현만으로 양쪽을 다 설명하기는 부족합니다. 그래서 '질투하는 하나님'을 '자신을 타당하게 하시는 하나님', '자신의 권리를 찾으시는 하나님'(네덜란드어로는 *een God die zich doet gelden*)이라고 번역하자고 제안하는 사람들도 있습니다.[5] 이것이 히브리어 '엘 칸나'(*el qanna*)를 잘 드러내는 번역이라고 봅니다.

'자기를 타당하게 하시는 하나님, 자신의 권리를 찾으시는 하나님.' 하나님은 마땅히 하나님으로서 존경받아야 하는데, 그 하나님으로 존경받지 못할 때 가만히 계시지 않고, 하나님으로서 마땅히 존경받아야 할 권리를 찾으시는 것입니다. 그래서 하나님을 사랑하는 사람에게는 더 많은 사랑, 더 많은 은혜를 베풀고 그렇지 않은 사람에게는 벌을 주신다는 것입니다.

이사야서 42장 8절을 보면 "나는 여호와니 이는 내 이름이라 나는 내 영광을 다른 자에게, 내 찬송을 우상에게 주지 아니하리라"라고 하십니다. 마땅히 받으셔야 할 영광과 찬송을 하나님이 직접 챙기시겠다는 것입니다. 이사야서 48장 9절 "내 이름을 위하여 내가 노하기를 더디 할 것이며 내 영예를 위하여 내가 참고 너를 멸절하지 아니하리라"는 말씀이나 48장 11절 "나는 나를 위하며 이를 이룰 것이라 어찌 내 이름을 욕되게 하리요 내 영광을 다른 자에게 주지 아니하리라"라는 말씀은 하나님으로서 마땅히 찾아야 할 권리, 마땅히 받아야 할 영광과 찬송을 다른 우상이나 다른 신들과 함께 나누어 갖지 않겠다는 다짐을 보여 줍니다.

하나님이 주시는 복과 저주는 동일한 양이 아님을 아는 것도 중요합니다. 출애굽기 20장 5-6절을 보면 "나 네 하나님 여호와는 질투하는 하나님인즉 나를 미워하는 자의 죄를 갚되 아버지로부터 아들에게로 삼사 대까지 이르게 하거니와 나를 사랑하고 내 계명을 지키는 자에게는 천 대까지 은혜를 베푸느니라"라고 하였습니다. 하나님을 미워하는 자에게는 죄를 갚고 하나님을 사랑하는 자에게는 은혜로 갚으시되, 불균형이 발견됩니다. 죄를 갚으시되 천 대까지 갚겠다고 말씀하지 않으십니다. 삼사 대까지, 다시 말해 아들, 손자, 증손자 정도까지 죄를 묻겠다고 하십니다. 그러나 은혜는 천 대까지입니다. '천 대까지'라는 말은 우리가 생각할 수 있는 데까지, 수천, 수만 년의 세월입니다. 그 세월까지 하나님은 하나님을 섬기는 자손에게 복을 주시겠다고 말씀하십니다.

성경을 보면 하나님이 벌을 주려 하시다가도 주지 않으신 경우가 가끔 있습니다. 솔로몬이 말년에 범죄를 많이 저질렀는데도, 하나님은 직접 그를 치지 않았습니다. 왜 그렇습니까? 그 아버지 다윗의 믿음 때문입니다. 다윗이 여호와 하나님께 한 것 때문에 솔로몬에게는 직접 벌을 내리지 않고 솔로몬의 아들 대에 와서 나라가 나뉘었습니다. 이스라엘이 북왕조 이스라엘과 남유다로 나뉜 것은 바로 솔로몬의 죄 때문이었습니다. 그렇지만 솔로몬 때는 그렇게 하지 않고 봐주셨던 것이지요.

솔로몬뿐이 아닙니다. 히스기야 왕도 병이 나서 곧 죽으리라 했으나, 그가 기도했을 때 하나님이 살려 주셨습니다. 그것은 히스기야가 잘해서가 아니었습니다. 열왕기하 20장 3절에 보면 "여호와여 구하오니 내가 진실과 전심으로 주 앞에 행하며 주께서 보시기에 선하게 행한 것을 기억하옵소서"라고 기도를 합니다만, 그 다음에 "너는 돌아가서 내 백성의 주권자 히스기야에게 이르기를 왕의 조상 다윗의 하나님 여호와의 말씀이 내가 네 기도를 들었고 네 눈물을 보았노라 내가 너를 낫게 하리니 네가 삼 일 만에 여호와의 성전에 올라가겠고 내가 네 날에 십오 년을 더할 것이며 내가 너와 이 성을 앗수르 왕의 손에서 구원하고 내가 나를 위하고 또 내 종 다윗을 위하므로 이 성을 보호하리라 하셨다 하라 하셨더라"(왕하 20:5-6)라고 되어 있습니다. 하나님의 종 다윗, 그의 신앙을 기억하고 히스기야 왕의 생명을 15년이나 연장해 준 것입니다.

우리나라 전통에는 이런 것을 조상의 음덕(陰德)이라고 말합니다. 묏자리 잘 써서 얻는 음덕도 있고, 조상의 선행 때문에 음덕이 베풀어진다고도 합니다. 묏자리는 잘 모르겠지만, 조상의 선행 때문에 음덕이 베풀어진다는 관념은 저는 비성경적이라고 생각하지 않습니다. 성경에서도 하나님을 바로 섬기고 이웃을 선대하는 사람에게 하나님이 복을 주신다는 것을 말하고 있기 때문입니다. 우리가 하나님 앞에서 제대로 신앙생활 하는 것이, 내 아들, 내 딸, 내 자손이 잘되는 길임을 믿어야 합니다. 우리가 제대로 신앙생활 못하고, 하나님을 바로 섬기지 못하면 결국 내 아들, 내 자손에게 나의 불신앙이 전달될 수밖에 없다는 사실을 기억해야 합니다.

하지만 그렇다고 해서 이것이 자동적인 원리는 아님도 또한 알아야 합니다. 부모의 신앙이 좋았다고 해서 자녀의 신앙이 반드시 좋은 것은 아닙니다. 열왕기상에 여호사밧 왕에 대해서 나옵니다. 여호사밧 왕의 아들인 요람은 아버지처럼 신앙이 좋지 않았습니다. 많은 우상을 섬기고 오히려 아버지 신앙에 따라가지 못했던 것을 볼 수 있습니다. 다윗과 솔로몬의 관계도 마찬가지지요. 아버지의 신앙이 좋다고 해서 아들의 신앙이 반드시 좋은 것도 아니고, 아버지가 죄를 지으면 자식이 반드시 그 보응을 받는다고 인과응보적으로 생각해서는 안 됩니다.

에스겔서 18장 2절을 보면 "너희가 이스라엘 땅에 관한 속담에 이르기를 아버지가 신 포도를 먹었으므로 그의 아들의 이가 시리다고 함은 어찌 됨이냐"라는 말씀이 있습니다. 아버지가 죄를 지었으니까 아들이 마땅히 벌을 받는다는 얘기입니다. 그러나 하나님은 "내가 나의 삶을 두고 맹세하노니 너희가 이스라엘 가운데에서 다시는 이 속담을 쓰지 못하게 되리라"(겔 18:3)라고 말씀하십니다. 아버지가 신 포도를 먹으므로 아들의 이가 시리다는 속담은 일종의 숙명론을 담고 있습니다. 하나님은 에스겔을 통하여 그것이 잘못되었음을, 하나님의 백성들이 회개하고 돌아올 때 하나님은 새롭게 하시는 분임을 말하고 있습니다. 새로움의 가능성, 다르게 될 수 있는 가능성은 우리가 믿는 하나님과, 하나님이 통치하는 현실의 특징입니다. 아브라함을 보십시오. 그의 아버지는 우상을 만들고 우상을 섬기는 자였습니다. 그렇지만 하나님이 은혜를 베푸셨을 때 아브라함을 택하시고 그를 인도하셨습니다. 아버지가 잘못하면 아들이 반드시 벌을 받는, 그런 인과응보적인 사고는 성경에 없습니다. 오히려 조상들의 잘못된 행위의 인과응보적인 고리를 끊고 푸는 것이 성경이 가르치는 하나님의 용서이고 사랑입니다. 모든 것이 인과응보적으로 돌아간다면 하나님의 사랑과 용서는 의미가 없습니다. 하나님은 아무리 부모가 죄를 지었다 해도 자식이 제대로 하나님을 섬길 때 용서하시고 복을 주십니다. '가계(家系)에 흐르는 쓴 뿌리'에 관한 얘기에 귀기울일 필요가 없습니다.

3. 우리의 생각을 통해 만들어 낸 하나님

이제 마지막으로 두 가지 질문에 대해 생각해 보겠습니다. 우선 간단한 질문입니다. "교회에는 어떤 상도 두어서는 안 되는가? 십자가라든지 알파와 오메가 표시라든지, 이런 것들을 전혀 할 수 없는가?" 하는 질문입니다. 지금도 성당에는 마리아상이나 성인(聖人)상을 두고 있습니다. 종교개혁주의자들은 이 점에서 철저했습니다. 어떤 상도 교회 안에 두어서는 안 된다고 보았습니다. 하나님을 할아버지 모습으로 그린다든지, 온갖 성인상을 교회 안에 배치하는 것은 금한다고 하더라도, 예컨대 십자가상을 표시하는 것까지 금해야 하는지 물을 수 있습니다. 왜냐하면 우리가 십자가상을 만든다고 해서 그것을 숭배의 대상으로 생각하지는 않을 것이기 때문입니다. 십자가상을 만들어 놓고 '저 십자가상 앞에 기도하면 무슨 효험이 있을 것이다' 하고 생각하는 사람은 아마 없을 것입니다. 그러므로 몇 가지 상징을 사용하는 것까지 사실 금할 필요는 없습니다. 어떤 기도원에는 예수님의 고난의 길(*via dolorosa*)을 만들어 두고, 그 길을 보거나 따라가면서 예수님의 고난을 경험하도록 해 두었습니다. 이런 것조차 만들어서는 안 된다고 말할 수는 없겠지요.

두 번째는 "2계명은 오늘도 타당한가, 다시 말해 2계명이 오늘도 적용될 수 있는 계명인가?" 하는 물음입니다. 지금은 우리가 과거에 그랬던 것처럼 금송아지를 만드는 것도 아니고 어떤 성상을 만들어 숭배하는 것도 아니며 교회에서는 어떤 상을 만들어 하나님을 대신하고 있지도 않기 때문에 2계명은 그 타당성을 잃었다고 보는 사람도 있습니다. 하지만 2계명의 근본 정신을 생각해 보면 그렇지 않습니다. 2계명이 금지한 것이 무엇입니까? 하나님의 형상을 만드는 행위입니다. 그런데 하나님의 형상을 만든다고 할 때 형상을 만드는 그 자체는 2차적인 것입니다. 형상을 만드는 배후에 있는 인간의 생각, 그것이 문제입니다. 형상 자체보다는 형상을 만들어 하나님을 지배하고자 하는 생각, 하나님을 지배하고자 하는 마음이 문제입니다. 칼뱅은 「기독교 강요」(1권 11장 8절)에서 "우리의 지성은 우상을 만들어 내는 공장이다"라고 말하고 있습니다. 우리에게 생각할 수 있는 지성이 없다면, 그리고 지성과 함께 작동하는 상상력이 없다면 신상을 만들어 낼 수 없을 것입니다.

그런데 인간의 지성이 우상을 만들어 낸다는 사실을 뒤집어 종교 비판에 사용한 사람이 있습니다. 포이어바흐(Ludwig Andreas Feuerbach)라는 유대인 출신 독일 신학자요 철학자입니다. 포이어바흐에 따르면 하나님은 영원 자존자, 절대적으로 완전하게 스스로 존재하시는 어떤 분이 아니라 우리의 생각을 통해서 만들어 낸 존재입니다. 그러므로 '하나님에 관한 이야기', 곧 신학은 신을 만들어 낸 '인간에 관한 이야기'입니다. "신학은 인간학이다"라는 유명한 말이 그래서 나왔습니다.[6] 예컨대 '하나님은 사랑이시다', '하나님은 거룩하시다', '하나님은 무한하시다'는 것이 사실은 '인간은 사랑이다', '인간은 거룩하다', '인간은 무한하다'라는 말이라는 것입니다. 사랑이나 거룩, 무한은 원래 인간의 본질적 속성인데, 우리 지성의 투사 행위를 통해 마치 하나님의 본질인 것처럼 만들어 버렸다는 것이지요. 이것이 종교라고 포이어바흐는 이해합니다. 종교가 위대한 것은 인간의 본질을 회복할 수 있도록 신의 이름으로 인간이 누구인지를 보여 주는 점이라고 그는 보았습니다.

이런 비유를 들 수 있습니다. 옛날에는 인간의 눈 구조를 잘 몰랐습니다. 그런데 18-19세기에 카메라를 제작하면서 사람의 눈이 카메라의 구조를 가지고 있다는 사실을 알게 되었습니다. 사람의 사고 구조도 마찬가지입니다. 컴퓨터가 나오기 전에는 사고와 관련해서 우리 뇌의 작동 과정에 대해 잘 몰랐습니다. 그러나 컴퓨터 언어를 사용하고 컴퓨터의 작동 방식을 이해하면서 우리 뇌의 계산 방식과 작동 방식에 대해 많은 것을 알게 되었습니다. 이렇게 밖으로 표현된 뒤에 인간은 자신에 대한 지식을 얻게 되는 경우가 있습니다. 포이어바흐는 이러한 과정을 하나님에게 적용해서 해석했습니다. 하나님은 인간 자신을 투영한 것이기 때문에 하나님에 관한 이야기는 곧 인간에 관한 이야기라고 보게 된 것입니다. 그래서 포이어바흐는 우리에게 이렇게 말하고자 합니다. '신학을 열심히 공부하라. 그리하면 인간이 누구인지를 알게 된다. 왜냐하면 인간이 스스로 깨닫지 못하는 본질을 객관화해 놓은 것이 하나님이기 때문이다.'

우리는 포이어바흐의 기독교 비판을 우리 자신을 반성하는 도구로 사용할 수 있습니다. 우리가 믿는다고 얘기하는 하나님이 사실은 우리 자신이 만들어 낸 하나님은 아닌가? 우리가 믿고 따른다고 생각하는 하나님은 우리가 그런 존재이기를 바라는 생각의 산물이 아닌가? 포이어바흐는 인간이 하나님을 만드는 이유를 먹고 입고 생존하고자 하는 인간의 근본 욕구에서 찾습니다. 인간은 사실 유한합니다. 인간은 신체가 있고, 신체는 죽고 맙니다. 그렇기 때문에 인간은 영원히 살기를 원하고, 자신의 존재를 영속화하고자 하기 때문에 이로 인해 하나님을 만들어 냈다고 보는 것이지요.

우리는 하나님을 두 가지 방식으로 만들어 낼 수 있습니다. '하나님은 사랑의 하나님이시다. 항상 좋은 분이시다. 그래서 하나님은 한없이 부드럽고 모든 것을 다 용서해 주시는 마음씨 좋은 할아버지, 손자가 아무리 잘못을 해도 나무라지 않는 그런 할아버지 같은 분이시다'라고 생각할 수 있습니다. "좋으신 하나님, 좋으신 하나님, 참 좋으신 나의 하나님"이라고 찬송하면서 만족해 하고, 그것으로 나와 하나님의 관계가 다 형성된 것처럼 생각할 수 있습니다. '하나님은 무서운 분, 죄에 대해 심판하시고 징벌하시고 우리가 잘못할 때 항상 가만 두지 않고 회초리를 들고 책망하시는 분'이라고 생각할 수도 있습니다. 그래서 무슨 일을 하든지 하나님 안에서 자유하기보다는 늘 얽매이고, 기쁨도 즐거움도 없이 항상 두려움과 공포에 싸여 신앙생활 할 수도 있습니다. 이 두 가지 예는 개인의 심리와 관련해서 하나님을 각자의 생각대로 만들어 본 경우입니다.

사회나 문화 상황을 따라 하나님을 만들어 낼 수도 있습니다. 예컨대 70-80년대 한국 신학을 지배했던 민중신학을 생각해 볼 수 있습니다. 서양의 해방신학이 우리나라에 들어와서 민중신학으로 변모되었는데, 민중신학에서는 예수님을 우리 죄를 대속해서 십자가에서 돌아가셨다가 부활하신 구원자로 보기보다는 기존 질서를 무너뜨리고 무산자 계급을 선동해서 유산자 계급을 파괴하는 혁명가로 봅니다. 그래서 예수님의 성전 청결을 대표적인 사례 중 하나로 들고, 당시 제사장들의 잘못을 책망하시는 예수님을 혁명가적인 인물로 그리고 있습니다. 기도하고 예배 참석하는 것보다는 사회투쟁, 사회운동 하는 것이 신앙생활의 길인 것처럼 생각하기도 합니다. 반면, 70년대 초 교회가 성장하면서 사람들은 하나님이 물질적인 복을 주시는 분이라고 생각했습니다. 하나님은 부족한 것이 없는 분이므로 우리가 필요하면 언제나 요청할 수 있다고 믿었습니다. 하나님은 분명 복 주시는 분입니다. 시편 104편을 보면 하나님은 살아 있는 모든 것들에게 먹을 것과 마실 것을 주시는 분입니다. 그러나 하나님은 결코 우리 욕망 충족의 도구가 아닙니다.

   인간이 생각으로 만들어 낸 하나님에 대해서 비판하는 것을 성경 여러 곳에서 찾아볼 수 있습니다. 이사야 1장을 보면 이스라엘 백성들이 하나님께 열심히 드리는 번제, 월삭, 성회, 모임이 하나님께는 무거운 짐이라는 말까지 하고 있습니다. 번제나 화목제를 드리고 월삭, 절기를 지키라는 것은 분명히 하나님의 명령이었습니다. 그런데 하나님 스스로 명령하신 것들을 무거운 짐으로 여기며 견디지 못하신 이유는, 하나님이 백성들에게 요구하신 마음, 곧 순종과 자비와 사랑이 없었기 때문입니다. 이스라엘 백성들은 '성회와 아울러 악을 행했던' 것입니다. 이에 대해 하나님은 "너희가 손을 펼 때에 내가 내 눈을 너희에게서 가리고 너희가 많이 기도할지라도 내가 듣지 아니하리니"(사 1:15)라고 말씀하십니다. 왜냐하면 그들 손에 피가 가득하기 때문입니다. 사람들을 죽이고 사랑 없이 온갖 횡포와 악을 행하면서 번제를 드리고 종교적 행위를 하는 것을 하나님은 견디지 못하신 것입니다. 이스라엘 사람들은 하나님이

제물을 갖다 드리면 그것으로 만족하시고, 그래서 염소가 필요하고 숫양이 필요하고 소가 필요한 분으로 생각했습니다. 마치 수백 마리 황소를 바치면 그것에 흥겨워하는 제우스쯤으로 생각한 것이지요.

꽤 오래 전 차를 운전하던 중 극동방송에서 어느 목사님의 설교를 듣게 되었습니다.

여러분, 하나님이 제일 좋아하시는 게 무엇인지 아십니까? 부모님이 좋아하시는 게 무엇인지 생각해 보십시오. 제가 미국 있을 때의 이야기입니다. 어머니께 용돈을 드리는데 처음에는 조금씩 드렸죠. 그런데 별로 좋아하지 않으셨습니다. 그러다가 한번은 상당히 큰 금액을 드렸더니 그렇게 좋아하실 수가 없었습니다. 부모님을 섬길 때 용돈 오만 원, 십만 원 드리지 말고 한꺼번에 백만 원, 이백만 원 드려 보세요. 그것만큼 좋아하시는 게 없습니다. 우리 하나님도 그렇습니다. 여러분도 하나님께 돈을 많이 드리십시오.

이렇게 말하는 것은 '하나님은 번제를 좋아하시고 숫염소를 좋아하시고 숫양을 좋아하시는 분이다. 하나님께 이것들을 많이 드리면 얼마나 좋아하시겠느냐?' 하고 말하는 것과 같습니다.

시편 50편 10-13절을 보면 이렇게 생각하고, 이렇게 강단에서 가르치는 것이 얼마나 잘못되었는지 쉽게 알 수 있습니다. "삼림의 짐승들과 뭇 산의 가축이 다 내 것이며 산의 모든 새들도 내가 아는 것이며 들의 짐승도 내 것임이로다 내가 가령 주려도 네게 이르지 아니할 것은 세계와 거기에 충만한 것이 내 것임이로다 내가 수소의 고기를 먹으며 염소의 피를 마시겠느냐." 그리고 14절에는 이어서 이 말씀이 나옵니다. "악인에게는 하나님이 이르시되 네가 어찌하여 내 율례를 전하며 내 언약을 네 입에 두느냐 네가 교훈을 미워하고 내 말을 네 뒤로 던지며." 여기서 말하는 악인은 하나님을 전혀 모르는 사람이 아닙니다. 이 사람들은 단지 예배를 드리고 제물을 드리는 것뿐 아니라 심지어 전도까지 하면서도 자기 자신은 막상 그가 가르치는 '교훈을 미워하고 하나님의 말을 자기 뒤로 던지'는 사람들이었습니다(시 50:18-20 참조).

시편 94편 3-9절에는 이런 얘기가 나옵니다. 이스라엘 백성들은 하나님이 듣지도 보지도 못하시는 분이니 뭐든 해도 괜찮다고 생각하고, 그래서 고아와 과부를 학대하고 못살게 굽니다. 고아와 과부는, 칼뱅이 야고보서 주석에서 한 말을 빌려서 해 보면 '전체를 위해서 부분을 일컫는 말'(pars pro toto)입니다." 고아와 과부는 가부장적 사회에서 가장 큰 피해를 볼 수밖에 없는 사람입니다. 사회는 바뀌었지만 오늘도 여전히 소외받을 수밖에 없는 사람들이 있습니다. 성경은 바로 그런 사람들을 압제하고 관심 갖지 않는 것에 대해서 말합니다. '그 사람들에게 관심 갖지 않는다 해서 하나님이 보겠는가? 내가 이런 짓을 하고 이런 말을 한다고 해서 하나님이 보겠는가? 하나님이 듣겠는가?' 하며 하나님이 마치 우리와 같은 사람인 것처럼 생각한다는 것입니다. 그래서 하나님은 이렇게 말씀하십니다. "귀를 지으신 이가 듣지 아니하시랴 눈을 만드신 이가 보지 아니하시랴"(시 94:9).

끝으로 우화 하나를 들려 드리지요. 코끼리가 정글 연못에 몸을 담그고 목욕을 하는데 생쥐가 와서 코끼리에게 좀 나와 보라고 합니다. 코끼리는 귀찮아서 "왜?" 하고 물으니 생쥐는 "할 말 있으니 나와 봐" 하며 계속 채근댔습니다. "할 말 있으면 거기서 해." 코끼리가 귀찮은 듯 말하자 "글쎄 나와 봐. 나오면 말할게." 생쥐가 지지 않고 졸랐습니다. 생쥐가 자꾸 나와 보라고 조르니 결국 코끼리는 견디지 못하고 나왔습니다. 생쥐가 코끼리의 귀에 대고 말했습니다. "너 혹시 내 수영복 입고 있지 않니?"

멜로(Anthony de Mello)라는 예수회 신부는 이 이야기 끝에 이런 주석을 붙이고 있습니다. "우리가 하나님을 이해하는 것보다 코끼리가 쥐의 수영복을 입는 것이 더 쉬울 것이다."[8] 하나님은 우리의 생각으로 만들어 낼 수 있는 분이 아닙니다. 우리는 그분이 우리에게 자신을 보여 주신 대로 섬겨야 합니다. 예레미야를 통해서 야웨 하나님이 하신 말씀을 우리는 날마다 새겨들어야 할 것입니다. "자랑하는 자는 이것으로 자랑할지니 곧 명철하여 나를 아는 것과 나 여호와는 사랑과 정의와 공의를 땅에 행하는 자인 줄 깨닫는 것이라 나는 이 일을 기뻐하노라"(렘 9:23-24).

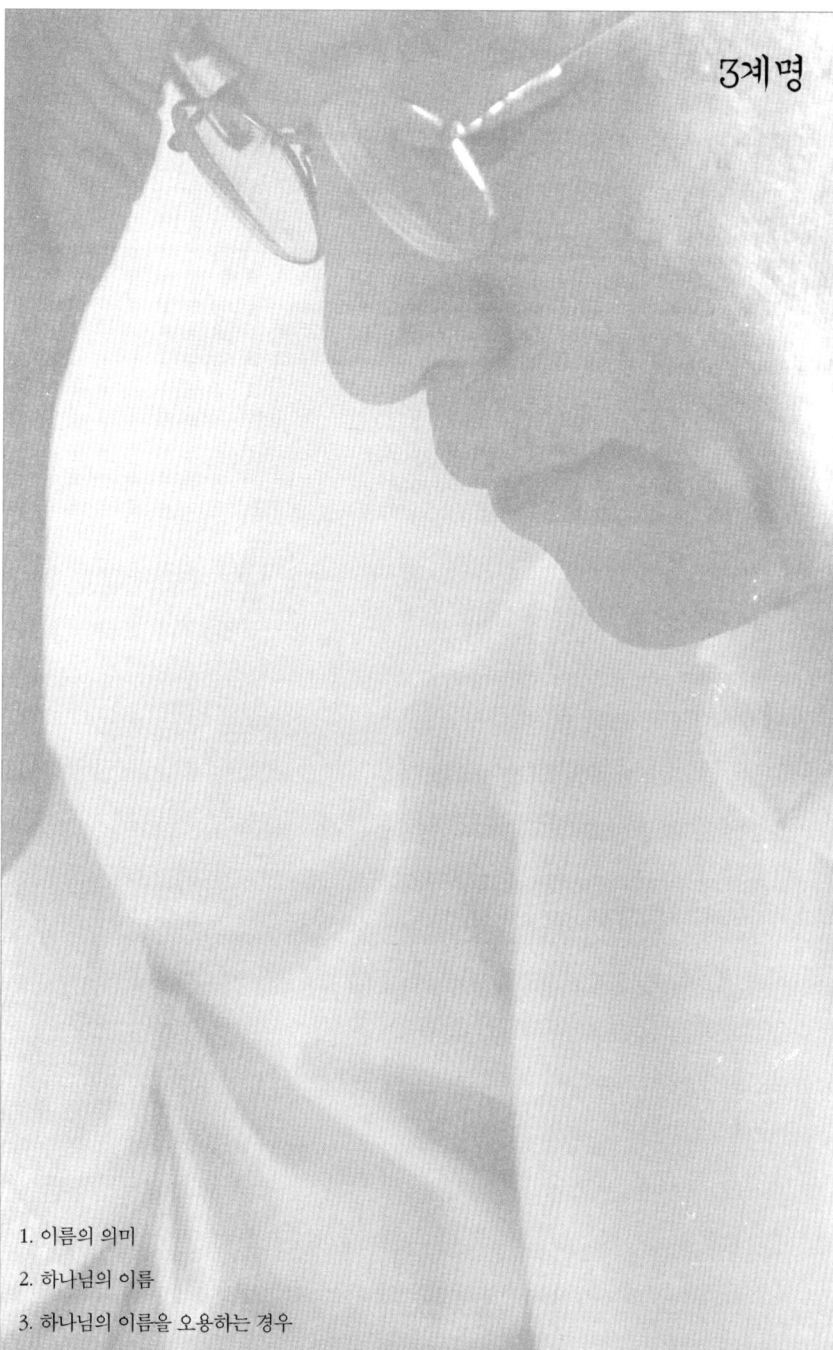

3계명

1. 이름의 의미
2. 하나님의 이름
3. 하나님의 이름을 오용하는 경우
4. 예수의 이름으로
5. 3계명이 담고 있는 적극적 의미

너는 네 하나님 여호와의 이름을 망령되게 부르지 말라 여호와는 그의 이름을 망령되게 부르는 자를 죄 없다 하지 아니하리라.

출 20:7

이것이 3계명입니다. 로마가톨릭, 그리고 개신교 중의 루터교에서는 이것을 2계명으로 가르칩니다. 그러나 유대교, 동방정교회, 그리고 대부분의 개신교 전통은 이 계명을 3계명으로 가르쳐 왔습니다. "너는 네 하나님 여호와의 이름을 망령되게 부르지 말라." 3계명은 1, 2계명과 마찬가지로 2인칭 직접 화법을 쓰고 있습니다.

그런데 하나님에 관해서 말씀하실 때는 3인칭을 쓰고 있는 점이 앞의 두 계명과 다릅니다. '너는 나의 이름을 망령되게 부르지 말라'고 하지 않고, 그 이름 '여호와', 곧 '야웨'의 이름을 망령되게 부르지 말라고 표현하고 있습니다. '나 여호와의 이름을'이라고 하지 않고 '네 하나님 여호와', 즉 하나님의 이름을 3인칭화해서 표현합니다. 이런 방식으로 하나님의 이름을 주제화시킵니다. 이는 3계명의 관심이 하나님의 이름에 있다는 것을 보여 줍니다. 그래서 '나 여호와는 나의 이름을 망령되게 부르는 자를 죄 없다 아니하리라', 즉 하나님 이름을 망령되게 부르는 자들에게 반드시 벌을 주신다는 것이 3계명의 내용입니다.

1. 이름의 의미

그러면 먼저 '이름'에 관해서 생각해 보겠습니다. '이름'은 성경에 자주 등장하는 말입니다. 구약성경에는 '이름' 곧 '셈'(shem)이 770회나 나올 정도로 많이 사용되었습니다. 그러면 이름이라는 것이 성경에서 갖는 의미는 무엇일까요? 첫째, 이름은 곧 '그 사람', '그 사람의 존재'를 뜻합니다. 그 사람이 어디서 왔는지, 그 사람이 어떤 존재인지, 또 그 사람에게 주어진 사명이 무엇인지를 히브리 사람들은 이름을 통해서 표현하려고 했습니다. 이 점에서 보면 히브리 전통은 이름에 대해 우리보다 더 강하게 의미를 부여한 셈입니다. 우리 전통에서도 이름은 중요한 의미가 있습니다. 항렬을 따라 이름을 지으면서 상하 질서를 중요하게 여겼고, 음양오행을 따라 자녀들에게 가능하면 좋은 이름을 지어 주려고 애썼습니다.

창세기 1장과 2장에 하나님이 사람을 창조하신 이야기가 나옵니다. 하나님이 아담을 만드셨는데 아담은 곧 '사람'이란 뜻입니다. 하나님이 아담을 만드셨다는 것은 곧 사람을 만드셨다는 말입니다. 그래서 새번역 성경을 보면 '아담'이라는 고유명사를 쓰지 않고 '사람'이라는 보통명사로 번역하고 있습니다. 물론 거기에는 어느 정도 신학적 입장이 들어가 있습니다. 태초에 하나님이 아담이라는 인간을 만드신 것이 하나의 역사적 사실이라기보다는 상징적인 의미를 부여하기 때문에 아담을 고유명사로 쓰지 않고 보통명사로 쓴 것입니다.

그런데 이 아담, 사람을 무엇으로 만드셨다고 하셨습니까? 창세기 2장에 보면 사람을 만든 재료가 흙이었습니다. '아담'은 '아다마'(*adamah*), 흙이라는 말에서 나왔습니다. '너는 흙에서 왔으니 흙으로 돌아가리라'라는 것처럼, 사람은 흙에서 온 존재라는 뜻이 아담이라는 말 속에 담겨 있습니다. 영어도 마찬가지입니다. 인간을 휴먼(human)이라고 하지요. 이것은 라틴어 휴무스(*humus*), 곧 흙이라는 말에서 왔습니다. 흙은 부서지기 쉬운 성질을 나타냅니다. 물을 넣어 뭉치면 뭉쳐지기는 하지만, 돌맹이나 다른 쇠붙이에 비하면 쉽게 부서지고 연약합니다. 인간은 원래 하나님께 의존해 있는 존재라는 의미가 이 말 속에 들어 있습니다. 몸 또는 육체를 히브리어로 '바사르'(basar)라고 합니다. 사람에 대해서 '바사르'란 말을 쓸 때는 호흡이 그 코에 있는 일시적인 존재란 뜻이 있습니다. 숨이 그치면 죽을 수밖에 없는 연약한 존재라는 뜻입니다. 이사야 40장 6-8절을 보면 이런 말씀이 있습니다. "모든 육체는 풀이요 그의 모든 아름다움은 들의 꽃과 같으니 풀은 마르고 꽃이 시듦은 여호와의 기운이 그 위에 붊이라 이 백성은 실로 풀이로다 풀은 마르고 꽃은 시드나 우리 하나님의 말씀은 영원히 서리라 하라." 부서지기 쉽고 연약하고 일시적인 인간에 비하면 하나님은 영원하십니다. 따라서 인간은 처음부터 연약한 존재이고 하나님을 의존해서 살도록 지음받았다는 뜻입니다.

아담의 아내 '하와'는 '산 자의 어머니'라는 뜻입니다. 아담보다는 하와의 이름이 더 좋은지도 모르겠습니다. 아담은 그냥 흙인데 하와는 산 자의 어머니라는 뜻으로 생명이라는 말이 그 속에 들어 있습니다. 왜냐하면 하와를 통하여 후손이 나오고 사람의 생명이 계속 이어질 수 있기 때문입니다. 모세를 보십시오. '모세'는 '건짐을 받은 자'라는 뜻이지요. 모세는 건짐을 받은 자이면서, 실제 모세의 삶은 이스라엘 백성을 바로의 압제에서 건져내는 역할을 했습니다. '건져냄을 받은 자'가 '건져내는 자'로서 사는 것이 그의 삶의 본질임이 이름 속에 드러나 있습니다. 예수님도 모세와 비슷하지요. 예수라는 이름은 '구원자'입니다. 이름과 그의 본질, 그의 존재는 뗄 수 없는 관계입니다.

그러나 이름이 반드시 그 사람의 존재를 완전히 드러내 주는 것은 아니고 어떤 경우는 그냥 부르는 이름도 있습니다. 우리는 뚜껑을 '뚜껑'이라 부르고, 마이크를 '마이크'라고 부릅니다. 사실 이것들은 다른 이름으로 불러도 상관이 없습니다. 우리가 사물을 부를 때 쓰는 이름처럼 사람에게도 그렇게 이름을 붙여서 부르기도 했습니다. 여호수아와 함께 가나안 땅을 염탐했던 갈렙은 매우 용감했고 이스라엘 백성에게 모범이 되었습니다. 하지만 갈렙이라는 이름은 '개'라는 뜻입니다. 그렇다고 해서 갈렙이 개 같은 삶을 산 것은 아닙니다. 이름과 인격이 반드시 동일한 것은 아니라는 뜻입니다. 드보라는 '꿀벌'이라는 뜻이지만, 그렇다고 드보라가 꿀벌처럼 열심히 일했다는 의미를 담고 있는 것은 아닙니다. 하지만 대개 성경에서 이름을 이야기할 때는 그 사람의 본질을 드러냅니다.

둘째, 이름은 그 사람이 어떤 존재인지, 무엇을 할 것인지와 관련이 있다고 히브리 사람들은 보았기 때문에, 성경에는 이름을 바꾸는 일이 자주 등장합니다. 아브라함이 그렇습니다. 아브람이라는 이름에서 아브라함, 즉 '온 민족의 아버지'라는 뜻의 이름으로 바뀌었습니다. 야곱도 이름이 바뀌었습니다. 야곱은 얍복 강가에서 하나님과 겨루어 싸웠지요. 그래서 '하나님과 겨루어서 이긴 자'라는 뜻으로 '이스라엘'이라는 이름을 얻게 되었고, 그 이름에서 이스라엘 민족의 이름이 정해지는 영광을 차지하게 되었습니다. 이렇듯 이름을 새롭게 붙이거나 이름을 바꾸는 것은 하나님과의 관계에서 발생하는 사건이 있었다는 말입니다. 그리고 존재의 변화, 그 사람이 누구냐는 사실에 변화가 온 것을 뜻합니다.

신약에도 이런 경우가 있습니다. 예수님의 제자 중 베드로는 원래 이름이 시몬이었는데, 이름이 바뀌어 베드로가 되었습니다. 베드로는 그 뜻이 '돌'입니다. 이름을 바꿈으로써 베드로가 어떤 존재인지, 어떤 일을 맡을 것인지를 예수님이 직접 보여 주신 것입니다.

우리는 가끔 '사울이 바울 되어…'라는 표현을 사용합니다. 이 경우는 좀 다릅니다. 사울은 원래 이름이 두 개였던 것 같습니다. 히브리 이름이 사울이고 로마 시민으로서의 이름이 '파울로스', 곧 '작은 이'라는 뜻을 담고 있는 것이었지요. 바울이 유대 사회에 살 때는 유대인 이름을 쓰다가, 이방 선교사로 활동하기 시작할 때 이방 사람들이 쉽게 부를 수 있도록 '바울'이라는 이름으로 사역했음을 볼 수 있습니다. 이름이라는 것은 이렇게 하나님과의 만남의 사건, 어떤 특이한 사건에 의한 그 사람의 존재 변화, 새로운 사명을 얻는 일과 관련이 있습니다.

셋째, 무엇에 대해 이름을 붙인다는 것은 그 대상에 대해 지배권을 갖는다는 의미가 있습니다. 창세기 2장에서 하나님이 동물들을 다 지으시고 아담 앞으로 지나가게 하셨습니다. 19절을 보면, "여호와 하나님이 흙으로 각종 들짐승과 공중의 각종 새를 지으시고 아담이 무엇이라고 부르나 보시려고 그것들을 그에게로 이끌어 가시니 아담이 각 생물을 부르는 것이 곧 그 이름이 되었더라"라고 되어 있습니다. 이름을 짓는 행위는 아담이 다른 동물들에게 종속된 위치에 있지 않고 오히려 다른 동물들을 다스리는 지배권을 가진다는 표시입니다. 이것은 성경의 전통일 뿐 아니라 다른 종교 전통에서도 마찬가지입니다. 그래서 어떤 것의 이름을 안다는 것은 곧 그것에 대해 지배권을 갖는다는 것을 나타냅니다. 이름이 무엇인지 안다는 것은 그 정체를 아는 것이고, 그것을 내가 다스릴 수 있다는 의미가 있습니다.

2. 하나님의 이름

이제 하나님의 이름에 대해서 생각해 보겠습니다. 성경에 계시된 하나님은 '이름 없는' 하나님이 아닙니다. 사도행전 17장을 보면 바울이 아테네를 방문한 이야기가 나옵니다. 바울은 거기서 수많은 비석과 제단을 보았습니다. 그 가운데 '알지 못하는 신'에게 바쳐진 제단도 있었습니다. 신을 섬기기는 하되 그 신이 누구인지 모르고 섬긴다는 말입니다. '알지 못하는 신'은 나에게 명령할 수 있고, 내가 두려워할 수는 있을지 몰라도, 나는 그 신을 부를 수 없습니다. 이름을 모르는데 어떻게 부르겠습니까? 다른 말로 하면, 알지 못하는 신은 우리와 인격적 관계를 맺을 수 없습니다. 이것과는 다르게 우리 하나님은 '알 수 있는 하나님'입니다. 물론 우리가 하나님의 이름을 안다고 해서 완전히 다 아는 것은 아니지만 하나님은 당신이 누구신지를 우리에게 보여 주셨습니다.

출애굽기 6장 2-3절을 보면 "하나님이 모세에게 말씀하여 이르시되 나는 여호와이니라 내가 아브라함과 이삭과 야곱에게 전능의 하나님으로 나타났으나 나의 이름을 여호와로는 그들에게 알리지 아니하였고"라는 구절이 있습니다. 창세기 17장이 이와 관련된 구절입니다. "아브람의 구십구 세 때에 여호와께서 아브람에게 나타나서 그에게 이르시되 나는 전능한 하나님이라 너는 내 앞에서 행하여 완전하라"(창 17:1). 여기서 나타내 보여 주신 하나님의 이름은 '전능한 하나님'입니다. 우리가 자주 들어 알고 있는 표현대로 히브리어로 '엘 샤다이'(*El Shaddai*)입니다. 요즘 여성주의 신학자들 중에는 '엘 샤다이'를 '젖가슴을 가진 하나님'이라고 해석하는 사람도 있습니다.[1] 아카디아어로 '샤두'(*shadu*)란 말이 봉긋 솟은 산을 뜻하기 때문에 이것을 미루어 짐작해서 생각해 낸 말입니다. 그러나 대부분의 학자들은 '샤다이'(*Shaddai*)라는 말이 '충분한', '충족한', '능력 있는'이란 뜻을 지닌 것으로 이해합니다. '엘 샤다이', 전능하신 하나님은 창조주이시고, 그런 의미에서 만물을 시작하게 하시고 키우시고 보살피시고 복 주시는 하나님입니다. 창세기를 보면 하나님이 전능하시다는 것과 복 주시는 분이라는 것이 항상 같이 다닙니다.[2]

출애굽 때 하나님이 이스라엘 백성에게 가르쳐 주신 이름이 무엇입니까? 야웨, 여호와라는 이름입니다. "이스라엘 백성들이 너를 보낸 하나님의 이름이 뭐냐고 물으면 무엇이라 해야 합니까"라는 모세의 질문에 하나님이 가르쳐 준 이름은 '에흐예 아세르 에흐예', 우리말로 "나는 스스로 있는 자다"라고 번역된 것입니다. 70인 역의 그리스어 '에고 에이미 호 온'(*ego eimi ho on*), '나는 있는 자'란 번역이 여기에 반영되어 있습니다. 무엇보다도 하나님은 스스로 자신이 누구라고 규정하는 분입니다. 그러므로 하나님은 자신에 대해서 자기 자신이라고 말하는 분입니다.

사실 우리 모두 각자가 '나'입니다. 이 지구상에 있는 인류는 스스로 자신을 일컬어 '나'라고 할 수 있습니다. 우리는 모두 자신을 가리켜 '나'라고 부릅니다. 내가 아프면 아무도 나를 대신하지 못합니다. 목이 마르다고 해 보십시오. 다른 사람이 나에게 마실 물을 가져다 줄 수는 있지만, 나를 대신해서 마실 수는 없습니다. 나 대신 잠을 자 줄 수 없습니다. 나는 나입니다. 그러나 이 나의 '나'가 누구입니까? 자존하는 이가 아닙니다. 나는 타인의 산물입니다. 나의 아버지와 어머니의 사랑으로 태어나고 사랑으로 자랐습니다. 그리고 그 외의 수많은 타인들 덕분에 나의 삶이 가능했고 지금도 가능합니다. 그런 의미에서 지구상에 있는 인류가 모두 각자 '나'라고 할 수 있지만 이 '나'는 근원적인 나가 아닙니다. 오직 야웨 하나님만이, 자기 자신에 대해서 "나는 나다"라고 말할 수 있습니다. 그런데 이 하나님, "나는 있는 이다, 나는 나다"라고 하시는 분은 홀로, 다른 아무 존재에 의존하지 않으시는 절대적인 분이면서 동시에 우리를 찾아오시는 분입니다. 야웨 하나님은 자기 백성이 고난 받는 곳에 참여하시고 백성들을 건지는 힘으로서 그곳에 현존하시는 하나님입니다. 현존하시는 하나님, 힘으로서 참여하시는 하나님, 자기 백성들을 도와주시는 하나님입니다.[3)]

야웨라는 이름을 가진 이 하나님이 누구십니까? 창세기 17장에서 본 것처럼 언약을 맺으시는 하나님입니다. 그리고 그 언약을 지키시는 분입니다. 같은 하나님이시지만 엘 샤다이 하나님은 창조의 하나님, 권능의 하나님, 힘을 가지시고 복 주시는 하나님이시고 야웨 하나님은 언약을 지키시고 자기 백성이 고통받을 때 거기에 개입해서 백성들을 건져 주시는 하나님입니다. 이 하나님이 이스라엘 백성에게 십계명을 주시고 예수 그리스도를 통해 새 언약 백성인 교회에도 동일한 계명을 주십니다.

지금까지 저는 여호와, 야웨 두 가지 이름을 썼습니다. 여호와는 모두에게 익숙한 이름이고, 야웨는 덜 익숙할 것입니다. 그런데 우리가 오랫동안 써 온 '여호와'라는 이름이 사실은 정확한 발음이 아닙니다. 원래 이 말이 히브리어로는 네 글자입니다. 그래서 흔히 테트라그라마톤(*tetragrammaton*)이라고 합니다. 영어로 하면 YHWH

입니다. 중세에—사실 중세에는 히브리어에 대한 지식이 별로 없었고, 유대인들조차도 정확한 발음을 이미 많이 잃어버렸습니다—여기에다 히브리 모음을 붙이면서 '예호바'라고 발음이 나오게 했습니다. 그렇게 해서 영어로는 '제호바'(Jehovah), 우리말로 번역할 때 '여호와'라고 음을 옮겨 쓰게 되었습니다. 그러나 이제는 옛 발음을 거슬러 올라가 보면 '야웨'에 가깝다는 것이 정설이 되었습니다.

그런데 새번역 성경에는 이 말이 나오지 않습니다. 왜냐하면 새번역 성경에서는 야웨를 모두 '주'로 번역했기 때문입니다. 십계명 서론의 경우 '아노키 야웨 엘로헤이카', '나는 야웨 너희 하나님이다'라고 해야 할 것을 '나는 주 너희 하나님이다'라고 옮겼습니다. 유대 풍습을 따른 것이지요. 하나님의 이름이 너무 거룩하기 때문에 감히 입에 올릴 수 없다고 해서 야웨를 아도나이, 곧 주로 바꾸어 발음했기 때문입니다. 그래서 상당히 많은 외국 성경들과 최근 번역된 여러 외국어 성경이나 우리말 새번역 성경에 보면 야웨라는 이름보다는 '주'라는 이름으로 번역해 놓았습니다. '너의 주 여호와 하나님을 사랑하라' 같은 구절을 그냥 '주 하나님'이라고 번역하고 있습니다. 이스라엘 사람들은 펜으로는 야웨라는 이름을 쓰기는 하지만 말로는 전혀 발음하지 않았습니다.

그런데 하나님의 이름을 전혀 입에 담지 말라는 말이 성경 어디에 있습니까? 사실 없습니다. 성경에 하나님의 이름을 부르지 말라고 한 경우는 없습니다. 하나님의 이름은 부르라고 주신 것입니다. 부르지 않는다면 그것이 어떻게 이름이 되겠습니까? 이름을 부르되 잘못 부르지 말고 마땅히 불러야 하는 방식대로 불러야 된다는 것이지요. 성경에는 하나님의 이름을 부르고, 하나님의 이름으로 축복하고, 하나님의 이름에 의지하는 예가 많이 나옵니다. 몇 군데만 찾아보겠습니다.

출애굽기 20장 24절입니다. "내게 토단을 쌓고 그 위에 네 양과 소로 네 번제와 화목제를 드리라 내가 내 이름을 기념하게 하는 모든 곳에서 네게 임하여 복을 주리라." 여호와의 이름을 부르고 여호와의 이름을 기념하는 그곳에 여호와께서 오셔서 복을 주시겠다는 말씀입니다.

민수기 6장 24-26절입니다. "여호와는 네게 복을 주시고 너를 지키시기를 원하며 여호와는 그의 얼굴을 네게 비추사 은혜 베푸시기를 원하며 여호와는 그 얼굴을 네게로 향하여 드사 평강 주시기를 원하노라 할지니라 하라." 이렇게 이스라엘 백성을 축복하라는 것이지요. 야웨의 이름으로 축복하라는 것입니다. 야웨의 이름을 전혀 쓰지 말라고는 하지 않았습니다. 그래서 우리 개신교에서는 야웨, 여호와의 이름을 거리낌 없이 부릅니다.

시편 72편 19절은 "그 영화로운 이름을 영원히 찬송할지어다"라고 말합니다. 여호와의 이름은 찬송받고 찬양받을 대상이라는 것입니다. 우리가 찬송 중에, 예배 중에 가끔 '할렐루야'라고 하는 경우가 있습니다. '여호와 하나님을 찬양하라'는 말입니다. 이사야서 50장 10절에는 "너희 중에 여호와를 경외하며 그의 종의 목소리를 청종하는 자가 누구냐 흑암 중에 행하여 빛이 없는 자라도 여호와의 이름을 의뢰하며 자기 하나님께 의지할지어다"라는 말씀이 있습니다. 여호와 하나님의 이름을 의지하여 그 여호와께 모든 것을 맡기라는 것입니다. 이렇게 여호와의 이름을 부르고 그 이름으로 축복하고 여호와의 이름을 찬양하고 여호와의 이름에 의지할 수 있는 것입니다.

이 정도에 그치는 것이 아닙니다. 심지어 성경은 이스라엘 백성에게 여호와, 야웨의 이름을 맡겼다고 말합니다. 이것을 신약적인 언어로 표현하면 예수 그리스도를 믿는 무리인 교회에 하나님의 이름을 맡겼다는 말입니다. 여호와의 이름을 믿지 않는 사람들은 누구도 그 이름을 부를 수가 없는 것이지요. 이런 내용을 볼 수 있는 것이 시편 79편 6절입니다. 직접적이기보다는 간접적인 표현입니다만, "주를 알지 아니하는 민족들과 주의 이름을 부르지 아니하는 나라들에게 주의 노를 쏟으소서." 이 말을 뒤집어 이야기하면 이스라엘 백성들은 주를 알고 주의 이름을 부른다는 것입니다. 이스라엘 백성에게 특권처럼 야웨, 여호와의 이름이 맡겨진 것입니다. 신약에서는 그리스도를 믿는 모든 사람들에게 야웨, 여호와의 이름이 맡겨진 것입니다.

서양 말에는 교회를 가리키는 말이 크게 두 가지입니다. 하나는 영어로 '처치'(church), 독어로 '키르헤'(*kirche*), 네덜란드어로는 '께르그'(*kerk*), 스코틀랜드어로는 '커크'(*kirk*)가 그것입니다. 이러한 말들은 원래 그리스어 '큐리오코스'(*kuriakos*), 즉 '주께 속한 것'이라는 말에서 왔습니다. 이렇게 게르만어 계통에 속한 교회라는 말은 '주'라는 말을 그 속에 담고 있습니다. '주'라는 말은 예수 그리스도와 관련되고, 예수 그리스도를 '주'라고 한 것은 결국 구약에서 하나님을 야웨, 곧 아도나이, 곧 주라고 부른 것과 연관됩니다. 그러므로 '교회는 주 하나님의 소유'라는 말이 게르만어 계통의 교회 명칭에 들어 있습니다.

로망스어는 조금 다릅니다. 프랑스어는 '에글리즈'(*église*), 스페인어는 '이글레시아'(*iglesia*), 라틴어는 '에클레시아'(*ecclessia*)라고 하는데 모두 그리스어 '에클레시아'(ecclesia)라는 말에서 왔습니다. 이 말은 '불러모은 회중', 곧 '하나님이 불러모으신 사람들'을 뜻합니다. '주'라는 말은 담겨 있지 않습니다. 그냥 하나님이 부르신 자들의 모임이라는 뜻입니다.

 게르만어 계통의 말들은 '주께 속했다'는 뜻인데 주께 속했다는 말을 다르게 표현하면, 교회 성도들만이 주 하나님, 예수 그리스도를 독점적으로 부를 수 있다는 것입니다. 어떻게 보면 전매특권을 준 것입니다. '다른 사람은 주 그리스도의 이름을 부르지 못하더라도 너희는 부를 수 있다. 왜냐하면 너희는 주 그리스도에게 속한 자이기 때문이다'라는 말입니다. 이 사상을 좀더 분명하게 볼 수 있는 것이 베드로전서 2장 9절입니다. "그러나 너희는 택하신 족속이요 왕 같은 제사장들이요 거룩한 나라요 그의 소유가 된 백성이니." 그런데 이것은 출애굽기 19장에 나오는 표현입니다. 처음에는 이스라엘 백성에게만 주셨던 말씀입니다. 처음엔 이스라엘 백성만이 하나님의 택하신 족속이고 왕 같은 제사장이고 거룩한 나라이고 그의 소유가 된 백성이었습니다. 그런데 베드로 사도가 말하길 이제는 교회가 왕 같은 제사장, 거룩한 나라, 주의 소유된 백성이라는 것입니다. "너희를 어두운 데서 불러내어 그의 기이한 빛에 들어가게 하신 이의 아름다운 덕을 선포하게 하려 하심이라"라는 말씀이 곧장 이어집니다. '택한 족속', '왕 같은 제사장', '거룩한 나라'로 택하신 까닭은 주의 이름을 선포하고 주의 이름을 드러나게 하기 위한 것이라고 말합니다. 그러므로 우리는 주의 이름을 불러야 하고 의지해야 하고 또 주의 이름을 맡은 자로서의 삶을 살아야 하는 것입니다.

3. 하나님의 이름을 오용하는 경우

그런데 주의 이름을 오용하는 경우가 있기 때문에 3계명은 주의 이름을 "망령되게 부르지 말라"고 하십니다. 요즘은 '망령되게'라는 말을 잘 쓰지 않습니다. "그 사람 망령들었다" 하면서 정신이 좀 이상하다는 의미로나 쓰지 일반적으로 쓰는 말이 아닙니다. 이 말을 현대식으로 하자면 주의 이름을 오용하지 말라는 것입니다. 주의 이름을 제대로 사용하라는 말입니다.

그러면 주의 이름을 오용 혹은 악용하는 것은 어떤 경우입니까? 사도행전에 그런 사례가 있습니다. 바울이 에베소에서 가르칠 때, 귀신도 많이 쫓아내고 병도 치료하고 많은 사람들에게 복음을 증거했습니다. 그런데 그것을 보고 몇몇 주술가들이 '예수 이름으로 귀신을 쫓아낼 수 있구나' 하고 생각했습니다. 그래서 그들이 예수의 이름을 사용한 것이지요. 그 흉내를 낸 이들 중에 스게와라는 제사장의 아들 일곱 명이 있습니다. 그들은 바울이 하는 대로 예수의 이름을 사용해서 돈을 벌려고 했습니다. 그런데 귀신이 "나는 예수도 알고 바울도 알지만 당신들은 도대체 누구요" 하면서 그들을 덮쳤습니다. 그랬더니 (사도행전의 기록을 따르면) "에베소에 사는 유대인과 헬라인들이 다 이 일을 알고 두려워하며 주 예수의 이름을 높이고 믿은 사람들이 많이 와서 자복하여 행한 일을 알리며 또 마술을 행하던 많은 사람이 그 책을 모아 가지고 와서 모든 사람 앞에서 불사르니 그 책 값을 계산한즉 은 오만이나 되더라"(행 19:17-19)라고 하였습니다.

에베소는 마술과 주술이 엄청나게 행해진 도시였습니다. 어떻게 보면 자연스런 현상입니다. 에베소만 그런 것이 아니고 기독교 복음이 들어가지 않은 곳에는 주술이 퍼져 있습니다. 왜냐하면 인간 삶의 조건이라는 것이 매우 열악하기 때문입니다. 질병에도 걸리고, 홍수도 나고, 온갖 자연 재해도 많습니다. 그런 것들을 어떤 방식으로든 제압해 보고 싶은데, 사람이 힘을 발휘할 방법이 없습니다. 요즘은 과거의 주술이 하던 역할을 과학 기술이 다 맡았습니다. 과학 지식을 통해서 병도 고치고 우리 삶을 정리 정돈합니다. 그런 것이 없던 때에는 당연히 주술에 의존할 수밖에 없었고 그만큼 주술사들의 권력이 컸습니다. 사실 주술은 사람의 힘으로 무엇인가를 통제하거나 제압하려는 것입니다. 그러나 신앙은 이와 다릅니다. 내 힘으로, 내가 그것을 가지고 병을 낫게 하거나, 일을 일으키거나 하는 게 아니라, 신앙은 섬기는 것입니다. 신앙은 하나님을 섬기고 이웃을 섬기는 일로 표현됩니다.

네덜란드의 유명한 종교현상학자 반 데르 레이우(van der Leeuw)는 "종교는 섬기는 것이고 주술은 지배하는 것이다"(*Religie is dienen, magie is heersen*)라고 말했습니다.[4] 사실은 종교가 타락하면 주술이 되고 맙니다. 내 힘으로 뭘 해 보려고 하는 것이지요. 내 손아귀에 넣어 하나님도 조종하고 예수님도 조종해 보고 싶은 생각을 할 수 있습니다. 내가 원하는 것을 얻어 내려고 합니다. 이때, 종교는 주술 행위와 다를 바 없이 욕망 충족의 수단이 되는 것이지요. 그러나 참된 종교는 지배하는 데 있는 것이 아니라 섬기는 데 그 핵심이 있다고 반 데르 레이우는 말합니다. 우리가 하나님의 이름을 부를 때도 내가 어떤 힘을 발휘하기 위해서 부른다면 그것은 주술이 되어 버립니다. 그렇지 않고 하나님을 섬기고자 할 때 진정한 종교가 되는 셈이지요.

하나님의 이름을 오용하는 경우로 또 어떤 것이 있을까요? 하나님의 이름으로 저주하는 것입니다. 하나님의 이름을 저주하거나 하나님의 이름으로 다른 사람을 저주하는 경우입니다. 대표적인 경우가 레위기 24장 10-16절에 나옵니다. 아버지는 애굽 사람이고 어머니가 이스라엘 사람인 어떤 사람이 이스라엘 사람과 싸움이 붙었습니다. 이 사람은 아마도 종교 교육을 전혀 받지 않고 애굽 사람들처럼 교육받으며 살아왔겠지요. 그래서 애굽을 탈출할 때 같이 나와서 이스라엘 사람과 섞이게 되었는데 이스라엘 백성 한 사람과 싸우면서 여호와의 이름을 훼방하고 저주했습니다. 모세는 그 사람을 어떻게 처리합니까? 돌로 쳐 죽이게 했습니다. 하나님은 그 이름을 더럽히고 욕하는 것에 대해서 용납하지 않으셨던 것이지요.

우리말에는 그런 경우가 별로 없습니다만 서양 말에는 욕설 가운데 신앙과 연관된 것이 많습니다. 욕설은 그 사회에서 가장 거룩하게 여기는 것과 관련해서 표현되는 경우가 많습니다. 그 사회에서 가장 존중받는 대상이 욕설로 드러나게 되어 있습니다. 우리나라 사람들이 좋아하는 욕설을 보십시오. 우리 욕설을 살펴보면, '무슨 새끼', '무슨 자식'이라는 식으로 대개 아버지와 어머니, 그리고 출생과 관련이 있습니다. 왜냐하면 우리 전통에서는 아버지, 어머니가 가장 중요한 존재이기 때문입니다. 그런데 서양에는 아버지, 어머니와 관련된 욕설은 별로 없고 성관계를 표시하는 말을 우리말 토씨 붙이듯이 자주 쓰는 경우가 있습니다. 그리고 '갓뎀'(원래 God damn it, 하나님이 그것을 저주하기를!)이라는 말이 자주 쓰입니다. 하나님을 대상으로 삼지는 않지만 욕설로 쓰입니다. 네덜란드어로도 '페르돔므'(*Verdomme*) 또는 '홋 페르돔므'(*God verdomme*)란 말이 있습니다. 영어로 '지저스 크라이스트'(Jesus Christ)도 욕설로 쓰입니다. 우리말로는 '제기랄' 정도의 말입니다. 네덜란드어로는 '예이쯔'(*Jeetje*)라고 그럽니다. 이런 식으로 하나님, 예수 그리스도의 이름을 오용하는 경우가 있습니다. 그냥 그 언어 속에 담겨 있으니 하나님의 이름을 욕되게 하는 것인 줄도 모르고 일상어로 쓰는 사람들이 많습니다.

하나님의 이름을 오용하는 경우가 또 있습니다. 하나님의 이름으로 맹세하는 것입니다. 우리는 하나님의 이름으로 맹세할 수 있습니다. 하나님의 이름으로 맹세하는 것이 완전히 금지된 것은 아닙니다. 그러나 예수님은 하나님의 이름으로 맹세하지 말라고 강조하십니다. 왜냐하면 실제로는 마음에도 없으면서 하나님의 이름으로 맹세할 수 있기 때문입니다. 진실로 하나님의 이름을 걸고 맹세하는 것이 아니라 오히려 하나님의 이름을 빙자해서 할 경우가 있기 때문입니다. 예레미야 5장 2-3절을 보면 "그들이 여호와께서 살아 계심을 두고 맹세할지라도 실상은 거짓 맹세니라 여호와여 주의 눈이 진리를 찾지 아니하시나이까 주께서 그들을 치셨을지라도 그들이 아픈 줄을 알지 못하며…"라고 했습니다. 여호와의 이름으로 맹세할지라도 그 마음속에는 진실함이나 성실함이 없다는 것입니다.

마태복음 6장에 보면 예수님은 하늘로나 땅으로도 맹세하지 말고 예인 경우는 예, 아니오인 경우는 아니오라고 하라고 가르치십니다. 이것이면 이것이고 저것이면 저것이라고 분명하게 말해야지 아닌 것을 맞는 것처럼 하나님의 이름으로 포장해서 사람들에게 전달하려고 하지 말라는 것입니다. 결국 그렇게 하는 것은 내 생각을 관철시키고자 하는, 내 영향력을 다른 사람에게 높이고자 하는 의도이기 때문입니다. 그래서 3계명에서는 하나님의 이름을 망령되게 부르지 말라, 하나님의 이름을 오용하지 말라고 가르치고 있습니다.

4. 예수의 이름으로

구약에서와 마찬가지로 신약에서도 '이름'이 중요했습니다. 여러 군데서 이름의 중요성에 대해 언급하고 있습니다. 우선 신약성경 첫 장을 펼치면, 마태복음 1장부터 수없이 많은 이름들이 나옵니다. 마태복음은 처음부터 예수의 이름에 관해서 이야기하고 있습니다. 예수, 히브리어로 '예슈아'는 구원자라는 이름입니다. 그리고 나오는 이름이 '임마누엘'입니다. "God with us", '우리와 함께하시는 하나님'이란 뜻입니다. 이렇듯 신약성경은 예수 그리스도의 이름으로부터 시작한다고도 할 수 있습니다. 마지막 부분에는 무엇이 나옵니까? 요한계시록 22장 22절에 보면 '마라나타', 곧 '주 예수여 오시옵소서'라는, 예수의 오심을 기대하는 말로 끝납니다.

예수님의 이름뿐 아니라 예수님과 우리의 관계를 이름을 통하여 표현해 놓은 것도 중요합니다. 예수님은 '나는 선한 목자다'라고 하셨습니다. 그런데 그 선한 목자는 양들을 각각 그 이름으로 안다고 하셨습니다. 요한복음 10장 3절에 보면 "그가 자기 양의 이름을 각각 불러 인도하여 내느니라"라고 말씀하고 계십니다. "나는 선한 목자라 나는 내 양을 알고 양도 나를 아는 것이 아버지께서 나를 아시고 내가 아버지를 아는 것 같으니 나는 양을 위하여 목숨을 버리노라"(요 10:14). 이때 이름으로 안다는 것은 단지 우리 이름을 알 뿐 아니라 우리를 누구보다도 더 잘 아시고 아끼시고 사랑하신다는 뜻입니다. 여기서 이름은 물건에 붙여진 명칭 정도로 그치는 것이 아니라 이름을 가진 사람과 이름을 부르는 사람 사이의 뗄 수 없는, 인격적이고 본질적인 관계를 의미합니다. 예수님이 우리 각각을 이름으로 부르신다는 것은 우리가 예수님과 개인적 관계, 인격적 관계를 갖고, 삶을 함께 누린다는 의미가 있습니다. 그래서 구원받는 것을 일컬어 성경은 가끔 '이름이 생명책에 적힌다'고 표현하지 않습니까? 신약성경 여러 곳에서 이것을 볼 수 있습니다(빌 4:2-3; 계 3:4-5 참조). 이름을 생명책에 적는다는 것은 생명책에 이름을 선명하게 적어 놓고 아버지 앞과 천사들 앞에서 시인한다는 것입니다. 예수님과의 관계를 확인하고 구원받는 것을 확증해 주신다는 것이지요. 범죄한 자는 생명책에서 그 이름을 빼 버린다는 표현은 구약성경에도 여러 번 나옵니다. 생명책에 그 이름을 기록한다는 것은 곧 구원받았다는 증거입니다.

 예수님의 사역이 하나님 아버지의 이름과 관련되어 있다는 것도 신약성경에서 볼 수 있습니다. 요한복음에는 이름에 관한 이야기가 자주 나오는데 특히 17장에 계속 반복하고 있습니다. "세상 중에서 내게 주신 사람들에게 내가 아버지의 이름을 나타내었나이다 그들은 아버지의 것이었는데 내게 주셨으며 그들은 아버지의 말씀을 지키었나이다"(요 17:6). 예수님의 사역, 예수님의 말씀, 예수님의 삶은 곧 하나님의 이름, 아버지의 이름을 나타내는 것이고, 아버지의 이름을 드러내고 아버지의 이름을 사람들에게 계시해 주는 것이었다고 말씀하고 계십니다. 요한복음 17장 26절을 보시지요. "내가 아버지의 이름을 그들에게 알게 하였고 또 알게 하리니 이는 나를 사랑하신 사랑이 그들 안에 있고 나도 그들 안에 있게 하려 함이니이다." 예수님이 아버지의 이름을 알게 하셨다는 것은 다름이 아니라 아버지가 누구신지 알게 해 주셨다는 것입니다. 하나님 아버지에 대한 참된 지식은 아들을 통해서 알 수 있다, 예수님을 통해서 하나님이 누구신지 알 수가 있다는 것입니다. 예수님을 본 것이 곧 하나님을 본 것이고 예수님을 안 것이 곧 아버지 하나님을 안 것이라는 말씀입니다. 예수님의 삶, 예수님의 말씀, 예수님의 사역 자체가 곧 하나님을 우리에게 보여 주고 알려 주는 일이었다는 것입니다.

요한복음 14장 7절에는 "너희가 나를 알았으면 내 아버지도 알았으리로다"라고 말합니다. 예수님이 아버지를 보여 주셨다, 예수님을 통해서 아버지를 알 수 있다는 것입니다. 요한복음 14장 6절을 보면 "나로 말미암지 않고는 아버지께로 올 자가 없다"라고 하십니다. 예수님은 아버지의 이름을 보여 주시는 분, 우리에게 가르쳐 주시는 분이고 오직 예수 그리스도를 통해서만 하나님 아버지께 갈 수 있다는 것입니다. 예수님의 삶 전체가 아버지의 이름, 하나님의 이름을 보여 주는 삶이었습니다. 그러므로 예수님에 관한 이야기는 아버지에 관한 이야기입니다. 아버지 하나님과 성자 하나님을 떼 놓고는 전혀 생각할 수가 없습니다.

마찬가지로 성령 하나님도 뗄 수 없는 관계입니다. 요한복음 14장에서 17장까지는 특별히 아버지와 아들과 성령과의 긴밀한 관계가 어떤 성경보다도 잘 나타나 있습니다. 요한복음 14장 26절을 보면 "보혜사 곧 아버지께서 내 이름으로 보내실 성령 그가 너희에게 모든 것을 가르치고 내가 너희에게 말한 모든 것을 생각나게 하리라"

라고 하십니다. 여기 보면 아버지, 예수, 성령에 대한 언급이 있습니다. 아버지 하나님, 아들 성자 예수 그리스도, 성령 하나님. 아버지께서 예수의 이름으로 성령을 보내신다는 것이지요. 성령을 보내는 것도 예수의 이름으로입니다.

우리가 기도할 때도 마지막에 "예수 그리스도의 이름으로 기도합니다"라고 하지요. 요한복음 14장 13절을 보면 "너희가 내 이름으로 무엇을 구하든지 내가 행하리니 이는 아버지로 하여금 아들로 말미암아 영광을 받으시게 하려 함이라"라고 예수님이 말씀하십니다. 14절에는 "내 이름으로 무엇이든지 내게 구하면 내가 행하리라"라고 하시지요. 우리에게 구할 바가 있고, 빌 바가 있을 때 예수 그리스도의 이름으로 빌라는 것입니다. 15장 16절에도 같은 내용이 나와 있습니다. "…내 이름으로 아버지께 무엇을 구하든지 다 받게 하려 함이라." 여기서도 예수의 이름으로 구하라고 얘기하고 있습니다.

이뿐 아니라, 누가복음 10장에 보면 예수의 이름으로 귀신을 쫓아내고 큰 이적과 기사를 행한 사건이 나옵니다. 이 부분은 칠십 인을 파송한 이야기입니다. 10장 17-18절을 보면 "칠십 인이 기뻐하며 돌아와 이르되 주여 주의 이름이면 귀신들도 우리에게 항복하더이다 예수께서 이르시되 사탄이 하늘로부터 번개같이 떨어지는 것을 내가 보았노라." 주의 이름으로 했더니 귀신이 나갔다, 예수의 이름으로 큰 이적을 행했다는 말씀입니다.

그런데 그 다음에 '주의 이름'과 '너희들의 이름'이 대칭되는 것이 재미있습니다. 17절을 다시 한 번 보십시오. "주의 이름이면 귀신들도 우리에게 항복하더이다." 그랬더니 예수님이 다 알고 있었다는 내용으로 대답하시지요. "예수께서 이르시되 사탄이 하늘로부터 번개같이 떨어지는 것을 내가 보았노라 내가 너희에게 뱀과 전갈을 밟으며 원수의 모든 능력을 제어할 권능을 주었으니 너희를 해칠 자가 결코 없으리라 그러나 귀신들이 너희에게 항복하는 것으로 기뻐하지 말고 너희 이름이 하늘에 기록된 것으로 기뻐하라 하시니라"(눅 10:18-20). 예수 그리스도의 이름으로 귀신을 쫓아내고 큰 일을 베풀었기 때문에 기뻐하지 말고 오히려 이름이 하늘에 기록된 것을 기뻐하라고 하십니다. 예수 그리스도의 이름을 통하여 구원받는 것이 더 중요하다는 것입니다.

마태복음 7장에서도 그런 정신을 볼 수 있습니다. 사람들이 주여, 주여 하면서 주의 이름으로 권능과 기사를 행하였습니다. 그런데 그에 대해 예수님은 주여, 주여 하는 자마다 다 천국에 들어갈 것이 아니라 하나님의 말씀을 듣고 행하는 자라야 천국에 들어간다고 하셨습니다. 그 이름으로 큰 일을 행하는 것이 중요한 것이 아니라 예수 그리스도의 이름을 통하여 구원받는 것이 중요하다는 것입니다.

지금까지 우리가 본 것은 세 가지입니다. 예수님의 이름으로 성령을 주시고, 기도하게 하시고, 이적을 베푸는 것입니다. 예수의 이름은 수단이 아닙니다. 중요한 것은 예수님에 대한 믿음입니다. 성경은 예수의 이름을 믿는 자에게 이러이러한 결과가 있다고 이야기합니다. 그런데 예수 이름을 믿는 자에게 주어지는 가장 큰 결과는 무엇이겠습니까? 죄사함입니다. 사도행전 10장 43절을 보면 "그 이름을 힘입어 죄사함을 받는다 하였느니라"라고 하였습니다. 요한일서 2장 12절에도 "너희 죄가 그의 이름으로 말미암아 사함을 받았음이요"라고 말하면서 '그의 이름'을 내세웁니다. 예수 그리스도의 이름을 통하여 죄사함을 받는다는 것입니다. 요한복음 3장 18절을 보면 "그를 믿는 자는 심판을 받지 아니하는 것이요 믿지 아니하는 자는 하나님의 독생자의 이름을 믿지 아니하므로 벌써 심판을 받은 것이니라"라고 하였습니다. 예수의 이름이 유일한 구원의 길임을 말하고 있습니다.

5. 3계명이 담고 있는 적극적 의미

그러면 3계명이 담고 있는 적극적인 의미는 무엇입니까? 여호와의 이름을 오용하지 말라는 말을 좀더 적극적으로 표현하면 여호와의 이름을 거룩하게 하라, 여호와의 이름을 영광되게 하라는 말입니다. 그렇기 때문에 우리 주님도 기도를 가르치실 때 '하나님의 이름이 거룩히 여김을 받으시옵소서'라고 가르치셨습니다.

이때 하나님의 이름이 거룩히 여김을 받는다는 것은 무슨 뜻입니까? 이 말은 '하나님이 거룩하시다'라고 할 때와는 조금 다릅니다. 좀더 정확히 번역한다면 '여호와의 이름이 영광을 받으시옵소서'라는 말에 더 가깝습니다. 이때 '영광'은 무슨 뜻입니까? 한자의 영광(榮光)이라는 말에는 '빛'의 의미가 들어 있습니다. 그리스어로는 '독사'(doxa)라고 합니다. 이 '독사'도 빛과 관계가 있습니다. 보이긴 보이되, 휘황찬란하게 빛나서 쳐다보기도 황홀할 정도를 말합니다. 그런데 이 '영광'이라는 말은 히브리어로 '카보드'라고 합니다. '카보드'는 '무겁다', '무게가 있다'는 말입니다. 하나님은 이렇게 '무거우시다'라는 의미입니다.

하나님의 이름이 영광을 받으시라는 말은 하나님의 이름이 마땅히 존경받고 그 무게가 인정받아야 한다는 말이므로 그냥 가볍게, 쓸데없이 이름만 붙여서 쓰지 말라는 것입니다. 그래서 주님이 기도를 가르치실 때 '하나님의 이름이 거룩히 여김을 받으시옵소서'라고 먼저 기도를 하신 것이지요. 아버지의 나라, 곧 아버지의 다스림이 우리 삶에 임하고, 아버지의 뜻이 이루어지고, 일용할 양식을 주시고, 우리 죄를 사하여 주시고, 악한 자로부터 우리를 건져 주시기를 바라는 기도는 무엇보다도 하나님이 하나님으로서 그분의 무게, 그분의 중(重)함을 인정받아야 가능한 것이기 때문입니다. 먼저 아버지 하나님이 우리 삶에서 무게를 잡지 않으신다면, 우리 삶에서 중요한 자리를 잡지 못하신다면 그 외의 기도는 쓸모없어지는 것입니다. 그러므로 하나님의 이름을 망령되게 부르지 말라는 것을 좀더 적극적으로 표현하면 '하나님의 이름이 우리 삶에서 마땅히 받아야 할 무게를 갖게 하옵소서'가 됩니다.

이렇게 보면 "주 여호와의 이름을 망령되게 부르지 말라"는 계명은 단지 욕설이나 저주, 맹세 등의 말에 한정되지 않습니다. 삶을 통해서도 하나님의 이름이 더럽혀질 수 있기 때문입니다. 우리는 모두 '크리스천'이라는 이름을 달고 있습니다. 크리스천이라는 말은 그리스어로 '크리스차노스'(Christianos), '그리스도에게 속한 자', '그리스도를 본받는 자', '그리스도를 따르는 자'라는 뜻입니다. 그래서 우리가 잘못된 말을 하고 잘못된 행동을 한다면 그것이 우리 삶을 통해서 그리스도의 이름을 망령되게 부르는 일이 됩니다.

개인뿐 아니라 기독교적인 이름을 걸고 일하는 단체들도 마찬가지입니다. 그런 단체들이 일을 잘못할 경우에 그 이름들에 나타난 하나님과 예수 그리스도가 욕을 먹게 됩니다. 그렇기 때문에 우리는 삶에서 그리스도의 이름을 거룩하게 드러내야 할 사명이 있습니다. 그것을 분명하게 보여 주는 것이 마태복음 5장 13-16절입니다. "너희는 세상의 소금이다, 빛이다" 하고 나서 16절에 "그들로 너희 착한 행실을 보고 하늘에 계신 너희 아버지께 영광을 돌리게 하라" 하셨습니다. 영광을 돌린다는 말이, 이미 언급했듯이 히브리어로는 '카보드'이고 그리스어로는 '독사'입니다. 하나님이 마땅히 받아야 할 영광을 받으시게 하는 것, 그것이 우리의 삶입니다. 그러므로 세상의 빛, 소금을 이야기하는 궁극적 목적은 하나님이 영광을 받으시도록 하는 데 있습니다. 이왕 나온 김에 네덜란드어로 조금 더 설명하겠습니다. 네덜란드어의 경우 '영광을 돌리다, 영광을 받게 하다'는 말을 '페르헤일르끈'(*verheerlijken*)이라고 합니다. 이 말을 뜯어 보면 '헤이르'(*heer*), 곧 '주'라는 말이 들어 있습니다. '영광을 받게 하다'는 말은 곧 '주가 되게 하다'라는 말입니다. 즉 하나님이 영광을 받는다는 것은 하나님이 주가 되신다는 말입니다. 그런데 누가 영광을 돌리도록 해야 한다고 마태복음은 가르칩니까? '그들'입니다. 곧 세상 사람들입니다. 하나님께 속하지 않은 사람들이 예수의 제자 된 그리스도인들을 보고 하나님께 영광을 돌릴 수 있어야 한다는 것입니다. 이렇게 보면 3계명을 적극적으로 지키는 방법은 세상 사람들이 우리 그리스도인의 삶을 보고 하나님께 영광을 돌릴 수 있도록 사는 것입니다.

4계명

1. 안식일과 관련된 질문 세 가지
2. 안식일의 왜곡
3. 안식의 의미
4. 쉬어라. 쉬되 예배드리면서 쉬고, 남과 더불어 쉬어라

안식일을 기억하여 거룩하게 지키라 엿새 동안은 힘써 네 모든 일을 행할 것이나 일곱째 날은 네 하나님 여호와의 안식일인즉 너나 네 아들이나 네 딸이나 네 남종이나 네 여종이나 네 가축이나 네 문 안에 머무는 객이라도 아무 일도 하지 말라 이는 엿새 동안에 나 여호와가 하늘과 땅과 바다와 그 가운데 모든 것을 만들고 일곱째 날에 쉬었음이라 그러므로 나 여호와가 안식일을 복되게 하여 그날을 거룩하게 하였느니라.

출 20: 8-11

네 하나님 여호와가 네게 명령한 대로 안식일을 지켜 거룩하게 하라 엿새 동안은 힘써 네 모든 일을 행할 것이나 일곱째 날은 네 하나님 여호와의 안식일인즉 너나 네 아들이나 네 딸이나 네 남종이나 네 여종이나 네 소나 네 나귀나 네 모든 가축이나 네 문 안에 유하는 객이라도 아무 일도 하지 못하게 하고 네 남종이나 네 여종에게 너같이 안식하게 할지니라 너는 기억하라 네가 애굽 땅에서 종이 되었더니 네 하나님 여호와가 강한 손과 편 팔로 거기서 너를 인도하여 내었나니 그러므로 네 하나님 여호와가 네게 명령하여 안식일을 지키라 하느니라.

신 5:12-15

4계명이 담고 있는 내용은 간단하지만 그 길이는 십계명 중에서 가장 깁니다. 길다고 해서 좋다거나 중요하다고 말할 수는 없습니다. 그러나 특별히 긴 설명을 붙여 강조한 것으로 보아서, 4계명은 어느 계명보다 이스라엘 백성들의 삶에 중요한 의미를 지녔다고 짐작해 볼 수 있습니다.

우리가 모두 아는 대로 십계명은 대부분 부정적인 언어로 되어 있습니다. "나 외에 다른 신들을 네게 두지 말라", "형상을 만들지 말라", "하나님의 이름을 망령되게 부르지 말라." 이렇게 금지하는 말로 명령이 표현되어 있습니다. 그러나 4계명은 5계명인 "네 부모를 공경하라"와 더불어 긍정적인 언어로, 곧 '하라'는 명령이라는 점에서 여느 계명과 다릅니다.

그런데 출애굽기 20장의 4계명 내용은 신명기 5장의 내용과 차이가 있습니다. 출애굽기 20장은 "안식일을 기억하여 거룩하게 지키라"라고 되어 있는 반면, 신명기 5장은 "네 하나님 여호와가 네게 명령한 대로 안식일을 지켜 거룩하게 하라"라고 되어 있습니다. 출애굽기는 '안식일을 기억하라. 그리하여 거룩하게 하라'고 말합니다. 신명기에는 '안식일을 지키라. 그리하여 거룩하게 하라'고 되어 있습니다. 기억하든지, 지키든지 둘 다 안식일을 '거룩하게' 하는 데 초점이 맞추어져 있습니다. 안식일을 다른 날과 분명히 구별해야 한다는 뜻입니다.

안식일을 왜 지켜야 하는지 그 동기를 설명하는 부분도 다릅니다. 출애굽기 20장 11절에는 "이는 엿새 동안에 나 여호와가 하늘과 땅과 바다와 그 가운데 모든 것을 만들고 일곱째 날에 쉬었음이라 그러므로 나 여호와가 안식일을 복되게 하여 그날을 거룩하게 하였느니라"라고 되어 있습니다. 안식일이 하나님의 창조 사역과 관련되어 있다는 것입니다. 하나님이 창조하신 뒤에 쉬셨다는 것이 이스라엘 백성들이 안식일을 지켜야 할 근거로 제시됩니다. "하나님이 그가 하시던 일을 일곱째 날에 마치시니 그가 하시던 모든 일을 그치고 일곱째 날에 안식하시니라 하나님이 그 일곱째 날을 복되게 하사 거룩하게 하셨으니 이는 하나님이 그 창조하시며 만드시던 모든 일을 마치시고 그날에 안식하셨음이니라"라는 창세기 2장 2-3절 말씀과 연관되어 있습니다.

신명기에서는 하나님의 창조 사역에 대한 언급이 나오지 않습니다. "너는 기억하라 네가 애굽 땅에서 종이 되었더니 네 하나님 여호와가 강한 손과 편 팔로 거기서 너를 인도하여 내었나니 그러므로 네 하나님 여호와가 네게 명령하여 안식일을 지키라 하느니라"라고 말씀하시면서 여호와 하나님이 애굽 사람들의 손에서 건져내셨다는 것을 기억하기 위해서 안식일을 지키라고 말씀하십니다.

출애굽기는 하나님이 엿새 동안 온 세상을 만드시고 쉬셨듯이 너희도 엿새 동안 일하고 그 다음에 쉬라고 하고, 신명기는 하나님이 이스라엘 백성들을 애굽의 종살이에서 건져내신 그 일을 기억하기 위해서 안식일을 지키라고 합니다. 출애굽기는 '일과 쉼'의 관점에서 안식일의 의미를 찾으며, 신명기는 하나님이 그분의 백성에게 베풀어 주신 구원과 해방의 관점에서 안식일의 동기를 찾고 있습니다. 하나님이 베풀어 주신 은혜, 그 구원을 기억하는 것이 안식일의 중요한 의미라는 것입니다.

안식일과 관련된 몇 가지 문제를 생각한 다음, 출애굽기와 신명기에서 각각 다른 방식으로 제시된 안식일의 동기를 살펴보겠습니다.

1. 안식일과 관련된 질문 세 가지

4계명은 본문상에 차이가 있을 뿐 아니라 해석상에도 논란이 많은 계명입니다.

첫 번째 문제는 안식일이 도대체 언제 시작되었는지에 관한 것입니다. 에덴동산에서였는지, 아니면 모세에게 십계명을 주신 다음에 시작되었는지 하는 점입니다.

두 번째 문제는 안식일 제도가 이스라엘 백성들에게만 적용되는지, 아니면 신약 교회에도 적용되는지의 문제입니다. 유대인들에게는 안식일이 매우 중요합니다. 이 사람들은 지금도 안식일에는 전혀 일하지 않습니다. 심지어 식사도 금요일(그들의 안식일은 금요일 해 질 때부터 토요일 다시 해 질 때까지입니다)에 준비한 다음 안식일에는 식사 준비를 위해 일하지 않도록 배려합니다. 24년 전, 제가 네덜란드 암스테르담에서 공부하고 있을 때 유대인 병원에 입원한 적이 있는데, 그 병원에서는 안식일에 엘리베이터가 자동으로 작동하도록 장치해 놓았습니다. 아무도 버튼을 누르지 않더라도 사람이 서면 엘리베이터가 열리고 내리면 닫히도록 되어 있었습니다. 엘리베이터 버튼 누르는 것까지도 일이라고 생각하기 때문입니다. 그만큼 유대인들에게는 안식일이 중요합니다. 그런데 그것을 신약 교회 교인들도 지켜야 하는지의 문제가 있습니다.

그 다음 세 번째 문제가 있습니다. 교회에서는 대개 '주일은 안식일이 그리스도의 부활 이후에 바뀐 것이고, 과거 유대인은 안식일을 지켰지만 신약 교인들은 이제 주일을 지키며 주일이 안식일을 대체한다'고 말합니다. 그래서 주일을 지키는 것이 안식일을 지키라는 4계명을 지키는 것이라고 합니다. 그런데 과연 그럴까요? 주일이 구약의 안식일을 그대로 계승한 것인지가 의문이 될 수 있습니다. 계승한 것이라면 무엇을 계승했고 또 차이가 있다면 어떤 차이가 있는지 물을 수 있습니다.

이 질문들에 대해서 쉬운 답을 찾아낼 수도 있습니다. 역사적으로 보면 17세기 네덜란드 개혁파 신학자 중의 한 사람인 야코부스 쿨만(Jacobus Koelman)은 이 문제들을 아주 간단히 처리해 버렸습니다.[1] "안식일은 언제 시작되었는가? 에덴동산에서 시작되었다. 하나님이 창조하신 다음에 이레째 되는 날 쉬셨고, 그것을 틀림없이 아담에게 가르치셨을 것이니 아담도 엿새 동안 일하고 이레째는 쉬었을 것이다. 성경에 나와 있지는 않지만 족장들도 안식일을 지켰을 것이다"라고 답합니다. 문제는 성경에 그런 사실을 증명해 줄 만한 증거가 없다는 것입니다. 창세기에 보면 아브라함이나 이삭이나 야곱이 안식일을 지켰다는 이야기가 없습니다. 그런데도 그때부터 지켰다고 하는 것은 너무 쉬운 결론입니다.

신약 교회도 안식일을 지켜야 하는가의 질문에 대해서도, 안식일이 주일로 바뀌었으므로 교회도 안식일을 지켜야 한다고 쉽게 답을 내립니다. 유대인들에게는 토요일이 안식일이었으므로 토요일을 안식일로 지켰지만 우리는 주일이 안식일이므로 이 주일을 지키는 것이 안식일을 지키는 것이라고 말할 수 있다는 것이지요.

주일을 지키는 것이 안식일을 지키는 것과 무슨 관련이 있는가 하는 질문에도 "그리스도인들에게는 주일이 곧 안식일이므로 주일을 지킨다는 것은 4계명을 그대로 지키는 것이다"라고 쿨만은 답합니다.

그러나 문제는 생각보다는 그렇게 간단하지 않습니다. 우선 첫 번째 문제에 대해서 생각해 보도록 하겠습니다. 안식일이 언제 시작되었는가? 에덴동산에서부터 시작되었다는 사람도 있고 모세가 십계명을 받은 후부터 안식일을 지키기 시작했다고 주장하는 사람도 있습니다. 그런데 성경을 보십시오. 에덴동산에서 아담이 안식일을 지켰다는 증거가 없습니다. 노아나 족장들이 안식일을 지켰다는 증거도 없습니다. 모세가 십계명을 받은 후부터 이스라엘 백성들이 안식일을 지켰다는 주장도 문제가 있습니다. 출애굽기 15장을 보면 이스라엘 백성들이 애굽에서 나와서 엘림에서 휴식을 취합니다. 출애굽 후 두 달 반이 된 때부터였습니다. 그 뒤에 이스라엘 사람들은 행진을 계속하게 됩니다. 엿새가 지나고 이레째 행진을 쉬었다는 말이 없습니다.

그런데 출애굽기 16장 1-3절을 보십시오. 이스라엘 백성들이 모세를 원망하는 이야기가 나옵니다. 애굽을 떠나 두 달 반 동안 광야에서 지내다 보니 이스라엘 백성들은 애굽에서 잘 먹던 고기와 빵이 생각났습니다. 그래서 맛있는 빵과 고기를 달라고 불평을 했고, 하나님은 만나와 메추라기를 주셨습니다. 그것을 이스라엘 사람들은 엿새 동안 거두었습니다. 그 다음 출애굽기 16장 21-30절을 보십시오. "무리가 아침마다 각 사람은 먹을 만큼만 거두었고 햇볕이 뜨겁게 쬐면 그것이 스러졌더라 여섯째 날에는 각 사람이 갑절의 식물 곧 하나에 두 오멜씩 거둔지라 회중의 모든 지도자가 와서 모세에게 알리매 모세가 그들에게 이르되 여호와께서 이같이 말씀하셨느니라 내일은 휴일이니 여호와께 거룩한 안식일이라 너희가 구울 것은 굽고 삶을 것은 삶고 그 나머지는 다 너희를 위하여 아침까지 간수하라 그들이 모세의 명령대로 아침까지 간수하였으나 냄새도 나지 아니하고 벌레도 생기지 아니한지라 모세가 이르되 오늘은 그것을 먹으라 오늘은 여호와의 안식일인즉 오늘은 너희가 들에서 그것을 얻지 못하리라 엿새 동안은 너희가 그것을 거두되 일곱째 날은 안식일인즉 그날에는 없으리라 하였으나 일곱째 날에 백성 중 어떤 사람들이 거두러 나갔다가 얻지 못하니라 여호와께서 모세에게 이르시되 어느 때까지 너희가 내 계명과 내 율법을 지키지 아니하려느냐 볼지어다 여호와가 너희에게 안식일을 줌으로 여섯째 날에는 이틀 양식을 너희에게 주는 것이니 너희는 각기 처소에 있고 일곱째 날에는 아무도 그의 처소에서 나오지 말지니라 그러므로 백성이 일곱째 날에 안식하니라."

이 사건은 십계명이 주어지기 이전에 있었습니다. 이것을 보아서는 안식일이 에덴동산에서부터 있었는지, 아니면 아브라함이 지켰는지는 확실하지 않지만, 적어도 십계명이 주어지기 이전, 이스라엘 백성의 광야 생활 초기부터 안식일을 지켰던 것은 확실합니다. 이런저런 사정을 고려해서 추론해 보면 안식일은 출애굽 이후에야 지켰다고 말할 수 있습니다. 그것도 첫 두 달 반은 지키지 않다가 하나님이 만나와 메추라기를 내려 주시면서 이스라엘 백성에게 안식일을 지킬 것을 교육하신 것입니다. 그리고 나서 모세를 통하여 하나님이 안식일에 대한 규례를 주신 것입니다. 말하자면 실제를 통해서 먼저 교육한 다음, 그 뒤에 안식일에 대한 규례를 가르치셨습니다.

두 번째 문제는 안식일 제도라는 것이 이스라엘 백성들에게만 적용되는지, 아니면 신약 교회 사람들에게도 적용되는지의 문제입니다. 구약성경을 보면 이스라엘 백성들은 안식일을 많이 어겼습니다. 그러나 그들은 안식일을 지킨다는 것이 하나님을 예배하고 섬기는 일에 매우 중요한 부분임을 인식하고 있었습니다. 예수님 시대에도 마찬가지입니다. 제자들은 예수님의 부활 후에도 안식일을 지켰습니다. 예수님이 부활하셨으니 구약의 안식일 제도를 폐지하고 예수님이 부활하신 날만을 기념하여 그날을 안식일로 바꾸자고 한 적이 없습니다. 적어도 우리가 가진 성경에는 그런 방식으로 제도를 바꾼 기록이 없습니다.

실제로 초대교회 교인들은, 유대인으로서 늘 하던 대로 토요일 안식일을 지키고 그 다음 예수님의 부활을 기념하는 주일 아침에 또 부활을 기념하는 모임을 가졌던 것으로 보입니다. 요한복음 20장 19절을 보면 "이날 곧 안식 후 첫날 저녁 때에 제자들이 유대인들을 두려워하여 모인 곳의 문들을 닫았더니 예수께서 오사 가운데 서서 이르시되 너희에게 평강이 있을지어다"라는 말씀이 있습니다. '안식 후 첫날', 오늘로 말하자면 일요일에 모임을 가졌다는 말입니다. 사도행전 20장 7절에는 "안식 후 첫날에 우리가 떡을 떼려 하여 모였더니…"(개역한글)라는 말씀이 있습니다. 예수님이 제정하신 성만찬의 예식이 안식일 다음 날 지켜진 것을 볼 수 있습니다. 이로 미루어 볼 때, 모두 유대인이었던 제자들은 자신들의 종교적 풍습을 그대로 지키면서 예수님의 부활을 기념하는 관습을 새롭게 만들어 가고 있었음을 알 수 있습니다. 제자들은 안식일을 폐하고 주일을 따로 지켰다기보다는 토요일 안식일도 지키고 '안식 후 첫날', 곧 일요일을 '주님의 날'로 지켰습니다.

세 번째 질문은 주일이 안식일을 대치하는가입니다. 다시 말해 왜 기독교 전통은 토요일 안식일을 지키지 않고 일요일 주일을 지킵니까? 적어도 신약성경에서는 안식일이 주일로 바뀐 증거를 찾을 수 없습니다. 안식일이 주일로 바뀐 것이 실제 법으로 공포되기는 321년에 콘스탄티누스(Constantinus) 황제가 기독교를 국교로 받아들이면서였습니다. 그날은 사람들에게 일하지 말라고 했습니다. 예외 조항이 하나 있다면, 씨를 뿌리거나 추수하는 것은 허용되었습니다. 왜냐하면 적기를 놓치면 농사를 망친다고 생각했기 때문입니다.

교회가 결의를 해서 안식일 제도가 생긴 것은 538년 오를레앙 회의 때였습니다. 교회가 생긴 지 5세기가 지난 다음, 마치 유대인들이 토요일을 안식일로 지키는 것처럼 그리스도인들은 주일을 안식일로 지킨다고 결정한 것입니다. 주일에 일을 해서는 안 된다는 것이 교회 회의를 통해 처음으로 결정된 셈입니다. 여기도 예외 조항이 있었습니다. 마차를 타고 이동하는 일, 음식 만드는 일, 집안일 등은 허용되었습니다. 우리가 어릴 때 이것을 알았다면 차를 타는 일에 대해 그렇게 엄격하지 않았을 수도 있습니다. 중요한 것은 유대인들이 지키던 안식일이 폐지되고 주일을 마치 안식일처럼 지키는 것이 교회의 결정에 따라 제도화된 것은 6세기부터라는 것입니다.

그러면 안식일은 폐지되었다고 말해야 하지 않을까요? 예수 그리스도의 고난과 부활 이후 세워진 신약 교회도 유대인들이 안식일을 지키듯이 여전히 안식일을 지켜야 합니까? 서방 교회 교부 중에서 가장 중요한 교부였던 아우구스티누스를 비롯하여 고대 교회 교부들은 안식일은 폐지되었다는 입장을 취했습니다.[3] 왜냐하면 안식일은 십계명 가운데 다른 계명이 다루고 있는 명령들과는 달리 오실 예수에 대한 하나의 예표이며, 이제 예수님의 오심에 따라 예컨대 희생 제물을 바친다든지, 엄격한 음식 규례를 따른다든지 하는, 여러 다른 예표들과 마찬가지로 폐지되었다고 보기 때문입니다.

만일 아우구스티누스를 위시한 고대 교부들의 주장이 옳다면 십계명 가운데 4계명은 폐지되었으므로 이제 우리에게는 십계명이 아니라 구계명이 있다고 말해야 할 것입니다. 그러나 문제는 그렇게 간단하지가 않습니다. 칼뱅은 「기독교 강요」(2권 8장 28절)에서 이렇게 말합니다.

> 초대 교부들은 이 계명(4계명)을 한 날의 외적 준수를 담고 있기 때문에 하나의 예표라고 통상 부르고 그리스도의 오심으로 다른 상징들과 마찬가지로 폐지된 것으로 보았다. 이것을 그들은 제대로 말한 것이나, 문제의 반쪽만을 다룬 것이다. 그러므로 우리의 강해에서는 좀더 깊이 들어가, 내 생각을 따르면, 이 계명을 준수하는 데 요구되는 세 가지 조건을 생각해 보아야 한다.

그러면서 칼뱅이 제시한 것은 세 가지입니다. 첫째, 이레째 쉬도록 한 것은 하나님이 이스라엘 백성들에게 '영적 휴식'을 주시기 위함입니다. 이 휴식을 위하여 신자들은 자신의 일을 손에서 모두 내려놓고 하나님이 그들 안에서 일하시도록 허용해야 한다고 칼뱅은 말합니다. 둘째, 하나님은 한 날을 정해서[이것을 칼뱅은 '정한 날'(*dies status*)이라고 부릅니다] 신자들이 한자리에 모여 하나님의 법을 듣고 예배 의식을 행하고, 아니면 최소한 한 날을 구별하여 하나님의 일을 묵상하고 이날을 기억함으로 경건 훈련을 하도록 하셨다는 것입니다. 셋째, 종들과 타인의 권위 아래 있는 사람들이 수고에서 벗어나 반드시 숨을 돌릴 수 있도록 하나님이 휴식의 하루를 주시기로 결정했다는 것입니다.

예수님 안에서 누릴 안식의 예표로서의 구약적인 안식일은 폐지되었으나 유대인들에게 주신 안식의 날을 통해서 신약 성도들에게도 여전히 유효한 교훈을 주신다고 칼뱅은 믿었습니다. 그것이 바로 하나님이 우리 안에서 일하시도록, 우리 안에서 역사하시도록 모든 일손을 놓고 하나님 안에서 휴식을 취한다는 의미입니다. 그리고 일주일 가운데 한 날을 지키되, 그날이 어느 날이어야 하는지에 대해서 칼뱅은 특별히 강조하지 않습니다. 명시적으로 칼뱅이 언급하지는 않지만 우리가 모여서 예배드리고 하나님의 일을 묵상하기에 가장 좋은 날은 역시 교회 전통이 주일로 지키는 일요일일 것입니다. 그러므로 칼뱅의 정신을 따라 이렇게 말할 수 있습니다. '예수님이 오시기 이전, 유대인들이 율법으로 지켰던 안식일은 그리스도인들에게 적용되지 않는다. 그러므로 그리스도인은 율법적으로 안식일을 지키려고 해서는 안 된다. 그럼에도 그리스도인들은 기독교 전통에서 주님의 부활을 기념하여 따로 구별해서 지키는 주일에, 십계명을 통해서 하나님이 주시고자 한 안식의 의미를 실현하려고 애써야 한다.' 중요한 것은 성경에서 말하는 안식의 근본 정신이 무엇인지, 이것이 우리의 신앙 여정에 어떤 의미가 있는지 알고, 삶에서 실천해 보고자 노력하는 것입니다.

2. 안식일의 왜곡

그런데 우리의 현실은 어떻습니까? 한국 교회에는 두 가지 극단이 있는 것으로 보입니다. 하나는 하나님의 안식을 완전히 무시하는 것입니다. 예배드리는 것 외에는 한 날을 따로 정해 지킨다는 것에 전혀 의미를 부여하지 않는 사람들이 있습니다. 또 다른 극단은, 하나님이 주신 안식의 날을 유대인들이 안식일을 지키듯이 율법주의적으로 지키려는 것입니다. 어릴 때부터 고신측이나 합동측 장로교회에서 자라 온 사람은 앞의 경우보다는 뒤의 경우이기 쉽습니다. 두 극단에 빠지지 않기 위해서, 그리고 하나님이 주신 안식의 날을 제대로 누리는 복을 얻기 위해서라도 안식의 의미를 잘 이해해야 합니다.

먼저 안식의 날이 사람들에게 짐이 된 예를 살펴보고, 그 다음에 안식의 의미와 정신에 대해서 이야기하겠습니다. 아모스 8장 4절을 보면 "가난한 자를 삼키며 땅의 힘없는 자를 망하게 하려는 자들아 이 말을 들으라"라는 구절이 있습니다. 가난한 사람을 돌보지 않고 부에 집착하는 사람들을 두고 한 이야기입니다. "너희가 이르기를 월삭이 언제 지나서 우리가 곡식을 팔며 안식일이 언제 지나서 우리가 밀을 내게 할꼬"(암 8:5)라는 말이 뒤따라 나옵니다. 장사를 하고 싶은데 안식일 때문에 장사를 못한다고 불평하는 것이지요. 그래서 '어서 이 안식일이 지나갔으면,' 요즘 말로 하면 '어서 이 주일이 지나갔으면' 하는 것입니다. 이러한 불평을 아모스는 이스라엘의 다른 죄악과 나란히 열거하고 있습니다. "에바를 작게 하고 세겔을 크게 하여…"(암 8:5) 장사할 때 저울을 속이고, 공의를 저버리고, 가난한 이와 궁핍한 이들을 억울하게 하는 죄악상을 폭로합니다. 곧 공의를 버리고 이익을 취하는 사람들이 하나님이 주신 안식의 날에 대해서 불평한다는 말입니다.

하나님이 이스라엘 백성들에게 주시고 지키도록 하신 안식일은 사실 '자유의 날', '축제의 날'입니다. 그런데도 안식일을 제대로 누리지 못하고 오히려 짐으로 여긴 것은 무엇 때문입니까? 탐심 때문이지요. 좀더 근본을 파고들면 불신 때문입니다. 하나님에 대한 믿음이 없기 때문입니다. 흔히 "아무개는 믿음이 참 좋다"는 말을 종종 듣습니다. 그런데 믿음이라는 것이 무엇입니까? 믿음을 안식일과 관련해서 생각해 보면 '하나님께 의탁하고 신뢰하고 무조건 맡기는 태도'라고 할 수 있습니다. 그런데 하나님께 전적으로 맡기지 못하기 때문에, 다시 말해 내가 내 삶을 어떤 방식으로든지 내 손에서 이렇게 저렇게 해 보려 하기 때문에, 안식일이 오히려 짐이 됩니다. 안식일에 일하지 않고 모든 것을 하나님께 맡긴다면, 편안하게 그날을 하나님이 복 주시는 날로, 즐거운 날로 보낼 수 있을 텐데, 하나님에 대한 신뢰, 하나님께 모든 것을 맡기는 믿음이 없기 때문에 안식일이 짐이 되는 것이지요.

안식일을 왜곡하는 사례가 또 있습니다. 바리새인들은 안식일 문제로 예수님과 늘 다투었습니다. 바리새인 하면 흔히 매우 나쁜 사람들, 신앙이 없는 사람들이라고 생각하는데 사실은 그렇지 않습니다. 오히려 신앙이 특심이라서, 너무 지나쳐서 문제가 된 사람들입니다. 바리새인들이 등장한 배경을 보면, 적어도 그들이 의도로는 하나님을 제대로 섬기려 했던 사람들임을 알 수 있습니다. 이스라엘 백성들이 바벨론에 포로가 되었다가 돌아온 뒤, 조상들이 하나님의 율법을 지키지 못하고 하나님의 말씀대로 살지 못한 것을 회개하면서 이방 민족과는 구별된 삶을 살겠다고 결심한 사람들의 모임입니다. 그들을 일컫는 히브리어 '파루쉼'(*pharushim*)은 문자 그대로 '구별된 자들', '분리된 자들'이란 뜻입니다. 그렇기 때문에 하나님의 말씀을 한마디 한마디 다 지키려고 애를 썼습니다.

바벨론 포로 시대 이후에 '미쉬나'라고 하는 문서(율법서)가 형성됩니다. 거기에는 안식일에 해서는 안 될 서른아홉 개의 규정이 있습니다. 안식일에는 씨를 뿌려도 안 되고, 밭을 갈아도 안 되며, 추수도 안 되고, 이삭을 따먹어도 안 되고, 옷을 만들거나 길쌈을 해서는 안 됩니다. 심지어 유대 문헌에는 이런 예도 있습니다. 안식일에 이 잡는 것은 허용되지만 벼룩은 안 됩니다. 기어다니는 이를 잡는 것은 괜찮지만 벼룩은 뛰기 때문에, 뛰는 것을 잡는 것은 사냥이고 안식일에는 사냥을 하면 안 되므로 벼룩은 잡지 말라는 것입니다. 예수님이 바리새인들과 다투는 것을 보면 분명히 바리새인들이 율법을 지나치게 적용했음을 알 수 있습니다.

마태복음 12장 1절 이하를 보면, 예수님은 제자들이 배고플 때 밀 이삭을 따먹도록 허용하셨는데 그게 문제가 되었습니다. 또 마가복음 3장 1-6절을 보면 한쪽 손 마른 사람을 안식일에 고친 이야기가 있습니다. 누가복음 13장 10-17절에는 18년 동안 귀신 들려 앓으며 꼬부라진 채 펴지 못하는 한 여자가 나옵니다. 예수님이 안식일에 그 여자를 고쳐 주십니다. 그리고 그 일로 분노하는 사람들을 향해 이렇게 말씀하셨지요. "외식하는 자들아 너희가 각각 안식일에 자기의 소나 나귀를 외양간에서 풀어내어 이끌고 가서 물을 먹이지 아니하느냐 그러면 열여덟 해 동안 사탄에게 매인 바 된 이 아브라함의 딸을 안식일에 이 매임에서 푸는 것이 합당하지 아니하냐"(눅 13:15-16). 바리새인들은 예수님이 안식일을 아무렇지도 않게 여긴다고 생각했습니다.

예수님의 입장은 매우 분명합니다. 마가복음 3장을 보면 안식일에 선을 행하는 것과 악을 행하는 것, 생명을 구하는 것과 죽이는 것 중 어느 것이 옳으냐고 예수님은 질문하셨습니다. 손 마른 사람을 그냥 두는 게 좋은지 고치는 게 좋은지의 질문입니다. 귀신 들린 사람을 고친 경우에도 동일한 말씀을 하십니다. 안식일에 병을 고침으로 예수님이 모세의 율법을 정말 어겼습니까? 그렇지 않습니다. 모세의 율법을 어겼다기보다는 유대인들이 만들어 놓은 율법집의 조항을 어겼다고 할 수 있습니다.

예수님은 안식일의 근본 정신에 대해서 마가복음 2장 마지막 부분에서 말씀하십니다. "또 이르시되 안식일이 사람을 위하여 있는 것이요 사람이 안식일을 위하여 있는 것이 아니니 이러므로 인자는 안식일에도 주인이니라"(막 2:27). 이 구절을 조금 풀어 보면, 안식일은 사람들을 자유롭게 하고 해방시키고 사랑하고 살리는 날이지, 사람을 죽이기 위해 있는 게 아니라는 것입니다. 곤경에 처하거나 어려움을 당한 사람이 있으면 도와주고, 그렇게 실제로 행동하고 실천하는 날이지 아무것도 하지 않고 수수방관(袖手傍觀), 팔짱만 끼고 서서 쳐다보는 그런 날이 아니라는 것입니다.

이스라엘 백성들, 특히 바리새인들의 경우 안식일은 아무것도 하지 않는 날이었습니다. 그런 식으로 하다 보니, 사람이 안식일의 자유를 누리기보다는 구속당하는 결과가 되고 말았습니다. 그런 상황에서 예수님은 여러 행동과 가르침을 통해서 성경이 말하는 안식일의 근본 정신을 다시 가르치신 것입니다. 그 근본 정신이란 사람을 풀어 주고 자유롭게 하는 것입니다. 사람을 위해서 하나님이 안식일을 만드신 것이지 사람을 옭아매기 위한 것이 아니라는 말씀입니다.

안식일의 동기에 관해서 출애굽기 20장과 신명기 5장의 차이를 말씀드렸습니다. 출애굽기 20장은 하나님이 엿새 동안 일하시고 일곱째 날에 쉬셨으니 너희도 쉬라는 의미입니다. 그런데 생각해 보십시오. 하나님이 일을 하셨다고 피곤하시겠습니까? 하나님이 숨을 돌려야 할 정도로 피곤을 느끼실 거라고는 생각하기 힘듭니다. 그럼 왜 쉬셨을까요? 성경의 정신을 살펴보면 하나님이 쉬신 것은 사람들을 쉬게 하기 위함임을 알 수 있습니다. 왜냐하면 전혀 쉬지 않고 일을 한다면, 우리는 실제로 아무 일도 할 수 없기 때문입니다. 러시아에서 공산당이 1917년 혁명에서 성공한 뒤 한 일 중 하나가 바로 주일 제도의 폐지였습니다. 주일 하루를 쉬는 것이 생산성을 떨어뜨린다고 생각했기 때문입니다. 그래서 주일 없이 계속 일하도록 했지만 결국 성공하지 못했습니다. 그래서 다시 엿새 동안 일하고 하루를 쉬는 것으로 돌아갔습니다.

신명기를 보면, 안식일에는 사람뿐 아니라 남종이나 여종, 소나 말도 쉬게 해야 한다고 했습니다. 주인보다는 오히려 그 밑에서 일하는 사람을 쉬게 하는 데 관심이 있음이 드러납니다. 애굽에서 종살이하던 것을 기억하라는 말씀은 이를 염두에 두고 한 것입니다. 너희도 종살이하느라고 고생하지 않았느냐, 그러니 너희 남종이나 여종이나 심지어 나귀나 말이나 소 같은 동물조차 쉬게 하라는 것이지요. 이스라엘의 안식일은 사람이나 종, 동물만 쉬는 게 아니라 땅도 쉬게 하는 것이었습니다. 땅도 6년 경작하고 7년째는 쉬게 하라고 하셨습니다. 이렇게 보면 하나님이 모든 만물에게 쉼을 주시는 날이 안식일입니다.

왜곡된 또 하나의 태도는 그 근본 정신을 잊어버리고 아무것도 해서는 안 되는 것으로 여기고, 마땅히 해야 할 일조차 하지 않는 것입니다. 예수님은 그런 생각에 대해 안식일은 사람을 위해 있는 것이고, 사람이 안식일을 위해 있는 것이 아니라는 말로 교정해 주셨습니다. 여기에 오해의 여지가 있습니다. 예수님이 안식의 날은 자유로운 날, 해방을 주는 날, 즐거워해야 하는 날이라고 말씀하신 것을 보아, 안식일이 사람을 위해 있는 것이니 우리 마음대로 사용해도 좋다고 생각할 수 있습니다. 예배드리고 싶으면 예배드리고, 산에 가고 싶으면 산에 가고, 무엇이든 해도 괜찮다고 생각할 수 있습니다. 안식일은 사람을 위해 있는 것이니 내가 원하는 대로 안식일을 지키면 된다는 생각입니다.

물론 성경의 근본 정신을 보면 안식일이 사람을 위해 있는 것은 분명합니다. 그런데 사람을 위한 것이라고는 하지만 하나님을 인정하고 그분의 창조와 섭리, 그분의 사랑에 감사하는 가운데 누리는 쉼일 때 안식이 의미가 있습니다. 신명기 5장 14절을 보면 "일곱째 날은 네 하나님 여호와의 안식일인즉…"이라고 했습니다. 여호와의 안식, 하나님이 쉬시는 날이면서 동시에 '하나님께 대한 안식'입니다. 출애굽기 31장 13절을 보면 "너는 이스라엘 자손에게 말하여 이르기를 너희는 나의 안식일을 지키라"라고 했습니다. '나의 안식일'이란 하나님의 안식일이고 하나님께 대한 안식일이란 말입니다. 레위기 25장 4절은 땅의 안식과 관련해서 이렇게 말합니다.

"일곱째 해에는 그 땅이 쉬어 안식하게 할지니 여호와께 대한 안식이라." 우리말로는 여호와의 안식이라고 번역되어 있지만, 사실은 '여호와께 바쳐진 안식'이란 의미입니다. 그렇기 때문에 '쉬라'는 것이 안식일의 첫째 뜻이라고 할 수 있습니다만, 쉰다는 것이 그냥 내 마음대로 쉬는 게 아니라는 것이지요. 쉬되, 여호와께 쉬라는 말입니다.

여호와께 쉬는 것은 두 가지로 생각해 볼 수 있습니다. 첫째는 일을 하지 않는 것입니다. 우리가 엿새 동안 하던 일들에서 손을 놓는다는 것입니다. 그것이 중요합니다. 일을 하지 않는 것이 안식일을 거룩하게 하는 것입니다. 하지만 거기에 그치지 않고 안식일에는 이스라엘 사람들이 모였습니다. 모여서 춤추고 논 것이 아니라 하나님께 예배를 드렸습니다. 안식일에 쉰다는 것은 일을 하지 않으면서 하나님께 예배드리는 것입니다. 레위기 23장 6-8절을 보면 "이 달 열닷새 날은 여호와의 무교절이니 이레 동안 너희는 무교병을 먹을 것이요 그 첫날에는 너희가 성회로 모이고 아무 노동도 하지 말지며 너희는 이레 동안 여호와께 화제를 드릴 것이요 일곱째 날에도 성회로 모이고 아무 노동도 하지 말지니라"라고 되어 있습니다. 그러므로 안식일을 지키는 방법은 일을 하지 않는 것뿐만 아니라 하나님을 예배하는 것입니다.

그런데 이런 의문이 생길 수 있습니다. 안식일이 예배드리고 쉬는 날이라면 굳이 지금 우리가 정해 놓은 날일 필요가 있는가 하는 것입니다. 지금 우리가 예배드리는 날은 일요일, 곧 주일입니다. 물론 수요예배도 있고 다른 예배도 있지만 주일은 하루를 완전히 쉬면서 하나님께 예배드리는 날입니다. 칼뱅은 반드시 주일이 쉼을 누리는 날이어야 한다고 생각하지 않았습니다. 칼뱅은 7일 중 하루를 쉬고 그날 예배를 드리면 된다고 생각했습니다. 그러나 교회의 질서를 위해서 하루를 정해 두고 그날 예배를 드리고 휴식을 취하는 것이 합당함을 칼뱅은 강조하였습니다. 그럼에도 우리가 일요일을 주일로 지키는 것은 우리의 신앙 질서와 교회의 질서를 위해 중요합니다. 주일에 예배를 드릴 수 없는 사람들은 다른 날을 예배의 날로 드릴 수가 있습니다. 진리의 문제가 아니라 질서의 문제임을 강조한 칼뱅의 견해를 우리는 믿을 만한 견해로 따를 수 있습니다.

안식일을 언제 지켜야 하느냐는 것과 함께 하나 더 생각할 수 있는 것은, 주 6일을 일해야 하느냐는 것입니다. 특히 요즘 와서는 그 물음이 상당히 심각하게 제기되고 있습니다. 우리나라도 몇 년 전부터 주 5일제가 도입되었지만, 서양에서는 오래전부터 주 5일제, 주 4일제 근무를 합니다. 심지어 주 3일제까지 거론될 정도입니다. 실업자가 너무 많이 생기니 일을 서로 나누자는 것이지요. 주 3일 일하면 더 많은 사람에게 일자리를 나누어 줄 수 있고, 일자리를 나누어 가지면, 수입은 줄지만 실업자는 그만큼 줄일 수 있습니다. 우리나라에서도 주 5일제 근무가 일반화되고 있습니다만 그래도 여전히 사람들은 묻습니다. 주 5일제가 과연 성경적이냐고 말이지요. 답하기 쉽지 않습니다. 그러므로 우리는 5계명 본문을 좀더 자세히 들여다보아야 합니다.

5계명의 두 번째 부분을 문자 그대로 번역하면 이렇게 할 수 있습니다. "6일은 일하되 네가 해야 할 모든 일을 해라. 7일째는 쉬어라." 우리 번역을 보면 '힘써'란 단어가 '엿새 동안' 앞에 있습니다. 모든 일을 하라고 할 때 '하다'는 말이 히브리어로 '아사'이며 '아사'

에는 '쥐어짜다'는 뜻이 있으니까 아마 이렇게 번역한 것이 아닌가 생각합니다. 그런데 쥐어짜서 6일 안에 일을 해야 할 목적이 무엇입니까? 7일까지 넘어가지 않도록 하기 위한 것입니다. 그래서 7일째가 되어도 해야 할 일이 남았다는 핑계로 일하는 경우가 없도록 하라는 말입니다. '반드시 6일을 일해야 한다, 그렇지 않으면 쉴 수 없다'는 뜻이 아닙니다. 6일 동안은 우리가 일할 수 있고(we can do work and we may do work), 힘써 일할 수 있습니다. 그러나 이레째 되는 날에는 하나님께 대한 안식의 날이므로 이날은 반드시 쉬라는 말입니다.

이렇게 보면 닷새 정도는 직장 생활을 하고 하루는 집안일을 한다고 해서 계명을 어긴다고 말할 수 없습니다. 닷새는 생업을 위해 일하고 하루는 사회 봉사나 그 밖의 다른 일을 할 수도 있습니다. 일이라는 개념도 반드시 임금 노동, 대가로 수입을 얻는 것만 생각할 필요는 없습니다. 보수를 받지 못하더라도 다른 사람을 위해 하는 봉사도 일이기 때문입니다. 임금 노동뿐 아니라 사회 봉사도 성경에서 말하는 일의 의미를 충분히 가질 수 있습니다. 앞으로 주 5일제가 아니라 4일제 노동도 가능합니다. 사회적 필요에 따라 조정될 수 있습니다. 일부 사람들이 일자리 전체를 장악해 버리고 나머지 사람들은 실업자로 남는 그런 상황을 극복하기 위해 일을 나눠 갖는 시도를 해 볼 수 있고, 그러자면 노동 시간을 줄이는 것도 하나의 방법입니다. 유럽에서 많이 쓰고 있는 방법입니다. 일의 의미를 반드시 돈 받고 하는 일로만 축소하지 말고, 일단 먹고살 수만 있고 생계만 유지할 수 있다면 그 외의 나머지 시간을 내 몸으로, 혹은 내 기술과 지식으로 다른 사람들을 돕고 봉사하는 것도 노동으로 이

해해야 합니다. '직업이 없는 것'(jobless)이 '일이 없는 것'(workless)
이 아닙니다. 일은 내 몸과 마음을 움직여 일정한 활동을 하는 것입
니다. 그러므로 어떤 직업을 통해 임금 노동을 하지 않더라도 얼마
든지 우리는 자신과 이웃을 위해 일할 수 있습니다.

3. 안식의 의미

「웨스트민스터 대교리문답」을 보면 안식과 관련된 사항에서 쉼을 특히 강조하고 있습니다. 안식의 날 또는 주의 날은 쉬는 날이므로 하루 종일 어떤 일도 해서는 안 되고, 직업으로 수행하는 일뿐 아니라 심지어 주중에 하던 오락이나 여러 취미 활동도 주일에는 하지 말라고 하였습니다. 물론 구제를 하거나 사람을 방문하는 등 꼭 필요한 일은 예외라고 해 두었습니다. 그 다음으로 공예배나 사적인 예배를 드려야 한다는 점을 말하고 있습니다. 「하이델베르크 교리문답」에는 쉼에 대해서보다는 오히려 주일은 예배에 참석하여 말씀을 듣고 성례에 참여하고 성도들이 공적으로 모여 하나님을 부르는 날임을 강조합니다. 그러면서 주일에 누리는 안식은 앞으로 우리가 천국에서 누릴 영원한 안식에 대한 예비적인 활동이라고 말합니다.

「웨스트민스터 대교리문답」과 「하이델베르크 교리문답」은 서로 다른 것처럼 보입니다. 「웨스트민스터 대교리문답」에는 주일은 모두 쉬어야 하는 날이라는 말이 먼저 나오고 그 다음으로 예배를 언급합니다. 그런데 「하이델베르크 교리문답」은 쉰다는 것보다는 먼저 예배와 성례를 말하고 있습니다. 그러나 이 차이는 자세히 보

면 강조점의 차이임을 알 수 있습니다. 「웨스트민스터 대교리문답」은 일을 손에서 놓아라, 그리고 예배에 참석하라는 것입니다. 「하이델베르크 교리문답」은 쉼을 당연한 것으로 전제하고, 예배에 참석하여 하나님을 고백하고 찬양하라는 말을 먼저 하고 있습니다. 「웨스트민스터 대교리문답」에서는 별로 강조되지 않은, 앞으로 우리가 누릴 영원한 안식에 대한 예표로서 안식의 의미를 「하이델베르크 교리문답」은 강조하고 있습니다. 「하이델베르크 교리문답」에는 안식의 영적 의미가 좀더 두드러지게 드러나 있습니다.

강조점에 차이가 있을 뿐 개혁교회 전통에서 다 같이 강조하는 것이 그 두 가지입니다. 주일은 쉬는 날이고 또 함께 모여서 예배드리는 날이라는 것입니다. 이것이 안식의 첫째된 의미, 가장 중요하고도 보편적인 의미입니다. 장소나 지역, 시대를 초월해서 안식의 날인 주일의 의미가 무엇이냐고 누가 묻는다면 쉬는 날이자, 하나님께 예배드리는 날이라고 답할 수 있습니다. 안식과 관련해서 하나님의 주권이 강조되고 있다는 것도 개혁교회 전통에서 중요합니다. 우리는 이것을 안식의 두 번째 의미라고 말할 수 있습니다. 엿새 동안 일하고 이레째에는 쉬라는 것이 하나님의 주권과 무슨 관련이 있을까 반문할 수 있습니다. 그러나 생각해 보십시오. 우리의 모든 삶이 우리 자신의 손에 달려 있는 것이 아니라 하나님께 달려 있으며, 우리의 삶을 주장하고 다스리시는 분은 하나님이시라는 믿음 없이, 쉰다는 것이 가능하겠습니까? 불가능합니다. 내가 내 삶을, 현재의 삶뿐 아니라 미래의 삶을, 모두 내 손으로 다 해야 한다고 생각해 보십시오. 그렇다면 그냥 가만히 손 놓고 앉아 있을 수가 없습니다. 무언가를 해야 합니다. 내가 내 손으로 계획하고 일하고 돈을 버는 등 나의 미래를 위해 스스로 무언가 준비하지 않을 수 없습니다. 말하자면 노동하지 않을 수가 없는 것입니다.

성경 전통과 기독교 교회 전통에서 노동은 매우 중요합니다. 우리 전통에는 사실 노동은 안 할 수 있으면 가능한 한 하지 않는 게 좋다는 생각이 지배적입니다. 먹고살기 위해 어쩔 수 없이 해야 되는 것으로 여깁니다. 그런데 이 노동의 의미가 서양에서는, 특히 르네상스 이후 근대에 이르러 아주 세속화되어서, 노동을 인간이 자신의 삶을 스스로 관리하고 자신의 미래를 스스로 개척하는 활동으로 정의하게 되었습니다. 특히 르네상스 이후, 즉 서양에서 기독교의 세력이 약해진 이후에, 노동은 인간이 자신의 삶을 스스로 만들어 나가는 과정으로 생각되었습니다. 그래서 '인간은 노동하는 존재다'라고 규정하게 된 것이지요. 과거에 '인간은 이성적 존재다, 사회적 존재다'라고 했듯이 '인간은 노동하는 존재다'라고 말하는 것은, 인간은 누구에게도 의존하지 않고—특히 하나님께 의존하지 않고—스스로 자신의 삶을 개척하는 존재라는 의미가 들어 있습니다. 가령 칸트나 헤겔이나 마르크스는 노동을 굉장히 강조합니다. 인간을 '유희하는 존재'(호모 루덴스, *homo ludens*), '생각하는 존재', '도덕적으로 책임지는 존재' 등으로 보는 것보다는 무엇보다 '노동하는 동물'(*animal laborans*)로 보는 것이 근대 정신의 특징 가운데 하나입니다.

헤겔은 노동을 분명하게 인간의 본질로 보았습니다. 헤겔에 이어, 마르크스는 노동자들이 자본가 계급에 의해서 착취되는 과정을 노동자 자신의 본질을 자본가 계급에 빼앗기는 것으로 보았습니다. 왜냐하면 노동의 산물인 생산품에 투여한 노동의 대가가 노동자에게 임금으로 충분히 되돌아와야 하는데, 그것이 자본가의 손에 들어가서 새로운 이윤 창출의 바탕으로 사용되고 말기 때문입니다. 내가 일한 만큼의 몫이 나에게 돌아와야 하는데, 돌아오지 않는다는 것이지요. 그러니 결국 나의 본질을 자본가 계층에 빼앗기는 것으로 보았습니다. 그것을 '소외'라고 불렀습니다. '소외'는 독일어로 '엔트프렘둥'(entfremdung)인데, 이 말은 '프렘트'(fremd), 곧 '남의 것', '낯선 것'이 된다는 뜻입니다. '노동'이라는 인간의 본질이 자본가에 의해 착취당하기 때문에, 자기 자신의 본질을 실현하기 위해서 노동자 계급은 자본가 계급에 대항하여 혁명을 일으켜야 하고 자기의 목소리를 찾아야 한다고 주장합니다. 이때 노동이라는 것은 단지 열심히 땀 흘려서 일한다는 의미보다는 자신의 삶을 자기 스스로 개척해 나간다는 의미입니다. 이런 문화 속에서 일하지 않고 사는 것, 일 없이 사는 것은 지옥 같은 생활입니다.

네덜란드 같은 나라는 사회복지제도가 잘 되어 있습니다. 일하지 않는 사람도 수당을 받을 수 있습니다. 노약자 수당이 있고, 노동 부적격자 수당이 있고, 실업자 수당이 있습니다. 일하지 않더라도 집을 구할 수 있고 먹고살 정도의 돈은 정부로부터 받습니다. 그런데도 사람들이 그렇게 행복하지는 않습니다. 마약중독자도 많고 알콜중독자도 많습니다. 먹고살 수 없기 때문에, 또는 돈이 없기 때문이 아니라 마땅히 인간으로서 자기 자신을 실현하는 대열에서 이탈되었기 때문입니다. 서양 근대 이후 생성된 전통을 따르면, 노동은 사람이 사회 속에서 자기 자신의 본질을 실현하는 과정입니다. 일자리를 갖지 못하면—서양 사람들에게 일이란 일차적으로 임금노동을 의미합니다—사회에서 마땅히 내가 차지해야 할 자리를 차지하지 못한 것이 되는 셈입니다. 그러니 다른 사람들이 일해서 얻는 결과로 내가 먹고산다는 것에 자존심이 상하고, 삶은 무거운 짐으로 다가옵니다.

그런데 성경은 노동을 어떻게 보고 있습니까? 성경의 전통 또한 노동을 매우 중요하게 생각합니다. 하지만 성경은 노동을 자기 실현에 제한하지 않습니다. 성경에서 노동은 단지 먹고살기 위한 것만도 아니고, 자기 실현을 위한 것만도 아닙니다. 오히려 하나님의 창조 세계를 가꾸고 하나님이 창조 세계에 주신 가능성들을 개발하여 그것들이 잘 실현되고 발휘될 수 있도록 돕는 일을 하는 것이 성경의 관점에서 본 노동이라 할 수 있습니다. 무엇보다도 성경은 하나님을 일하시는 하나님으로 그리고 있습니다. 예수님도 "아버지께서 일하시니 나도 일한다"고 말씀하셨습니다. 예수님도 일하셨습니다. 예수님은 성전 제사장의 아들로 태어나지 않았습니다. 목수의 아들로 태어나 목수 일을 했습니다. 목수라는 말이 혼자 다니면서 집을 짓거나 고치거나 가구를 만드는 그런 목수를 의미하는 것은 아닙니다. 여기서 목수란 그리스어로 '텍톤'(tekton)인데, '텍톤'은 지금 같으면 30-40명 정도의 일꾼을 거느린 상당히 큰 목수라고 보는 학자들도 있습니다. 작은 목수가 아니었다는 말이지요. 어쨌든 예수님이 목수였다는 것은 예수님도 몸으로 노동하셨다는 뜻을 담고 있습니다. 예수님도 일하셨으므로 우리도 몸으로 일한다는 것은 그만큼 귀하다고 해야 할 것입니다. 바울 사도도 당시 그리스와 로마 풍습에 따르면 자유인은 일을 하지 않았음에도 불구하고 일을 했습니다. 천막을 만들면서 그걸로 먹고살았습니다.

성경은 이렇게 노동에 대해서 분명하게 강조하고 있습니다. 그러면서도 동시에 쉬라고 합니다. 이는 우리가 살아가는 데는 반드시 비워야 할 공간이 있다는 의미가 있습니다. 가득 채워진 그릇에는 새로운 것을 담을 수 없습니다. 그래서 우리의 그릇을 비울 필요가 있습니다. 쓸데없는 것을 너무 채워 두고 가난하게 사는 것보다는 조금 비우고 좀더 풍요로운 것으로 채울 필요가 있습니다. 엿새 동안 주어진 일을 하되 일곱째 되는 날에 하루 쉰다는 것은 우리 속에 하나님이 은혜를 부어 주실 공간을 만드는 것입니다. 그런데 그 공간을 만든다는 것은 하나님이 우리 삶의 주권자시라는 믿음 없이는 불가능합니다. 그래서 안식일을 지키는 것에는 하나님이 우리의 주권자이시며 우리의 모든 삶을 다스리는 분이라는 믿음이 있어야 합니다. 쉼을 통해 삶의 모든 것이 하나님의 주권에 달려 있음을 우리는 고백하고 찬송하게 됩니다.

세 번째로 중요한 안식의 의미는, 인간의 평등을 말하고 있다는 것입니다. 특히 신명기 5장에 그려진 안식일을 보면 더욱더 그렇습니다. "네 하나님 여호와가 네게 명령한 대로 안식일을 지켜 거룩하게 하라 엿새 동안은 힘써 네 모든 일을 행할 것이나 일곱째 날은 네 하나님 여호와의 안식일인즉 너나 네 아들이나 네 딸이나 네 남종이나 네 여종이나 네 소나 네 나귀나 네 모든 가축이나 네 문 안에 유하는 객이라도 아무 일도 하지 못하게 하고 네 남종이나 네 여종에게 너같이 안식하게 할지니라"(신 5:12-14). 여기에는 '너같이'가 강조되어 있습니다. 네가 안식하듯이, 네가 그렇게 푹 쉬듯이 네 집에서 일하는 사람들이나 소나 말 같은 가축도 쉬게 하라는 것입니다. 그러고 나서 말씀하시길, "너는 기억하라 네가 애굽 땅에서 종이 되었더니 네 하나님 여호와가 강한 손과 편 팔로 거기서 너를 인도하여 내었나니 그러므로 네 하나님 여호와가 네게 명령하여 안식일을 지키라 하느니라"(신 5:15). '네가 종 되었던 기억이 있지 않느냐, 네가 땀 흘려서 일하고도 그 열매를 누리지 못하고 고생했던 적이 있지 않느냐. 그러니 너뿐 아니라 너의 집에서 일하는 사람들도 쉬게 하라'는 것입니다.

쉬는 데 있어서는 어떤 사람도 예외 없이 모두가 평등하다는 것입니다. 주인이니까, 권력자니까, 돈 많은 사람이니까 그 사람만 쉬어야 하고 그 외에는 열심히 일해야 한다는, 그런 차별이 도무지 없습니다. 안식의 날에는 누구나 쉬어야 합니다. 왜냐하면 이 날에 하나님이 우리에게 복 주시고 은혜를 베풀어 주시기 때문입니다.

출애굽기 16장을 보면 안식일의 제정 이전에 이미 이스라엘 백성들은 안식일을 통해서 하나님은 평등하게 일하시는 분이심을 경험하였습니다. 하나님이 만나를 매일 거두게 하셨는데 안식일에는 만나를 주시지 않고 그 전날 거두게 하셨습니다. 그렇게 했더니 많이 거둔 사람이나 적게 거둔 사람이나 똑같았다고 되어 있습니다. 평균적으로 분배되었다는 의미입니다. 우리 현실의 질서를 보면, 재산의 차이가 있고 가난과 부의 차이가 있습니다. 열심히 일한다고 해서 반드시 많은 부를 누릴 수 있거나, 열심히 일하지 않는다고 해서 가난해지거나 하지 않습니다. 우리 사회 질서는 어떻게 보면 불평등해서 열심히 일하더라도 부를 누리지 못하고 또 일을 하지 않더라도 부를 누리는 경우도 있습니다. 그러나 하나님이 원하시는 질서는 부한 사람이나 가난한 사람이나, 배운 사람이나 못 배운 사람이나, 남자나 여자나 누구에게나 똑같습니다.

바울은 이 이야기를 고린도 교회에 보낸 편지에서 다시 하고 있습니다. 고린도후서 8장을 보십시오. "형제들아 하나님께서 마게도냐 교회들에게 주신 은혜를 우리가 너희에게 알리노니 환난의 많은 시련 가운데서 그들의 넘치는 기쁨과 극심한 가난이 그들의 풍성한 연보를 넘치도록 하게 하였느니라"(고후 8:1-2). 마게도냐 교인들이 예루살렘 교인들을 도운 이야기입니다. 가난한 가운데서도 풍성한 연보를 했다고 그들을 칭찬하면서 바울은 예수 그리스도가 가난하게 되심과 연보를 연관시켜 말합니다(고후 8:9-13 참조). 그러고는 "이제 너희의 넉넉한 것으로 그들의 부족한 것을 보충함은 후에 그들의 넉넉한 것으로 너희의 부족한 것을 보충하여 균등하게 하려 함이라 기록된 것같이 많이 거둔 자도 남지 아니하였고 적게 거둔 자도 모자라지 아니하였느니라"라고 말합니다(고후 8:14-15). 출애굽기 16장 18절이 여기에 인용되었습니다.

출애굽기 16장의 사건과 안식일의 제정(일하지 않는 것, 쉬는 것)은 무관하지 않습니다. 안식일에는 남종이나 여종이나 소나 말이나 유하는 객이나 모두 쉬어야 합니다. 여기서 모든 사람들이 하나님 앞에 쉬는 데 있어서 평등하다, 인격의 평등뿐 아니라 안식에 있어서도 평등하다는 것을 알 수 있습니다. 경제 질서에 있어서도 빈부의 격차보다는, 특히 연보를 통해서 서로가 균등하게 되는 평등을 바울이 생각하고 있음을 고린도후서 8장에서 읽을 수 있습니다. 안식의 날을 정말 하나님이 원하시는 대로 바로 지키자면 사회 정의가 실현되지 않고서는 불가능합니다. 안식은 우리가 단지 노동으로부터, 일로부터 쉰다는 의미뿐 아니라 우리 사회에 존재하는 불평등, 사회적 불의에 대해서도 관심을 가진다는 의미도 있습니다. 나나 로빈슨(Gnana Robinson)이 쓴 안식일에 관한 박사 학위 논문을 보면 이렇게 말하고 있습니다.

> 만일 쉼의 날이라고 하는 것에 사회적 정의가 동반되지 않으면 이 날은 기득권이 없는 사람, 착취받는 사람들에게는 하나의 짐이 될 뿐이다. 그 사람들에게는 쉼의 날이 불안의 시간이요, 의기소침의 시간이요, 자기 모멸의 시간이다.…건전하고 정의로운 사회 질서가 없이는 성경에서 말하고 있는 안식의 명령이 지켜질 수 없다.[3]

그렇기 때문에 전통적으로 「웨스트민스터 대교리문답」나 「하이델베르크 교리문답」은 가난한 사람들에 대한 책임(구제)을 말하고 있습니다. 구제나 가난한 사람들에 대한 관심이 안식의 날에 해야 할 중요한 책무 중 하나라는 것입니다. 그것이 교회 전통에서 중요한 일입니다. 그러므로 병원을 찾거나, 교도소, 노약자 시설을 찾는 것, 또는 정말 슬픔을 함께 나눌 사람이 필요한 이들을 찾아가는 것은 하나님이 주신 휴식의 날에 매우 중요합니다. 이것이 사회정의를 실현하는 조그마한 활동이 될 수 있기 때문입니다.

4. 쉬어라. 쉬되 예배드리면서 쉬고, 남과 더불어 쉬어라

결론을 맺겠습니다. 첫째, 예배드리기 위해 구별한 주일은 하나님께 예배를 드리는 날이요, 동시에 일손을 놓고 하나님 안에서 휴식을 취하는 날입니다. 예배 자체가 그리스도인에게는 쉼 중의 쉼입니다. 예배를 통해서 우리는 하나님께로부터 풍성한 것으로 채움 받습니다. 우리가 예배를 '드린다'고 하지만 솔직히 우리가 무엇을 하나님께 드립니까? 하나님에게서 오지 않은 것이 무엇이 있어서 우리가 그것을 하나님께 드립니까? 진실을 말하자면, 우리가 일손을 놓고 하나님 앞에 나아와서 예배에 참여할 때, 우리는 풍성한 것들을 하나님께로부터 받습니다. 그러므로 예배를 통해 우리가 하나님께 무엇을 드리는 게 아니라 우리가 하나님께 받습니다. 예배는 이렇게 우리의 쉼으로 인해, 우리의 비움으로 인해, 하나님께 풍성히 받는 행위입니다. 아브라함 헤셸(Abraham J. Heschel)은 안식을 '시간의 지성소'를 만드는 것이라고 표현했습니다.[4] 우리는 주일 예배를 통해 하나님께 '시간의 지성소'를 짓습니다. 이 성소에서 우리는 하나님을 만나고 하나님께 용서받고, 하나님의 은혜를 받습니다.

둘째, 주일을 통해 안식함으로 우리는 하나님의 주권을 인정하고 우리의 신앙을 표현합니다. 하루를 일하지 않고 온전히 주 안에서 쉴 수 있다는 것은 하나님의 주권을 전적으로 신뢰하는 일입니다. 하나님께 우리 자신을 완전히 맡길 수 없다면 우리는 쉴 수가 없습니다. 진정한 안식이 가능하려면 하나님이 우리의 모든 삶을 다스려 주시고, 인도해 주신다는 믿음이 있어야 합니다. 시편 127편 1-2절을 보면 "여호와께서 집을 세우지 아니하시면 세우는 자의 수고가 헛되며 여호와께서 성을 지키지 아니하시면 파수꾼의 깨어 있음이 헛되도다 너희가 일찍이 일어나고 늦게 누우며 수고의 떡을 먹음이 헛되도다 그러므로 여호와께서 그의 사랑하시는 자에게는 잠을 주시는도다"라고 했습니다. 이 구절은 "하나님께서 사랑하시는 자에게는 자는 동안에도 빵을 주시는도다"라는 번역이 옳습니다. 그러나 하나님이 사랑하시는 자에게 잠을 주시든지, 잠을 자는 동안 빵을 주시든지 간에, 이는 하나님이 온전히 그분의 사랑하는 자들을 돌보신다는 말씀입니다. 그러므로 하나님의 사랑을 받는 사람들은 염려할 필요가 없다는 것입니다. 예수 그리스도 안에서 보내는 7일 가운데 이 하루는 우리에게 짐이 아니라 복이고, 이 날을 통해서 우리는 하나님의 풍성한 은혜를 누릴 수 있습니다.

셋째, 안식의 날은 단지 쉬고 예배드리는 날이라는 의미뿐 아니라 사람을 균등하게 하는 의미가 있습니다. 쉰다고 할 때 나만 쉬는 게 아니라 나의 동료, 내 집에서 일하는 사람들, 소나 말까지도 다 같이 쉬어야 함을 늘 기억해야 합니다. 과도한 착취를 막고, 가진 자의 권력 남용을 막기 위해 하나님은 사람뿐 아니라 만물이 쉬도록 하셨습니다. 7년 만에 땅을 쉬게 하라는 것이나 희년 제도가 그런 경우입니다. 탐욕을 버릴 수 없는 인간에게는 무척 어려운 제도입니다. 하지만 이 안에 하나님이 꿈꾸는 사회, 곧 정의와 평화가 함께 껴안는 사회, 가진 자와 못 가진 자, 배운 이와 못 배운 이, 사지가 멀쩡한 사람과 장애가 있는 이 모두가 하나되고, 모두가 평등하게 하나님의 자녀로서 풍성한 삶을 누리는 사회에 대한 꿈이 드러나 있습니다. 그러므로 사회정의에 대한 관심 없이, 사회적 약자에 대한 관심 없이, 우리 자신이 쉬는 것만으로 이 안식의 근본 정신을 따라 안식의 날에 관한 계명을 지켰다고 할 수 없습니다.

5계명

1. 네 아버지와 네 어머니를 공경하라
2. 권위의 소재
3. 부모와 자식 관계에서의 훈육, 훈계, 징계
4. 권위의 위기와 정당한 권위
5. 성경은 전통적 권위만을 지지하는가?
6. 약속 있는 계명

네 부모를 공경하라 그리하면 네 하나님 여호와가 네게 준 땅에서 네 생명이 길리라.
출 20:12

자녀들아 주 안에서 너희 부모에게 순종하라 이것이 옳으니라 네 아버지와 어머니를 공경하라 이것은 약속이 있는 첫 계명이니 이로써 네가 잘되고 땅에서 장수하리라 또 아비들아 너희 자녀를 노엽게 하지 말고 오직 주의 교훈과 훈계로 양육하라 종들아 두려워하고 떨며 성실한 마음으로 육체의 상전에게 순종하기를 그리스도께 하듯 하라 눈가림만 하여 사람을 기쁘게 하는 자처럼 하지 말고 그리스도의 종들처럼 마음으로 하나님의 뜻을 행하고 기쁜 마음으로 섬기기를 주께 하듯 하고 사람들에게 하듯 하지 말라 이는 각 사람이 무슨 선을 행하든지 종이나 자유인이나 주께로부터 그대로 받을 줄을 앎이라 상전들아 너희도 그들에게 이와 같이 하고 위협을 그치라 이는 그들과 너희의 상전이 하늘에 계시고 그에게는 사람을 외모로 취하는 일이 없는 줄 너희가 앎이라.
엡 6:1-9

5계명의 내용은 사실 간단합니다. 우리의 부모를 공경하라는 말입니다. 부모에 대한 효도를 강조해 온 유교 문화권에 속한 우리에게는 새삼스러울 것이 없는 명령입니다. 그러나 기독교가 처음 우리나라에 들어왔을 때는 기독교가 '무군무부'(無君無父), 곧 임금도 부모도 없는 종교라고 오해했습니다. 그 발단은 아무래도 천주교가 처음 들어왔을 때의 상황에서 찾아야 할 것 같습니다. 1791년 소위 '진산 사건'이란 것이 있었습니다. 전라도 진산(지금은 충청남도 진산입니다)에 윤지충(尹持忠)이란 사람이 있었습니다. 다산 정약용의 고종사촌입니다. 이 사람이 정약용을 통해 천주교 신앙을 알게 되고 스스로 교회 서적을 구해 공부하다가, 한국인 최초로 1784년 북경에서 천주교 신자로 세례를 받은 이승훈에게 세례를 받고 1787년 천주교 신자가 되었습니다. 초기 신자들은 대부분 조상 제사를 지냈습니다. 그러다가 북경에 있던 구베아 주교가 1790년 조선 천주교에 조상 제사 금지령을 내리자, 그에 따라 윤지충은 신주를 불사르고 어머니가 돌아가셨을 때도 유교식으로 장례를 치르지 않았습니다. 이 소문이 조정에 알려지게 되고, 결국 그는 체포되어 죽었습니다. 한국 천주교 최초의 순교자였습니다. 이런 배경 탓인지 개신교가 들어왔을 때도, 사람들은 기독교가 부모를 공경하지 않는 종교라고 생각했습니다.

개신교가 처음 들어왔을 때 평양에서 활동한 북장로교 선교사 마펫(Samuel Moffet, 馬布三悅)과 관련된 이야기가 있습니다. 마펫은 1901년부터 한국 학생들을 가르치기 시작했습니다. 그중에 길선주 목사가 아마도 가장 중요한 지도자가 된 사람일 것입니다. 길선주 목사를 기독교로 처음 인도한 이가 김종섭이란 사람이었는데, 김종섭은 기독교 신앙을 두고 많이 고민한 사람이었습니다. 그래서 어느 날 친구 정익노와 함께 술집에서 술을 서너 잔 마신 뒤 마펫을 찾아가서 물었습니다.

김종섭, 정익노: 부모를 효도로 공경하는 것이 옳은가?
마펫: 옳고 말고. 부모를 공경하는 것이 하나님의 계명이다.
김, 정: 마 목사도 부모가 계시며 또 효도를 하는가?
마펫: 나도 부모가 계시고 공경하는 마음이 많다.
김, 정: 그러면 지금 부모를 버리고 만리타국에 와 있으니 이것이 어찌 효도인가?
마펫: 노형, 부모의 말을 순종하여야 효도요? 불순종하는 것이 효도요?
김, 정: 물론 순종이 효도다.
마펫: 그런데 우리 부모님이 날더러 "조선 가서 예수교를 전하라"고 하였소"[1]

이 말을 듣고 김종섭은 기독교에도 효도가 있음을 알게 되고, 복음에 더 관심을 갖게 되었다고 합니다.

십계명은 분명히 부모에게 효도할 것을 가르칩니다. 그런데 히브리어에는 '부모'에 해당하는 말이 없습니다. 그래서 '아비카 워 이메카', 곧 '네 아버지와 네 어머니', 영어로는 'your father and your mother'라고 합니다. '부모'는 통칭(通稱)입니다. 통틀어서 붙이는 이름이지요. 일반적인 명칭입니다. 그러나 아버지, 어머니는 통칭이기 이전에 호칭(呼稱)입니다. 어릴 때 우리가 말을 배우기 시작할 때부터 아버지, 어머니 혹은 아빠, 엄마라 불렀던 분들을, 우리를 먹여 주고 입혀 주고, 키워 준 그분들을 공경하라고 성경은 가르칩니다. 이것을 알고 행하면 우리는 이 계명을 지키는 셈입니다. 더 공부할 필요가 있겠습니까? 다른 계명과 마찬가지로 생각해 볼 것들이 있기 때문에, 역시 조금 더 공부해 보는 것이 유익합니다.[2]

1. 네 아버지와 네 어머니를 공경하라

'공경한다'는 말이 무엇입니까? 영어로는 "Honor your father and your mother!"입니다. 어떻게 하는 것이 우리 아버지와 우리 어머니를 '아너'(honor)하는 것이 될까요? 히브리어로는 '카베드'입니다. '중히, 무겁게 여기라'는 말입니다. 아버지와 어머니를 가볍게 보지 말고 무겁게, 중하게 보아야 한다는 말입니다. 사람을 가볍게 볼 때, 우리는 그 사람이 하는 말을 귀담아듣지 않습니다. 일을 고려할 때도 우선순위에서 빼 버립니다. 그러나 무겁게, 중하게 여길 때는 그렇게 할 수 없습니다. 그분들이 하시는 말씀에 귀를 기울이고, 자리에 모실 때도 소중한 자리에 모십니다. "네 아버지와 어머니를 공경하라"는 말은 이런 뜻입니다. 그분들이 하시는 말씀을 듣고, 순종하며, 그분들을 다른 어떤 사람들보다 귀하게 생각하고 소중하게 모셔야 한다는 말입니다. 좀더 세분해서 보자면 두 가지를 생각해 볼 수 있습니다.

첫째, 부모를 공경한다는 것은 부모의 가르침에 순종하고 따르는 것을 의미합니다. 부모를 귀하게 여긴다고 하면서 부모의 뜻을 가볍게 여기고 멸시한다면 부모를 공경한다고 말할 수 없습니다. 부모가 가르치는 것, 부모가 나에게 원하는 것을 해 드리려고 할 때 우리는 부모를 공경한다고 말할 수 있습니다. 둘째, 부모가 나이 들었을 때, 부모를 부양하고 보살피는 것이 공경한다는 말의 의미에 들어 있습니다. 부모가 자기 자신을 위한 생활 대책을 세울 수 있는 능력을 잃었을 때 경제적 도움을 주는 것을 말합니다. 살아갈 수 있도록 주거를 마련해 드리고, 음식을 조달하고, 입을 옷을 마련해 드리는 것도 공경한다는 말 속에 포함시킬 수 있습니다.

제가 공부하느라 여러 해를 살았던 네덜란드의 경우에는 60세가 넘으면 노약자 수당이 나와서 자식들에게 의존할 필요 없이 생계를 유지할 수 있습니다. 그래서 대부분의 경우는 은퇴하거나 나이가 들면 양로원에 가는 것을 당연하게 여깁니다. 우리가 볼 때는 양로원이라는 것이 가장 비정하고 비윤리적인 기관으로 보이지만, 어떻게 보면 효도가 크게 강조되지 않는 서양 전통에서 양로원이 생긴 것은 당연합니다. 유럽에서 볼 수 있는 양로원 제도는 국가가 세금을 거두어서 정부가 노인들을 봉양하는 제도입니다. 개개인이 해야 할 효도를 정부가 대신해서 행정적으로 해 주는 셈입니다. 십계명에 비춰 보면 진정한 의미의 효도라고 할 수가 없지만, 세상이 변한 상황에서 제도 자체가 잘못되었다고만은 할 수 없습니다.

부모를 공경하는 일은 경제적인 것만을 두고 말할 수 없습니다. 나이가 들면서 몸이 쇠약해짐과 함께 심리적 고독감이 따라옵니다. 심리적 고독감이라는 문제 때문에 많은 사람들이 삶의 고통을 이겨내지 못합니다. 고독한 삶은 매우 고통스럽기 때문에 많은 사람들이 안락사를 원하기도 합니다. 그래서 네덜란드의 경우에는 안락사가 법적으로 공인되어 있습니다. 세계 최초로 안락사가 법적으로 허용된 것입니다. 그러므로 부모가 심리적 고독감에 갇히지 않도록 함께 삶을 나누어야 합니다. 이것도 부모 공경에 포함됩니다.

2. 권위의 소재

그러나 기억해야 할 것은 부모를 공경하되, 무조건 하는 공경이 아니라는 사실입니다. 에베소서 6장 1절에는 "자녀들아 주 안에서 너희 부모에게 순종하라 이것이 옳으니라"라는 말씀이 있습니다. '주 안에서'라는 단서가 있습니다. 부모에게 순종하되, 부모이기 때문에 무조건 순종하는 것이 아니라 하나님께 영광을 돌리기 위해 나아가는 발걸음 중 하나이기 때문에 그렇게 한다는 것입니다. 그래서 만일 부모가 하나님의 말씀을 어기게 한다면 그것을 거부할 권리가 자녀에게 있습니다. 부모가 자식에게 하나님 말씀과 어긋나는 일을 하도록 가르치고 명령한다면 그는 더 이상 부모가 아니라 '낯선 사람'이 된다고 칼뱅은 가르칩니다.

그런데 부모가 자녀에게 행사할 수 있는 권위는 어디서 나오는지 생각해 본 적이 있습니까? 개혁교회에는 세 가지 입장이 있습니다.

부모의 권위는 부모가 자식을 낳았기 때문에 부모가 당연히 누리는 것이라고 보는 입장이 있습니다. 아브라함 카이퍼(Abraham Kuyper)에게서 이런 주장을 찾아볼 수 있습니다. 그런데 카이퍼는 여기에 "하나님이 명령하셨기 때문"이라는 말을 덧붙입니다.[3] 부모가 우리를 낳았기 때문에 우리는 부모에게 순종해야 할 뿐 아니라 하나님이 그렇게 명령하셨기 때문이라는 것이지요. 그런데 부모가 낳은 것은 우리의 몸입니다. 우리의 영혼은 부모가 만들거나 낳은 것이 아니라는 생각을 카이퍼는 하고 있습니다. 그러므로 몸과 관련해서는 우리가 부모에게 순종해야 하지만 우리의 영혼과 관련해서는 그럴 필요가 없다는 주장이 이 속에 담겨 있습니다.

두 번째는 부모라고 하는, 맡겨진 직분 때문에 권위가 나온다고 보는 입장이 있습니다. 얀 바트링크(Jan Waterink)나 한스 로크마커(Hans R. Rookmaaker)는 이 점을 많이 강조합니다. 부모 자식 관계는 생물학적 관계에 그치는 것이 아니라, 부모는 자식을 양육하도록 하나님께 명령을 받았다는 것입니다. 부모에게는 자식을 가르치고 양육하고 키워야 할 직분이 있기 때문에, 부모가 비록 연약하고 능력이 없더라도 하나님이 부모에게 주신 이 직분 때문에, 부모는 자녀에게 순종을 요구할 수 있다는 것입니다. 한마디로 '직분론'입니다. 부모라는 사실 하나만으로도, 부모라는 직분을 받았다는 사실만으로도 자식에게 순종을 요구할 수 있다고 보는 것입니다.[4]

그런데 현실적으로 보면 그렇지 못한 경우가 많습니다. 부모로서 직분을 감당하지 못하는 경우를 우리는 종종 보게 됩니다. 성경에서 강조하는 부모의 직분은 단지 먹이고 입히는 것뿐 아니라 가르치는 것을 포함합니다. 특히 성경에서는 교사로서의 부모의 역할을 매우 강조합니다. 어떻게 살 것인지 바르게 가르쳐야 한다는 것이지요. 그런데 부모가 이렇게 해라, 저렇게 해라 요구하면서도 실제로 그렇게 살지 못하는 경우도 많습니다. 이것을 반드시 부당하다고는 말할 수 없습니다. 부모는 정직하게 살지 못하더라도 자기 자식만은 정직하게 살기를 바랄 수 있기 때문입니다. 오히려 그렇게 가르친다면 가르치지 않는 것보다는 훨씬 낫습니다.

부모의 직무를 다하지 않고 책임을 유기하는 경우도 있습니다. 그렇기 때문에 당연히 다음과 같이 묻지 않을 수 없습니다. 부모의 직분을 가졌다는 것만으로 자신의 권위를 무소불위하게 행사할 수 있는가? 선생으로서도 그렇고, 목사로서도 그렇고, 교회 직분자에게도 마찬가지입니다. 직분을 가졌다는 것 자체 때문에 권위를 가지고 뭘 요구할 수 있느냐는 것입니다. 그래서 세 번째 이론이 나옵니다. 직분을 받았다는 사실만으로 부모의 권위가 성립될 수는 없다고 피터 쇼올스(Peter A. Schouls) 같은 사람은 주장합니다.[5] 부모가 자식에 대해서 순종을 요구하려면 부모는 마땅히 무엇이 옳은지 알아야 하고, 마땅히 그 옳은 바대로 행동해야 한다는 것입니다. 무엇이 옳은지를 부모가 알지 못하고 그래서 그렇게 살지 못한다면 자식에게 순종을 요구할 수 없다는 것입니다.

부모가 자식에게 순종을 요구할 수 있는 권위는 어디서 나옵니까? 저는 세 가지 모두 중요하다고 생각합니다. 첫째, 부모는 자식을 낳고 길렀기 때문에 순종을 요구할 수 있습니다. 둘째, 부모로서 가르치고 양육할 직분을 받았기 때문에 부모는 자녀에게 순종을 요구할 수 있습니다. 셋째, 직분의 내용을 제대로 알고, 그것을 실천할 때 부모의 권위가 행사될 수 있습니다. 논리학 용어로 말하자면 이 세 가지 하나하나는 '필요조건'입니다. 부모의 권위가 성립되기 위해서 낳고 길렀다, 혹은 낳지 않았더라도 적어도 키웠다는 공로를 인정할 수 있습니다. 부모의 직분을 받았다는 것도 필요조건일 수 있습니다. 부모가 제대로 알고 제대로 키운다는 것도 필요조건입니다. 어느 하나도 '충분조건'은 아닙니다. 그러나 이 세 가지를 합치면 부모의 권위가 근거지어질 수 있는 '충분조건'이 형성됩니다. 각각은 '필요조건'이지만 셋을 합치면 '충분조건'이 되는 것입니다. 충분조건이라는 것은, 만일 그것이 주어진다면 그 결과가 당연히 따라오는 것을 말합니다. 낳고 키우고, 부모의 직분을 행사하고, 직분을 행사하되 올바르게 알고 그렇게 살면서 자식을 가르친다면, 바로 그때 자식에 대한 부모의 완전한 권위가 성립됩니다.

3. 부모와 자식 관계에서의 훈육, 훈계, 징계

부모와 자식의 관계에 대해 성경에서 많이 강조하는 것은 훈계입니다. 잠언 23장 13절을 보십시오. "아이를 훈계하지 아니하려고 하지 말라 채찍으로 그를 때릴지라도 그가 죽지 아니하리라." 이중 부정입니다. 매를 대야 할 때는 대라는 말입니다. 쉽지는 않습니다. 요즘 부모들에게는 아이를 때린다는 것이 쉬운 일이 아닙니다. 저도 해 봤지만 참 힘듭니다. 그렇지만 때려야 할 때는 때리라는 것입니다. 훈계하고 훈련하라는 말입니다.

왜 훈계를 해야 하는지에 대해서 잠언 22장 6절이 말합니다. "마땅히 행할 길을 아이에게 가르치라 그리하면 늙어도 그것을 떠나지 아니하리라." 옳지 못한 일을 행할 때는 훈계하고 징계해야 한다는 것입니다. 현대 교육은 체벌에 대해 부정적입니다. 가능한 한 체벌하지 말라고 이야기합니다. 과거에는 교육의 초점이 '부모가 자녀를 어떻게 가르쳐야 하는가'에 있었다면, 플로베르(Gustave Flaubert), 페스탈로치(Johann Heinrich Pestalozzi)나 루소(Jean-Jacques Rousseau) 이후의 현대 교육은 자녀 중심 교육이 되었습니다. 마치 'client-centered therapy'(고객 중심의 정신 치료)라는 것이 있듯이, 교육도 '자녀 중심'이어야 한다고 합니다. 아이들에게 모든 것을 맡기고, 스스로 옳고 그른 것을 판단하게 해야 한다는 것이지요.

하지만 성경은 그렇게 가르치지 않습니다. 물론 자녀를 중요하게 생각하지만 부모가 무엇을 해야 하는지를 매우 중요하게 생각하고 있습니다. 그래서 마땅히 행할 길을 가르치라고 말합니다. 잠언 22장 15절을 보면 "아이의 마음에는 미련한 것이 얽혔으나 징계하는 채찍이 이를 멀리 쫓아내리라"라는 구절이 있습니다. 미련한 것을 채찍으로서 쫓아낼 수 있다는 것입니다. 그렇다면 징계의 방법은 무엇입니까? 때리더라도 그 방법은 어떠해야 합니까?

첫째로, 에베소서 6장 4절에서는 "오직 주의 교양과 훈계로 양육하라"라고 말합니다. 훈계를 하려면 무엇이 전제되어야 합니까? 앞서 언급했듯이 부모가 그렇게 살지 못하면 교훈과 훈계를 할 수가 없습니다. 아이들이 그 말을 듣지 않기 때문입니다. 논리학에서 말하는 오류 중에 '뚜 꾸오끄에'(*tu quoque*)라는 것이 있습니다. '너도 역시'입니다. '피장파장의 오류'란 말로 번역해 씁니다. "아버지, 어머니는 그렇게 하면서 나에게는 그렇게 하지 말라고 할 수 있느냐"는 말을 들을 수 있다는 것입니다. 그렇기 때문에 훈계와 교훈으로 하되 부모가 그렇게 살 수 있어야만 합니다.

둘째로, 히브리서 12장 8-12절을 보십시오. "징계는 다 받는 것이거늘 너희에게 없으면 사생자요 친아들이 아니니라 또 우리 육신의 아버지가 우리를 징계하여도 공경하였거든 하물며 모든 영의 아버지께 더욱 복종하며 살려 하지 않겠느냐 그들은 잠시 자기의 뜻대로 우리를 징계하였거니와 오직 하나님은 우리의 유익을 위하여 그의 거룩하심에 참여하게 하시느니라 무릇 징계가 당시에는 즐거워 보이지 않고 슬퍼 보이나 후에 그로 말미암아 연단받은 자들은 의와 평강의 열매를 맺느니라." 여기서 징계의 방법과 관련된 것을 볼 수 있습니다. 징계를 하지 않는 아들은 친아들이 아니라는 것입니다. 하나님과 우리의 관계를 이야기하면서 부모와 자식의 관계를 비유로 들고 있습니다. '마땅히 징계를 해야 하는데 하지 않는다면 그것은 사랑이 없는 것이다. 그래서 징계를 하되 사랑을 가지고 하라'는 것입니다. 잠언 19장 18절 말씀도 이와 관련이 있습니다. "네가 네 아들에게 희망이 있은즉 그를 징계하되 죽일 마음은 두지 말지니라." 아이를 징계할 때 사랑의 마음으로 하라는 것입니다. 이보다 더 포괄적인 것은 자녀에 대한 책임이라고 할 수 있습니다. 부모가 자식에게 순종을 요구할 수 있는 권위가 제대로 행사될 수 있는 근거는 부모가 자식에게 갖는 책임입니다. 책임이라는 것은 과거와 현재에 대한 것뿐 아니라 미래, '이 아이가 어떻게 자랄 것인가'에 대한 책임을 말합니다. 이런 미래에 대한 고려가 없다면 부모가 자식에게 제대로 권위를 행사할 수 없습니다.

4. 권위의 위기와 정당한 권위

교회 전통에서는 5계명이 부모와 자식에게만 적용되는 것이 아니라 임금과 신하, 임금과 백성, 스승과 제자 그리고 고용자와 피고용자 관계에도 적용되는 것으로 해석했습니다. 우리 사회에서도 군사부일체(君師父一體)라고 하여, 군(君)과 사(師)와 부(父)를 하나로 보는 전통이 있었습니다. 임금과 스승과 부모의 은혜는 같다는 것입니다. 그래서 부모에게 순종하듯 임금에게 순종하고 또 스승에게도 순종해야 한다는 생각이 우리 동양 전통에 강하게 자리 잡고 있습니다. 성경에서도 그와 비슷한 생각을 볼 수 있습니다.

먼저 사무엘상 24장을 보겠습니다. 다윗이 굴 속에 있는 사울을 죽일 수 있었는데도 죽이지 않고 살려 보낸 뒤 사울과 나눈 대화입니다. "그 후에 다윗도 일어나 굴에서 나가 사울의 뒤에서 외쳐 이르되 내 주 왕이여 하매 사울이 돌아보는지라 다윗이 땅에 엎드려 절하고 다윗이 사울에게 이르되 보소서 다윗이 왕을 해하려 한다고 하는 사람들의 말을 왕은 어찌하여 들으시나이까 오늘 여호와께서 굴에서 왕을 내 손에 넘기신 것을 왕이 아셨을 것이니이다 어떤 사람이 나를 권하여 왕을 죽이라 하였으나 내가 왕을 아껴 말하기를 나는 내 손을 들어 내 주를 해하지 아니하리니 그는 여호와의 기름 부음을 받은 자이기 때문이라 하였나이다 내 아버지여 보소서 내 손에 있는 왕의 옷자락을 보소서 내가 왕을 죽이지 아니하고 겉옷 자락만 베었은즉 내 손에 악이나 죄과가 없는 줄을 오늘 아실지니이다 왕은 내 생명을 찾아 해하려 하시나 나는 왕에게 범죄한 일이 없나이다"(삼상 24:8-11). 여기 보면 '왕', '주'라고 부르고 또 '내 아버지여'라고 불렀습니다. 임금을 일컬어서 아버지라고 부른 경우입니다.

스승을 향해서 아버지라고 부른 경우도 있습니다. 열왕기하 2장 12-14절입니다. "엘리사가 보고 소리지르되 내 아버지여 내 아버지여 이스라엘의 병거와 그 마병이여 하더니 다시 보이지 아니하는지라 이에 엘리사가 자기의 옷을 잡아 둘로 찢고 엘리야의 몸에서 떨어진 겉옷을 주워 가지고 돌아와 요단 언덕에 서서 엘리야의 몸에서 떨어진 그의 겉옷을 가지고 물을 치며 이르되 엘리야의 하나님 여호와는 어디 계시니이까 하고 그도 물을 치매 물이 이리 저리 갈라지고 엘리사가 건너니라." 이 사건은 엘리야가 불수레를 타고 올라간 뒤의 이야기입니다. 엘리사가 이때 '내 아버지여, 내 아버지여' 하고 두 번 외쳤습니다.

에베소서 6장 1-9절을 보면 부모를 공경하라고 말한 연장선상에서 남의 수하에서 일하는 사람들과 그 위에 있는 사람을 언급하고 있습니다. 부모가 자녀에게 어떻게 해야 하는지 이야기했듯이 상전이 자기 수하에 있는 사람에게 어떻게 해야 하는지에 대해서도 가르치고 있습니다. 에베소서 5장에서는 부부관계를 먼저 이야기하고 있습니다. 이렇게 보면 부부관계든, 부모와 자식 관계든, 고용자와 피고용자의 관계이든, 한걸음 더 나아가서 정부와 국민의 관계든, 모든 인간 관계를 같은 선상에서 이해할 수 있습니다. 로마서 13장 1절을 보면 "각 사람은 위에 있는 권세들에게 복종하라 권세는 하나님으로부터 나지 않음이 없나니 모든 권세는 다 하나님께서 정하신 바라"라는 유명한 구절이 나옵니다. 여기서 권세라는 말은 영어로 'authority'입니다. '당국'이란 뜻으로도 쓰지요. 그래서 당국자, 위에 있는 권세에게 복종하라는 뜻이 되는 것입니다.

그런데 이것이 오늘날에 와서는 문제가 됩니다. 과거에는 모든 권위 관계를, 즉 임금과 신하, 고용주와 피고용자의 관계를 부모와 자식 관계인 것처럼 이해했습니다. 성경을 보아도 그런 관점에서 쓰여 있습니다. 이것을 일컬어 '가부장적'이라고 할 수 있습니다. 임금도 아버지이고, 고용주도 아버지이고, 선생님도 아버지이고, 그래서 그들이 아버지가 자식을 가르치고 다스리듯이 그렇게 다스리는 것으로 이해를 했습니다.

그런데 오늘날에는 기업주와 피고용자의 관계, 대통령과 국민의 관계를 아버지와 자식 관계로 이해하지 않습니다. 심지어는 가정에서 아버지와 자식 관계도 과거와 같은 그런 관계가 아닙니다. 과거에 자식은 부모에게 순종하는 것이 당연한 것으로 이해되었습니다. 과거라고 해서 반드시 자식들이 부모 말을 잘 들었을까마는, 요즘보다는 더 잘 순종했을 것입니다. 이랬던 것이 이제는 가정에서조차도 문제가 되고 있습니다. 가부장적 사회의 문화는 이제 국가 권력, 기업, 교회에서 문제가 될 뿐 아니라 심지어 그것의 본 출발지점인 가정에서조차 문제가 되고 있습니다. 아버지의 권위, 어머니의 권위가 자식에게 통하지 않는 상황이 되었습니다. 그런데 문제는 성경에서 말하는 권위를 가부장적인 방식으로 이해하는 것이 과연 정당한 것인가, 성경에서 말하는 대로 모든 권세(권위)는 하나님으로부터 온 것이기 때문에 부모의 권위나 기업주의 권위를 인정해 주어야 하는가, 우리 삶의 영역에 존재하는 권위를 가부장적 사고로 보아야 할 것인가, 하는 것입니다.

가부장적 권위가 무너지고 있는 것은 틀림없는 사회 현상입니다. 그 원인이 무엇입니까? 막스 베버(Max Weber)는 「경제와 사회」(*Wirtschaft und Gesellschaft*)라는 책에서 세 가지 권위를 구분하고 있습니다.[6] 첫째는 카리스마적 권위이고, 둘째는 전통적 권위, 셋째는 합법적 또는 합리적 권위입니다.

카리스마적 권위란, 타고난 자질, 은사, 타고난 인격적 힘으로 행사되는 권위입니다. 성경에 보면 예언자들에게 그런 권위가 있었습니다. 예수님도 그러한 권위가 있었습니다. 예수님이 가르치시는 것을 보고 유대인들이 놀랐습니다. '이는 그 가르치시는 것이 권세 있는 자와 같고…'라고 했습니다. 권세, 그리스어로 '엑수시아'(*exousia*)가 있는 자와 같다는 것입니다. 그 가르치시는 것이 당장 다른 사람들에게 영향력으로 작용했습니다. 가르치시는 내용뿐 아니라 그 인격에서 풍겨나오는 힘이 있었습니다. 예수님의 인격과 삶, 가르침에서 카리스마가 나왔던 것입니다.

카리스마적 권위에서 중요한 것은 그 권위 아래 있는 사람들이 감정적으로 감동되고, 정서적 연대가 형성된다는 것입니다. 그래서 어떤 단체를 이끌어 갈 때도 합리적인 방식으로 설명하고 이끌기보다는, 카리스마가 있다면 카리스마를 통해 이끄는 것이 훨씬 더 효과적일 수 있습니다. 왜냐하면 그럴 경우 말로 하지 않아도 눈빛 하나만으로도 사람들이 감동하여 단체가 움직일 수 있고 영향 받을 수 있기 때문입니다. 카리스마적인 권위가 비판받는 부분은 무비판적이고 묵종적인, 절대적 복종이 요구된다는 점 때문입니다. 여기에는 어떤 비판도 용납되지 않습니다. 카리스마적 지도자는 대체로 비판을 허용하지 않습니다. 최근 근현세사에서 히틀러 같은 인물을 예로 들 수 있습니다. 그는 독일 민족을 매료시킨 대단한 힘이 있었습니다. 기록 영화를 통해 히틀러가 연설하는 장면을 보면 감탄할 정도로 힘 있는 연설입니다. 그렇게 사람들을 선동했지만, 그 결과는 인류 역사에 엄청난 비극을 가져왔습니다.

이것과 구별된 권위로는 전통적 권위가 있습니다. 전통적 권위는 개인의 인격이나 가르침에 근거한 것이 아니라 전통에 의해 부여된 권위입니다. 왕이나 귀족처럼, 혹은 과거 신분 사회에서 양반처럼 전통에 의해서 그 권위를 행사하는 것이지요. 이 경우는 자신의 내적 자질이 아니라 전통적인 사회 제도를 통해서 권위가 주어진 것입니다.

오늘날에는 이 두 가지 권위가 별로 큰 힘을 발휘하지 못합니다.

귀족도 없어지고 양반도 없어졌습니다. 카리스마적 권위는 일부 행사되고 있지만, 정말 카리스마적 권위를 가졌다고 생각되어 따를 만한 사람도 그다지 많지 않습니다. 오늘날 대개 통용되는 권위는 합법적 권위 혹은 합리적 권위입니다. 합법적 권위는 법과 제도를 통해서 세워진 권위를 말합니다. 개인의 감정이나 정서적 유대 때문도 아니고, 전통에 근거한 것도 아닌, 법과 제도를 통해서 보장된 권위입니다. 국가의 권위, 교사의 권위, 기업주의 권위도 이런 합법적 권위로 이해됩니다.

가부장적 관계로 권위를 이해한다면 그것은 전통적 권위일 것입니다. 그런 권위를 가지고 있다면 아버지가 자식에게 하듯이 기업주가 피고용자에게 사랑을 베풀거나 명령을 내려야 할 텐데, 이제 기업주와 피고용자의 관계도 그런 전통적 관계로 이해하지 않고 합리적 권위로 이해하고 있습니다. 법과 제도 속에서 규정된 권위를 인정하게 되는 것이지요. 전통적 권위 관계로 권위를 생각하는 사람들은 노동자들의 파업을 도무지 용납할 수 없을 것입니다. 피고용자들이 어떻게 파업에 참여하고 기업의 명령에 따르지 않을 수 있느냐고 생각할 것입니다. 물론 합법적 권위의 관점에서 볼 때도 이 파업이 옳은지는 질문해 볼 수 있을 것입니다.

이렇게 권위에 대한 사고가 변하면서 권위라는 것은 자연적으로 주어지는 것이 아니라, 또는 하나님이 주시는 것이 아니라 상호간 약속에 근거하는 것이라는 생각을 하게 되었습니다. 왜냐하면 법과 제도를 통해 형성된 권위는 자연적 질서에 의해서 된 것이 아니라 사회구성원들의 계약에 의한 것이라는 생각이 자리 잡게 되었기 때문입니다. 그렇기 때문에 그 권위가 합법적이 아닐 경우에는 언제라도 그 권위에 도전할 수 있다는 생각이 생겨나게 되었습니다. 그래서 어떤 권위를 행사하더라도 그 권위를 행사하는 근거와 이유를 대야 하게 되었습니다. 이제 부모와 자식의 관계도 그렇게 되지 않았나 생각됩니다. 부모와 자식의 관계는 법과 제도를 벗어난 관계라고 생각할 수도 있지만, '왜'라는 질문이 거기에도 생깁니다. 그 권위의 근거를 설명해야 한다는 것입니다.

어쨌든 이제 우리는 권위가 그냥 행사되는 것이 아니라 그 근거와 이유를 대야만 하는 그런 시대, 그런 문화 속에 살고 있습니다. 이 근거를 라틴어로 '라찌오'(ratio)라고 합니다. 그래서 이유와 근거를 지닌 권위가 바로 '레셔널'(rational) 곧 합리적인 권위가 되는 것입니다. '라찌오' 없이 권위를 그냥 받아들이는 것이 아니라 이유와 근거를 요구하게 되는 것이지요.

왜 이런 방식이 발전했습니까? 여러 가지 설명이 가능하겠지만, 우리가 살고 있는 이 사회의 환경이 전통적인 농경 사회에서 산업 사회로 접어들었다는 것과 무관하지 않습니다. 과거 농경 사회에서는 생산 방식이 노동 집약적이고 사회 체제가 안정적이었습니다. 그러므로 어떤 가치를 받아들이더라도 그 가치는 새롭게 바뀔 수 있는 것이 아니라, 마치 하늘로부터 받은 것처럼 어떤 고정성, 일정한 의미를 지니고 있었습니다. 산업 사회, 그리고 산업 사회 이후의 사회에서는 삶의 방식이 유동적입니다. 이동이 쉽고, 한 직장에서 다른 직장으로 옮길 수도 있습니다. 그래서 받아들이는 가치도 고정된 것이기보다는 얼마든지 바뀔 수 있는 것으로 이해합니다.

이러한 사회 변화에 따른 삶의 변화는 시간 개념의 변화와도 무관하지 않습니다. 지난날에는 과거가 가장 중요한 시간이었습니다.

중국 전통에서는 항상 요순시대(堯舜時代)를 가장 좋은 시대로 꿈꾸었습니다. 요 임금과 순 임금의 시대를 황금시대로 생각했던 것입니다. 서양 전통에서도 황금시대(golden age) 또는 '잃어버린 낙원'(paradise lost)이라는 개념이 있었습니다. 아담이 살았던 낙원을 꿈꾸는 전통이 있었던 것입니다. 특히 우리 동양 전통에는 복고주의 또는 상고주의나 회고주의처럼 과거의 것을 중요하게 생각하고 숭상하는 전통이 있었습니다.

과거의 시간이 중요하다는 것과 연장자가 존중받는다는 것은 같은 이야기입니다. 왜냐하면 과거의 것이 중요하다면 경험이라는 것이 중요해지기 때문입니다. 얼마나 많은 경험을 쌓았는가, 얼마나 많은 전통을 고수하고 이어받고 있는가에 따라서 한 사람의 권위가 결정될 수 있습니다. 과거로부터 많은 경험을 쌓아 오고, 과거의 전통을 많이 가지고 있을수록 다음 세대에서 힘을 발휘할 수가 있습니다. 농사짓는 일에서도 젊은 사람보다는 나이 든 사람들, 경험이 많은 사람들이 훨씬 지식이나 능력에서 뛰어납니다. 길쌈을 하는 데도 그렇고 아이를 키우는 데도 그렇습니다.

그런데 이것이 뒤바뀌었습니다. 요즘 나이 든 시어머니와 소위 현대식 스포크 육아법을 배운 자부 사이에 많은 갈등이 나타나고 있습니다.[7] 자부들은 애는 엎어서 키워야 한다고 애를 엎드려 눕힙니다. 그러면 시어머니는 애기가 숨 막힌다고 다시 뒤집어 놓습니다. 그러면 자부가 다시 애를 뒤집어 놓습니다. 이렇게 육아법에서부터 과거 세대와 요즘 세대—꼭 젊은 사람들뿐 아니라 40세 이상이나 50세 가까운 분들도 육아법에 있어서는 현대식 교육을 받았습니다—사이에 의견 상충이 있습니다. 그런데 이제는 시어머니의 권위가 별로 통용되지 않습니다. 아이 키우는 일뿐 아니라 모든 일에서 그렇습니다. 나이 많은 사람들이 옛날에는 안 그랬다고 말해 봐야 소용없습니다. 옛날과 요즘이 얼마나 다른데 그런 말을 하느냐는 말만 듣게 됩니다. 이제는 시간의 중심이 과거가 아니라 미래에 있습니다. 이른바 미래 지향적입니다. 미래가 중요한 문화에서는 나이 든 사람의 많은 경험이 그렇게 중요하지 않습니다. 왜냐하면 과거의 경험이 이제는 통용되지 않기 때문입니다. 지금 50세가 넘은 사람들 중에 이른바 컴맹이 많습니다. 이 사람들은 컴퓨터를 만지기도 어려워하고 가까이 가는 것도 두려워할 정도입니다. 자동차 운전은 하면서 컴퓨터는 어떻게 배워야 하느냐고 벌벌 떱니다. 컴퓨터만 생각해 봐도, 그런 분들이 가진 경험이라는 것이 아무 소용이 없습니다. 요즘 30대, 40대보다는 20대들이 훨씬 뛰어납니다. 그리고 앞으로는 10대들이 훨씬 뛰어나겠지요.

지금은 과거부터 축적된 경험이 중요한 게 아니라 얼마나 창의적인 발상이 가능한지, 어떤 새로운 것을 찾아 낼 수 있는지가 더 중요합니다. 과거에는 새로운 경험이 그렇게 중요하지 않았습니다. 그래서 공자도 온고지신(溫故之新)이라고 가르쳤습니다. 여기서 중요한 것은 과거의 것입니다. 과거의 것을 물려받아 그것을 잘 고쳐서 새롭게 하는 것이지 과거와 전혀 다른 어떤 것을 추구하지는 않았습니다. 그래서 공자는 또 술이부작(述而不作)이라는 말을 했습니다. 과거에 사람들이 했던 말을 따라 이야기하는 것이지 스스로 만들어 내지는 않는다는 것입니다. 그래서 과거에 학자들이 말한 것을 그대로 잘 이야기하면 학자로서의 임무는 다했다고 옛 사람들은 생각했습니다. 그러나 요즘 학자들은 과거의 학자들이 이야기한 것을 다시 반복하는 것으로 임무를 다했다고 생각하지 않습니다. 새로운 이론을 만들어 내야만 합니다. 새롭게 자신의 관점을 형성해야 하는 것이지요. 그렇기 때문에 경험 많은 사람, 나이 많은 사람이 힘을 쓰지 못하는, 나이가 들수록 사회 속에서 살기 불편해지는 시대가 되어 가고 있습니다.

5. 성경은 전통적 권위만을 지지하는가?

그렇다면 이런 변화를 어떻게 보아야 하는지가 문제입니다. 산업 사회를 통해 형성된 합법적 권위의 개념과는 다른, 가부장적 의미의 권위를 그대로 고수하는 것이 과연 성경적인가 하고 물을 수 있습니다. 성경이 가부장적 틀 속에서 쓰인 것은 틀림없습니다. 그 당시 사회는 그런 사고가 바탕이었습니다. 그렇다고 해도 성경에서 말하는 권위를 반드시 전통 사회에서 주장하던 가부장적 권위와 동일시할 수는 없다고 저는 생각합니다.

우선 성경에서는 반드시 권위의 한계에 대해서 지적하고 있습니다. 통치자의 권위도 인정되고 부모의 권위, 교사의 권위 또는 주인의 권위를 인정하지만, 그 권위는 항상 제한된다는 단서가 있습니다. 예를 들어 국가의 권위는 하나님의 일꾼으로서의 범위를 벗어날 때 박탈 또는 상실된다고 할 수 있습니다. 부모의 권위도 그렇지 않습니까? 에베소서 6장 1절을 보면 부모를 공경하라고 할 때 그 앞에 '주 안에서'라는 단서가 있습니다. 부모가 주님의 말씀과 배치되는 것을 요구할 때는 부모의 권위에 순종하지 않아도 좋다는 의미가 포함되어 있습니다. 그런데 이렇게 권위를 행사하는 데 한계가 있다는 것은 권위를 행사하는 범위에 한계가 있다는 생각일 뿐 아니라 하나의 권위는 다른 영역에까지 영향을 미치는 것이 아니라는 생각이 됩니다. 가령 대통령이라고 해서 가정에서 부모가 어떻게 해야 할 것을 법으로 제정할 수는 없습니다. 또는 교회에서는 무엇을 설교해야 한다고 주장할 수가 없습니다. 교회도 마찬가지입니다. 교회 안에도 권위 구조가 있습니다. 목사, 장로, 집사 등을 세워 놓은 것이 그런 역할을 한다고 볼 수 있습니다. 이것에 대해 국가가 어떤 방식으로 규제할 수 없습니다.

이것을 일컬어서 아브라함 카이퍼는 '고유한 영역에서의 주권'이라고 표현합니다.[8] 가정이든 교회든 국가든 기업이든 각각 그 영역에 고유한 권위의 구조가 있다는 것입니다. 이때 권위라는 말은 주권이라는 말로 바꾸어도 의미가 같습니다. 그래서 국가가 교회나 가정에 대해서 간섭할 수 없고, 또 교회가 국가나 가정에 대해서 간섭할 수 없습니다. 마찬가지로 가정이 교회에 대해서도 그렇게 할 수가 없습니다. 국가면 국가, 교회면 교회, 가정이면 가정, 기업이면 기업에 통용되는 권위가 있는데, 아브라함 카이퍼가 말하는 권위에서 강조되는 것은 규범입니다. 국가는 국가로서 통용되는 어떤 법이 있고, 가정이면 가정에 통용되는 규범, 법이 있다는 것입니다. 물론 공통된 점이 있다고 하더라도 어떤 한 영역에서 통용되는 규범을 다른 영역에다가 부과할 수 없습니다. 그래서 국가가 이렇게 해야 한다, 가정이 이렇게 해야 한다는 식으로 서로 간섭할 수가 없다는 것입니다. 각각의 기관이 고유한 독특성을 갖는다고 가르쳤습니다.

이 생각을 조금 더 연장해서 보면, 성경에서 말하는 권위는 2자

관계가 아닙니다. 임금과 신하, 부모와 자식, 직분자와 평신도 이런 관계가 쌍방의, 2자의 관계가 아니라 여기에 제3자적인 관계가 하나 개입되는 것입니다. 정당한 권위에는 3자성이 있습니다.

정당한 권위에는 그 속에 무언가 개입되어 있다는 것이지요. 부모가 자식에게 권위를 행사할 수 있는 것은 그냥 부모이기 때문이 아니라 그 가운데 매개체가 있기 때문입니다. 국가에 대해서도 그렇고, 학교에 대해서도 그렇습니다. 교사가 학생에게 권위를 행사할 수 있는 것도 그냥 교사이기 때문이 아니라 가르치는 학습 내용이 그 사이에 있기 때문입니다. 교사로 세워진 것은 학생들을 가르치기 위한 것입니다. 가르침을 떠나서 교사가 학생에게 어떤 권위를 행사할 수는 없습니다. 정부나 대통령이 갖는 권위도 마찬가지입니다. 국민들이 안전하고 평화롭게 살 수 있도록 하는 직무와 관련된 권위이지 그것을 떠나서는 권위를 행사할 수 없습니다. 그렇기 때문에 어떤 하나의 권위가 단순한 폭력과 구별될 수 있는 것은 그 권위를 행사할 수 있는 제3자, 즉 규범이나 목적, 의도와 같은 것이 있기 때문입니다. 그것이 없다면 그 권위는 권위로서 정당하게 행사될 수 없습니다.

그래서 성경에서는 단지 자식들에게 부모를 공경하라, 또는 남의 밑에서 일하는 사람에게 상전에게 무조건 복종하라고만 가르치지 않고, 다른 한편에서 부모가 자식에게 어떻게 할 것인지, 상전들이 자기 수하의 사람들에게 어떻게 할 것인지를 가르칩니다. 자녀는 부모에게 순종하라는 것이 에베소서 6장 1절에서 가르치는 내용입니다. "네 아버지와 어머니를 공경하라 이것은 약속이 있는 첫 계명"(엡 6:2)이라는 것입니다. 부모는 자녀에게 그런 순종을 요구할 수 있지만 동시에 부모가 자녀에게 해야 할 의무도 있습니다. 그것이 소극적으로는 "노엽게 하지 말라"(엡 6:4)라고 표현되어 있습니다. 부당하게 자녀에게 요구하여 화나게 만들지 말라는 것입니다. 그 대신 "오직 주의 교양과 훈계로 양육하라"고 에베소서는 권합니다. 이를 통해서 보면 부모가 자녀에게 행사할 수 있는 권위는 자녀를 양육하고 올바르게 키우는 것과 관련된 권위임을 알 수 있습니다. 자녀를 올바르게 키워야 한다는 것, 그 3자적인 목적을 떠나서 부모가 자녀에게 권위를 행사한다면 잘못될 수 있습니다.

종과 주인의 관계도 마찬가지입니다. "종들아 두려워하고 떨며 성실한 마음으로 육체의 상전에게 순종하라"(엡 6:5)라고 했습니다. 그런데 그 순종하는 것을 "그리스도께 하듯이 하라"라고 했습니다. 상당히 강한 표현이지요. "눈가림만 하여 사람을 기쁘게 하는 자처럼 하지 말고 그리스도의 종들처럼 마음으로 하나님의 뜻을 행하고 기쁜 마음으로 섬기기를 주께 하듯 하고"(엡 6:6-7), 이렇게 가르치고 있습니다. 또 상전들에게는 "위협을 그치라"고 말합니다. 자기가 하고 싶은 것을 가지고 수하에 있는 사람을 협박하거나 부리지 말라는 것입니다. 정당하게 부릴 수 있고 그의 복지를 생각할 수 있어야 한다는 것입니다. 기업에서도 마찬가지입니다. 그냥 내 돈만 많이 벌겠다는 생각으로 직원을 학대한다면 이 말씀을 어기는 것이 됩니다. 그러므로 성경은 "위협을 그치라 이는 그들과 너희의 상전이 하늘에 계시고 그에게는 사람을 외모로 취하는 일이 없는 줄 너희가 앎이라"(엡 6:9)라고 말합니다. 상전이 아래 있는 사람에게 권위를 행사하더라도 그 권위는 결국 하나님으로부터 온 것이며 그에게도 주인이 있다는 것입니다. 상전은 종에게 무조건 권위를 행사할 수 있는 것이 아니라 하늘로부터 온 권위를 대신 행사할 뿐이라는 것입니다.

이렇게 보면 사람이 행사하는 권위, 그것이 부모의 권위이든 국가의 권위이든, 아니면 기업주가 가지는 권위이든 간에 그 권위는 사람에게서 나온 것이 아니라 결국 하나님으로부터 나왔음을 알 수 있습니다. 하나님으로부터 왔다고 하는 것은 권위의 신성함을 의미하기도 하지만 동시에 그 권위가 제한된 것이라는 의미이기도 합니다. 사람이 이를 자기 마음대로 행사할 수 없다는 의미로 이해할 수 있습니다. 그러므로 권위를 행사할 때도, 권위에 순종할 때도, 두려움과 떨림으로 해야 합니다.

6. 약속 있는 계명

5계명과 관련해서 아직 다루지 못한 것이 있습니다. "그리하면 네 하나님 여호와가 네게 준 땅에서 네 생명이 길리라"라는 부분입니다. 에베소서는 "이것은 약속이 있는 첫 계명이니 이로써 네가 잘되고 땅에서 장수하리라"(엡 6:2-3)라고 표현합니다. 에베소서의 표현은 출애굽기 20장 12절 말씀과 신명기 5장 16절 말씀을 조합한 것입니다. 중요한 것은, 아버지와 어머니를 공경하는 사람에게는 두 가지 복이 주어진다는 것입니다. 첫째는 오래 살고, 둘째는 잘되는 복, 곧 물질의 복을 받는다는 것입니다.

아브라함 카이퍼는 이 말씀과 관련해서 "중국을 보라!"고 말합니다. 그는 19세기 말에 이렇게 지적했습니다. 현대 중국 이전의 중국을 가리킨 것이지요. 중국이 역사가 단절되지 않고 지상에서 가장 오래된 나라가 된 것은 부모에 대한 효도를 강조하는 유교 문화 때문이었다고 카이퍼는 말합니다. 만약 그가 동양권을 좀더 알았더라면 중국뿐 아니라 한국, 일본, 홍콩, 대만, 싱가포르도 포함시켰을 것입니다.

카이퍼는 아버지와 어머니를 공경한 결과 주어지는 장수와 물질적 복을 공동체적으로 적용한 셈입니다. 우리는 이 약속을 개인적인 차원과 공동체적인 차원에서 이해할 수 있습니다. 부모를 잘 공경하는 개인도 잘되고, 그 공동체도 잘된다는 말입니다. 세상이 바뀌고 문화가 바뀌었다고 5계명이 가진 약속을 무시할 수는 없습니다. 그랬다면 바울도 에베소서에서 이 말씀을 반복하지 않았을 것입니다. 건강한 개인, 건강한 사회는 마땅히 존경해야 할 사람을 존경하고, 마땅히 돌보아야 할 사람을 돌보는 데서 가능하다는 것을 아무도 부인할 수 없습니다.

이제 마무리를 짓겠습니다. 5계명은 부모 공경을 말합니다. 이는 단순히 부모 공경에만 머물지 않고, 바울의 적용에서 보는 것처럼 범위가 매우 넓습니다. 자녀는 부모를 존경하고, 아래 있는 사람은 윗사람을 존경해야 한다는 말입니다. 그러나 여기에는 일방적인 존경이 아니라 상호 책임이 함축되어 있습니다. 부모는 자식에게, 고용주는 피고용자에게, 선생은 학생에게 사랑과 관심, 책임을 다해야 합니다. 특별히 부모들은 자식들을 사랑으로 돌보고 최선을 다해야 합니다. 이런 의미에서 "만일 부모들이 동물과 화초를 키울 때 신경 쓰는 것처럼 자녀들을 키우는 데 신경을 쓴다면 상황이 달라질 것이다"라고 말한 로이드 존스(Martin Lloyd-Jones) 목사의 말을 귀담아 들어야 할 것입니다." 부모와 자식, 선생과 학생, 교회 지도자와 교인의 관계가 단순한 2자 관계가 아니라 3자 관계임도 기억해야 합니다. 이 관계들을 가능하게 하는 데는 하나님이 주신 가치가 있습니다. 가르쳐야 할 것, 지향하는 가치, 이것이 단순한 인간 관계 이상의 관계를 만듭니다.

6계명

1. 채식주의자가 되어야 하는가?
2. 왜 살인할 수 없는가?
3. '죽인다'는 것
4. 삶을 가꿀 책임

살인하지 말라.
출 20:13

옛 사람에게 말한 바 살인하지 말라 누구든지 살인하면 심판을 받게 되리라 하였다는 것을 너희가 들었으나 나는 너희에게 이르노니 형제에게 노하는 자마다 심판을 받게 되고 형제를 대하여 라가라 하는 자는 공회에 잡혀가게 되고 미련한 놈이라 하는 자는 지옥 불에 들어가게 되리라 그러므로 예물을 제단에 드리려다가 거기서 네 형제에게 원망 들을 만한 일이 있는 것이 생각나거든 예물을 제단 앞에 두고 먼저 가서 형제와 화목하고 그 후에 와서 예물을 드리라 너를 고발하는 자와 함께 길에 있을 때에 급히 사화하라 그 고발하는 자가 너를 재판관에게 내어 주고 재판관이 옥리에게 내어 주어 옥에 가둘까 염려하라 진실로 네게 이르노니 네가 한 푼이라도 남김이 없이 다 갚기 전에는 결코 거기서 나오지 못하리라.

마 5:21-28

1계명에서 5계명까지는 6계명에서 10계명까지와 두드러진 차이가 있습니다. 1계명부터 5계명까지는 우선 계명이 상당히 길었습니다. 그러나 6계명부터는 매우 짧습니다. "살인하지 말라!" 살인이 무엇이고, 왜 살인하지 말아야 하는지, 누구를 죽일 수 있고, 누구를 죽일 수 없는지에 대한 단서나 설명이 전혀 없이 그냥 "살인하지 말라"고 짤막하게 말합니다. 7계명 "간음하지 말라", 8계명 "도둑질하지 말라", 9계명 "네 이웃에 대하여 거짓 증거하지 말라", 이렇게 짧게, 무엇을 해서는 안 되는지 명령만을 언급하고 있습니다. 그러다가 다시 10계명에서 "네 이웃의 집을 탐내지 말라" 하고 나서 무엇을 탐내서는 안 되는지 구체적으로 거론하여 "이웃의 아내나 그의 남종이나 그의 여종이나 그의 소나 그의 나귀나 무릇 네 이웃의 소유를 탐내지 말라"라고 설명하고 있습니다.

　더 중요한 차이가 있습니다. 6계명부터는 사람에 대해서 어떻게 할 것인지를 다루고 있습니다. 부모는 하나님의 대리자이므로, 부모에게 하는 것이 곧 하나님께 하는 것이라고 생각한 유대인들의 전통을 따라, 5계명까지를 사람이 하나님에 대해서 마땅히 해야 할 일을 보여 준다고 하면, 6계명부터는 사람에 대해서 해야 할 일을 가르친다고 말할 수 있습니다. 6계명부터 10계명까지도 사람이 하나님 앞에서 걸어가야 할 삶의 길임은 두말할 필요가 없습니다. 그리스도 안에서 자유함을 입은 이들이, 다른 사람에 대해서 해서는 안 될 일, 그리고 이를 통해 간접적으로 마땅히 해야 할 일을 6계명부터 10계명에서 가르치는 것입니다. 사람에게 하는 것은 곧 하나님께 하는 것과 마찬가지이므로, 계명들을 둘로 나눠서 어떤 계명은 하나님과 관련된 것이고, 어떤 계명은 사람과 관련된다고 딱 잘라 말할 수 없습니다. 모든 계명은 하나님과 관련되고, 모든 계명은 결국 사람과 관련된다고 보아야 합니다.

예를 들어 보겠습니다. 2계명은 형상 금지를 담고 있는 계명입니다. 하나님을 어떤 형상으로든지 만들지 말라는 계명입니다. 이는 우리의 눈으로 볼 수 있는 모습을 하나님께 부여해서 한 장소에 위치시키려는, 나아가 우리 마음대로 하나님을 조종해서 우리 욕구를 충족하고자 하는 근본 욕구를 보여 주는 계명입니다. 여기에는 사실 하나님뿐 아니라 사람, 그리고 사람뿐 아니라 자연을 조종하고 다스리고 이용하려는 인간의 근본 욕구가 반영되어 있습니다. 자연을 지배하고 무제한으로 사용하려는 인간의 욕구는 결국 생태계 파괴를 가져왔고 인간 생존이 위협받는 상황을 만들었습니다. 자연뿐 아니라 인간을 지배하고, 한걸음 더 나아가 하나님마저 지배하여 결국 인간이 신이 되고자 하는 욕구를 표출한 것이 인간이 일군 문명과 문화의 핵심이라 할 수 있습니다.

그러나 역사를 보면 지배 욕구는 자연에서 인간으로, 인간에서 하나님으로 나아가기보다 그 반대의 순서로 진행되었다고 보는 것이 옳습니다. 초기 인류 역사를 보면, 눈에 보이는 특정한 형상을 만들어 하나님을 지배하려는 시도를 먼저 하였습니다. 그러고 나서는 하나님의 형상으로 지음받은 인간을 지배하려고 시도했습니다. 그리고 최종적으로는—근대에 와서 비로소 가능했습니다—자연을 지배하고 이용하려는 시도를 했습니다. 인간의 종교적 본성은 신적 존재를 형상화하여, 그를 (또는 그들을) 가까이 두면서 그 힘을 무력화하거나 완화하려는 노력으로 귀결되었습니다. 그 뒤, 정치를 통해 인간 지배를 시도했고, 과학과 기술을 통해 자연 지배가 뒤따랐습니다. 계명의 내용이 하나님에 관한 것이라 할지라도 그것은 자연스럽게 인간에 관한 것으로 이어지고, 다시 자연스럽게 자연에 관한 것으로 이어집니다. 오늘의 기술과 문명은 이 세 가지의 지배를 중심으로 돌아가고 있다고 해도 과언이 아닙니다.

성경은 하나님을 바르게 형상화하는 길을 터 주었습니다. 하나님을 어떤 형상으로 찾는 방법은 단 하나, 인간을 존중하고 사랑하는 일입니다. 왜냐하면 인간은 이 땅에서 유일하게 하나님의 형상으로, 하나님의 모습으로 지음받은 존재이기 때문입니다. 인간을 존중하지 않고, 인간을 사랑하지 않는 것은 곧 그를 지으신 하나님을 존중하지 않고, 사랑하지 않는 일입니다. 그러므로 칼뱅은 인간을 짓밟고 압제하고 죽이는 것은 곧 하나님을 짓밟고 압제하고 죽이는 것이라 보았습니다.[1] 그러나 이 인간조차 타락하고 하나님과 대적해서 하나님의 형상을 제대로 드러내지 못합니다. 그러므로 예수님은 사람으로 오셔서 하나님의 형상을 다시 회복시켜 주셨습니다.

골로새서 1장 15절, "그는 보이지 아니하는 하나님의 형상이시요"라는 말씀처럼 예수님은 눈에 보이지 않는 하나님을 우리에게 보여 주는 '형상', 곧 하나님의 아이콘(icon)입니다. 그러므로 그분을 본 이는 곧 하나님을 본 것입니다. 그러나 사람들은 예수님조차 손에 잡아넣으려고 했습니다. 그러나 그분은 결코 사람들에게 잡히지 않으셨습니다. 스스로 자신을 내어 주실 때에야 사람들은 그분을 잡을 수 있었고 십자가형에 처할 수 있었습니다. 사람들은 하나님을 어떤 형상으로 붙잡고 가두고 자신의 욕구대로 처분하고자 하지만 하나님이 그분 스스로 자신을 내어 주시지 않고서는 그렇게 할 수 없다는 것을 우리는 예수님의 성육신과 십자가 고난과 부활을 통해 알 수 있습니다. 첫 다섯 계명과 뒤에 나오는 다섯 계명이 서로 뗄 수 없는 관계임에 대해서는 이렇게 정리해 보았습니다.

6계명의 내용은 간단합니다. 살인하지 말라는 것입니다. 대상이 사람인지, 동식물까지 다 포함되는지 처음에 보아서는 분명하게 나타나지 않습니다. 6계명 이후 모든 계명이 사람과 관련된 것으로 볼 때 6계명도 사람을 죽이지 말라는 뜻으로 이해하여 우리말로 번역할 때, "살생하지 말라"고 하지 않고 사람 인(人)자를 넣어 "살인하지 말라"라고 하였습니다. 영어 흠정역(KJV)에는 "Thou shalt not kill"이라고 했던 것을 최근에 나온 번역들은 거의 대부분 "You shall not murder"라고 옮겨 놓고 있습니다. 우리말 "살인하지 말라"와 같은 번역입니다.

요즘 사회 운동 가운데 '생명 운동'이라는 것이 있습니다. 환경 운동과 맥을 같이하는 운동입니다. 채식주의자들이나 동물 보호론자들이 이 운동에 많이 참여하고 있습니다. 그들은 생명이 있는 것은 어떤 것도 죽여서는 안 된다고 주장합니다. 식물조차 죽일 수 없다고는 말하지 않지만 동물을 죽이는 것에 대해서는 반대합니다. 그래서 음식을 먹되 동물을 죽여서 얻은 음식을 먹지 않고 채소와 곡물만 먹기를 권하고 가죽옷이나 모피 코트를 입는 것에 반대합니다. 우리나라 채식주의자들 가운데는 불교 신자들이 많습니다. 불교에서 불살생(不殺生)을 가르치기 때문입니다. 생명 있는 것은 어떤 것이라도, 파리나 모기나 벌레 하나라도 죽여서는 안 된다고 가르쳐 왔습니다. 그러나 기독교는 그렇게 가르치지 않았습니다. 철저한 채식주의를 권하지도 않았습니다. 그렇기 때문에 기독교에는 반생명적 요소가 있다고 생각하는 사람들이 많습니다.

1. 채식주의자가 되어야 하는가?

성경은 무엇이라 말합니까? 어떤 생명도 죽여서는 안 된다고 가르칩니까? 식물과 동물의 생명에 대해 성경은 어떤 입장을 보이고 있습니까? 우리는 식물도 마음대로 취할 수 있고 동물도 마음대로 잡아먹을 수 있습니까? 동물이나 식물은 별로 중요하지 않고 오직 사람의 생명만 중요합니까?

이 물음에 대해 직접 답하기보다는 우선 시편 104편을 읽어 보겠습니다. 요즘 신학자들이 이 시를 일컬어 '생태학적 시편'(ecological psalm)이라고 부릅니다. 이 시에는 생태학적 관념이 상당히 들어 있습니다. "여호와께서 샘을 골짜기에서 솟아나게 하시고 산 사이에 흐르게 하사 각종 들짐승에게 마시게 하시니 들나귀들도 해갈하며 공중의 새들도 그 가에서 깃들이며 나뭇가지 사이에서 지저귀는도다 그가 그의 누각에서부터 산에 물을 부어 주시니 주께서 하시는 일의 결실이 땅을 만족시켜 주는도다 그가 가축을 위한 풀과 사람을 위한 채소를 자라게 하시며 땅에서 먹을 것이 나게 하셔서 사람의 마음을 기쁘게 하는 포도주와 사람의 얼굴을 윤택하게 하는 기름과 사람의 마음을 힘있게 하는 양식을 주셨도다"(시 104:10-15).

여기 보면 우리가 먹고 마시는 모든 것은 여호와께서 주셨는데, 사람이 먹고 마실 것뿐 아니라 산짐승이나 산새 같은 살아 있는 것들이 먹고 마실 것도 하나님이 베풀어 주셨다고 말합니다. 하나님은 그런 짐승들도 먹고살도록 관심을 기울이신다는 것이지요. 16-18절을 보십시오. "여호와의 나무에는 물이 흡족함이여 곧 그가 심으신 레바논 백향목들이로다 새들이 그 속에 깃들임이여 학은 잣나

무로 집을 삼는도다 높은 산들은 산양을 위함이여 바위는 너구리의 피난처로다." 산이나 바위가 그냥 우뚝 솟아 있는 것이 아니라 살아 있는 짐승들의 피난처가 되고 산양이 올라설 수 있는 장소가 된다는 것입니다. 그래서 27절에는 "이것들은 다 주께서 때를 따라 먹을 것을 주시기를 바라나이다"라고 쓰고 있습니다. 31절에는 여호와께서는 이런 것을 보고 즐거워하신다고 하였습니다. 이어서 34절에는 "나의 기도를 기쁘게 여기시기를 바라나니 나는 여호와로 말미암아 즐거워하리로다"라고 쓰여 있습니다. 이 모든 것을 주신 하나님을 인하여 우리가 즐거워하고 감사한다는 것이지요. 하나님은 우리 인간들이 먹고 마시는 것에만 관심을 가지실 뿐 아니라 산 짐승에게조차도 관심을 가지시고 그들이 먹고 마실 것을 주셨습니다. 인간만이 하나님의 피조 세계에 속한 것이 아니라 짐승들과 심지어 식물들도 거기에 속해 있음을 알 수 있습니다.

하나님은 식물들의 세계와 동물들의 세계를 기뻐하시고 그 세계와 교제하시며 찬양받으신다는 것을 시편의 여러 시들을 통해서 알 수 있습니다. 시편 97편에는 "여호와께서 다스리시나니 땅은 즐거워하며 허다한 섬은 기뻐할지어다 구름과 흑암이 그를 둘렀고 의와 공평이 그의 보좌의 기초로다 불이 그의 앞에서 나와 사방의 대적들을 불사르시는도다 그의 번개가 세계를 비추니 땅이 보고 떨었도다 산들이 여호와의 앞 곧 온 땅의 주 앞에서 밀랍같이 녹았도다 하늘이 그의 의를 선포하니 모든 백성이 그의 영광을 보았도다"(시 97:1-6)라는 말씀이 있고 시편 98편에는 "온 땅이여 여호와께 즐거이 소리칠지어다 소리 내어 즐겁게 노래하며 찬송할지어다 수금으로 여호와를 노래하라 수금과 음성으로 노래할지어다… 바다와 거기 충만한 것과 세계와 그중에 거주하는 자는 다 외칠지어다 여호와 앞에서 큰 물은 박수할지어다 산악이 함께 즐겁게 노래할지어다"라는 말씀이 있습니다(시 98:5-8). 우리가 이해할 수는 없지만 하늘과 땅, 그리고 그 속에 있는 모든 것이 하나님을 찬양하고 하나님과 일정한 방식으로 관계한다는 것을 이 시들을 통해 알 수 있습니다.

먹는 것과 관련해서 좀더 이야기를 진전시켜 보도록 하지요. 창세기를 보면 하나님이 천지를 창조하실 때 인간을 포함하여 동물들에게 식물을 먹도록 허락하셨습니다. 창세기 1장 29-30절을 보십시오. "하나님이 이르시되 내가 온 지면의 씨 맺는 모든 채소와 씨 가진 열매 맺는 모든 나무를 너희에게 주노니 너희의 먹을거리가 되리라 또 땅의 모든 짐승과 하늘의 모든 새와 생명이 있어 땅에 기는 모든 것에게는 내가 모든 푸른 풀을 먹을거리로 주노라 하시니 그대로 되니라." 하나님이 식물에 대한 처분권을 사람과 다른 동물들에게 주신 것입니다. 이 말씀에 비추어 보면 식물에 대한 처분권은 하나님으로부터 나왔음을 알 수 있습니다. 식물을 양식으로 주신 분이 하나님이십니다. 그런데 홍수 이후에는 식물뿐 아니라 동물도 먹을 수 있도록 허용해 주셨습니다. 창세기 9장 2-3절을 보십시오. "땅의 모든 짐승과 공중의 모든 새와 땅에 기는 모든 것과 바다의 모든 물고기가 너희를 두려워하며 너희를 무서워하리니 이것들은 너희의 손에 붙였음이니라 모든 산 동물은 너희의 먹을 것이 될지라 채소같이 내가 이것을 다 너희에게 주노라." 노아와 그 자손들에게 홍수 이후에 축복하시며 주신 말씀입니다. 여기서도 알 수 있듯이 성경은 육식도 할 수 있다고 말하고 있습니다.

중요한 것은 식물이나 동물을 먹을거리로 삼을 수 있는 것은 하나님이 선물로 주셨기 때문에 가능하다는 사실입니다. 선물로 얻은 권리이기 때문에 잘 헤아려 사용해야 하고, 선물의 범위를 넘어 서서 욕심을 따라, 함부로, 무조건, 사용하거나 죽일 수 없습니다. 인간은 식물이나 동물을 마음대로 처분할 수 없습니다. 하나님께 받은 처분권이므로, 제대로 돌볼 책임도 있습니다. 그러므로 식물이나 동물을 돌보고 키우고 먹되, 지나친 포획이나 살상은 사람에게 허락되질 않았다고 봐야 합니다. 이것이 하나님이 지으신 세계 안에서 다른 생명들과 함께 살아가는 인간이 지켜야 할 생태 환경에 대한 책임입니다.

노아 이후 육식이 허용되었지만 여기에는 단서가 있습니다. 창세기 9장 5절을 보십시오. "내가 반드시 너희의 피 곧 너희의 생명의 피를 찾으리니 짐승이면 그 짐승에게서, 사람이나 사람의 형제면 그에게서 그의 생명을 찾으리라." 이와 같이 피를 먹지 못하도록 금지하고 있습니다. 피를 먹지 못한다는 것은 피 자체가 더럽다거나 피가 사람을 오염시킨다는 의미보다는 생명의 근원이 사람에게 있지 않다는 의미입니다. 이것을 주술적으로 이해할 필요는 없습니다. 피 속에 정말 무엇이 깃들어 있어서 피를 먹지 말라는 것이 아니라 동물의 생명 그 자체가 하나님 손에 있는 것이지 사람이 마음대로 할 수 있는 것이 아니라는 뜻입니다. 피는 오직 하나님만 요구하셨습니다. 왜냐하면 그것을 생명의 근원으로 보았기 때문입니다. 그래서 피는 하나님께 대해서만 흘리게 하시고 사람에 대해서는 흘리지 못하도록 하신 것입니다. 그래서 창세기 9장 6절을 보면, "다른 사람의 피를 흘리면 그 사람의 피도 흘릴 것이니 이는 하나님이 자기 형상대로 사람을 지으셨음이니라"라고 기록되어 있습니다.

양식으로 동물을 사용할 수 있지만 그럼에도 우리가 키우는 동물뿐 아니라 심지어 내가 미워하는 사람의 동물도 보호하고 도와주어야 한다는 명령이 있습니다. 출애굽기 23장 4-5절을 보십시오. "네가 만일 네 원수의 길 잃은 소나 나귀를 보거든 반드시 그 사람에게로 돌릴지며 네가 만일 너를 미워하는 자의 나귀가 짐을 싣고 엎드러짐을 보거든 그것을 버려두지 말고 그것을 도와 그 짐을 부릴지니라." 남의 나귀, 심지어 원수의 소나 나귀, 미워하는 자의 나귀가 짐을 싣고 가다가 넘어진 것을 보면 그냥 지나가지 말고 일으켜 주라고 하십니다. 짐승이 곤경에 처했을 때 짐승이라고 해서 그냥 지나갈 것이 아니라 도와야 한다는 것입니다. 이것뿐만이 아닙니다. 하나님의 나라가 완전히 임한 상태는 짐승이 배제된 나라가 아니라 짐승과 함께 사는 나라로 그려지고 있습니다. 이사야 11장 6-9절에 이것이 잘 나타나 있습니다. "그때에 이리가 어린 양과 함께 살며 표범이 어린 염소와 함께 누우며 송아지와 어린 사자와 살진 짐승이 함께 있어 어린 아이에게 끌리며 암소와 곰이 함께 먹으며 그것들의 새끼가 함께 엎드리며 사자가 소처럼 풀을 먹을 것이며 젖 먹는 아이가 독사의 구멍에서 장난하며 젖 뗀 어린 아이가 독사의 굴에 손을 넣을 것이라 내 거룩한 산 모든 곳에서 해 됨도 없고 상함도 없을 것이니 이는 물이 바다를 덮음같이 여호와를 아는 지식이 세상에 충만할 것임이니라."

여호와를 아는 지식이 이렇게 세상에 충만하게 되는, 하나님의 나라가 완전히 이루어지는 때는 짐승과 짐승이 서로 잡아먹는 일이 없는 평화로운 상태입니다. 이 평화로운 상태는 동물이 없는 상태가 아니라, 동물이 사람을 해하지 않고 사람이 동물을 해하지 않는,

서로가 평화롭게 지내는 상태입니다. 그래서 첫 번째 물음, 곧 '사람은 어떤 것도 죽여서는 안 되는가? 다시 말해, 사람은 동물을 먹을 수 없는가?'라는 질문에 대해 몇 가지 답을 찾을 수 있게 되었습니다. 사람은 식물뿐 아니라 동물도 먹을 수 있습니다. 그것은 하나님이 인간에게 주신 선물입니다. 그러므로 극단적인 채식주의나 동물 보호 운동을 성경은 지지하지 않는다고 말할 수 있습니다. 그러나 그렇다고 해서 인간에게 전권이 주어졌다고 말할 수는 없습니다. 식물이나 동물에 대한 일종의 처분권은 식량을 위해 제한된 범위에서 주어진 것일 뿐, 인간의 욕망을 채우기 위해 무한정 사용할 수 없습니다. 이렇게 보면 6계명은 "살생하지 말라"는 번역보다는 "살인하지 말라"는 번역이 본래 뜻에 더 가깝다고 하겠습니다.

2. 왜 살인할 수 없는가?

이제 두 번째 물음이 등장합니다. '살인하지 말라는 이유는 무엇인가' 하는 것입니다. 왜 하나님은 사람을 보호하도록 명령하시는가? 창세기 9장 6절은 피를 흘리지 말라고 하면서 "다른 사람의 피를 흘리면 그 사람의 피도 흘릴 것이니 이는 하나님이 자기 형상대로 사람을 지으셨음이니라"라고 말씀합니다. 우리가 피를 흘려서는 안 될 이유로 제시된 것이, 하나님의 형상대로 지음받았기 때문이라는 것입니다.

피 흘리는 것뿐 아니라 이웃을 저주하는 것도 하나님은 허용하지 않으십니다. 그것도 인간이 하나님의 형상대로 지음을 받았기 때문이라는 것이지요. 야고보서 3장 6-10절을 보면 "혀는 곧 불이요 불의의 세계라 혀는 우리 지체 중에서 온 몸을 더럽히고 삶의 수레바퀴를 불사르나니 그 사르는 것이 지옥 불에서 나느니라 여러 종류의 짐승과 새와 벌레와 바다의 생물은 다 사람이 길들일 수 있고 길들여 왔거니와 혀는 능히 길들일 사람이 없나니 쉬지 아니하는 악이요 죽이는 독이 가득한 것이라 이것으로 우리가 주 아버지를 찬송하고 또 이것으로 하나님의 형상대로 지음을 받은 사람을 저주하나니 한 입에서 찬송과 저주가 나오는도다"라는 말씀이 있습니다. 혀로 사람을 저주하는 것이 문제가 되는 것은 하나님의 형상을 해치는 일이기 때문입니다.

그러면 '하나님 형상'은 무슨 뜻을 담고 있습니까? 2천 년 교회사를 거슬러 올라가 보면 하나님의 형상에 대해 매우 다양한 해석이 있습니다. 그리스 철학 전통의 영향을 많이 받은 초기 기독교에서는 인간의 이성적 능력을 하나님의 형상과 관련해서 생각했습니다. 중세와 르네상스를 거친 뒤 종교개혁 이후, 이 전통을 따르는 개혁주의 전통에서는 하나님의 형상을 '지식과 의와 거룩'으로 하나님이 지으셨다는 데서 찾습니다. 그래시 인간이 지식과 의와 거룩을 바탕으로 왕과 제사장과 선지자로 이 땅에서 역할을 하도록 세우심을 받았다고 이해합니다.[2] 그리고 20세기에 들어와서 대부분의 구약학자들은 인간이 하나님의 형상으로 지음받았다는 것을, 창세기 1장 28절의 명령과 축복을 토대로 하여 인간은 하나님의 대리자로서 자연을 다스리는 역할을 맡았다는 데서 찾습니다.[3]

저는 인간이 하나님의 형상으로 지음받았다는 것을 하나님과의 관계에서, 인간과의 관계에서, 자연에 대한 관계에서 살펴볼 수 있다고 생각합니다.

자연에 대한 관계에서 보면 자연을 다스리고 자연을 관리하는 것이 하나님의 대리자로서의 하나님의 형상입니다. 형상이라는 말은 성경이 쓰일 당시 근동에서는 그런 의미로 쓰였습니다. 예를 들어 '그 사람이 왕의 형상으로 보냄을 받았다'고 하면 왕이 위임한 권한을 가지고 어디로 가서 통치하는 것을 뜻했습니다. 왕의 형상을 갖는다는 것은 왕이 위임한 권한, 권력을 행사할 수 있다는 보증이었습니다. 그런 의미로 보면 사람이 하나님의 형상으로 지음받았다는 것은 하나님이 위임하신 권한을 가지고 이 세상에서 살도록 허락받았다는 의미로 받아들입니다. 현대 신학에서는 주로 이런 관점을 많이 강조합니다.

그런데 이것뿐만 아니라 하나님의 형상으로 지음받았다는 것은 하나님과의 관계에서 예배할 수 있고 또 사람과의 관계에서 책임지고 살아갈 수 있다는 의미도 있습니다. 우리가 하나님을 예배할 수 있고, 사람을 사랑하며 사는 데 책임질 수 있고, 또 자연을 관리하고 다스릴 수 있다는 것은, 인간이 인격적 존재로 지음받았다는 뜻입니다. 인격적 존재는 자기의 삶에 대해 스스로 결정하고 판단하는 존재를 말합니다. 동물의 경우에는 자기 결정권이나 도덕 능력, 책임지는 능력이 없습니다. 그러나 사람에게는 이런 능력이 있습니다.

물론 이 능력은 원칙적 능력입니다. 인간이 하나님의 형상대로 지음받았다는 사실 그 자체가 인간이 그 모든 행위에서 하나님의 형상대로 산다는 것을 보장하지는 않습니다. 그러나 인간은 누구나, 부자건 가난한 사람이건, 배운 사람이건 못 배운 사람이건, 남자건 여자건 모두가 하나님의 형상으로 지음받았고, 그런 의미에서 모든 인격적 존재는 다 귀합니다. 인격의 귀함에 있어서 많이 배웠거나 못 배웠거나, 남자거나 여자거나, 어른이나 아이나 전혀 그 차이가 없이 평등하다는 것이 성경의 가르침입니다.

성경에서 그 예를 찾아볼 수 있습니다. 어느 날 다윗이 거닐다가 우연히 한 여인을 보았습니다. 그 여인에게 반한 다윗은 그녀의 남편인 우리아를 전쟁터에 내보내 죽게 했습니다. 그러고는 그 여인, 밧세바를 취했지요. 그는 우리아의 피를 흘리게 했습니다. 하나님은 나단 선지자를 통하여 그것을 고발하셨습니다(삼하 12장 참조). 하나님은 다윗은 보호하셨습니다. 그러나 나단은 그 자손 세대에 가서는 칼이 영영히 떠나지 않으리라는 예언을 하게 됩니다. 다윗의 죄를 지적한 다음 나단은 이렇게 말합니다. "여호와께서 또 이와 같이 이르시기를 보라 내가 너와 네 집에 재앙을 일으키고 내가 네 눈앞에서 네 아내를 빼앗아 네 이웃들에게 주리니 그 사람들이 네 아내들과 더불어 백주에 동침하리라 너는 은밀히 행하였으나 나는 온 이스라엘 앞에서 백주에 이 일을 행하리라 하셨나이다"(삼하 12:11-12). 우리는 이 사례를 통해서 다윗의 생명이나 우리아의 생명이 하나님 앞에서는 아무런 차이가 없음을 확인할 수 있습니다. 다윗이 우리아를 자기 뜻대로 부릴 수 있는 사람이라고 해도 그 생명을 죽인 것에 대해서는 하나님이 반드시 그 피를 요구하신다는 것입니다.

아합의 경우도 마찬가지이지요(왕상 21장 참조). 나봇이라는 사람에게는 좋은 포도원이 있었는데, 아합이 그 포도원을 무척 부러워했습니다. 하지만 나봇이 그것을 팔려고 하지 않자, 아합의 아내 이세벨이 거짓 증인을 내세워 나봇을 돌로 쳐 죽이게 하였습니다. 그러고는 아합에게 나봇의 포도원을 빼앗아 주었습니다. 그때 하나님은 엘리야를 보내어 이렇게 말씀하도록 하였습니다. "너는 그에게 말하여 이르기를 여호와의 말씀이 네가 죽이고 또 빼앗았느냐고 하셨다 하고 또 그에게 이르기를 여호와의 말씀이 개들이 나봇의 피를 핥은 곳에서 개들이 네 피 곧 네 몸의 피도 핥으리라 하였다 하라"(왕상 21:19). 하나님은 나봇의 생명이나 아합의 생명을 똑같이 취급하셨습니다. 한 사람은 임금이고, 또 한 사람은 그의 백성이라 해도 생명에 대해서는 아무런 차별이 없이 동등합니다. 왜냐하면 생명은, 임금의 생명이든 신하의 생명이든, 백성의 생명이든 하나님이 주인이시기 때문입니다. 그래서 그 생명을 우리가 마음대로 처분하고 죽이는 것은 하나님을 대적하는 일이라고 성경은 이해하고 있습니다.

3. '죽인다'는 것

이제 '죽인다'는 말이 무슨 뜻인지 생각해 보겠습니다. 성경에서는 어떤 종류의 죽음이든 거부하는가? 사형을 시켜서도 안 되고, 전쟁을 해서도 안 되는가? 성경에서 '죽이지 말라'는 의미는 무엇인가?

구약성경에서는 죽음, 죽임과 관련해서 사용되는 단어가 여럿 있습니다. 6계명에서 사용된 말은 '라차흐'라는 동사인데, 이 말은 대체로 불법적인 살인을 일컬을 때 사용합니다.[4] 전쟁터에서 사람을 죽이거나 하나님이 사람 손에 붙여 죽이시는 경우에는 이 단어를 사용하지 않습니다.

6계명에서 죽이지 말라고 한 것은 불법적인 살인을 말합니다.

불법적인 경우는 두 가지가 가능하겠지요. 첫째는 고의적 살인입니다. 사람을 미워하고 죽이고 싶어하는 마음 때문에 의도를 가지고 죽이는 것을 6계명은 금하고 있습니다. 사람을 고의적으로 죽여서는 안 된다는 명령을 6계명은 담고 있습니다. 둘째는 실수로 사람을 죽이는 경우입니다. '과실치사'를 두고 한 말입니다. 과실치사를 통한 살인도 역시 살인입니다. 그렇게 하지 않도록 행동하라는 것이 6계명이 보여 주는 길입니다.

그런데 고의로 살인한 사람에 대해서는 성경에서 반드시 죽이라고 합니다. 구약성경에서는 그런 경우 복수를 허용하고 있습니다. 피살된 사람의 가족들이 찾아가서 살인한 사람을 죽일 수 있는 것입니다. 그런데 실수로 죽인 경우에도 그 가족들이 찾아가서 살인한 사람을 죽이려고 하지 않겠습니까? 복수할 수 있도록 허용되어 있으니까요. 그래서 그런 사람들을 보호하는 제도가 민수기 35장에 나와 있는 도피성입니다. 도피성은 레위인에게 주어진 성읍이었습니다. "너희를 위하여 성읍을 도피성으로 정하여 부지중에 살인한 자가 그리로 피하게 하라 이는 너희가 복수할 자에게서 도피하는 성을 삼아 살인자가 회중 앞에 서서 판결을 받기까지 죽지 않게 하기 위함이니라"(민 35:11-12). 여기서 부지중에 살인했다는 것은 의도 없이 실수로 사람을 죽인 것입니다. 이런 경우 도피성으로 피해 있도록 조치했습니다. 이스라엘에는 이렇게 판결을 받기까지 실수로 사람을 죽인 사람을 보호하는 제도가 있었습니다.

그러면 성경은 모든 종류의 살생을 거부합니까? 알버트 슈바이처(Albert Schweitzer)를 아시지요? 아프리카에서의 의료 봉사로 유명한 분입니다. 그 전에는 뛰어난 신학자로, 오르간 제작자로, 연주

자로 알려져 있던 사람입니다. 그의 「예수의 생애 연구사」 (*Geschichte der Leben Jesu Forschung*)는 20세기 초반 신학계를 흔들어 놓았을 뿐 아니라 지금도 지속적으로 읽히는 연구서입니다. 슈바이처는 의학을 공부한 뒤 아프리카로 가서 사람들을 도왔고 그래서 '아프리카의 성자'라는 이름을 얻었습니다. 슈바이처의 사상은 한마디로 '생명 외경'입니다. 슈바이처는 여름에 아무리 더워도 문을 닫고 일하는 것이 좋다고 가르쳤습니다. 왜냐하면 모기나 파리가 들어와 전등 주변에 모여 죽는 것을 방지하기 위해서였습니다. 슈바이처는 이 세상에서 생명만큼 귀한 것은 없다고 생각했습니다.

라이프니츠(Gottfried Wilhelm von Leibniz)라는 수학자이자 철학자가 있습니다. 뉴턴과 비슷한 시기에 미적분을 발견한 사람입니다. 그도 파리를 죽여서는 안 된다고 생각했는데, 그렇게 생각한 이유는 슈바이처와는 달랐습니다. 사람이 기계를 만들어도 파리와 같이 정교하게 만들 수 없기 때문에 하나님이 만드신 그렇게 뛰어난 작품을 우리가 쉽게 죽여서는 안 된다고 생각한 것입니다. 그렇다면 아마 모기나 바퀴벌레도 살려 두어야 할 것입니다. 기술이 아무리 뛰어나도 우리는 바퀴벌레처럼 그렇게 기민하게 활동하는 로봇을 아직은 만들어 내지 못하기 때문입니다.

슈바이처와 라이프니츠가 가르친 것은 서로 약간 다르긴 하지만, 어떤 생명이든 생명에는 최고 가치가 부여된다는 생각이 깔려 있습니다. 성경의 가르침은 조금 다릅니다. 하나님이 명령하신 범위 내에서 생명을 보호하고 생명의 가치를 인정하는 것이지, 그것을 벗어나 생명이 모든 것 위에 있는 가치라고 성경은 가르치지 않습니다. 우리의 삶은 어떤 의미에서 죽음 위에 바탕을 두고 있습니다. 어떤 것이 죽지 않으면 다른 것이 살아갈 수 없습니다. 타자의 죽음을 바탕으로 생명을 유지하는 것이 삶의 현실입니다. 초식동물은 식물의 죽음을 바탕으로 생명을 유지합니다. 육식동물은 다른 동물의 죽음으로 생명을 유지합니다. 이런 의미에서 삶이란 죽음 위에 서 있습니다. 그렇기 때문에 모든 종류의 죽음을 성경은 금하지 않습니다. 불법적인 죽음, 불필요한 죽임을 금지하고 있습니다. 그러나 어떤 것이 불법적인 죽음, 불필요한 죽임인지 판정하기가 쉽지 않습니다. 예를 들어 낙태는 허용되는 것인가, 태어나지 않은 생명을 죽이는 것이 어떤 경우에 정당화되는가 하는 물음이 있습니다. 살 만한 가치가 없는 삶을 계속 지탱하는 것이 과연 의미 있는가? 오히려 인간의 존엄성 유지가 불가능한 상황에서는 죽음을 베풀어 줄 수 있지 않는가? 도무지 나을 가능성이 없는 불치병 환자와 가족들의 고통을 덜어 주기 위해 안락사를 허용하는 것이 훨씬 더 인간적이고 윤리적이 아닌가? 이런 물음들도 있습니다. 자살, 사형제도, 전쟁에 관한 문제도 모두 6계명과 관련해서 생각해 보아야 할 문제들입니다.

그런데 어느 것 하나도 쉬운 문제가 없습니다. 어떤 종류의 죽임도 안 된다고 못 박으면 쉬울지 모릅니다. 그럴 경우, 낙태도, 안락사도, 자살도, 사형도, 전쟁도 안 된다고 해야 할 것입니다. 그런데 만일 사형 집행이나 전쟁은 해도 된다고 하면서 낙태나 안락사, 자살은 안 된다고 한다면, 그럴 만한 근거가 무엇인지 따져 보아야 할 것입니다. 모든 것이 허용된다면 낙태도, 안락사도, 자살도, 사형도, 전쟁도 허용될 것이고, 이것들이 허용된다면 살인도 허용되지 않을 이유가 없습니다.

낙태부터 먼저 생각해 보겠습니다. 서양이든 우리나라든 기독교 전통이 나타나기 전에는 낙태를 문제로 인식하지 않았습니다. 왜냐하면 아직 태어나지 않은 아이는 인간이 아니라고 생각했기 때문입니다. 태어나지 않은 아이를 어떤 방식으로 죽이는 것이 살인의 범주에 들지는 않았습니다. 그것은 동양 전통에서도 그랬고, 로마나 그리스 전통에서도 그랬습니다. 태어나지 않은 아이는 모체의 일부에 불과하기 때문에 마치 몸에 종기가 났을 때 없애 버리듯 쉽게 없앨 수 있다고 생각한 것입니다.

그런데 기독교 전통이 들어오면서 낙태가 금지되었습니다. 아직 태어나지 않은 아이도 하나의 완전한 인간으로 생각했기 때문입니다. 이에 대해 성경의 근거를 찾자면 두 가지 구절이 관련됩니다. 시편 139편을 보면 "주께서 내 내장을 지으시며 나의 모태에서 나를 만드셨나이다"(시 139:13)라는 고백이 있습니다. 욥기 10장 8절에는 "주의 손으로 나를 빚으셨으며 만드셨는데 이제 나를 멸하시나이다"라는 욥의 말이 실려 있습니다. 하나님이 모태에서 만드셨고 빚으셨으므로 태아도 완전한 인간이라고 생각하게 된 것이지요.

중세 신학의 역사를 보면 여러 가지 논란이 있습니다. 그중 영혼이 도대체 언제부터 태아에게 들어오느냐는 논쟁도 있었습니다. 영혼과 몸이 결합되어야 완전한 인간이라고 할 수 있으니, 영혼이 언제 몸에 들어오느냐에 따라 사람인지 아닌지를 구별할 기준이 생깁니다. 통용되던 이론에 따르면, 남자 아이들의 영혼은 태어난 지 40일 만에 들어오고 여자 아이의 경우는 80일 만에 들어온다고 생각했습니다.[5] 그 당시 생물학적 지식을 토대로 한 생각입니다. 만일 이것을 수용한다면 남자 아이는 40일 전에는 죽여도 되고 여자 아이는 80일 전에는 죽여도 된다는 결론을 내릴 수 있을 것입니다. 그러나 이제 가톨릭과 개신교회 모두 수정된 후에는 하나의 완전한 개체 생명으로 인정합니다. 그래서 태어나지 않은 생명도 한 인간으로 보호하고 존중해야 한다고 보고 있습니다. 남자든 여자든, 어른이든, 아이든, 태어났든 아직 태중에 있든, 사람의 가치는 동일하며 모두 존중받아야 한다는 것이 성경의 가르침입니다. 생명을 유지할 권리에서는 누구나 동등합니다. 대통령의 생명이건 어린 아이의 생명이건, 장애가 있든, 몸이 성하든 다 같이 하나님의 눈에는 귀하다는 것이 성경의 가르침입니다. 그런데 낙태와 관련해서는 문제가 되는 상황이 있을 수 있습니다.

첫 번째는 의학적인 난점의 경우입니다. 가령 산모의 건강이 위험에 처해서 임신 상태를 중단시켜야만 하는 상황입니다. 산모에게 치명적인 위협이 될 경우 낙태를 해야 한다고 생각하는 사람들이 있습니다. 두 번째는 정신 질환의 경우입니다. 산모가 정신병에 시달리거나 비정상적인 상태일 경우, 아니면 임신한 상태 그 자체가 산모에게 더욱더 정신적인 어려움이 될 경우입니다. 세 번째는 우생학적인 문제의 경우입니다. 초음파 검사, 양수 검사 등을 통해서 분명히 그 아이의 장애를 확인했을 때, 낙태를 해야 되는지, 해서는 안 되는지의 문제가 있습니다. 네 번째 법적, 윤리적 문제가 있습니다. 강간을 당해 임신하게 된 경우, 근친상간으로 임신했을 경우는 낙태를 허용할 수 있지 않느냐는 입장이 있습니다. 예를 들어, 딸이 아버지의 아이를 가졌다고 합시다. 그럴 경우 그대로 아이를 낳게 해야 할지, 아니면 낙태를 시켜야 할지, 말하기는 쉽지만 실제 그런 상황이 되면 우리로서는 도무지 해결할 수 없을 정도로 어려운 문제에 부딪힙니다. 다섯 번째로 여자의 경우 임신 때 심리적으로 대단한 장애나, 사회적 어려움에 봉착할 수가 있다는 것입니다. 예를 들어 더 이상 학업을 계속 할 수 없다든지, 아이를 키우기 위해 필요한 재정을 해결할 수 없다든지 등의 문제입니다.

이런 다섯 가지 경우를 모두 동일하게 다룰 수는 없습니다. 미혼 여성이 임신했을 경우 학업 문제, 사회적 위신 문제, 수치심 등의 문제가 있을 수 있지만, 이런 경우와 근친상간으로 임신하는 경우는 경중을 따지자면 상당한 차이가 있습니다. 가령 전자의 경우 아이를 낳더라도 입양을 시킨다든지 하는 여러 가지 가능성이 있습니다. 그렇지만 근친상간을 통한 임신은 무척 해결하기 어려운 상황입니다. 이렇게 다양한 어려움이 있다는 것을 우리 그리스도인들도 이해하고 인식해야 합니다. 어떤 상황이든지 눈 딱 감고 무조건 안 된다고 하면 쉽기는 하겠지만, 그렇지 못한, 참으로 어려운 상황이 분명히 있을 수 있습니다. 어쩔 수 없이 낙태를 한다 하더라도 여전히 성경의 계명을 어기는 것입니다. 그렇기 때문에 어떤 경우에나 낙태를 하지 않는 것이 성경적입니다. 그것을 했다면 우리는 계명을 어기는 것입니다.

안락사 문제도 비슷합니다. 실제로 주변에서 안락사를 시켜야 할, 누구를 죽여야 할 경우를 경험하지 못하면 이것이 큰 문제가 아닌 것처럼 생각할 수 있습니다. 그러나 무의미한 생명의 유지, 고통, 의료비 가중 등을 고려해서 유일한 대안인 것처럼 제안되고 있다는 것은 부인할 수 없습니다. 한국의 경우는 아직까지도 자녀들이 노부모를 많이 모시고 있습니다. 물론 그렇지 않은 경우도 점점 늘고 있습니다. 서양의 경우, 부모가 은퇴하거나 부양할 사람이 없는 경우에 대개 양로원으로 갑니다. 사회보장 제도가 잘 되어 있기는 하지만 양로원에 산다는 것은 힘겹습니다. 찾아오는 사람도 없으니 무척 고독하지요. 그 고독한 상황을 더 이상 견딜 수 없으니까 많은 사람들이 빨리 죽고 싶어 합니다.

그래서 네덜란드에서는 세계 최초로, 법적으로 안락사가 허용되었습니다. 제가 그곳에 살 때만 해도 논란이 될 뿐, 허용되지는 않았습니다. 그래서 어떤 의사가 양로원에 있는 할머니 다섯 분을 죽을 수 있도록 도와준 일 때문에 체포되었습니다. 그러나 이제 안락사가 법적으로 허용되었습니다. 의사의 판단으로, 환자가 더 이상 회생 가능성이 없거나, 더 이상 살 의미가 없는 사람에게는 안락사를 베풀 수 있게 됐습니다. 안락사에는 두 가지 종류가 있을 수 있습니다. 첫 번째는 스스로 자기 목숨에 대해서 어쩔 수 없는 사람에게 다른 사람이 안락사를 베풀어 주는 경우입니다. 예를 들어 갓 태어난 아이가 뇌가 없다거나, 뇌사 상태에 있는 사람의 경우, 또는 치매가 심해져 밥도 못 먹고 움직이지도 못하는 환자에게 안락사를 베푸는 경우입니다. 두 번째 경우는 자발적 안락사입니다. 스스로 목숨을 끊어 달라고 요청하는 경우입니다. 움직일 수 있고 말도 할 수 있고 스스로 살아갈 능력이 있음에도 더 이상 삶의 의미가 없어서, 더 이상 고통당하며 살아갈 의미가 없어서 안락사를 베풀어 달라고 청하는 경우입니다. 앞의 경우를 소극적 안락사라고 부르고 뒤의 경우는 적극적 안락사라고 부릅니다.[6]

인공 호흡기를 달고 생명을 연명하는 경우, 그리고 호흡기를 제거하면 더 이상 살 가능성이 없을 경우, 이러한 조치를 하는 경우가 있습니다. 최근 우리나라에서도 이것이 법적으로 가능해졌습니다.

그리고 치료 불가능한 사람을 치료하지 않고 놓아 두는 경우도 있을 수 있습니다. 매우 미묘한 문제가 개입될 수 있지만 이런 경우는 엄밀한 의미에서 안락사라고 할 수는 없습니다. 왜냐하면 그런 경우는 환자가 죽어 가는 과정에 있기 때문에 실제로 죽이는 행위는 아니기 때문입니다.

암 말기 환자들은 극심한 고통을 경험합니다. 그런 사람을 옆에서 보면 "저렇게 고통받도록 내버려 두는 것보다는 차라리 빨리 가도록 도와줄 수 있었으면…" 하는 생각이 들 수도 있습니다. 2008년 1월 저의 어머니가 돌아갔습니다. 제가 열두 살, 초등학교 6학년이던 1963년에 아버지가 돌아가셨으니, 7남매를 키우면서, 남편 없이 45년을 홀로 사시다가 돌아갔습니다. 마지막 순간을 너무 고통스럽게 보내시기에 "어머니, 그냥 마음 푹 놓으시고 하나님께 가십시오. 나중에 그곳에 가서 뵐 것입니다" 하고 말씀드렸습니다. 아무 말씀도 못하시지만, 눈을 보니 제 말을 알아들으시는 것을 감지할 수 있었습니다. 호흡을 돕느라 붙여 둔 산소줄을 보며 "저것이 없으면 오히려 빨리 가실 텐데…" 하는 생각을 했습니다. 그러나 어찌 제 손으로 그것을 뗄 수 있겠습니까?

죽어 가는 사람들에 대해서 가만히 내버려둘 수 없다는 움직임이 있습니다. 요즘 목회 가운데서 임종 목회, 곧 죽어 가는 사람들에 대한 목회도 중요한 분야로 여겨지고 있습니다. 죽어 가는 사람에게 무엇을 해 주어야 하는지에 관심을 갖는 것입니다. 살아 있는 사람은 죽어 가는 사람에게 그 순간 함께해 주고, 평안히 죽을 수 있도록 도와줄 의무가 있습니다. 호스피스는 그러한 활동 가운데 하나입니다. 어떻게 사는가도 중요하지만 이제는 단순한 삶의 연장을 넘어서 어떻게 죽느냐 하는 것도 중요합니다.

　안락사와 조금 다른 경우지만 죽음과 관련해서 자살 문제가 있습니다. 안락사는 생명이 거의 다해가는 그 순간에 타인이 개입하여 생명을 끊는 일입니다. 자살은 문자 그대로 생생하게 살아 있는 생명을 스스로 끊는 것입니다. 자살은 교회 전통에서 강력하게 금해 왔습니다. 물론 의견 차이가 없었던 것은 아닙니다. 가령 강간을 당한 부인이나 처녀가 그 순결을 지키기 위해 자살하는 경우는 허용되는가 하는 물음이 3-4세기에 있었습니다. 감독 암브로시우스(Ambrosius)는 그런 경우 자살할 수 있다고 생각했습니다. 그러나 그의 제자 아우구스티누스는 그럴 수 없다고 했습니다. 몸이 더럽혀졌다고 해서 영혼이 더럽혀진 것은 아니라는 것이었지요. 우리가 두려워해야 할 것은 영혼이 더럽혀지는 것이지, 몸의 순결을 잃었다는 것이 아니라고 보았습니다. 그래서 그런 경우에도 자살해서는 안 된다고 아우구스티누스는 가르쳤습니다.[7]

　성경에서 자살한 사람을 여섯 명 정도 찾아볼 수 있습니다. 우선 가룟 유다가 자살을 했습니다. 목을 매 죽었다고 되어 있지요(마 27:3 이하). 또 사울 왕과 그 병기 든 자가 자살했습니다(삼상 31장). 그리고 압살롬의 반란에 동조했던 아히도벨이 자신의 계략이 성공하지 못하자 스스로 목숨을 끊은 이야기가 있습니다(삼하 17장). 열왕기상 16장을 보면 이스라엘 왕 중에 시므리라는 사람이 자살한 이야기가 나옵니다(왕상 16:18 이하). 시므리는 하나님 보시기에 아주 악한 왕이었습니다. 그래서 시므리 왕의 이야기는 성경에 나오지만 이스라엘 왕의 명단에는 아예 빠져 있습니다. 또 한 사람, 삼손의 경우가 있습니다(삿 16:23 이하). 삼손이 들릴라의 계략으로 머리가 깎이고, 블레셋에 잡혔습니다. 포로로 잡힌 삼손이 마지막에 다곤 신전 기둥에 자기를 매어 달라고 청했습니다. 블레셋 사람을 죽이고 자기도 죽으려고 작정한 것이지요. 그 경우도 스스로 죽으려고 한 것입니다.

사울의 경우, 그가 자살했음에도 불구하고 역대기에는 하나님이 사울을 죽이셨다고 이야기합니다. 사울이 자살한 것 자체는 잘못되었지만 죽도록 하신 것은 하나님이 허용하셨기 때문이라는 것입니다. 유다나 시므리, 아히도벨도 그런 경우입니다. 삼손은 자살이기는 하지만 경우가 좀 다릅니다. 블레셋에 의해 이스라엘 민족이 짓밟히고 그래서 여호와 하나님 대신 다곤 신이 섬김을 받는 상황에서 블레셋을 멸하고 다곤 신전을 무너뜨리는, 그래서 여호와의 이름을 드러내려는 의도가 삼손에게 있었습니다. 히브리서 11장을 보십시오. "믿음으로 기생 라합은 정탐꾼을 평안히 영접하였으므로 순종하지 아니한 자와 함께 멸망하지 아니하였도다 내가 무슨 말을 더 하리요 기드온, 바락, 삼손, 입다, 다윗 및 사무엘과 선지자들의 일을 말하려면 내게 시간이 부족하리로다"(히 11:31-32). 삼손도 믿음의 조상 가운데 들어 있습니다.

성경에서는 자살을 금지하지만 나라를 위해서, 타인을 위해서 스스로 죽음을 택하는 것조차 금하지는 않습니다. 오히려 예수님은 "사람이 친구를 위하여 자기 목숨을 버리면 이보다 더 큰 사랑이 없나니 너희는 내가 명하는 대로 행하면 곧 나의 친구라"(요 15:13-14)라고 가르치십니다. 자기 목숨을 버리는 것이 절대 금지되는 것이라면 예수님이 스스로 십자가에 달리신 것도 비난해야 할 일이겠지요. 그러나 성경은 그것을 비난하지 않습니다. 그러므로 자살도,

모든 경우 동일하게 볼 수 없습니다. 자신의 목숨을 자발적으로 희생한 경우, 그것도 분명 자살의 범주에 들어가지만 도덕적으로나 종교적으로 비난받을 수 없습니다. 오히려 우리는 그런 사람들의 행동을 갸륵하게 생각하고 칭송합니다.

4. 삶을 가꿀 책임

그런데 삶과 죽음, 어느 것이 값진 것일까요? 예수님은 만인을 위해서 죽음을 택하셨습니다. 한 알의 밀알이 되어 죽음을 자청하심으로, 만인의 생명을 구했습니다. 그렇다면 어떤 경우에나 살고자 애쓰는 것이 과연 그리스도인에게 바랄 만한 삶인지 물을 수 있습니다. 자청해서 죽을 필요는 없지만 삶이 죽음보다 반드시 값진 것인지 물어 볼 수 있습니다. 우리는 그렇지 않은 경우를 바울에게서 찾을 수 있습니다. 삶과 죽음을 초월한 태도입니다.

빌립보서 1장 20-21절을 보십시오. "나의 간절한 기대와 소망을 따라 아무 일에든지 부끄러워하지 아니하고 지금도 전과 같이 온전히 담대하여 살든지 죽든지 내 몸에서 그리스도가 존귀하게 되게 하나니 이는 내게 사는 것이 그리스도니 죽는 것도 유익함이라." 내 생명이 그리스도에게 있으니 이제는 사는 것뿐 아니라 죽는 것도 유익하다는 이야기입니다. 이어서 "그러나 만일 육신으로 사는 이것이 내 일의 열매일진대 무엇을 택해야 할는지 나는 알지 못하노라"(빌 1:22절), 다르게 말하면 '내가 육신을 가지고 있다는 것은 선한 일을 하자는 것인데, 죽음이든 삶이든 무엇을 선택할지 나는 알지 못한다'는 말입니다. 내가 육신으로 있어서 선한 일을 하는 것이 유익한지 아니면 내가 죽는 것이 유익한지 가리기가 힘들다는 것이지요.

"내가 그 둘 사이에 끼었으니 차라리 세상을 떠나서 그리스도와 함께 있는 것이 훨씬 더 좋은 일이라 그렇게 하고 싶으나 내가 육신으로 있는 것이 너희를 위하여 더 유익하리라"(빌 1:23-24). 바울은 이렇게 고백하고 있습니다. 빌립보서를 기록할 때 바울은 감옥에 갇혀 있었습니다. 감옥에 있으면서 천대받는 것은 어떻게 보면 인간의 존엄성을 허물어뜨리는 일일 수 있고, 매우 고통스런 상황일 수 있습니다. 그렇기 때문에 차라리 죽었으면, 그래서 그리스도와 함께 있으면 좋겠다고 말하는 것이 당연해 보입니다. 그러나 그럼에도 불구하고 이 고통을 안고 감옥에 살아 있는 것이 빌립보 교인들에게 유익하다는 것입니다. 우리의 삶이 이렇게 된다면 얼마나 아름답겠습니까? 내가 사는 것이 나를 위한 것이 아니라 다른 이에게 유익한 삶 말입니다.

그런데 우리가 어떻게 이렇게 생사를 초월한 삶을 살겠습니까? 타인의 생명은 귀하게 여기고 보호하고 돌보되, 내 삶 자체에 대해서도 귀하게 여기면서, 그럼에도 살든지 죽든지 집착하지 않는 삶이 어떻게 가능합니까? "살인하지 말라", 이 계명을 긍정적으로 바꾸면 "생명을 보호하라" 또는 더 나아가 "삶을 가꾸라"라는 말입니다. 어떻게 우리는 삶과 죽음을 초월해서 삶을 아름답게 가꾸어 갈 수 있을까요? 어떻게 하면 하나님이 우리에게 원하시는 삶을 살아갈 수 있을까요?

무엇보다도 '기쁨'입니다. 기뻐할 수 있어야 합니다. 방금 말한 바울을 보십시오. 감옥에 갇혀 있으면서 그가 가장 많이 쓴 단어는 기쁨입니다. 이 편지에서 바울은 기쁨과 관련된 단어를 열여덟 번이나 쓰고 있습니다. 그러면서 빌립보에 있는 그리스도인들에게 "주 안에서 항상 기뻐하라. 내가 다시 말하노니 기뻐하라!"라고 말합니다. 바울은 자신이 감옥에서 고통당하고 있으면서도 자신의 기쁨을 증언하고 있을 뿐 아니라 자신의 편지를 받는 사람들에게도 기뻐하라고 권유하고 있습니다.

그렇게 권유할 수 있는 근거가 무엇입니까? 삶과 죽음, 어느 것이 주어지든지 두려워하지 않고 기뻐할 수 있는 이유가 무엇입니까? 감사입니다. 영혼 깊숙한 곳에서 우러나오는 감사가 있을 때 우리는 기뻐할 수 있습니다. 고통 속에, 고난 속에 있을지라도 기쁨을 누릴 수 있습니다. 그러므로 빌립보서 1장 3-5절에서 바울은 기쁨을 말하기 전에 감사를 먼저 말하고 있습니다. "내가 너희를 생각할 때마다 나의 하나님께 감사하며 간구할 때마다 너희 무리를 위하여 기쁨으로 항상 간구함은 너희가 첫날부터 이제까지 복음을 위한 일에 참여하고 있기 때문이라." 바울에게는 개인적인 감사가 있었습니다. 예수 그리스도를 얻은 것, 예수 그리스도에게 자신이 발견된 기쁨입니다. 그의 감사를 더욱 넘치게 한 것은 빌립보 그리스도인들이 복음 안에 거하고, 그 열매를 맺어 가는 것을 보고 듣는 일이었습니다. 그러므로 바울은 감사하며 간구하며, 기쁨으로 항상 간구한다고 말합니다.

감사와 기쁨은 간구를, 기도를 낳습니다. 그 반대도 참일 것입니다. 기도는 감사를 낳고, 감사는 기쁨을 낳습니다. 그러므로 바울은 데살로니가 교회에 보낸 첫 번째 편지에서 "항상 기뻐하라 쉬지 말고 기도하라 범사에 감사하라 이것이 그리스도 예수 안에서 너희를 향하신 하나님의 뜻이니라"(살전 5:16-18)라고 말합니다. 기도와 감사, 기쁨, 이 셋은 언제나 함께합니다. 기도 없이 감사 없고, 감사 없이 기쁨 없습니다. 기쁨 없이 감사 없고, 기쁨 없이 기도도 없습니다. 어느 것이 먼저가 되더라도 이 셋은 항상 따라다니면서 우리의 삶을 그 깊은 곳에서부터 하나님이 주신 은총으로 수용하고 살 수 있도록 해 줍니다. 기도와 감사와 기쁨의 결과가 무엇입니까? 자신을 있는 그대로 수용하고 사랑하며 타인을 수용하고 사랑할 수 있게 해 줍니다. 감사가 없고 기쁨이 없는 곳에 자신에 대한 수용이나 타인에 대한 이해와 사랑이 자리할 공간이 없습니다. 그곳에는 자신과 타인에 대한 미움과 원망이 자리할 수밖에 없습니다.

예수님은 6계명과 관련해서 무엇을 가르치셨습니까? "옛 사람에게 말한 바 살인하지 말라 누구든지 살인하면 심판을 받게 되리라 하였다는 것을 너희가 들었으나 나는 너희에게 이르노니 형제에게 노하는 자마다 심판을 받게 되고 형제를 대하여 라가라 하는 자는 공회에 잡혀가게 되고 미련한 놈이라 하는 자는 지옥 불에 들어가게 되리라 그러므로 예물을 제단에 드리려다가 거기서 네 형제에게 원망 들을 만한 일이 있는 것이 생각나거든 예물을 제단 앞에 두고 먼저 가서 형제와 화목하고 그 후에 와서 예물을 드리라 너를 고발하는 자와 함께 길에 있을 때에 급히 사화하라 그 고발하는 자가 너를 재판관에게 내어 주고 재판관이 옥리에게 내어 주어 옥에 가둘까 염려하라 진실로 네게 이르노니 네가 한 푼이라도 남김이 없이 다 갚기 전에는 결코 거기서 나오지 못하리라"(마 5:21-26). 실제 저지르는 살인만이 문제가 아닙니다. 살인으로 이끄는 마음이 문제입니다. 형제와 자매에게 화를 내거나, '라카', 곧 '텅빈 놈'이라고 말하거나, '바보'라고 말하거나 한 것이 모두 살인과 관련된다고 예수님은 지적하십니다. 형제와 자매, 가족과 화목하지 못한 것이 곧 살인에 해당한다고 말씀하신 것입니다. 예수님은 6계명을 훨씬 더 철저하고 근본적인 계명으로 만드셨습니다.

그런데 누가, 어떻게, 이 계명을 지킬 수 있습니까? 누가 살인하지 않고, 생명을 돌보며, 생명을 살리는 일을 할 수 있겠습니까? 앞에서 잠시 언급했던 감사와 기쁨이 넘치는 사람입니다. 쉬지 않고 기도하면서 자신을 성찰하고, 자신을 하나님 앞에 내어 놓고, 말뿐 아니라 성품 자체가 주님의 성품을 닮아 가는 사람입니다. 그러나 우리는 우리 자신의 성품을 가꾸는 일에는 너무나 무관심하지 않습니까? 믿지 않는 사람들이 그리스도인을 볼 때 예수님의 모습을 엿볼 수 있어야 할 텐데, 너무나 거리가 먼 우리들입니다. 앞에서 바울과 관련해서 언급한 빌립보서를 보십시오. 옥중에 있는 바울이 그토록 기쁨을 강조하면서 예수님의 마음을 왜 언급했겠습니까? 그들 속에 그리스도의 성품이 자리 잡아, 그리스도의 분량에 이르기까지 자라 가기를 소원하는 마음 때문이었습니다. "마음을 같이 하여 같은 사랑을 가지고 뜻을 합하며 한마음을 품어 아무 일에든지 다툼이나 허영으로 하지 말고 오직 겸손한 마음으로 각각 자기보다 남을 낫게 여기고 각각 자기 일을 돌볼뿐더러 또한 각각 다른 사람들의 일을 돌보아 나의 기쁨을 충만하게 하라 너희 안에 이 마음을 품으라"(빌 2:2-5) 이렇게 말하면서 바울은 예수 그리스도의 마음을 소개합니다. "곧 그리스도 예수의 마음이니 그는 근본 하나님의 본체시나 하나님과 동등됨을 취할 것으로 여기지 아니하시고 오히려 자기를 비워 종의 형체를 가지사 사람들과 같이 되셨고 사람의 모양으로 나타나사 자기를 낮추시고 죽기까지 복종하셨으니 곧 십자가에 죽으심이라"(빌 2:5-8).

우리가 어떻게 이 마음을 얻겠습니까? 우리를 감화 감동시키셔서 인격과 성품을 변화시키시는 성령의 능력에 의지할 수밖에 없습니다. 그런데 성령님은 무엇을 통해서 그의 능력을 우리에게 덧입혀 주십니까? 기도입니다. 그래서 데살로니가전서 5장 16절에서 바울은 "쉬지 말고 기도하라"고 합니다. 그런데 어떻게 우리가 쉬지 않고 기도할 수 있습니까? 일해야 하고, 밥 먹어야 하고, 잠도 자야 합니다. 쉬지 않고 기도할 수가 없습니다. 그래서 우리는 "쉬지 말고 기도하라"는 말을 때를 얻든지 못 얻든지 열심히 기도하라는 뜻으로 이해합니다.

그런데 생각해 보십시오. 우리가 쉬지 않고 하는 일이 있습니다. 숨 쉬는 일입니다. 숨을 들이쉬고 내쉬는 일은 깨어 있을 때나, 잘 때나 멈추지 않습니다. 심장이 멈추지 않고 뛰듯이 우리는 들숨과 날숨을 쉬지 않고 반복합니다. 만일 이에 따라 기도할 수 있다면 우리는 쉬지 않고 기도할 수 있지 않겠습니까? 숨을 들이쉴 때 기도하고, 숨을 내쉴 때 기도하면, 우리는 쉬지 않고 기도할 수 있습니다. 물론 밥도 먹어야 하고, 잠도 자야 합니다. 그러나 우리가 깨어 있는 동안 우리 자신을 주님께 내어 놓고, 주님이 나 자신을 당신의 모습으로 빚어 가도록 기도할 수 있습니다. 이것이 동방교회에서 발전된 '예수 기도'(The Jesus prayer)라는 것입니다. 숨을 들이쉴 때 "나의 주 예수 그리스도여," 숨을 내쉴 때 "저에게 자비를 베풀어 주옵소서" 이렇게 기도하면 됩니다. 이것을 반복해서 해 보십시오. 저는 때로 "나의 주 예수 그리스도시여, 저는 아무것도 아닙니다",

"나의 주 예수 그리스도시여, 저는 참으로 죄인입니다", "나의 주 예수님, 주님 닮게 저를 빚어 주옵소서" 이렇게 기도하기도 합니다. 앉아 있을 때, 때로는 회의(會議)할 때, 그리고 집중적으로는 걸을 때, 이 기도를 하면서 도움을 받습니다.[8] 어떻게 기도하느냐는 문제가 아닙니다. 기도를 통해서 주님께 집중하고, 주님이 우리 자신의 성품과 인격을 빚어 가시도록 완전히 내어 놓을 때, 그때, 기쁨과 감사가 우리에게 넘칩니다. 그럴 때, 우리는 화를 내지도, 남을 무시하지도, 남을 미워하지도 않습니다. 하나님을 사랑하고, 가족을 사랑하고, 친구들을 사랑하고, 이웃을 사랑하고, 만물을 사랑하는 삶을 살 수 있게 됩니다. 이것이 아마 6계명을 통해서 하나님이 우리에게 원하시는 것이 아닌가 생각합니다.

7계명

1. 구약시대 사람은 '간음하지 말라'를 어떻게 이해했는가?
2. 결혼과 성
3. 남자와 여자
4. 몸을 쳐 죽이는 연습

간음하지 말라.
출 20:14

또 간음하지 말라 하였다는 것을 너희가 들었으나 나는 너희에게 이르노니 음욕을 품고 여자를 보는 자마다 마음에 이미 간음하였느니라 만일 네 오른 눈이 너로 실족하게 하거든 빼어 내버리라 네 백체 중 하나가 없어지고 온 몸이 지옥에 던져지지 않는 것이 유익하며 또한 만일 네 오른손이 너로 실족하게 하거든 찍어 내버리라 네 백체 중 하나가 없어지고 온 몸이 지옥에 던져지지 않는 것이 유익하니라 또 일렀으되 누구든지 아내를 버리려거든 이혼 증서를 줄 것이라 하였으나 나는 너희에게 이르노니 누구든지 음행한 이유 없이 아내를 버리면 이는 그로 간음하게 함이요 또 누구든지 버림받은 여자에게 장가드는 자도 간음함이니라.
마 5:27-32

"간음하지 말라" 이것이 7계명의 내용입니다. 무엇을 하지 말라는 것인지 누구나 다 아는 계명입니다. 남의 아내나 남의 남편과 성관계를 갖지 말라! 우리 대부분은 이 계명을 이렇게 이해합니다. 그러나 예수님의 가르침은 여기에 머물지 않습니다. 실제 행동으로 남의 아내나 남의 남편과 성관계를 맺는 것뿐 아니라 "음욕을 품고 여자를 보는 자마다"(아마 여기에 덧붙여, 음욕을 품고 남자를 보는 자마다) '마음에 이미 간음하였다'고 단정합니다. 행위 못지않게, 행위의 바탕이 되는 마음 자체를 문제삼았습니다. 6계명과 관련해서 형제를 미워하고 욕하는 것이 형제, 자매를 죽이는 것이므로 그렇게 하지 말라고 말하듯이, 7계명과 관련해서도 몸으로 간음하지 않았다고 해도 음욕을 품는다면 그것은 이미 마음으로 간음한 것이므로 그렇게 하지 말라는 뜻으로 예수님은 계명을 해석하고 계십니다. 여기다가 음행한 일도 없는 아내를 버리는 것도 간음이요, 버림받은 여자에게 장가드는 것도 간음이라고 예수님은 말씀하십니다. 왜 버림받은 여자와 결혼하는 것이 간음인지 이해하기가 쉽지 않습니다. 먼저 구약성경에서 이 계명을 어떻게 이해하는지부터 살펴보겠습니다.

1. 구약시대 사람은 '간음하지 말라'를 어떻게 이해했는가?

이스라엘 사람들은 절기 때 하나님의 계명을 들었습니다. 7계명을 들을 때 그들은 무슨 생각을 했을까요? 이스라엘 남자들은 남의 아내를 멀리 해야 한다는 경고로 들었습니다. 이 계명은 이웃의 권리, 곧 결혼의 순결과 혈족의 순수성을 보호받을 권리를 존중하라는 계명으로 이해되었습니다. 지금의 관념, 특히 우리 기독교 전통에서 보면 이상하지만 남자가 창녀와 자는 것은 문제가 되지 않았습니다. 유다가 창녀로 가장한 자기 며느리 다말과 잔 일이라든지, 삼손이 유곽을 찾아 다른 여인들과 자는 일이 당시 사회적으로는 비난의 대상이 되지 않았습니다(창세기 38장과 사사기 16장 참조).

구약의 관점에서 보면 누가 간음을 한 사람입니까? 남의 아내와 잠을 잔 남자입니다. 이때 남자는 결혼을 했거나 미혼이거나 상관이 없습니다. 이미 남편이 있는 여인과 잠을 잤다면 그 남자는 그 여인의 남편에 대해서 간음죄가 성립됩니다. 남의 아내와 잠을 잔 사람이 결혼한 사람이라도 자기 자신의 아내에 대해서 죄를 지은 것이 아닙니다.

다윗의 경우를 보십시오. 다윗 왕이 우리아의 아내 밧세바를 취했을 때 나단 선지자는 다윗의 아내들에 대해서는 전혀 언급하지 않습니다. 하나님은 나단을 통하여 다윗에게 이렇게 말씀하십니다. "어찌하여 네가 여호와의 말씀을 업신여기고 나 보기에 악을 행하였느냐 네가 칼로 헷 사람 우리아를 치되 암몬 자손의 칼로 죽이고 그의 아내를 빼앗아 네 아내로 삼았도다 이제 네가 나를 업신여기고 헷 사람 우리아의 아내를 빼앗아 네 아내로 삼았은즉 칼이 네 집에서 영원토록 떠나지 아니하리라"(삼하 12:9-10). 다윗의 범죄는 밧세바의 남편 우리아에 대한 범죄였습니다. 왜냐하면 당시 아내는 남편의 소유로 인정되었기 때문입니다. 일종의 소유권에 대한 침범으로 이해되었다고 볼 수 있습니다. 이 논리를 연장해서 보자면, 남편이 있는 여자가 아내가 있는 남자와 잠을 잤다면 그는 자신의 남편에 대해서 죄를 지은 것이 됩니다. 상대방의 아내와는 상관이 없습니다. 적어도 구약시대에는 간음에 대해서 이런 방식으로 이해하였습니다.

"간음하지 말라"는 계명은 레위기 20장 10절의 말씀을 통해서 좀더 분명하게 알 수 있습니다. "누구든지 남의 아내와 간음하는 자 곧 그 이웃의 아내와 간음하는 자는 그 간부와 음부를 반드시 죽일지니라." 그러니까 이스라엘 사람들이 이해한 7계명은 이 내용입니다. 간음하지 말라는 것은 이미 결혼한 여자, 즉 남의 아내와 어떠한 성관계도 가지지 말라는 의미로서, 이것은 남의 결혼 관계를 깨뜨리는 일이기 때문이라고 이해했던 것입니다.

신명기 22장 23-24절을 읽어 보십시오. "처녀인 여자가 남자와 약혼한 후에 어떤 남자가 그를 성읍 중에서 만나 동침하면 너희는 그들을 둘 다 성읍 문으로 끌어내고 그들을 돌로 쳐 죽일 것이니 그 처녀는 성 안에 있으면서도 소리 지르지 아니하였음이요 그 남자는 그 이웃의 아내를 욕보였음이라 너는 이같이 하여 너희 가운데에서 악을 제할지니라." 여기에서 포인트는 "처녀인 여자가 남자와 약혼한 후에…"라는 부분에 있습니다. 처녀인 여자가 아직 결혼까지는 하지 않았다고 해도 약혼한 상태라면 이 여자와 통간하는 것도 간음의 범주, 결혼을 깨뜨리는 범주에 들어갑니다. 이미 결혼한 남의 아내나 약혼한 여자와 신체적, 성적 관계를 갖는 것은 남의 결혼을 깨뜨리는 것이므로 그렇게 해서는 안 된다는 것입니다.

신명기 22장 25-26절을 보십시오. "만일 남자가 어떤 약혼한 처녀를 들에서 만나서 강간하였거든 그 강간한 남자만 죽일 것이요 처녀에게는 아무것도 행하지 말 것은 처녀에게는 죽일 죄가 없음이라." 약혼한 여자가 강제로 성관계를 가졌다 하더라도 그것이 소리를 지를 때 사람들이 들을 수 있는 도시에서냐, 그렇지 못한 들에서 냐에 따라 달라집니다. 성읍에서는 소리를 지르면 누군가가 도울 수 있지만 들에서는 아무리 소리를 질러도 도와줄 사람이 없습니다. 성읍에서 강간당할 때 소리를 지르지 않았으면 이것은 통간이 됩니다. 그래서 남자와 여자를 다 죽여야 하는 것이고 들에서 강간을 당한 경우는 다릅니다. 신명기 22장 26-27절을 보십시오. "이 일은 사람이 일어나 그 이웃을 쳐 죽인 것과 같은 것이라 남자가 처녀를 들에서 만난 까닭에 그 약혼한 처녀가 소리 질러도 구원할 자가 없었음이니라." 계속해서 28절입니다. "만일 남자가 어떤 약혼하지 아니한 처녀를 만나 그를 붙들고 동침하는 중에 그 두 사람이 발견되면 그 동침한 남자는 그 처녀의 아버지에게 은 오십 세겔을 주고 그 처녀를 아내로 삼을 것이라 그가 그 처녀를 욕보였은즉 평생에 그를 버리지 못하리라."

여기서 남자가 결혼을 했는지 안 했는지는 중요하지 않습니다. 어떤 남자가 약혼하지 않은 처녀와 동침하면 남자는 처녀의 아버지에게 은 오십 세겔을 주라고 합니다. 배상금을 내고 대신 아내를 삼으라는 것입니다. 여기서 보면 이스라엘 사람들이 7계명을 이해했던 것은 오늘날 우리가 이 7계명을 이해하는 것보다는 조금 더 제한이 있었던 것을 알 수 있습니다. 여인이 결혼을 했는지 안 했는지가 7계명을 적용시킬 때 가장 중요한 점입니다. 결혼한 여자나 약혼한 여자를 강간했을 때는 분명히 간음이 되고 결혼하지도 않고 약혼하지도 않은 처녀, 곧 누구에게 속하지 않은 경우에는 7계명을 직접 적용하지 않고 배상의 책임을 묻고 있습니다.

창세기 38장을 보면 유다와 다말의 얘기가 나옵니다. 유다에게는 아들이 세 명 있었습니다. 가나안 사람 수아라는 사람의 딸에게서 난 아들인 엘과 오난이 있었고, 다음에 셀라라고 하는 아주 어린 아들이 있었습니다. 엘이 다말과 결혼을 했는데 죽자, 유다가 둘째 아들 오난에게 아우의 본분을 행하여 형수에게로 들어가서 형을 위해서 씨가 있게 하라고 시켰습니다. 그런데 오난이 그 씨가 자기 것이 되지 않을 줄을 알고 형수에게 들어갔을 때에 땅에 사정을 한 것이 여호와 앞에서 악하므로 그도 죽이셨습니다. 그래서 유다는 세 번째 아들을 다말에게 주겠다고 약속했습니다. 그런데 기다려도 세 번째 아들을 주지 않으니 다말이 꾀를 냈습니다. 창녀로 가장하여 시아버지를 유혹한 것이지요.

유다는 자부인 줄도 모르고 그냥 창녀라 생각하여 동침을 했습니다. 다말이 무엇을 주겠냐고 하니 유다가 염소 새끼를 주겠다고 하고 약조물로 도장과 끈과 지팡이를 주었습니다. 그런데 나중에 다말이 임신했다는 사실이 알려졌습니다. 다말은 간음한 연고로 처형당할 위기에 처하게 됩니다. 그때 다말이 원래 자기가 계획했던 대로 아이의 아버지가 누구인지, 소위 친자 확인을 했더니 다른 사람이 아닌 바로 유다였습니다. 그래서 다말은 행음죄를 면하게 되었을 뿐 아니라 유다도 어떠한 비난이나 제재를 받지 않았습니다. 당시의 법적, 사회적, 도덕적 비난을 받지 않았다는 것입니다. 이런 것을 보면 당시 이스라엘 사람들이 여자를 하나의 소유물로 여겼던 것이 반영되어 있습니다. 남의 아내와 동침하는 것을 간음죄로 규정한 이유는 남의 재산에 손을 댄 셈이기 때문입니다.

그러면 간음 문제를 단지 소유권 침해로만 본 것인가요? 남의 물건을 도적질하는 것으로만 본 것인가요? 그렇다면 사실상 7계명은 필요가 없었을 것입니다. 8계명에 도적질하지 말라는 계명이 나오기 때문입니다. 그렇지만 7계명이 따로 있습니다. 그러면 7계명과 8계명의 구분은 무엇입니까? 당시의 타락한 인간의 체제 속에서 여자를 소유물로 여긴 것은 현실적인 사실이었고 이것은 동서양 전통에서 대동소이했습니다. 전통이 소중하지만 전통을 마치 신주단지 모시듯 하면 안 된다는 한 예가 될 수 있을 것입니다. 7계명에서 보여 주는 것은 남자와 여자의 관계가 단지 소유 관계가 아니라 그 이상이라는 것입니다. 어디서 그것을 추론해 볼 수 있습니까? 도둑질을 했을 때 보상에 관한 법과 간음의 경우 차이가 있습니다. 일정한 재산을 훼손했을 경우 그 훼손한 내용에 대해서 일정한 양의 배상이 따랐습니다. 그러나 간음의 경우는, 오늘날에 보면 지나치게 잔혹하다고 할 정도로, 돌로 쳐 죽였습니다. 간음은 타인의 재산권 침해에 그치는 것이 아니라 타인의 명예에 대한 침해이고 나아가서는 하나님이 세우신 거룩한 결혼 질서에 대한 침해라고 보았기 때문에 단순히 재산권 문제에 국한된 것일 수가 없었습니다.

성경은 간음을 단지 사람에 대한 죄로만 규정하고 있지 않습니다. 그 예를 창세기 39장 요셉 이야기에서 볼 수 있습니다. 요셉은 보디발의 집사가 되어 온 집안을 다스리게 되었습니다. 요셉은 보디발의 총애뿐 아니라 보디발 아내의 총애도 받았습니다. 보디발의 아내가 요셉을 유혹했을 때 요셉이 한 이야기가 재미있습니다. 창세기 39장 7-9절을 보십시오. "그 후에 그 주인의 처가 요셉에게 눈짓하다가 동침하기를 청하니 요셉이 거절하며 자기 주인의 아내에게 이르되 내 주인이 집안의 모든 소유를 간섭하지 아니하고 다 내 손에 위탁하였으니 이 집에는 나보다 큰 이가 없으며 주인이 아무

것도 내게 금하지 아니하였어도 금한 것은 당신뿐이니 당신은 그의 아내임이라…." 보디발이 요셉에게 집안의 모든 것에 대해서 관리와 처분권을 주되, 자기 아내에 대해서는 그러한 권한을 주지 않았다는 것입니다. 그런데도 보디발 아내의 뜻에 요셉이 응할 경우에는 자기 주인에게 받은 책임과 권한을 위배한 것이기 때문에 그렇게 할 수 없다고 말했습니다. 그런데 요셉은 이것을 단지 주인의 소유권 문제로만 보지 않았습니다. 그래서 요셉은 "내가 어찌 이 큰 악을 행하여 하나님께 죄를 지으리이까"라고 말하고 있습니다. 요셉이 보디발 아내의 요구대로 관계를 가졌다면 그것은 단순히 자신에게 맡긴 권한과 책임을 벗어나는 일일 뿐 아니라 주인의 권리를 침해하는 일이며, 결국에는 하나님께 큰 악을 저지르는 일이라는 인식을 요셉에게서 찾아볼 수 있습니다.

신약성경은 결혼과 관련하여 남자와 여자의 상호적인 권리와 의무에 분명히 하고 있습니다. 예를 들어, 남편이 다른 여자와 잤을 경우 그리고 그 여자에게 남편이 있을 경우 (구약시대 때 생각했던 것처럼) 그 여자의 남편에 대해서 죄를 지었을 뿐 아니라 자기 아내에 대해서도 죄를 지었다는 것이 신약에서 이해되는 간음죄입니다. 여자의 권리가 남자의 권리 못지않게 동등하게 인정됩니다. 그러므로 예수님은 자기 아내를 이혼으로 버리는 것도 간음이라고 말합니다. 왜냐하면 남편과 아내 사이의 언약이 파기되었기 때문입니다. 바울도 남편과 아내의 성적 동등권을 말하고 있습니다. 구약에서 볼 수 있는 소유 개념과는 다릅니다. 고린도전서 7장 3-4절에서 바울은 "남편은 그 아내에 대한 의무를 다하고 아내도 그 남편에게 그렇게 할지라 아내는 자기 몸을 주장하지 못하고 오직 그 남편이 하며 남편도 그와 같이 자기 몸을 주장하지 못하고 오직 그 아내가 하나니"라고 쓰고 있습니다. 성관계에서 지켜야 할 상호 권리와 의무를 말하고 있습니다.

이런 배경에서 우리는 7계명을 이해할 수 있습니다. '로 티나프', "간음하지 말라"는 말은 "결혼을 깨뜨리지 말라"는 말로 번역할 수 있습니다. 독일어나 네덜란드어 번역은 사실 모두 이렇게 되어 있습니다. 독일어로는 '*Du sollst nicht ehebrechen*' 이렇게 번역합니다. '에헤'(*Ehe*), 결혼을 '니흐트 브레헨'(*brechen*), 깨지 말라. 네덜란드어로도 '*Gij zult niet echtbreken*' 라고 되어 있습니다. '에흐트'(*Echt*), 혼인을 '니트 브레이끈'(*niet breken*), 깨뜨리지 말라. 영어 '*You shall not commit adultery*' 도 같은 의미입니다. 왜냐하면 문자 그대로 한다면 '어덜트리(*Adultery*)를 한다'는 말은 결혼한 사람이 결혼 관계 바깥 사람과 성관계 하는 것을 두고 한 말이기 때문입니다. 예컨대 혼전의 경우처럼 결혼 여부와 상관없이 성행위 하는 것을 영어로는 '포니케이션'(*fornication*)이라고 해서 구별하고 있습니다.

이 때문인지 지금도 유대인들은 혼전 관계에서는 기독교 전통보다 훨씬 느슨한 듯합니다. 약 15년 전, 아리 골드만(Ari Goldman)이 쓴 「하버드에서 하나님을 찾아서」(*The Search for God at Harvard*)라는 책을 읽은 적이 있습니다.¹¹⁾ 뉴욕 타임즈 종교부 담당 기자였던 이 사람은 기독교에 대해서 좀더 공부할 목적으로 하버드 대학교 신학부에서 1년간 신학을 공부했습니다. 이 사람은 정통 유대교 훈련을 받았기 때문에 음식 규정 등에 대해서는 매우 철저했습니다. 이른바 고세르 음식(유대교 율례를 따라 처리한 음식)을 먹고 안식일을 철저히 지켰습니다. 그런데 그 책을 읽으면서 이해할 수 없었던 부분이 바로 결혼 전의 성관계에 대해서는 느슨하다는 점이었습니다. 그런데 이 강의를 준비하면서 그 이유를 알았습니다. 유대인들의 경우는 신약성경이 아니라 구약성경만 가지고 있기 때문에 결혼한 상황에서 일어날 수 있는 간음에 대해서는 신경 쓰지만 그렇지 않은 경우에 대해서는 별로 신경 쓰지 않는다는 것입니다. 그러나 신약성경에는 간음뿐 아니라 모든 음란한 행위(fornication)를 금하고 있습니다.

예수님의 가르침은 두 가지로 이야기할 수 있습니다. 첫 번째, 이스라엘 사람들이 "간음하지 말라"는 7계명을 이해할 때는, 결혼이나 약혼한 여자와 성관계를 맺는 것에 대해서였습니다. 결혼하지 않은 여자나 약혼하지 않은 여자와의 관계는 간음에서 벗어날 수 있었다고 볼 수 있습니다. 그런데 우리가 구약성경의 근본 정신에서 보면 단지 소유물의 침해가 아니라 명예의 침해이고 하나님이 세우신 거룩한 신뢰 관계에 대한 침해입니다. 두 번째, 예수님이 산상보훈에서 가르친 내용을 보면 간음의 문제는 단지 행위의 문제가 아니라 그 이상의 의미임을 알 수 있습니다. 마태복음 5장 27절 이하 말씀에서는 무엇을 말합니까? 여자를 보고 음욕을 품는 것 자체가 이미 간음한 것이라고 합니다. 여기서 예수님이 말씀하신 것을 앞서 언급한 것과 관련지어 생각했을 때 분명한 것은, 간음 문제는 단지 소유의 문제만은 아니라는 것입니다. 단지 소유권 침해로 본다면 음욕을 품는 것 정도는 큰 문제가 아닐 것입니다. 실제로 훔치지는 않고, 단지 훔치고 싶다고 생각하는 것만으로는 범죄 요건이 충족되지 않기 때문입니다. 그런데 예수님의 가르침에, 음욕을 품는 것 자체가 이미 간음이라고 하는 것으로 보아서 7계명의 내용은 소유권의 문제라기보다, 근본적으로 성의 문제, 성관계의 문제임을 알 수 있습니다.

신약에서 예수님이 가르치신 것을 가지고 다시 구약성경을 보면 구약성경에서도 그렇게 간단하지만은 않습니다. 레위기 18장 6-9절을 보십시오. "각 사람은 자기의 살붙이를 가까이 하여 그의 하체를 범하지 말라 나는 여호와이니라 네 어머니의 하체는 곧 네 아버지의 하체이니 너는 범하지 말라 그는 네 어머니인즉 너는 그의 하체를 범하지 말지니라 너는 네 아버지의 아내의 하체를 범하지 말라 이는 네 아버지의 하체니라 너는 네 자매 곧 네 아버지의 딸이나 네 어머니의 딸이나 집에서나 다른 곳에서 출생하였음을 막론하고 그들의 하체를 범하지 말지니라." 계속해서 고모, 이모, 외손녀, 손녀… 즉 골육지친, 가까운 가족 간에 성관계를 갖지 말라는 것이 나옵니다. 레위기 20장에는 단지 간음에 대한 것뿐 아니라 동성애, 수간 등에 대한 규정들이 나옵니다. "누구든지 여인과 동침하듯 남자와 동침하면 둘 다 가증한 일을 행함인즉 반드시 죽일지니 자기의 피가 자기에게로 돌아가리라"(레 20:13). 신약에서는 행위의 문제뿐 아니라 마음의 의도까지 간음과 관련되어 있고 심지어 이혼의 문제까지 관련되는 것으로 얘기하고 있습니다. 이것들을 종합해서 말한다면 7계명은 결혼 생활을 소중하게 여기고 가정을 아름답게 가꾸라는 명령으로 확대해서 볼 수 있습니다. 7계명은 가정의 순결, 가정을 보호하고 제대로 세워 가라는 명령을 담고 있습니다. 특히 부부 관계, 그 가운데서 성의 문제를 7계명과 관련해서 깊이 생각해 봐야 할 것입니다.

2. 결혼과 성

7계명이 전제하는 바는 하나님이 결혼 제도를 세우셨다는 것입니다. 결혼 제도가 사람의 임의적인 판단에 따른 제도라면 문제는 달라질 것입니다. 모든 동물이 다 짝짓기를 하듯 사람도 단지 종족 보존을 위해 짝짓기 하는 동물이라고 본다면, 아마 7계명은 전혀 다르게 이해해야 할 것입니다. 부부 관계는 부모와 자식 간의 관계와 다릅니다. 부모와 자식 간의 관계는 자연적인 관계입니다. 즉 생물학적인 관계로 시작합니다. 부모가 자식을 낳았기 때문에 부모가 부모 아니라고 할 수도 없고, 자식이 자식 아니라고 할 수 없습니다. 그러나 남자와 여자의 관계, 부부의 관계는 자연적인 관계가 아니라 약속에 따른 관계, 곧 언약 관계입니다.

언약 관계라는 것을 이 십계명과 관련하여 다시 생각해 봅시다. 제가 이 강의 처음 부분에 언급했듯이 무엇을 하라, 혹은 무엇을 하지 말라는 데서 그치는 게 아니라, 이 계명들이 하나님과 우리 사이의 언약 관계를 보여 준다는 데 십계명의 근본적인 의미가 있습니다. 하나님과 우리 사이의 언약은 "나는 너의 하나님이 되고 너는 백성이다"라는 표현 속에 담겨 있습니다. 십계명의 으뜸가는 근본 정신은 이것입니다. 그러므로 십계명 하나하나보다는 하나님과 우리의 관계, 혹은 좁혀서 하나님과 이스라엘의 관계가 언약의 관계라는 것이 중요합니다. 이스라엘이라는 하나의 공동체가 형성된 것은 출애굽이라는 사건을 통해서입니다. 자연적으로 형성된 어떤 공동체가 아니라 하나님이 불러내심으로 이루어진 인위적 공동체라고 할 수 있습니다. 이 인위적 공동체를 만든 것이 방금 말씀드린 언약, 하나님과의 계약입니다. 그래서 성경에서는 이스라엘과 하나님의 관계를 남편과 아내의 관계로 표현합니다.

이것을 가장 잘 드러낸 곳이 호세아서입니다. 이스라엘이 하나님을 떠나서 다른 신을 섬기는 것을 하나님은 간음이라고 말씀하십니다. 즉 이 혼인 관계를 깨뜨렸다는 것입니다. 하나님과 이스라엘의 관계가 언약 관계라고 하는 것은 이 관계가 둘 사이의 약속에 근거를 두고 있다는 말입니다. 마찬가지로 남자와 여자의 결혼은 어떤 생물학적 근거가 아니라 (물론 남녀라는 생물학적 구분이 전제되어 있습니다만) 언약, 곧 약속을 토대로 이루어진 것입니다. 어떻게 보면 살얼음처럼 얇은 것입니다. 사람이 자기 자식을 사랑하는 것은 당연합니다. 이것은 생물학적인 관계입니다. 하지만 남편과 아내는 피를 나눈 것도 아니고 같이 자란 것도 아닙니다. 문화도 다르고 가족 배경도 다른 사람들이 어른이 되어 만나 함께 가정이라는 공간을 만들게 된 것입니다. 단지 약속만이 이 관계를 뒷받침하고 있습니다. 물론 나중에 다른 것들이 많이 붙게 되지요. 인간 관계도 생기고 재산도 생기고 자식도 생깁니다. 그러므로 일단 부부가 되고 나면 이런저런 것들로 서로 얽히게 됩니다.

그러나 이렇게 얽히게 한 바탕은 결혼식 때 "나는 당신의 남편이 되고 당신을 나의 아내로 받아들입니다", "나는 당신의 아내이고 당신을 남편으로 받아들입니다"라고 한 서약뿐입니다. 이 서약을 바탕으로 해서 결혼 관계가 형성된 것은 하나님이 이스라엘을 택하시고 부르시고 이스라엘을 자녀로 삼고 또 이스라엘을 아내로 삼으신 관계를 반영하는 것입니다. 그러니까 자연적 연대, 생물학적인 연대를 보면 아무런 관계가 없는 것입니다. 그야말로 헤어지면 그만입니다. 자식과 부모의 관계는 아무리 헤어지더라도 어쩔 수 없는 관계로 이어지지만 부부 관계는 그와 다릅니다.

그런데 성경에는 남편과 아내의 관계 이전에 남자와 여자를 이야기하고 있습니다. 창세기 1장 26절을 보면 하나님이 인간을 지으실 때 하나님의 형상으로 지으셨다고 말합니다. 다른 동물이나 존재에 대해서는 하나님의 형상으로 지으셨다고 말하지 않습니다. 그것들은 하나님이 있으라 하시니까 있게 되었습니다. 그런데 사람은 하나님이 당신의 형상을 따라 지으셨습니다. 하나님이 사람을 하나님의 형상으로 짓되, 남자와 여자로 지었다고 했습니다. 과거에는 결혼과 성을 다룰 때 하나님의 형상을 별로 이야기하지 않았습니다. 창세기 2장에 나오는 기사대로 남자가 독처하는 것이 좋지 않음으로 하나의 배필로서 여자를 지었다는 정도로 이해했습니다.

20세기 신학에 와서는—여기에는 바르트가 가장 중요한 기여를 했습니다—남자와 여자로 지었다는 것이 하나님의 형상을 나타내는 데 매우 중요한 의미가 있는 것으로 보게 되었습니다.[2] 하나님은 홀로 있는 분이 아닙니다. 하나님은 삼위일체의 하나님이십니다. 성부와 성자 하나님이 있고, 그 사이에서 상호 교통을 돕는 다리 역할을 하는 성령 하나님이 있습니다. 하나님도 홀로 있지 않고 함께 계시는 분인 것처럼 사람도 홀로 있는 존재가 아니라 '함께 있는 존재,' '같이 있는 존재', '둘이 있는 존재'로 지었다는 이해를 창세기 1장을 통해서 하게 된 것입니다.

플라톤의 「향연」(Symposium)이라는 책을 보면 '안드로진'에 관한 이야기가 나옵니다. 남자와 여자가 서로 떨어지지 않고 하나의 동체를 이루고 있던 시대, 즉 안드로진의 시대가 있었다는 것이지요. 그런데 이 인간이 잘못을 저질러서 신께 벌을 받아 둘로 나뉘게 되었답니다. 반쪽으로 나뉜 것이지요. 한 쪽은 남자로, 한 쪽은 여자로. 그래서 원래 한몸이었던 것이 반으로 나뉘어졌기 때문에 끊임없이 자기의 다른 한 쪽을 찾아 하나가 되고자 한다는 것이지요. 이러한 끊임없는 추구, 노력을 에로스, 곧 사랑이라고 본 것입니다. 에로스는 잃어버린 반쪽을 찾아 하나가 되고자 하는 욕구입니다. 그리스 사람들이 성적 사랑을 어떻게 이해했는지를 보여 주는 이야기입니다.[3]

그런데 성경을 보면 그 과정이 오히려 반대입니다. 성경에서는 하나님이 사람을 지을 때 남자와 여자로 지었다고 말합니다. 한몸이던 것이 나뉜 게 아니라 남자와 여자로 각각 다르게 지었다는 것입니다. 그래서 남자를 여자로 환원할 수 없고 여자를 남자로 환원할 수 없습니다. 물론 우리가 무엇이 남자의 특색이고 여자의 특색이냐고 묻는다면 정확하게 답하기가 쉽지는 않습니다. 대개 생각하기를 남자는 용감하고 좀더 공격적인 속성을 가진 반면, 여자는 부드러운 성격을 가졌다고 말합니다. 남자는 종합적이라면 여자는 분석적이고 남자는 추론적이라면 여자는 직관적이고…등등 이렇게 말은 하지만 꼭 맞는 이야기라 볼 수 없습니다. 어떤 특성을 꼬집어서 말하기는 무척 힘듭니다.

성경에서 분명한 것은 하나님이 사람을 남자와 여자로 지으셨다는 것입니다. 그것도 '자신의 형상을 따라서' 말입니다. 그런데 이 남자와 여자로 지은 사람을 그대로 남자 따로 여자 따로 두지 않고 둘을 한몸 되게 하신 것입니다. 한몸 되게 하신 제도가 바로 하나님이 세우신 결혼 제도입니다. 플라톤의 말처럼 원래 한몸이던 것이

나뉘어졌다가 다시 그 반쪽을 찾는다는 것은 성경과 다른 생각입니다. 성경은 남자와 여자는 다르다, 차이가 있다고 가르칩니다. 그러면서도 그렇게 영원히 떨어져 있는 것이 아니라 서로 관계할 수 있는 존재로 지었다는 것입니다.

생각해 보십시오. 어떤 관계가 가능하려면 우선 달라야 합니다. 너는 내가 아니어야 하고 나는 너가 아니어야 합니다. 그렇지 않고서는 너와 나의 관계가 성립되지 않습니다. 남자와 여자가 완전히 같은 것이라면, 그것은 같은 것과 같은 것이 서로 합치는 것이지, 여기에 관계가 성립되지 않습니다. 관계라는 것은 다르다는 것이 전제되어야 형성될 수 있습니다. 그러므로 남자는 여자를, 여자는 남자를 각각 나와 다른 존재로 인정하고 존경할 수가 있어야 합니다.

남자와 여자로 지었다는 것은 무엇보다도 남자와 여자가 서로 교제할 수 있는 존재로, 관계 맺는 존재로 지어졌음을 뜻합니다. 남자와 여자가 함께 사는 존재로 지어졌다는 말입니다. 동고동락하면서 사는 것, 이것이 아마도 결혼의 첫째 목적일 것입니다. 삼위 하나님이 상호간 서로 교제하는 하나님이듯이—이것을 신학에서는 '사회적 삼위일체론'(social trinitarianism)이라고 말합니다—사람도 홀로 사는 존재가 아니라 함께 살고 함께 삶을 나누는 존재로 지어졌다는 것은 참으로 귀한 교훈입니다.[4]

그런데 창세기 1장을 보면 하나님의 형상을 따라, 남자와 여자로 지은 다음 하나님은 사람에게 '생육하고 번성하라'는 축복이 곁들여진 명령을 하십니다. 영어로 말하면 "Be fruitful and multiply", 열매를 많이 맺으라, 곧 아이를 많이 낳으라, 그리고 곱셈하듯이 아이의 수를 많이 늘리라는 것이지요. 흔히 이 구절을 '문화 명령'이라고 부릅니다만 오히려 '생산 명령'이라고 하는 것이 더 나을 것입니다.

네덜란드에는 고신 교회와 자매 관계인 교단이 있습니다. '자유개혁파교회'라고 부릅니다. 이 교단 사람들은 이 명령을 문자 그대로 지키려고 했습니다. 네덜란드에서도 아이를 제일 많이 낳는 사람들입니다. 대여섯 명의 아이들이 함께 걸어가는 가족이 있으면 그 교단 소속 교인일 가능성이 높습니다. 유일하게 교인수가 출산으로 인해 자연 증가하는 교회입니다. 생육하고 번성하는 것에 자녀 수에 대한 규정은 없지만 어쨌든 아기를 낳고 수를 늘리고 이 땅을 잘 가꾸라는 것이 창세기 1장 28절의 가르침입니다. 이것이 아마도 결혼의 두 번째 목적이라고 할 수 있을 것입니다. 생육하고 번성하는 일, 그래서 이 땅을 가꾸는 일입니다. 아기를 낳고 잘 양육하여 이 땅을 가꾸고 지켜 나가는 일입니다. 이 과제는 성도들이 소홀히 할 수 있는 일이 아닙니다. 혹시 어떤 사람은 죄 많은 이 세상에 아이는 왜 낳고, 죄 많은 이 세상을 왜 가꾸어야 하는가, 하는 의문을 품을지도 모릅니다. 그런 사람이 있다면 저는 포로가 되어 바벨론으로 끌려간 이스라엘 민족에게 예레미야가 편지로 써서 권고한 내용을 읽어 드리고 싶습니다.

"유다의 왕 시드기야가 바벨론으로 보내어 바벨론의 왕 느부갓네살에게로 가게 한 사반의 아들 엘라사와 힐기야의 아들 그마랴 편으로 말하되 만군의 여호와 이스라엘의 하나님께서 예루살렘에서 바벨론으로 사로잡혀 가게 한 모든 포로에게 이와 같이 말씀하시니라 너희는 집을 짓고 거기에 살며 텃밭을 만들고 그 열매를 먹으라 아내를 맞이하여 자녀를 낳으며 너희 아들이 아내를 맞이하며 너희 딸이 남편을 맞아 그들로 자녀를 낳게 하여 너희가 거기에서 번성하고 줄어들지 아니하게 하라 너희는 내가 사로잡혀 가게 한 그 성읍의 평안을 구하고 그를 위하여 여호와께 기도하라 이는 그 성읍이 평안함으로 너희도 평안할 것임이라"(렘 29:3-7). 집을 짓고 텃밭을 만들어 그 열매를 먹고, 아내와 남편을 맞이하고 자녀를 낳아 번성하여 줄어들지 않게 하고, 바벨론의 평화를 위하여 기도하라고 권고합니다. 이것은 오늘날 세상에서 살아가는 그리스도인들에게도 동일하게 적용될 것입니다.

그런데 생각해 보십시오. 생육하고 번성하려면, 다시 말해 아이를 많이 낳고 숫자를 늘리려면 뭘 해야 합니까? 성관계가 있어야지요. 이것이 창세기 1장에서 볼 수 있는 결혼의 세 번째 목적이 아닌가 생각합니다. 결혼에서는 성관계가 중요합니다. 성관계는 결혼의 충분조건은 아니라 하더라도 필요조건임이 틀림없습니다. 성관계 없이는 최소한의 결혼 관계가 성립되지 않습니다.

고린도전서 7장 1-2절에 우리가 잘 아는 말씀이 있습니다. "너희가 쓴 문제에 대하여 말하면 남자가 여자를 가까이 아니함이 좋으나 음행을 피하기 위하여 남자마다 자기 아내를 두고 여자마다 자기 남편을 두라." 1절 말씀은 논란이 많은 구절입니다. "너희가 쓴 문제에 대하여 말하면 남자가 여자를 가까이 아니함이 좋으나"라는 구절이 바울의 말인지, 고린도 교인들이 편지로 쓴 것인지에 논란이 있습니다. 지금 우리가 가진 개역개정판 성경에는 개역한글 성경과 마찬가지로 바울이 한 말처럼 되어 있습니다. 그러나 많은 학자들은 이 구절이 고린도 교인들이 바울에게 쓴 편지의 구절을 바울이 인용한 것으로 보고 있습니다. 어느 것이 옳으냐는 것은 그대로 두도록 하지요. 2절을 보면 "음행을 피하기 위하여 남자마다 자기 아내를 두고 여자마다 자기 남편을 두라"라고 했습니다. 결혼은 음행을 막기 위한 제도로 바울이 말하는 것처럼 들립니다. 창세기 1장은 이것보다 훨씬 적극적으로 표현되어 있다는 것이 저의 생각입니다. 어쨌든 중요한 것은 성관계가 결혼에서 중요한 자리를 차지한다는 것입니다. 그것이 원래 인간다움을 실현하는 것이든, 단지 소극적으로 음행을 피하기 위한 임시 수단이든 말입니다.

음행을 피하기 위한 수단이라고 본 바울의 말은 기독교 전통에서 성을 죄악시하는 방식으로 이해되기도 했습니다. 탄트라 불교 가운데 한 유파(좌파 탄트라)는 성을 깨달음의 수단으로 쓰는 경우가 있었습니다. 도교 전통에서도 방중술(房中術)은 양생술의 중요한 부분이었습니다. 그러나 대부분의 종교에서 성을 위험하고 부정적인 것으로 본 것을 부인할 수 없습니다. 그러나 우리가 가진 성경 전통은 성을 결코 죄악시하지 않습니다. 성은 하나님이 주신 것이고 거룩한 것입니다. 그렇기 때문에 창세기 1장 27절에 하나님이 자신의 형상대로 사람을 짓되 남자와 여자로 지으셨다는 것은, 사람을 남자만으로 짓지도 않고 여자만으로 짓지도 않고 또는 중성으로 짓지 않고 남자와 여자, 곧 양성으로 사람을 지으셨음을 말해 줍니다.

다시 한 번 강조해서 말하자면 성적 쾌락을 전혀 거부하지 않고 있다는 것입니다. 성경에서 금지하는 성적 쾌락은 잘못된 관계에서 비롯된 쾌락을 두고 하는 말입니다. 성경 어디에서도 성에 대해서, 인간이 가진 성욕에 대해서 비하한 적은 없습니다. 성욕은 잘못되었다, 성관계를 갖지 말라, 성경은 그렇게 말하지 않습니다. 만일 그랬다면 생육하고 번성하라는 축복이 수반된 명령을 할 수 없는 것이지요. 성욕도 없이 어떻게 성관계를 합니까? 단지 의무적으로 아이를 낳기 위해서 성관계를 할 수 있겠습니까? 씨받이나 유교 사회에서는 종족 유지를 위해 그렇게 할 수 있을는지 모르지만 그것은 하나님의 창조 질서의 왜곡이라고 봐야 합니다. 성경에서는 단지 울타리를 쳐 둔 것입니다.

우리가 가진 성욕을 쓸 수 있는 울타리가 있는데, 이것이 결혼이라는 제도입니다. 결혼 제도 안에서 성관계를 가지고 우리의 성적 욕구를 만족시키라는 것이지요. 하나님이 사람을 남자와 여자로 지었다는 것은 인간을 '성적 존재'로 지었다는 것을 뜻합니다. 성적 존재로 지었다는 것이 우리에게는 상당히 중요한 의미를 갖습니다. 잠언 5장을 보십시오. 젊은 사람들에게 교훈하면서 음녀나 창녀에게 가지 말라고 가르치다가 15절에 보면 이런 구절이 나옵니다. "너는 네 우물에서 물을 마시며 네 샘에서 흐르는 물을 마시라."

이것은 목마를 때 자기 집에 있는 우물물을 마시라는 게 아닙니다. 남편과 아내를 두고 한 말이지요. "어찌하여 네 샘물을 집 밖으로 넘치게 하겠으며…"(잠 5:16). 이 샘물은 남편의 샘물일 수도 있고 아내의 샘물일 수도 있습니다. 남편이 가진 성적 욕구일 수도 있고 아내가 가진 성적 욕구일 수도 있습니다. 그것을 왜 밖에서 발산하도록 하느냐는 의미입니다. "어찌하여 네 샘물을 집 밖으로 넘치게 하겠으며 네 도랑물을 거리로 흘러가게 하겠느냐 그 물로 네게만 있게 하고 타인으로 더불어 그것을 나누지 말라." 성관계는 남편과 아내 사이, 두 사람 사이에 나누어야지 그것을 밖으로 새게 해서는 안 된다는 말입니다. 결혼에서의 성관계는 제3자가 끼어들 수 없는 배제적 관계입니다.

서로 배제적 관계로 나누는 성관계에서는 기쁨이 있고 즐거움이 있어야 합니다. 마음껏 서로 즐겁게 해주라는 것이 성경의 가르침입니다. "네가 젊어서 취한 아내를 즐거워하라 그는 사랑스러운 암사슴 같고 아름다운 암노루 같으니 너는 그 품을 항상 족하게 여기며 그 사랑을 항상 연모하라"(잠 5:18-19). 아내를 즐겁게 하고 남편을 즐겁게 하는 것이 남편과 아내가 해야 될 일입니다. 서로 즐거워하는 것입니다. 사람이 가장 아름다울 때가 아마 성관계할 때일 것입니다. 물론 동작 자체는 에라스무스(Desiderius Erasmus)가 「우신예찬」(Moriae Encomium)에서 풍자하고 있듯이 가만 생각해 보면 우스꽝스럽기는 하지만 그로 인해 갖는 남녀의 기쁨―이것을 옛날 사람들은 남녀상열지사(男女相悅之事)라고 했지요―은 다른 것에 비할 바 없이 크다는 것을 우리는 알고 있습니다.[5] 그러므로 성에 대한 오해나 성행위에 대한 무식으로 인해 자신만 만족하고 상대방을 불만 상태에 두지 않도록 남편과 아내가 힘쓰는 것이 마땅합니다.

그렇다고 해서 성경은 모두 변강쇠가 되고, 옹녀가 되라고 가르치지 않습니다. 다른 선물들처럼 감사함으로 누리되, 절제가 있고 필요한 경우에는 금욕이 있어야 합니다. 그리고 원하지 않을 때는 성관계를 맺지 않는 상호 존중이 있어야 합니다. 특별히 건강 문제가 아니고서 성을 기피하는 것도 잘못된 일입니다. 남편과 아내는 성을 최대한 함께 힘써 나누어야 합니다. 그러나 부부 사이에서도 강제적인 성관계는 옳지 않습니다. 칼 바르트는 "공존 없는 성관계는 악마적인 일이다"(Koitus ohne Koexistenz ist eine dämonische Angelegenheit)라고 말했습니다.[6] 공존 없는, 곧 서로 나눔이 없는 성관계는 악마적이라는 것입니다. 그러므로 남편이 또는 아내가 강제로 성관계를 갖는 것은 옳지 못합니다. 상호 신뢰와 상호 나눔, 서로 믿음의 교제가 있으면서 갖는 성관계가 올바를 뿐 아니라 기쁨이 한층 더하게 됩니다. 결혼 생활을 해 본 사람은 성관계가 단지 기계적인 몸동작이 아님을 너무나 잘 압니다. 성관계는 몸을 통한 일종의 정신적 관계요, 심지어는 영적 관계입니다. 이를 통해 각자 서로 혼동할 수 없는 타자이면서도 가장 가까운 가운데 친밀함을 맛보고 하나됨의 신비를 경험하는 것이 성관계이기 때문입니다.

3. 남자와 여자

7계명 "간음하지 말라"고 하는 것은 앞에서도 언급했듯이 "결혼 관계를 깨뜨리지 말라"는 의미가 있습니다. "결혼 관계를 깨뜨리지 말라"는 것에는 크게 두 가지 뜻을 찾을 수 있습니다. 첫째가 "이혼하지 말라"입니다. 두 번째는 "결혼 관계를 거룩하게 지키라"입니다.

마태복음 19장을 보면 예수님이 이혼에 관해서 바리새인들에게 질문을 받습니다. 바리새인들은 예수님을 시험하기 위해 질문을 던졌습니다. 어떤 경우에 이혼이 가능하냐고 했더니 예수님은 모세가 뭐라고 가르치느냐고 되물으셨습니다. 그랬더니 바리새인들이 이혼 증서를 주면 이혼할 수 있다고 답했습니다. 이혼 증서를 주게 한 것에는 사실 인권을 보호하는 의미가 있었습니다. 왜냐하면 이혼 증서를 받지 않은 여자에게 장가드는 것은 곧 간음이라고 이스라엘 사람들은 생각했기 때문입니다. 남자가 여자와 이혼할 때 이혼 증서를 주면 그 여자는 이혼 증서를 가지고 딴 남자에게 시집을 갈 수가 있었습니다. 이혼 증서는 이 사람은 남의 소유가 아니다, 어디에 매인 바가 없다는 표시였던 것입니다.

그런데 예수님은 무엇이라고 말씀하셨습니까? "예수께서 이르시되 모세가 너희 마음의 완악함 때문에 아내 버림을 허락하였거니와 본래는 그렇지 아니하니라 내가 너희에게 말하노니 누구든지 음행한 이유 외에 아내를 버리고 다른 데 장가드는 자는 간음함이니라"(마 19:8-9). 여기서 중요한 것은 '본래는 그렇지 않다'는 것입니다. 이 말은 '처음에는(ap arches, ab initio, from the beginning) 그렇지 않았다'는 말입니다. 하나님이 사람을 지으실 때에는 남자와 여자가 한번 결혼하면 같이 살도록 하신 것이지, 마음에 들지 않는다고 이혼 증서를 주어서 내보내도 되는 것이 아니라는 것입니다. 여기에서 예수님이 이혼의 정당성을 인정하신 것은 단 하나, 배우자가 간음했을 경우입니다. 그 외에는 절대 이혼할 수 없다는 것이 성경의 가르침입니다. 그래서 예수님이 본래의 질서, 하나님의 창조 질서를 언급하신 것입니다. 본래의 질서에서 보면 남자와 여자는 서로 존경하는 가운데 성을 나누고 가정을 이루고, 하나님의 대리자요 청지기로서 이 땅을 일구고 가꾸는 일을 해 가야 합니다. 그런데 타락으로 이것이 깨지고 질서의 왜곡이 생겼습니다. 예수 그리스도의 오심은 이 질서를 다시 회복하는 의미가 있습니다.

이제 문제를 남자와 여자의 관계를 생각해 봄으로써 함께 나눠 보겠습니다. 과거 우리 전통에서는 남자가 밖에 나가 바람피우는 것을 남자가 호탕하다든지 남자답다든지 하는 장점으로 보면 보았지 비난거리로 보지 않았습니다. 여기에는 남자와 여자의 관계를 보는 눈이 개입되어 있습니다. 남자는 우월하고 여자는 남자에 비해 열등하다는 것입니다. 이스라엘 전통에서도 사정은 비슷했습니다. 여자의 지위는 상당히 낮았습니다. 그러나 예수님은 '본래는 그렇지 않다'고 단호하게 말씀하십니다. 죄악된 인간의 질서에서 보면 남자와 여자 사이에 현실적인 불평등이 있지만 하나님이 지으신 본래의 질서에서 보면 불평등이 있을 수 없다는 것이 성경의 가르침입니다.

무엇보다 중요한 것은 하나님이 당신의 형상으로 사람을 지으시되, 남자와 여자로 지으셨다는 것입니다. 이것은 근원적인 남녀평등을 함축합니다. 앞에서 언급한 적이 있습니다만, 하나님의 형상으로 인간을 지었다는 것에는 몇 가지 의미가 있습니다. 그중 하나가 자연 세계를 다스리는 권한을 가진 왕으로서 인간을 지으셨다는 것입니다. 좀더 포괄적으로는 인간을 책임적인 존재로 지으셨다는 것입니다. 하나님의 부름에 응답하고 이웃과 자연을 책임질 수 있는 존재로 창조하셨습니다. 그런데 이런 존재를 한몸에 양성을 지닌 형체가 아닌, 남자와 여자로 따로 지었습니다. 이때, 남자만 하나님의 형상으로 짓고 여자는 남자의 형상으로 지으셨다고 하지 않고 둘 다 똑같이 동등하게 하나님의 형상으로 지으셨다는 것이 중요한 가르침입니다. 하나님이 주신 존엄성이 양적으로나 질적으로 남자에게는 더하고 여자에게는 덜하다고 보지 않고 남자와 여자에게 똑같이 하나님이 자신의 형상을 주셨다는 것입니다.

두 번째, 하나님이 복을 주시되 남자에게만 준 것이 아니라 여자에게 함께 주셨다는 것입니다. "하나님이 그들에게 복을 주시며 그들에게 이르시되 생육하고 번성하라"(창 1:28)고 하셨다고 창세기 1장은 기록하고 있습니다. 복의 대상자가 그들, 곧 하나님이 당신의 형상으로 지으신 남자와 여자입니다. 하나님은 남자와 여자를 동등하게 자신의 형상으로 지으시고 동등하게 복을 주셨습니다. 그 복 주심의 내용이 "생육하고 번성하여 땅에 충만하라, 땅을 정복하라"는 것입니다. 그런데 창세기 2장은 근원적 평등성과는 다른 면을 보여 주는 듯합니다. 2장 18절을 보면 "여호와 하나님이 이르시되 사람이 혼자 사는 것이 좋지 아니하니 내가 그를 위하여 돕는 배필을 지으리라 하시니라"라는 구절이 나옵니다. 여기에 나오는 '돕는 배필'이 무슨 뜻입니까? 히브리어로는 '에제르 크넥도'입니다. 우리는 이 표현을 보통 옆에서 돕는 사람 정도로 생각합니다. 남자는 일하는 사람이고 여자는 옆에서 돕는 조수 같은 존재로 말입니다. 영어로는 'an helper suitable for him'(그에게 적합한, 그에게 맞는 조력자)라고 번역했습니다. 남자는 일차적이고 중요한 위치에 있고 여자는 부차적이고 남자보다는 덜 중요하다는 생각을 하게 됩니다.

그런데 이 말을 곰곰이 잘 따져 봅시다. 여기서 하나님이 돕는 배필을 지으리라고 하신 구절을 살펴보면, 이 '돕는 배필'이 반드시 여자만 뜻하는 것은 아닙니다. 돕는 배필을 지으리라 하고 처음에는 동물을 지었죠. 동물을 지어서 끌어냈는데 그곳에서 아담이 자신의 배필을 찾지 못했습니다. 여자를 지어서 데려오니 "내 뼈 중의 뼈요 살 중의 살이라"(창 2:23) 하고 감탄했던 것이지요. 나중에 여자가 배필이 된 셈입니다. 그런데 유의한 것은 "하나님은 우리의 도움이시라"라고 할 때, '도움'을 가리키는 말이 '에제르'입니다. 구약성경에는 20번 정도 나옵니다. 이는 대부분 하나님을 수식하는 말로 사용됩니다. "우리 영혼이 여호와를 바람이여 그는 우리의 도움과 방패시로다"(시 33:20). "내가 산을 향하여 눈을 들리라 나의 도움이 어디서 올까 나의 도움은 천지를 지으신 여호와에게서로다"(시 121:1-2). 이때 모두 하나님에 대해서 에제르, 곧 도움이란 단어를 적용합니다. 시편 70편 5절, 115편 9절, 115편 11절, 124편 11절, 146편 5절, 신명기 33장 7, 26, 29절 등을 보십시오. 모두 하나님께 '에제르'라는 말을 쓴 경우입니다. 무시해도 되고 가볍게 다루어도 될 그런 조력자가 아니라 오히려 어려움에 처했을 때, 힘이 되어 주고 이끌어 줄 수 있는 의미의 조력자라는 뜻입니다. 따라서 여자를 일컬어 '에제르 크넥도'라고 한 것은 비하하는 말이기보다는 오히려 높이는 말로 이해할 수 있습니다. 그만큼 요긴하고, 그만큼 중요하다는 뜻입니다.

돕는 배필이라고 할 때, 배필은 무슨 뜻입니까? '배필'을 히브리어로 '네게드'라고 합니다. '네게드'는 영어로 'over against'(서로 마주하고 있는), 'facing'(얼굴을 마주하는), 'counterpart'(짝)라고 번역해서 사용하는 말입니다. 손이 두 개 있는데, 오른손의 네게드, 곧 오른손의 짝은 왼손입니다. 둘이 마주쳐야 소리가 나고 둘이 뭉쳐야 무거운 물건을 들어 올릴 수 있습니다. 남자와 여자를 지었다는 것을 팔에 비유해 말하자면 한 쪽 팔만 두신 것이 아니라 그것과 마주한 다른 쪽 팔도 하나님이 지어 주셨다는 것입니다. 없어서는 안 될, 필수적인, 나와 짝이 되는 조력자로 지었다는 뜻입니다.

여자가 남자와 동등하지 않고 남자가 여자보다 우월하다는 생각은 결정적으로 여자를 남자의 갈비뼈로 지었다는 데서 근거를 찾는 사람들이 있습니다. 하나 정도 부러져도 크게 이상이 없는 갈비뼈처럼 하잘것없는 것으로 지었으니, 여자는 처음부터 하잘것없는 존재이며, 별로 중요하지 않다는 의미로 쉽게 이어졌습니다. 그런데 본문을 자세히 보면 갈비뼈에서 여자를 짓기 전에 의미심장한 면이 있습니다. 창세기 2장 21절을 봅시다. "여호와 하나님이 아담을 깊이 잠들게 하시니…." 이때 깊이 잠들게 하셨다는 것은 보통 밤에 8시간 정도 자고 뒷날 일어나는 그런 잠이 아니라 일종의 식물인간 상태, 코마라고 하는 완전 의식불명 상태를 의미합니다. 이것은 하나님이 여자를 지으실 때 남자가 기여한 바가 하나도 없음을 말합니다. 여자를 지을 때 남자가 무언가 보탠 것이 있으면 '저것은 내 것이오'라고 할 수 있을 텐데, 남자가 한 것은 전혀 없습니다. 이때 남자는 완전히 수동 상태에 있었습니다.

갈비뼈로 지었다는 것에도 다른 이해가 있습니다. 처음에 아담은 흙으로 지었다고 나옵니다. 이때 '아담'을 고유명사로 이해할 수도 있고 그냥 '사람'을 지었다고 할 수도 있습니다. 그래서 하나님이 아담을 흙으로 지으셨다고 할 때 '아다마'라는 것이 히브리어로는 '흙'을 뜻합니다. 영어에서도 인간을 'Human Being'이라고 하는데 이것은 라틴어의 'humus', 곧 흙에서 온 말입니다. 즉 'Human Being'이란 말을 그대로 번역하면 '흙으로 된 존재'입니다. 그렇다면 흙으로 지었다고 해서 사람이 흙보다 못한 것인가? 여자를 갈비뼈로 지었다고 해서 여자가 곧 갈비뼈 정도밖에 되지 않는가? 그렇지 않습니다. 갈비뼈로 지었다는 것은 여자가 남자에게 귀속된 하나의 부분이라는 의미보다는 오히려 남자와 여자가 서로 뗄 수 없는 긴밀한 관계임을 나타낸다고 이해할 수 있습니다. 사람을 흙으로 지었다고 할 때, 사람이 부서지기 쉬운 흙과 매우 가까운 관계인 것처럼 말입니다.

또 여자가 남자보다 못하다고 말할 때 이야기하는 것이 남자를 먼저 지었다는 것입니다. 그러나 영어에 'last but not least'라는 표현이 있습니다. "마지막에, 끝에 언급하기는 하지만 그렇다고 결단코 중요하지 않은 게 아니다"라는 뜻이지요. 하나님의 창조 정점은 맨 나중에 지은 인간이고 인간 중에서도 여자를 가장 늦게 지은 것은 그만큼 중요하기 때문이라고 보는 사람들도 있습니다. 중요한 것은 늘 뒤에 오기 때문입니다. 여기까지는 수긍한다고 합시다. 그런데 창세기 3장에 가면 남자가 큰소리를 칠 여지가 있어 보입니다. 누가 먼저 뱀의 유혹에 빠졌습니까? 여자가 먼저 유혹에 빠졌습니다. 디모데전서 2장에서 바울도 이것을 지적합니다. 그래서 남자들이 우월감을 좀 가질 수가 있습니다. 여자가 먼저 유혹을 받아서 남자를 죄짓게 했으니까 어쨌든 책임은 여자에게 있다고 말할 수 있습니다.

창세기 3장을 보면 분명 뱀이 유혹에 빠뜨린 대상은 여자였습니다. 그래서 사람들은 대개 여자가 유혹에 쉽게 빠지고 남자는 여자의 유혹에 쉽게 빠진다고 말합니다. 그런데 창세기 3장에 "뱀은 여호와 하나님이 지으신 들짐승 중에 가장 간교하니라 뱀이 여자에게 물어 이르되 하나님이 참으로 너희에게 동산 모든 나무의 열매를 먹지 말라 하시더냐…"(창 3:1)라고 나와 있습니다. 우리말 번역에는 "너희에게"라고 잘 표현되어 있습니다. 영어 번역에는 제대로 표가 나지 않는데, 영어에서 You라는 말은 단수와 복수가 같기 때문입니다. 여기에 복수형이 나옵니다. "여자가 뱀에게 말하되 동산 나무의 열매를 우리(여기에도 복수형이죠)가 먹을 수 있으나 동산 중앙에 있는 나무의 열매는 하나님의 말씀에 너희는 먹지도 말고 만지지도 말라 너희가 죽을까 하노라 하셨느니라 뱀이 여자에게 이르되 너희가 결코 죽지 아니하리라 너희가 그것을 먹는 날에는 너희 눈이 밝아져 하나님과 같이 되어 선악을 알 줄 하나님이 아심이니라"(창 3:2-5). 복수형으로 나오는 것을 보면 유혹의 대상이 여자를 통로로 삼았지만 남자, 여자가 다 포함되어 있음을 알 수 있습니다. 그 다음에 "여자가 그 나무를 본즉… 여자가 그 열매를 따 먹고(여기서 여자가 먼저 먹은 것은 틀림없는 기록입니다) 자기와 함께 있는 남편에게도 주매…"(창 3:6). 여기에 두 번째 요점이 있습니다. 유혹의 대상이 남자와 여자였다는 것, 분명히 여자가 먼저 따 먹었지만 그것을 옆에 있는, 즉 자기와 함께 있는 남자에게 주니 그도 먹었다는 것입니다. 어떤 사본에는 "그들도 먹은지라"라고 나옵니다. 같이 그 자리에서 먹었다는 것입니다. 남자도 여기에 동참을 한 것이지요. 여자가 먼저 하니까 남자가 그냥 따라 했습니다. 여기에서 남자가 책임을 면할 수 있는 여지가 없습니다. 둘 다 하나님의 명령을 어기는 데 같이 참여했습니다.

범죄 한 후에 어떠한 일이 생깁니까? "이에 그들의 눈이 밝아 자기들이 벗은 줄을 알고 무화과나무 잎을 엮어 치마를 삼았더라"(창 3:7). 이것을 보고 많은 사람들이 비로소 성에 눈을 뜨게 되었다, 성에 눈을 뜨게 되어 서로의 모습을 보고 부끄러움을 갖게 되었다고 주장하는 사람들이 있습니다. 하지만 하나님이 남자와 여자로 지었다는 것은 이미 성에 눈을 뜬 존재로 사람을 만들었다는 말입니다. 성에 눈 뜬 것은 불순종의 결과가 아닙니다. 죄를 범하고 나니까 성에 눈을 뜨게 되었다고 하는 것은 결국 성이 죄의 결과라는 것을 뒷받침하기 위해서 한 이야기입니다. 만일 성에 눈을 뜨게 하지 않았다면 남자와 여자의 결혼이 어떻게 가능했겠습니까? 그리고 어떻게 "생육하고 번성하라"는 명령과 복을 동시에 누릴 수 있겠습니까? 하나님과 인간 사이의 단절로 인해 사람과 사람 사이에 단절이 오고, 이 단절로 인해서 부끄러움이 없던 성에 왜곡이 온 것으로 우리는 이해할 수 있습니다. 하나님과의 단절이 인간과 인간 사이의 소외를 가져온 것입니다.

소외를 가져왔다는 것은 옷을 지어 입는 모습에서 나타날 뿐 아니라 9-10절에 보면 더욱 분명히 나타납니다. "여호와 하나님이 아담을 부르시며 그에게 이르시되 네가 어디 있느냐 이르되 내가 동산에서 하나님의 소리를 듣고 내가 벗었으므로 두려워하여 숨었나이다." 아담이 하나님을 피했습니다. 그런데 그 다음에 보면 "이르시되 누가 너의 벗었음을 네게 알렸느냐 내가 네게 먹지 말라 명한 그 나무 열매를 네가 먹었느냐 아담이 이르되 하나님이 주셔서 나와 함께 있게 하신 여자가 그 나무 열매를 내게 주므로 내가 먹었나이다"(창 3:11-12). 이것은 설교에서도 자주 듣듯이 죄의 결과로 인간이 핑계를 대게 되는 것입니다. 여자 때문에 먹었다고 핑계를 대고 있지만 사실상 이 핑계는 하나님께 대한 책임 추궁입니다. 여자를 누가 지었습니까? "하나님이 주셔서 나와 함께 있게 한…"이라고 말하고 있습니다. 하나님이 여자를 주시지 않았다면 이런 일도 없었을 것이라고 하는 핑계입니다.

그래서 다음 구절을 보면 이에 대한 하나님의 벌이 나옵니다. "여호와 하나님이 여자에게 이르시되 네가 어찌하여 이렇게 하였느냐 여자가 이르되 뱀이 나를 꾀므로 내가 먹었나이다 여호와 하나님이 뱀에게 이르시되 네가 이렇게 하였으니 네가 모든 가축과 들의 모든 짐승보다 더욱 저주를 받아 배로 다니고 살아 있는 동안

흙을 먹을지니라 내가 너로 여자와 원수가 되게 하고 네 후손도 여자의 후손과 원수가 되게 하리니 여자의 후손은 네 머리를 상하게 할 것이요 너는 그의 발꿈치를 상하게 할 것이니라 하시고 또 여자에게 이르시되 내가 네게 임신하는 고통을 크게 더하리니 네가 수고하고 자식을 낳을 것이며 너는 남편을 원하고 남편은 너를 다스릴 것이니라 하시고"(창 3:13-16).

하나님이 여자에게 벌을 주십니다. 그러나 여기서 주의할 것은 하나님은 인간에게 지은 죄에 대해서 벌을 주시면서도 결코 인간을 저주하시지는 않았다는 사실입니다. 여자에게는 해산하는 고통과 남자에게 지배받아야 하는 벌을, 남자에게는 땀 흘려 수고해야 하고 마지막에는 흙으로 돌아가야 하는 벌을 주셨지만 저주하시지는 않았습니다. 여기에 저주라는 말이 두 번 나오는데 한 번은 뱀에게 저주하셨고, 또 한 번은 땅이 인간 때문에 저주를 받게 됩니다. 여기에서도 하나님이 죄지은 인간을 여전히 사랑하고 계시다는 것을 알 수 있습니다. 사람들이 남자와 여자가 저주를 받았다고 말하지만 성경을 자세히 보면 뱀과 땅이 저주를 받았지 인간이 저주를 받은 것은 아닙니다.

남자와 여자의 관계에 왜곡이 생긴 것은 인간의 죄 때문입니다. 예수님이 마태복음 19장에서 말씀하시듯이 본래는 그렇지 않았습니다. 예수님이 이 땅에 오신 것은 단지 우리의 죄를 사하실 뿐 아니라 남자와 여자의 관계를 바로잡고자 하는 구속적인 의미가 있습니다. 예수님의 구속의 의미는 단지 죄사함, 죽음에서의 해방이라는 의미뿐 아니라 하나님이 지으신 모든 창조의 세계를 다시 회복하는 구속의 사업입니다. 예수님의 구속의 사업, 회복의 작업은 우리가 먹고 마시는 것부터, 성관계, 자녀 관계, 부부 관계 그리고 우리의 모든 일에 다 미칩니다. "내가 만물을 새롭게 하노라"(계 21:5)라는 말씀처럼 예수님은 우리가 경험하는 왜곡과 부족과 실패를 모두 회복하여 새롭게 하실 것입니다. 그리스도인은 이미 이 새롭게 하는 일에 동역자로 부름받은 사람들입니다.

4. 몸을 쳐 죽이는 연습

간음과 관련해서 예수님이 하신 말씀을 한번 더 묵상해 보겠습니다. "또 간음하지 말라 하였다는 것을 너희가 들었으나 나는 너희에게 이르노니 음욕을 품고 여자를 보는 자마다 마음에 이미 간음하였느니라 만일 네 오른 눈이 너로 실족하게 하거든 빼어 내버리라 네 백체 중 하나가 없어지고 온 몸이 지옥에 던져지지 않는 것이 유익하며 또한 만일 네 오른손이 너로 실족하게 하거든 찍어 내버리라 네 백체 중 하나가 없어지고 온 몸이 지옥에 던져지지 않는 것이 유익하니라"(마 5:27-30).

앞서 말씀드렸듯이, 예수님은 간음하는 행위뿐 아니라 음욕을 품고 여자를 보거나, 남자를 보는 것 자체가 곧 간음이라고 하십니다. 행위의 뿌리가 되는 마음 자체를 문제삼은 것입니다. 예수님은 눈과 마음, 그리고 행동의 연관을 보신 것이지요. 눈으로 먼저 익숙해진 다음, 마음을 유발하고, 마음은 행동으로 옮겨집니다. 물론 마음이 문제이지요. 그러나 우리의 마음은 아무것도 없이 움직이지 않습니다. 보거나 듣거나 만지거나 하는 감각적인 것이 마음을 움직입니다. 그런데 생각해 보십시오. 우리가 살고 있는 문화는 그 어느 시대보다 시각적인 문화입니다. 우리의 눈을 어지럽히는 것이 얼마나 많습니까? 노골적인 성적 표현을 담은 영상들이 여과 없이 텔레비전을 통해서, 인터넷을 통해서 우리 눈앞에 펼쳐집니다. 특별히 음란물을 생각해 보십시오. 음란물을 보는 것은 단지 보는 것에 그치지 않고 본 대로 해도 된다는 생각을 줍니다. 어른이나 아이나 이 점에는 크게 차이가 없습니다. 그러므로 음란물에 많이 노출이 되면 될수록 음란한 생각을 더 많이 하게 되고, 음란한 생각을 더 많이 하게 되면 될수록 음란한 행위에 빠질 가능성이 더 높아집니다. 예수님이 가르친 방법이 무엇입니까? "네 오른 눈이 너로 실족하게 하거든 빼어 내버리라"(마 5:29)는 것입니다.

3세기에 아프리카 알렉산드리아에 오리게네스(Origenes, 185-254)라는 학자가 있었습니다. 초기 기독교에 큰 영향을 끼친 학자입니다. 이 사람은 철저한 금욕을 실천한 나머지 심지어는 자신의 성기를 절단했습니다. 예수님이 우리에게 이것을 권하셨을까요? 그랬다면 성한 눈을 가진 사람이 어디 있겠습니까? 눈이 백 개라도 모자랐겠지요. 손발을 가진 사람이 없을 것입니다. 예수님이 과연 이것을 원하신 것일까요? 예수님의 말씀을 우리는 가볍게 여길 수가 없습니다. 그럼에도 문자적으로 그대로 따라 할 수도 없습니다. 그렇다면 어떻게 해야 할까요? 자기를 쳐 죽이는 연습을 해야 합니다. 신학 전통에서는 이것을 '모르티피카치오'(*mortificatio*)라 불렀습니다. 육신의 정욕을 죽이고 십자가를 메고 주를 따르는 것이지요. 이와 관련해서 저는 존 스토트(John Stott) 목사님의 제안이 말씀에 부합한다고 생각합니다. 그의 제안을 옮겨 보겠습니다.

눈을 통해 유혹을 받게 되어 죄를 짓게 하거든 너의 눈을 뽑아 버리라. 곧, 보지 말라는 말이다. 실제로 눈을 뽑아 던져 버려서 죄짓게 유혹한 것들을 이제는 더 이상 볼 수 없는 사람이 된 것처럼 행동하라. 너의 손이 하는 일이나 너의 발이 가는 곳으로 인해 유혹에 빠져 죄짓게 하거든 너의 손이나 발을 잘라 버리라. 곧, 그 짓을 하지 말라, 그곳에 가지 말라는 말이다. 실제로 손과 발을 잘라 내던져 이제는 불구가 되어 그 짓들을 할 수 없는 사람처럼, 죄짓게 하는 곳에 다시는 찾아갈 수 없는 사람처럼 행동하라. 이것이 자기를 쳐 죽이는 일의 뜻이다.[7)]

8계명

1. 사람 도둑에 관한 계명
2. 부와 재산
3. 왜 부를 경계하는가?
4. 도둑질하지 않기 위해서 무엇을 해야 하는가?

도둑질하지 말라.

출 20:15

6계명이나 7계명과 마찬가지로 8계명도 아주 짧습니다. 히브리어로 '로 티그노브', "도둑질하지 말라" "탈취하지 말라"는 말입니다. 좀더 짧게 말하면 "훔치지 말라"입니다. 도둑질한다, 훔친다는 것은 남의 물건을 그 소유자의 동의 없이 나에게로 옮겨 오는 것을 말합니다. 조금만 지각이 있다면 이것이 무슨 뜻인지 누구나 쉽게 알 수 있습니다. 그러나 조금 더 따져 들어가면 사실 그렇게 쉽지만은 않습니다. 도둑질하지 말라는 내용에 대해 누구나 동일하게 생각하는 것은 아니기 때문입니다.

1. 사람 도둑에 관한 계명

1950년대에 들어와서 독일의 신학자 알브레히트 알트(Albrecht Alt)는 8계명에 대한 새로운 해석을 내놓았습니다. 그는 "도둑질하지 말라"를 물건을 훔치는 행위나 탐심을 갖는 것이 아니라 "사람을 도적질하지 말라"는 뜻이라고 해석했습니다.[1] 터무니없이 주장을 하는 것은 아닙니다. 그가 제시한 이유는 이런 것들입니다.

첫째, 여덟 번째 계명과 열 번째 계명을 구별해야 한다는 것입니다. 열 번째 계명이 무엇입니까? "네 이웃의 집을 탐내지 말라 네 이웃의 아내나 그의 남종이나 그의 여종이나 그의 소나 그의 나귀나 무릇 네 이웃의 소유를 탐내지 말라"(출 20:17). 어떤 소유물을 탐내거나 도둑질하는 것은 열 번째 계명에 해당되고 8계명이 이야기하는 것은 이것과는 다르다는 것입니다. 10계명은 물건에 관해서 분명하게 지적하는 반면 8계명은 그렇지 않다는 것입니다. 그러므로 10계명과 중복해서 보지 않기 위해서 8계명은 사람에 관한 것이고 10계명은 물건에 관한 계명으로 보는 것이 합당하다고 했습니다.

둘째, 6, 7계명은 모두 사람에 관한 것입니다. 6계명 "살인하지 말라"는 사람을 죽이지 말라는 계명이고, 7계명 "간음하지 말라"도 사람의 관계, 곧 결혼 관계를 깨뜨리지 말라는 계명입니다. 이렇게 6, 7, 8계명을 연속선에서 보면 "도둑질하지 말라"도 역시 사람에 관한 계명으로 보는 것이 자연스러워 보입니다. "사람을 훔치지 말라"는 뜻으로 해석하는 것입니다.

디모데전서 1장 9절을 보면 5계명에서 9계명까지를 열거해 놓았습니다. 9절에 "알 것은 이것이니 율법은 옳은 사람을 위하여 세운 것이 아니요 오직 불법한 자와 복종하지 아니하는 자와 경건하지 아니한 자와 죄인과 거룩하지 아니한 자와 망령된 자와…" 이렇게 일반적인 죄목을 열거해 놓고 나서 그 다음에 십계명의 5계명에서 9계명까지와 거의 동일한 순서의 내용이 나옵니다. "아버지를 죽이는 자와 어머니를 죽이는 자와"(5계명과 관련됩니다), "살인하는 자며"(6계명과 관련됩니다), "음행하는 자와 남색하는 자와"(7계명입니다), "인신매매를 하는 자와"(이것이 8계명과 연관된 것으로 보입니다), "거짓말하는 자와 거짓 맹세하는 자와" 곧 9계명과 관련된 언급이 나옵니다. 8계명을 '도둑질하는 자며'라고 일반적으로만 말하지 않고 '인신매매를 하는 자와'라고 하고 있습니다. 사람을 잡아서 팔아먹는, 사람을 가지고 거래하는 일을 두고 말합니다. 이렇게 보면 8계명은 "인신매매하지 말라", 곧 노예를 사고팔지 말라, 인질을 잡지 말라, 이런 방식으로 해석하는 것이 맞습니다.

칼뱅 이후 네덜란드 개혁파 전통에서 중요한 신학자인 후치우스(G. Voetius)라는 사람이 있습니다. 1589년에 태어나 1676년에 죽었으니 철학자로 치면 데카르트와 비슷한 시기의 신학자입니다. 이 사람이 8계명을 해석하면서 특별히 사람에 대한 절도, 사람 도둑질에 대해 많이 강조를 하면서 네 가지 종류의 사람 도둑질을 거론했습니다.[2] 첫째는 로마가톨릭교회, 곧 천주교가 아이들을 부모에게서 빼앗아 수도원에 집어넣는 것을 언급합니다. 교회가 부모의 동의도 얻지 않고 아이들을 수도원에 보내 신부로 키워 교회 일꾼을 만드는 것은 8계명을 범하는 것이라고 보았습니다. 둘째는 노예 상인입니다. 당시에 벌써 네덜란드는 식민지를 건설하고 동인도회사와 서인도회사를 세웠습니다. 동인도회사는 지금의 인도네시아이고 서인도회사는 지금의 수리남 같은 남미의 오른쪽 귀퉁이의 나라입니다. 이 두 곳에 식민지를 개척해서 그곳 사람들을 노예로 팔아 먹었는데 이것도 8계명을 범하는 것이라고 후치우스는 지적합니다. 세 번째는 구걸을 시키기 위해서 어린아이들을 약취하는 행위, 아이들을 불구로 만들어 사람들의 동정을 사게 하여 더 많이 구걸할 수 있게 하는 것을 두고 말합니다. 우리에게도 낯선 이야기가 아닙니다. 소위 불량배에게 잡혀간 아이들이 다리를 잘리거나 팔을 잘린 뒤, 껌을 팔거나 구걸을 하며 앵벌이를 하는 일이 있었지 않습니까? 3세기 전에 네덜란드에도 그런 일이 있었던 것입니다. 네 번째는 처녀 도둑입니다. 부모의 승낙 없이 처녀를 훔쳐 가서 결혼하는 것인데 당시 그런 일이 가끔 있었던 모양입니다. 그러니까 8계명의 내용이 사람을 도둑질하는 것이라는 해석은 최근의 독일 신학자 알트뿐 아니라 실은 종교개혁 이후 전통에서도 있었다는 것을 알 수 있습니다.

    8계명을 사람 도둑에 관한 계명으로 보는 것은 오늘날 분명 의미가 있습니다. 특히 최근 들어 세계는 테러로 인해 몸살을 앓고 있습니다. 한때 종교적 이유로 인질을 붙잡고 테러를 하는 경우가 있었지만 지금은 인질 자체가 하나의 신종 업종으로 등장했습니다. 소말리아에 우리 선원들이 몇 번이나 붙잡혀, 거금을 주고 풀어낸 일을 기억하실 것입니다. 몇 년 전 아프카니스탄에서 벌어진 샘물교회 단기 선교사 인질 사건도 종교적 이유라지만 결국은 탈레반들에게는 엄청난 금전적 이득을 안겨 준 사건이었습니다. 그래서 독일 신문들은 '디 가이젤인두스트리'(die Geiselindustrie), 곧 '인질산업'이란 용어가 생겼다는 말을 쓰기도 했습니다.

그러나 8계명은 사람 도둑뿐 아니라 모든 종류의 도둑을 금하는 계명이라고 보는 것이 옳을 것입니다. 조금만 더 생각해 보면 8계명은 단지 도둑질에 국한된 이야기만은 아닙니다. 남의 것을 남몰래 살짝 가져오거나 빼앗아 오는 것뿐 아니라 거짓이나 속임수, 간계를 통해서 남의 재산을 빼앗는 것을 금하고 있다고 보는 것이지요. 예를 들어 무게를 속인다든지 자(尺)를 속인다든지 하는 것도 여기에 포함됩니다. 이것을 성경의 여러 군데에서 볼 수 있습니다. "가난한 자를 삼키며 땅의 힘없는 자를 망하게 하려는 자들아 이 말을 들으라"(암 8:4). 아모스가 주로 이야기하는 대상은 이스라엘의 방백들, 고위 관리들, 지배자들입니다. "너희가 이르기를 월삭이 언제 지나서 우리가 곡식을 팔며 안식일이 언제 지나서 우리가 밀을 내게 할꼬 에바를 작게 하고 세겔을 크게 하여 거짓 저울로 속이며 은으로 힘없는 자를 사며 신 한 켤레로 가난한 자를 사며 찌꺼기 밀을 팔자 하는도다"(암 8:5-6). 에바를 작게 하고 세겔을 크게 하는 것은 우리의 단위로 말하면 저울의 눈금을 속이고 되나 말을 작게 하거나 크게 하는 것입니다. 즉 남의 물건을 살 때에는 되를 크게 해서 양을 더 불려 가져오고 남에게 팔 때에는 되를 작게 해서 이익을 남기는 방법입니다. 이것은 이미 모세 율법에서 금한 것들입니다.

신명기 25장 13절에 "너는 네 주머니에 두 종류의 저울추 곧 큰 것과 작은 것을 넣지 말 것이며 네 집에 두 종류의 되 곧 큰 것과 작은 것을 두지 말 것이요"라고 했습니다. 이것이 홉, 되, 말 같은 단위가 다른 되를 두지 말라는 것이 아니고 큰 말과 작은 말을 두지 말라는 것입니다. 만일 그렇게 한다면 그것은 고의로 저지른 범죄에 속합니다. "오직 온전하고 공정한 저울추를 두며 온전하고 공정한 되를 둘 것이라 그리하면 네 하나님 여호와께서 네게 주시는 땅에서 네 날이 길리라 이런 일들을 행하는 모든 자, 악을 행하는 모든 자는 네 하나님 여호와께 가증하니라"(신 25:15-16). 이렇게 부당하게 되를 속이고 말을 속이고 추를 속여서 물건을 파는 것도 도둑질이고 이것에 대해서 하나님이 가증하게 여기신다는 것입니다.

비슷한 경고를 에스겔 45장에서도 볼 수 있습니다. "주 여호와께서 이같이 말씀하셨느니라 이스라엘의 통치자들아 너희에게 만족하니라 너희는 포악과 겁탈을 제거하여 버리고 정의와 공의를 행하여 내 백성에게 속여 빼앗는 것을 그칠지니라 주 여호와의 말씀이니라"(겔 45:9). 이 경우, 백성들에게 포악과 겁탈을 행한다는 것은 지나치게 세금을 많이 거두는 것을 말합니다. 예나 지금이나 강한 자는 세금을 덜 내고, 약한 자에게는 더 많은 세금을 받으려고 합니다. "너희는 공정한 저울과 공정한 에바와 공정한 밧을 쓸지니 에바와 밧은 그 용량을 동일하게 하되 호멜의 용량을 따라 밧은 십분의 일 호멜을 담게 하고 에바도 십분의 일 호멜을 담게 할 것이며 세겔은 이십 게라니 이십 세겔과 이십오 세겔과 십오 세겔로 너희 마네가 되게 하라"(겔 45:10-12). 이름도 모르는 것들이 많이 나오는데 다 용량과 부피를 재는 단위입니다. 이것들을 공평하고 공정하게 사용하라고 말합니다. 그런데 이스라엘 백성들은 이 명령을 지키지 않고 자기의 탐욕을 채우기 위해서 번번이 되를 속이고 추를 속이는 일을 하였습니다.

되를 속이고 저울을 속이는 것뿐 아니라 제대로 되지 않은 물건을 괜찮은 것인 양 파는 것, 흠 있는 물건을 흠 없는 것같이 속여서 파는 것도 도둑질에 포함됩니다. 부당할 정도로 지나치게 물건을 비싸게 파는 경우, 그리고 남에게는 물건이 형편없다고 속여서 싼 값에 사들이고는 깨끗하게 단장해서 다른 사람에게는 아주 높은 가격에 파는 경우도 있습니다. 이런 것이 하나의 재주나 수단일지도 모르겠습니다. 부가가치가 낮은 것을 사서 부가가치가 높은 상품으로 만드는 것이지요. 가령 같은 알루미늄으로 물건을 만들더라도 창틀을 만드는 것과 비행기를 만드는 것은 값이 엄청나게 차이가 날 수 있습니다. 이것은 속임수가 아니라 기술이 투입된 결과이며 정당하다고 할 수 있습니다. 그러나 같은 물건을 가지고 어떤 사람에게 아주 형편없는 물건이라고 말해서 사들여서는 다른 사람에게 비싸게 파는 것은 도둑질이라는 것입니다. 이렇게 보면 현대의 보편화된 광고도 다시 생각해 봐야 합니다. 광고 중 많은 경우가 과대광고이기 때문입니다. 엄청난 돈을 들여 과대광고를 하는 것은 광고를 보고 사람들이 구매를 하기 때문입니다. 사람들의 마음을 자극해서 필요 없는 수요를 창출하는 이것도 일종의 절도입니다. 그러고 보면 우리가 살고 있는 산업사회, 자본주의 사회라는 것은 절도 위에 바탕을 둔 사회인지도 모릅니다. 가능한 한 많은 사람들에게 욕구를 불러일으켜서 더 큰 수요를 창출하고, 더 큰 수요를 창출하면 거기에 어울리는 생산을 하게 되고 이렇게 할수록 자본주의는 더 많은 수익 창출을 보장하는 것처럼 보입니다. 이렇게 수입을 올리면 정부는 더 많은 세금을 거둬들입니다. 그렇게 더 많은 세금을 거둬서 고르게 분배한다면 좋겠는데 이것이 제대로 되지 않고 일부 사람들에게만 돌아가게 되면 사회가 점점 더 불의하게 됩니다.

8계명은 구체적으로 무엇을 명령하고 있습니까? 8계명에서 금하는 것은 도둑질입니다. 어떤 부당한 방식으로든지 타인의 것을 나의 것으로 삼으려고 하지 말라는 것입니다. 그러면 이 금지를 통하여 하나님은 우리에게 어떤 길, 어떤 삶의 길을 걸어갈 것을 제시하십니까? 저는 거듭해서 십계명은 단지 무엇을 하지 말라는 금지만이 아니라 무엇을 하라는 적극적 명령을 담고 있다고 말씀드렸습니다. 8계명은 내가 남에게 대접받고 싶은 대로 이웃에게 행해야 한다는 것을 함축합니다. 칼뱅도 「기독교 강요」에서 8계명을 해석하면서 이것을 제일 먼저 이야기하고 있습니다. 각자의 것을 각자에게 돌려주는 것이 정당한데 우리가 이 계명을 잘 지키는 것은 다른 사람이 나에게 해 주기를 바라는 대로 나도 다른 사람에게 해 주어야 한다는 것입니다.

「논어」에 보면 공자가 "기소불욕 물시어인"(己所不欲 勿施於人), 곧 "자신이 원하지 않는 것은 다른 사람에게 베풀지 말라"라고 했습니다. 내 것을 뺏기고 싶지 않다면 나도 남의 것을 빼앗지 말아야 한다는 것입니다. 이것이 소위 '황금률'(The Golden Rule)입니다. 성경에서는 마태복음 7장 12절, 누가복음 6장 31절에서 볼 수 있습니다. 예수님은 "무엇이든지 남에게 대접을 받고자 하는 대로 너희도 남을 대접하라"라고 하셨습니다. 매우 중요한 윤리적 규칙입니다. 성경에서 말하는 황금률을 단순히 상호성의 원칙으로 이해해서는 안 됩니다. 단순한 상호성의 원칙이 아니라 오히려 "하나님의 자녀는 남이 자신에게 원하는 것보다 남에게 훨씬 더 넘치게 행하라"는 뜻이 이 속에 담겨 있습니다.[3]

8계명은 또한 어려운 사람에게 도움이 필요할 때 내가 그들을 도울 수 있도록 하라는 뜻도 담고 있습니다. "도둑질하지 말라"는 것은 다른 사람이 내 물건을 훔쳐 가기를 원하지 않는다면 나도 다른 사람의 물건을 훔쳐서는 안 된다는 것이 첫 번째 내용입니다. 두 번째는 다른 사람이 어려운 일을 당했을 때 도울 수 있도록 성실히 일하라는 것입니다. 에베소서 4장 28절을 보십시오. "도둑질하는 자는 다시 도둑질하지 말고 돌이켜 가난한 자에게 구제할 수 있도록 자기 손으로 수고하여 선한 일을 하라." 그러니까 여기서는 도둑질하지 말라는 것에 그치지 않습니다. '도둑질하지 않는 것으로 충분하다'라고 하지 않고, '돌이켜, 즉 회개하여 남에게 구제할 것이 있기 위해서 제 손으로 수고하여 선한 일을 하라'고 가르칩니다. 도둑질하던 사람이 도둑질하지 않는 것으로 이 계명이 지켜지는 것이 아니라 남에게 유익하고 좋은 일을 할 수 있기 위해서 열심히 제 손으로 일해야 이 계명이 제대로 지켜진다는 것입니다. 간음하지 말라는 것이 단지 다른 사람과 자서는 안 된다는 것뿐 아니라 가정을 잘 보존하라는 의미를 포함하고, 살인하지 말라는 것이 단지 다른 사람을 죽이지 않는 것뿐 아니라 다른 사람의 생명을 살릴 수 있고 다른 사람이 함께 그 가진 생명을 보람 있게 살 수 있도록 돕는 일을 하라는 의미가 포함되어 있듯이, 도둑질하지 말라는 것은 단지 다른 사람의 물건을 가져오는 것을 금할 뿐 아니라 다른 사람을 도울 수 있도록 열심히 일하고 도와주라는 것입니다. 이렇게 도와주는 것에서 일의 보람을 찾을 수 있습니다.

2. 부와 재산

잠시 한걸음 물러서서 생각해 보도록 하지요. "도둑질하지 말라." 이 말의 의미를 잘 모르거나 어렵다고 말할 사람은 사실 아무도 없습니다. "도둑질하지 말라"는 말은 남의 것을 그의 동의 없이 옮겨 가는 것을 금하는 것이라고 말할 수 있습니다. 내 것과 남의 것의 구별이 일단 전제되어 있습니다. 내 것과 네 것이 구분되어 있지 않다면 남의 것을 가지고 간다는 말 자체가 성립하지 않으니까요. 그런데 여기 문제가 있습니다. 무슨 근거로 내 것과 네 것을 구별할 수 있는가입니다. 언제부터 내 것과 네 것이 정해졌는가? 이런 물음이 생길 수 있습니다. 제가 입고 있는 옷은 제 것입니다. 왜 그렇습니까? 제가 돈을 지불하고 샀기 때문입니다. 그러면 돈은 어디서 나온 것입니까? 제 경우는 제 월급에서 나온 것이지요. 월급은 제가 대학에서 받은 것입니다. 대학이 그냥 준 게 아니라 제가 일정한 직책을 맡고 일정 시간 일을 했기 때문입니다. 어쨌든 자기 돈으로 물건을 사게 되면 자신의 소유라고 주장할 수 있습니다. 제가 입고 있는 옷에 대해서 저는 제 돈을 주고 샀기 때문에 소유권을 주장할 수 있습니다. 물론 다른 사람에게 이 옷을 주면 소유권을 포기하게 됩니다. 그렇다면 소유권은 '돈을 주고 샀다'는 것에 근거합니까? 소유권은 무엇에 근거하는가? 도대체 무슨 근거로 물건이나 토지나 재산이 될 수 있는 것에 대해서 소유권을 주장할 수 있는가? 이런 물음을 던져 볼 수 있습니다.

성경에서 이 문제를 살펴보기 전에 일반적인 소유권 이론을 간단하게 살펴보도록 합시다. 우선, 전통적인 사회에서는 일종의 세습을 통한 소유권 주장이 가장 일반적이었습니다. 그때는 임금 노동이라는 것이 거의 없이 부모에게 물려받은 토지나 가옥, 가축이 기본 재산이었습니다. 재산에 대해서 소유권을 행사할 수 있는 것은 부모에게 물려받았기 때문이었습니다. 지금도 상속이라는 제도를 통해서 이것을 인정합니다만 여기에는 높은 율의 세금을 지불해야 합니다. 물론 상속 절차 없이 음으로 양으로 여러 형태의 세습이 일어나고 있음을 우리는 알고 있습니다.

소유권과 관련해서 근대에 와서 생긴 이론 중에 아마 대표적인 경우는 점유에 의한 소유권 주장 이론일 것입니다. 예컨대 어떤 땅에 대한 소유권을 주장한다고 합시다. 그 근거가 무엇이냐고 하면 내가 그것을 오랫동안 사용해 왔기 때문에, 내가 그 땅을 오랫동안 차지해 왔기 때문이라고 말할 수 있습니다. 어떤 사람에게, 가령 조상 대대로 소유하고 있는 땅이 있다면 그 이유 때문에 그 땅이 자신의 땅이라고 주장할 근거가 있습니다. 다른 재산도 다 마찬가지로 점유에 의해서, 내가 점유한 것은 내 것으로 인정하고 또 다른 사람이 점유한 것은 다른 사람의 것으로 인정해 주는 것을 통해서 소유권이 만들어지고 행사된다는 이론입니다. 이 이론을 내세운 사람은 16세기 말과 17세기 초 네덜란드의 법학자 휴고 그로티우스(Hugo

Grotius, 1583-1645)였습니다.

그렇다면 미국은 누구 땅입니까? 미국은 아무도 살지 않았던 땅이 아니라 아메리칸 인디언들이 살던 땅이었습니다. 그런데 백인들이 가서 정복을 한 것입니다. 일부는 인디언들에게 사기도 했지만 상당히 많은 부분을 백인들이 가서 차지했습니다. 그러고는 백인들이 오랫동안 점유를 한 것입니다. 그러면 어느 정도 기간을 점유해야 점유권이 인정될 것인가라는 복잡한 문제가 생길 수 있습니다. 그리고 점유권이 유일한 재산권의 원천이라면, 힘으로 하든지 무엇으로든지 오랫동안 차지하고만 있으면 자기 것이라고 할 수 있다는 말입니다. 어떤 물건을 슬쩍 가지고 가서 한 10년 차지하고 있으면 그 사람 것이라고 주장할 수 있어야 합니다. 그런데 그것이 가능합니까?

소유권과 관련해서 '노동설'이라는 것도 있습니다. 토지나 가옥, 또는 어떤 작품에 대해서 재산권을 주장할 수 있는 것은 내가 노동을 해서 얻은 것에 한한다는 것입니다. 동산과 부동산이 여기에는 모두 포함됩니다. 내가 노동하지 않은 것은, 그것이 부모에게 유산으로 물려받은 것이든지 아니면 땅에서 줍거나 어쩌다가 굴러 들어온 돈이든지 간에 정당하지 않다고 말합니다. 노동설에 의하면 불로소득이라는 것은 정당하지 않습니다. 존 로크가 먼저 주장했고 후에 마르크스가 이것을 그대로 받아들여 사유재산이 정당하지 않다는 논증을 했습니다. 그러나 똑같은 시간을 노동했다고 해도 노동의 질이나 대상에 따라서 가격의 산정이 달라집니다. 그러므로 노동에 의한 소유권 주장도 문제가 있을 수 있습니다.

그 다음 이론이 법정론(法定論)입니다. 소유권이 점유에 근거한 것도 아니고 노동에 근거한 것도 아니고 나라에서 법으로 정했기 때문이라는 말입니다. 나라에서 법으로 정하지 않았다면 아무리 점유를 하고 노동을 해도 재산권을 인정할 수 없다는 주장입니다. 이것은 주로 토머스 홉스(Thomas Hobbes)의 주장입니다. 홉스는 인간은 태어나면서부터 자연 상태에 있다고 말합니다. 자연 상태라는 것은 자기가 살기 위해서 어떠한 권리라도 행사할 수 있는 상태입니다. 내가 살기 위해서는 타인의 것을 빼앗을 수도 있고 타인을 죽일 수도 있는 상태인데, 이 권리를 자연권이라고 합니다. 이 자연권을 행사하는 것이 자연 상태인데 이 자연 상태에서는 모든 사람이 모든 사람에 대해서 적대적 관계에 있게 됩니다. 그래서 끊임없는 전쟁이 있을 수밖에 없습니다. 그런데 사람에게는 살고자 하는 욕구뿐 아니라 계산할 수 있는 계산 능력이 있습니다. 이것이 이성인데, 홉스가 생각한 이성은 도덕성과 관련된 것이 아니라 인간에게 계산 능력이 있다는 것을 의미합니다. 이성은 곧 더하고 빼기다, 자기에게 이익이 되는 것은 더하고 손해가 되는 것은 빼는, 이것을 잘하는 것이 이성적 능력이라고 그는 주장했습니다. 가만히 생각해보면 끊임없는 전쟁 상태에서는 자신도 죽을 수밖에 없을 테니 계약을 체결하게 됩니다. 내가 네 것을 빼앗지 않을 것이니 너도 내 것을 빼앗지 말라, 내가 너를 죽이지 않을 테니 너도 나를 죽여서는 안 된다 등등 이렇게 상호계약을 맺게 됩니다. 계약을 맺으면서 소위 자연권, 자신의 생명을 보호하기 위해서 어떠한 수단이든지 사용할 수 있는 권리를 나라에 양도합니다. 일단 국가라는 것이 형성되면 개인은 자연권을 원칙적으로, 법적으로는 가지고 있지만 현실적으로는 가지지 않은 것이 됩니다. 왜냐하면 그것을 이미 나라에 양도했기 때문입니다. 그래서 이제 나라에서 사람의 권리에 대해 결정할 수 있는 권한이 있습니다. 소유에 대해서도 마찬가지입니다. 내가 어떤 물건이나 재산을 소유했다는 것은 국가가 정한 법에 따라 가능합니다. 물론 이것도 따지고 보면 문제가 한두 가지가 아닙니다. 국가가 법을 가지고 어떤 사람의 권리를 인정한다고 할 때 도대체 어떤 근거를 가지고 있는가? 노동인가, 세습인가, 급료인가 라는 문제들이 다시 제기될 수 있습니다.[4]

사실 지금 현존하는 소유권 이론은 잠정적으로 법률에서 통용되는 것이 있기는 하지만 하나씩 보면 문제가 상당히 많고 소유라는 것을 정당화하는 데 어려움이 있습니다. 주로 소유라는 것은 사유재산과 관련한 것입니다. 그래서 마르크스는 기본적인 필요 외에 생산 수단과 관련된 모든 것은 공유화해야 한다고 주장했습니다. 마르크스도 음식이나 의복 같은 것에는 사유재산을 인정하지만 주택이나 토지나 기계같이 생산 수단과 관련된 것은 공유해야 한다고 주장합니다.

그러면 기독교적 입장이 사유재산을 인정하는지, 공유권을 주장하는지의 물음이 제기됩니다. 사실 어떤 것도 그렇게 절대적인 것은 아닙니다. 시대와 제도에 따라서 상당한 차이를 보이고 있고 어떤 경우든지 모든 것이 사유화될 수도 없고 모든 것이 다 공유화될 수도 없습니다. 모든 것이 사유화된다고 생각해 봅시다. 어떤 사람이 자기 땅에서 나는 물을 자기 것이라 하고, 어떤 사람이 어느 공간의 공기는 다 자기 것이라고 주장한다 해도 사유화될 수 없는 것들이 있습니다. 물론 영공이나 영해라는 것이 있지만 이때의 소유는 개인의 것이라기보다는 국가의 소유입니다. 그래서 우리가 여러 가지 소유권 이론을 보더라도 그렇게 만족스럽지 않다는 것을 알 수 있습니다.

성경은 소유권에 대해서 어떻게 보고 있을까요? 성경은 정교하고, 잘 정리된 소유권에 대해서 말하고 있지 않다는 것을 우선 염두에 두어야 합니다. 성경은 모든 것에 대해서 답을 제시하는 책이 아닙니다. 그렇지만 우리가 몇 군데를 살펴보면 어느 정도 지혜로운 입장을 취할 수가 있습니다. 우선 가장 기본은 "모든 것이 하나님의 것이다"라는 것입니다. 레위기 25장 23절을 보십시오. "토지는 다 내 것임이니라 너희는 거류민이요 동거하는 자로서 나와 함께 있느니라"라는 내용이 나옵니다. 이스라엘 백성에게 토지를 분배해 주었지만 그 토지의 궁극적인 소유는 하나님에게 있는 것이지 한 개인에게 있는 것은 아니라는 말입니다. 재산권이나 소유권을 우리가 사용할 때는 일종의 상대적 의미에 불구한 것이지 절대적 소유권일 수는 없습니다. 말하자면 엄밀한 의미에서 '소유권'이라기보다는 '사용권'이라는 것이 더 적합할 수가 있겠습니다.

시편 24편 1절을 보면 이런 구절이 있습니다. "땅과 거기에 충만한 것과 세계와 그 가운데에 사는 자들은 다 여호와의 것이로다." 이 세상의 모든 것이 다 주의 것입니다. 24편 2-4절은 이러합니다. "여호와께서 그 터를 바다 위에 세우심이여 강들 위에 건설하셨도다 여호와의 산에 오를 자가 누구며 그의 거룩한 곳에 설 자가 누구인가 곧 손이 깨끗하며 마음이 청결하며 뜻을 허탄한 데에 두지 아니하며 거짓 맹세하지 아니하는 자로다." 하나님이 이 모든 것을 지으시고 이 모든 것을 소유하신다는 말입니다. 그러므로 우리가 가지고 있는 재산이라는 것은 임시적으로 하나님의 것을 빌려 쓰고 하나님의 것을 맡아 사용한다는 의미가 있습니다. 이것을 하나의 상징과 제도로 표현한 것이 희년제도입니다. 49년이 지난 다음에 50년이 될 때 이스라엘 백성들은 자기가 이제까지 행사하던 재산권을 포기하고 되돌려 주는 것입니다. 세 가지가 있는데, 첫 번째는 빚을 탕감해 주는 것입니다. 50년이 넘으면 내가 채권자라고 할지라도 채무자의 채무에 대해서 탕감을 해 주는 것입니다. 두 번째는 노예를 해방시켜 주는 것이고, 세 번째는 땅을 원래 가졌던 사람에게 되돌려주는 것이 희년제도였습니다. 땅이라고 하는 것, 우리가 가진 부라고 하는 것, 재산이라고 하는 것은 우리가 임시로 사용하는 것이지 절대적인 재산권을 주장할 수가 없다는 것입니다. 부동산 열풍이 불 때 땅 값이 뛰면서 갑작스럽게 부자가 되고 그 부를 누릴 수 있게 되는 일이 어떻게 보면 우스운 일이기는 하지만, 현실적으로 우리 주위에서 일어나는 일입니다. 어쨌든 성경의 가르침은 우리가 우리 재산을 임시로 사용하고 있을 뿐이라는 것입니다.

두 번째 성경의 가르침은 부라는 것이 사회적 공유의 의미가 있다는 것입니다. 나에게 논이 있고 포도농장이 있다 하더라도 그것이 절대적으로 나 혼자만의 소유가 아니라는 개념이 성경에 있습니다. 신명기 23장 24-25입니다. "네 이웃의 포도원에 들어갈 때에는 마음대로 그 포도를 배불리 먹어도 되느니라 그러나 그릇에 담지는 말 것이요 네 이웃의 곡식밭에 들어갈 때에는 네가 손으로 그 이삭을 따도 되느니라 그러나 네 이웃의 곡식밭에 낫을 대지는 말지니라." 무슨 말입니까? 배고픈 사람은 따 먹으라는 말입니다. 배고픈 사람이 배불리 먹는 것은 금하고 있지 않습니다. 한 사람이 아무리 많이 먹는다고 하더라도 그렇게 많이 먹을 수는 없습니다. 신명기

15장 4-5절에 보면 이런 구절이 있습니다. "네가 만일 네 하나님 여호와의 말씀만 듣고 내가 오늘 네게 내리는 그 명령을 다 지켜 행하면 네 하나님 여호와께서 네게 기업으로 주신 땅에서 네가 반드시 복을 받으리니 너희 중에 가난한 자가 없으리라." 희년제도를 이야기했습니다만, 이스라엘 백성들에게 특별히 이 제도를 세운 것도 이스라엘 백성들이 하나님의 택한 백성이라는 것과 사실상 무관하지 않습니다. 그 당시 다른 근동 아시아의 제도와 이스라엘이 다르게 적용되었던 것은 '너희의 먹을 것, 입을 것, 생활에 필요한 모든 것은 하나님이 주신다, 너희는 하나님의 백성이다'라는 것이 전제되어 있습니다. 안식일을 지킨다든지, 7년째에는 농토를 쉬게 한다든지 50년이 되면 희년을 베푼다는 것은 하나님이 우리의 삶을 지켜 주시는 분이라는 전제가 없다면 가능하지 않았습니다. 그래서 5절 하반부에 보면 너희 중에 가난한 자가 없으리라고 말씀하시고, 또 6절에서 "네 하나님 여호와께서 네게 허락하신 대로 네게 복을 주시리니 네가 여러 나라에 꾸어 줄지라도 너는 꾸지 아니하겠고 네가 여러 나라를 통치할지라도 너는 통치를 당하지 아니하리라"라고 하십니다. 그러고는 7-9절에 "네 하나님 여호와께서 네게 주신 땅 어느 성읍에서든지 가난한 형제가 너와 함께 거주하거든 그 가난한 형제에게 네 마음을 완악하게 하지 말며 네 손을 움켜쥐지 말고 반드시 네 손을 그에게 펴서 그에게 필요한 대로 쓸 것을 넉넉히 꾸어 주라 삼가 너는 마음에 악한 생각을 품지 말라 곧 이르기를 일곱째 해 면제년이 가까이 왔다 하고 네 궁핍한 형제를 악한 눈으로 바라보며 아무것도 주지 아니하면 그가 너를 여호와께 호소하리니 그것이 네게 죄가 되리라"라고 하십니다. 재산권이 인정되고 내가 어느 정도 내 것을 주장할 수 있지만 가난한 형제에 대해서 가만히 있지 말라고 가르치고 있습니다. 부라고 하는 것, 우리에게 주신 재산이라는 것은 나 혼자 누리기 위해서 주신 것이 아니라 그것이 꼭 필요한 사람에게는 나눠 줄 수 있어야 한다는 이야기입니다. 가난한 사람이 그 가난이 한이 되어서 하나님께 호소할 때에는 옆에서 돕지 않은, 재산을 가진 사람에게 죄가 된다는 것입니다. 그러고는 구제하는 자에게 주어지는 복을 말하고 있습니다. "너는 반드시 그에게 줄 것이요, 줄 때에는 아끼는 마음을 품지 말 것이니라 이로 말미암아 네 하나님 여호와께서 네가 하는 모든 일과 네 손이 닿는 모든 일에 네게 복을 주시리라"(10절). 또 "땅에는 언제든지 가난한 자가 그치지 아니하겠으므로 내가 네게 명령하여 이르노니 너는 반드시 네 땅 안에 네 형제 중 곤란한 자와 궁핍한 자에게 네 손을 펼지니라"(11절). 가난한 자, 비참한 자는 네가 책임지고 함께 살아야 할 동료라는 생각이 성경에 기본적으로 깔려 있습니다.

우리가 부를 누릴 수는 있지만 절대적인 것이 아니며, 사회적인 공유의 의미가 있음을 성경 여러 곳에서 볼 수 있습니다. 그러나 우리 현실은 이와는 항상 반대였고 지금도 마찬가지입니다. 아무리 많이 가졌다 해도 가난한 자에게 관심을 갖기는커녕 오히려 가난한 자를 착취하여 더 가난하게 만드는 사회적인 불의가 인간 사회에 항상 존재했습니다. 이미 구약 선지자들의 글에서 이것이 잘 드러나 있습니다. 이사야 5장 8절을 보십시오. "가옥에 가옥을 이으며 전토에 전토를 더하여 빈틈이 없도록 하고 이 땅 가운데에서 홀로 거주하려 하는 자들은 화 있을진저." 이 땅에서 홀로 거주하려 한다는 것은 이 땅의 모든 것을 다 자기 것으로 삼으려는 자들을 말하는

데 이것을 두 가지로 표현하고 있습니다. '가옥에 가옥을 이으며 전토에 전토를 더하며….' 요즘 같으면 부동산 투기가 해당될 것입니다. 이스라엘의 가진 자들에 대한 지적은 오늘 우리에게도 적용됩니다. 예레미야 22장 13절을 보십시오. "불의로 그 집을 세우며 부정하게 그 다락방을 지으며 자기의 이웃을 고용하고 그의 품삯을 주지 아니하는 자에게 화 있을진저." 불공평하게 재산을 늘리거나 이웃을 고용하여 마땅히 일한 대가를 쳐 주지 않는 자에게 화가 있을 것이라고 합니다. 14-16절을 보십시오. "그가 이르기를 내가 나를 위하여 큰 집과 넓은 다락방을 지으리라 하고 자기를 위하여 창문을 만들고 그것에 백향목으로 입히고 붉은 빛으로 칠하도다 네가 백향목을 많이 사용하여 왕이 될 수 있겠느냐 네 아버지가 먹거나 마시지 아니하였으며 정의와 공의를 행하지 아니하였느냐 그때에 그가 형통하였었느니라 그는 가난한 자와 궁핍한 자를 변호하고 형통하였나니 이것이 나를 앎이 아니냐 여호와의 말씀이니라." 곧 가난한 자와 궁핍한 자를 돌아보고 변호하는 것이 하나님을 아는 것이라는 말입니다. 이것은 호세아서에서도 동일하게 나옵니다. 하나님을 안다는 것은 가난한 자에게 관심을 보이느냐, 보이지 않느냐―이것이 전부는 아니지만―에 따라 좌우된다는 것입니다. 미가 2장 1-3절을 보십시오. "그들이 침상에서 죄를 꾀하며 악을 꾸미고 날이 밝으면 그 손에 힘이 있으므로 그것을 행하는 자는 화 있을진저 밭들을 탐하여 빼앗고 집들을 탐하여 차지하니 그들이 남자와 그의 집과 사람과 그의 산업을 강탈하도다 그러므로 여호와의 말씀에 내가 이 족속에게 재앙을 계획하나니." 이렇게 여러 가지로 재산에 대해서 탐욕을 부리는 자들에게 선지자들이 외치고 있습니다.

그러면 성경은 사유재산을 거부합니까? 사유재산을 갖지 말아야 합니까? 그렇게 볼 수는 없습니다. 십계명의 8계명 자체가 재산의 소유권을 인정하는 것입니다. 사유권을 인정하지 않는다면 훔친다는 것이 의미가 없습니다. 물론 공유권, 국가의 소유도 훔칠 수는 있습니다. 그렇지만 공동 소유라면 어떤 사람이 조금 더 사용한다고 해서 비난을 받을 수는 있어도 법률적인 문제는 되지 않을 것입니다. 그런데 성경은 사유권을 인정하고 있지만 무제한의 사유권이나 무제한의 권리 주장은 어쨌든 정당하지 않음을 여러 본문을 통해서 보여 줍니다. 성경에는 여러 부자들이 많이 나옵니다. 재산을 많이 갖고도 하나님 앞에서 바르게 산 사람들이 있습니다. 대표적인 인물들은 아브라함, 욥, 솔로몬입니다. 이런 경우에 부는 착취가 아니라 하나님의 축복이었음을 성경은 줄곧 이야기합니다. 이에 반해 가난한 자라고 해서 반드시 착취에 의해서 가난하게 된 것은 아닙니다. 오히려 게으름 때문에 가난이 올 수 있습니다. 잠언 10장 4절을 찾아봅시다. "손을 게으르게 놀리는 자는 가난하게 되고 손이 부지런한 자는 부하게 되느니라." 이것은 우리가 일반 경험을 통해서도 알 수 있는 내용입니다.

　요약하겠습니다. 성경에서 기본적인 소유권에 대한 가르침은 첫 번째, 모든 것은 하나님의 것이고 우리가 지금 누리고 사용하는 것은 일시적인 것에 불과하며 일시적으로 맡아서 사용하고 있을 뿐이라는 것입니다. 이러한 우리 위치를 일컬어서 '청지기'라고 합니다. 청지기는 살림을 맡아서 대신 관리하는 사람입니다. 나의 재산, 부, 소유는 내가 갖고 있다고 해서 내 마음대로 다 할 수 있는 게 아니며, 우리 모두 선한 청지기가 되어 주신 것들을 선하게 관리하고 선하게 사용할 책임이 있습니다. 두 번째로 성경의 가르침을 유추해 보면, 개인 소유권을 인정하고 있지만 그러나 부는 항상 사회적인 공유의 의미가 있다는 것입니다. 내가 갖고 있다고 해서 나만 사용하는 것이 아니라 내가 가지고 있음으로 해서 다른 사람들이 함께 혜택을 누릴 수 있어야 한다는 의미입니다. 그리고 부 자체를 칭송하기보다는 부가 하나님이 주신 복임을 알고, 또 하나님이 주신 복일 수 있는 것은 부를 통해 많은 사람을 먹여 살릴 수 있고 많은 사람을 도울 수 있기 때문이라는 것을 기억해야 할 것입니다.

3. 왜 부를 경계하는가?

신약성경은 부에 대해서 훨씬 부정적이라는 인상을 받습니다. 그중에서도 디모데전서 6장 10절 말씀이 대표적일 것입니다. "돈을 사랑함이 일만 악의 뿌리가 되나니 이것을 탐내는 자들은 미혹을 받아 믿음에서 떠나 많은 근심으로써 자기를 찔렀도다." 부자에 관해 이야기하는 부분들, 예컨대 마가복음 10장 24-25절에 "제자들이 그 말씀에 놀라는지라 예수께서 다시 대답하여 이르시되 얘들아 하나님의 나라에 들어가기가 얼마나 어려운지 낙타가 바늘귀로 나가는 것이 부자가 하나님의 나라에 들어가는 것보다 쉬우니라 하시니"라는 말씀도 부자에 관해 좋게 말한 것이 아닙니다. 물론 부자이기 때문에 하나님 나라에 들어가지 못하는 것은 아니지만 부자가 돈에 대한 관심 때문에 천국에 들어가기가 힘들다는 말씀입니다. 이외에 누가복음 12장 16절 이하에 나오는 어리석은 부자의 비유도 있고, 부자와 나사로의 비유에서도 부자에 대한 부정적인 면을 볼 수 있습니다.

　그렇지만 신약성경이 부에 대해 항상 부정적인 것은 아닙니다. 예수님도 부자의 집에 가서 식사하신 적이 여러 번 있었습니다. 예수님께 무덤을 제공한 아리마대 사람 요셉, 사도행전 16장의 루디아나 브리스길라와 아굴라 같은 사람도 다 부자였고 또 바울이 편지를 보냈던 빌레몬도 상당히 부자였습니다. 초대교회 사람들은 대다수가 가난하고 배우지 못한 자들이었지만 그중에 부자들도 약간 있었습니다. 부자들이 교회에 나오는 것에 대해서 거부하지 않았습니다. 야고보서에 보면 교회에서 부자들을 상석에 앉히고 가난한 자들을 멸시하는 것에 대해 강하게 책망하는 것을 읽을 수 있습니다. 그렇지만 부 자체에 대해서 부정적이지는 않았습니다.

　문제는 부를 추구하는 것이 하나님을 섬기는 것보다 우선될 수 있기 때문에 경고하는 것입니다. 대표적인 말씀이 마태복음 6장입니다. "너희를 위하여 보물을 땅에 쌓아 두지 말라 거기는 좀과 동록이 해하며 도둑이 구멍을 뚫고 도둑질하느니라 오직 너희를 위하여 보물을 하늘에 쌓아 두라 거기는 좀이나 동록이 해하지 못하며 도둑이 구멍을 뚫지도 못하고 도둑질도 못하느니라"(마 6:19-20). 보물을 하늘에 쌓아 두라는 말이 무슨 뜻입니까? 누가복음 12장 33절에서 봅시다. "너희 소유를 팔아 구제하여 낡아지지 아니하는 배낭을 만들라 곧 하늘에 둔바 다함이 없는 보물이니 거기는 도둑도 가까이 하는 일이 없고 좀도 먹는 일이 없느니라." 여기서 하늘에 쌓아 둔다는 것은 가난한 사람에게 주는 것을 두고 말합니다. 다시 마태복음 6장 21-23절로 가 봅시다. "네 보물 있는 그곳에는 네 마음도 있느니라 눈은 몸의 등불이니 그러므로 네 눈이 성하면 온 몸이 밝을 것이요 눈이 나쁘면 온 몸이 어두울 것이니 그러므로 네게 있는 빛이 어두우면 그 어둠이 얼마나 더하겠느냐." 여기서는 우리의 실제 눈에 대해서 이야기하는 것이라기보다 우리의 재산에 대해서 말하는 것입니다. '눈이 나쁘면'이라고 하는 말은 마태복음 20장 15절에서 '…악하게 본다'는 것과 같은 의미입니다. 즉 탐심을 가졌다는 뜻입니다. 눈이 어둡다는 것은 우리 표현에도 있습니다. 재물에 눈이 어두우면 이것이 우리 삶 전체에 영향을 미친다는 것입니다. 그러고 나서 6장 24절에 교훈을 하고 있습니다. "한 사람이 두 주인을 섬기지 못할 것이니 혹 이를 미워하고 저를 사랑하거나 혹 이를 중히 여기고 저를 경히 여김이라 너희가 하나님과 재물을 겸하여 섬기지 못하느니라." 하나님과 재물을 겸하여 섬기지 못한다는 이 말이 무슨 뜻입니까? 1계명을 다룰 때 언급했던 것처럼 재물이 하나님과 같은 위치에 오를 수 있다는 것을 가르치고 있습니다. 성경에서 재물은 한편으로 하나님이 주시는 복이며 그것을 통해 이웃과 나눌 수 있는 것이지만 다른 한편으로 재물은 하나님과 같은 위치에 오를 수 있다고 말합니다.

우리는 재물이, 좀더 구체적으로 말하면 돈이 실제로 신이 된 시대에 살고 있습니다. 돈은 물물교환 시대가 지나면서 생겨났습니다. 처음에는 물물교환을 했습니다. 농사지은 사람은 곡식을 가지고 필요한 옷감과 바꾸고 신발 만드는 사람은 그것으로 다른 음식물로 바꾸며 살다가 시장이 생기게 되었습니다. 그런데 시장이 생기면서 돈이 물건과 물건을 교환하는 수단으로 사용되었습니다. 과거에는 돈을 하나의 교환수단으로서만 이해했었습니다. 그런데 서양의 경우에 12-13세기에 현재의 은행 제도와 비슷한 것이 만들어지고 돈을 가지고 돈을 버는 일이 생기게 되었습니다. 여기에 대해서 신학자들은 반대했습니다. 돈으로 돈을 버는 것을 교회에서 금지하고 죄악시했습니다. 두 가지 근거가 있었습니다. 하나는 아리스토텔레스의 이론에서 나온 것입니다. 돈은 돈을 낳지 않으므로 돈을 가지고 돈을 벌려는 것은 부당하다는 것입니다. 돼지는 돼지를 낳고 소는 소를 낳고 땅은 땅의 산출을 낳습니다. 하지만 돈은 돈을 낳을 수 없는데, 왜냐하면 돈은 자연물이 아니기 때문이라는 것이 아리스토텔레스가 제시한 이유입니다. 생산할 수 있는 것은 오직 자연물밖에 없다는 것입니다. 자연물을 통한 자연 증가는 정당하지만 돈이라는 것은 자연물을 대치하기 위한 수단이며 교환의 수단이기 때문에 이것으로 돈을 번다는 것은 부당하다는 것입니다.[5]

　신학자들이 은행 제도, 곧 돈을 빌려 주는 것을 통해 돈을 버는 제도를 반대한 두 번째 이유는 성경에 기초한 것입니다. 출애굽기 22장 25-27을 보면 "네가 만일 너와 함께한 내 백성 중에서 가난한 자에게 돈을 꾸어 주면 너는 그에게 채권자같이 하지 말며 이자를 받지 말 것이며 네가 만일 이웃의 옷을 전당 잡거든 해가 지기 전에 그에게 돌려보내라 그것이 유일한 옷이라 그것이 그의 알몸을 가릴 옷인즉 그가 무엇을 입고 자겠느냐 그가 내게 부르짖으면 내가 들으리니 나는 자비로운 자임이니라"라는 구절이 있습니다. 레위기 25장 35-37에서도 "네 형제가 가난하게 되어 빈 손으로 네 곁에 있거든 너는 그를 도와 거류민이나 동거인처럼 너와 함께 생활하게 하되 너는 그에게 이자를 받지 말고 네 하나님을 경외하여 네 형제로 너와 함께 생활하게 할 것인즉 너는 그에게 이자를 위하여 돈을 꾸어 주지 말고 이익을 위하여 네 양식을 꾸어 주지 말라"고 하였습니다. 하나님이 이자를 금하신 일은 여기뿐 아니라 여러 군데에 나옵니다. 그리고 선지자들이 당시 부자들을 비난할 때에 가난한 자들에게 돈을 빌려 주고 그들을 착취한다는 말을 많이 하고 있습니다. 그래서 이 두 가지에 근거해서 중세까지만 해도 이자를 부당한 것으로 정죄했습니다.

그런데 이자를 신학적으로 인정한 최초의 사람이 칼뱅입니다. 칼뱅은 이자가 부당하지 않다고 주장했습니다.[6] 여기에도 몇 가지 이유가 있습니다. 첫 번째, 우리가 땅을 갈아서 소출을 거두는 것과 돈을 통하여 소출을 거두는 것이 다르지 않다는 것입니다. 만일 돈이 돈을 낳지 않는다면 땅이 땅을 낳지 않는다는 것과 같은 논리입니다. 땅을 경작해서 소출물을 얻듯이 돈을 이용해서 이익을 얻을 수 있다고 생각했습니다. 이것이 가장 중요한 이유입니다. 물론 칼뱅은 이런 제한은 두고 있습니다. 먹고살기 위해서 어떤 사람이 돈을 꾸고자 할 때는 절대 이자를 받지 말고 빌려 주거나 그냥 주라는 것입니다. 음식을 사거나 추위를 피하려고 의복을 사기 위해 돈을 빌리는 자에게는 절대 이자를 받아서는 안 되고, 대신 그것을 산업 자금으로 쓰고자 할 때, 공장을 돌린다거나 장사 밑천으로 이용하고자 할 때는 돈을 빌려 주고 정당한 이자를 받을 수 있다고 가르쳤습니다. 그래서 칼뱅 이후에 이자는 신학적으로도 정당한 것으로 이해했습니다.

성경을 좀더 자세히 보면, 이자를 금하는 첫 번째 이유는 가난한 자를 보호하기 위한 것이었습니다. 출애굽기 22장 25절에서 보았듯이 가난한 사람들이 이자 때문에 압박받지 않도록 이자놀이를 하지 말라고 했습니다. 시편 15편에 보면 "여호와여 주의 장막에 머무를 자 누구오며 주의 성산에 사는 자 누구오니이까"(시 15:1)라고 하면서 누가 주의 자녀이며 누가 주의 성산에 사는 자인지 묻고 나서 "정직하게 행하며 공의를 실천하며 그의 마음에 진실을 말하며 그의 혀로 남을 허물하지 아니하고 그의 이웃에게 악을 행하지 아니하며 그의 이웃을 비방하지 아니하며 그의 눈은 망령된 자를 멸시하며 여호와를 두려워하는 자들을 존대하며 그의 마음에 서원한 것은 해로울지라도 변하지 아니하며"(시 15:2-4)라고 여러 부류의 사람들에 대해서 이야기하고 있습니다. 그러고는 이어서 "이자를 받으려고 돈을 꾸어 주지 아니하며 뇌물을 받고 무죄한 자를 해하지 아니하는 자이니 이런 일을 행하는 자는 영원히 흔들리지 아니하리이다"라고 가르치고 있습니다.

아모스 5장 11절을 보면 "너희가 힘없는 자를 밟고 그에게서 밀의 부당한 세를 거두었은즉 너희가 비록 다듬은 돌로 집을 건축하였으나 거기 거주하지 못할 것이요 아름다운 포도원을 가꾸었으나 그 포도주를 마시지 못하리라"라는 말씀이 있습니다. 여기서도 마찬가지 의도를 볼 수 있습니다. 부당한 세금을 취하고 가난한 자를 착취해서 집을 짓거나 포도원을 경작하더라도 오래가지 못할 것이다, 왜냐하면 그것이 가난한 자들의 압제 위에 세워진 것이기 때문에 하나님이 심판하시겠다는 내용입니다. 그러니까 가난한 자들을 보호하기 위해서 이자를 받고 돈을 빌려 주는 것을 금했다는 것입니다.

사실 이것보다 더 중요한 두 번째 이유는, 앞서 읽은 레위기 25장 35-38절에 있습니다. "네 형제가 가난하게 되어 빈손으로 네 곁에 있거든 너는 그를 도와 거류민이나 동거인처럼 너와 함께 생활하게 하되 너는 그에게 이자를 받지 말고 네 하나님을 경외하여 네 형제로 너와 함께 생활하게 할 것인즉 너는 그에게 이자를 위하여 돈을 꾸어 주지 말고 이익을 위하여 네 양식을 꾸어 주지 말라 나는 너희의 하나님이 되며 또 가나안 땅을 너희에게 주려고 애굽 땅에서 너희를 인도하여 낸 너희의 하나님 여호와이니라." 신명기 23장 19-20절에서도 이와 관련된 것을 볼 수 있습니다. "네가 형제에게 꾸어 주거든 이자를 받지 말지니 곧 돈의 이자, 식물의 이자, 이자를 낼 만한 모든 것의 이자를 받지 말 것이라 타국인에게 네가 꾸어 주면 이자를 받아도 되거니와 네 형제에게 꾸어 주거든 이자를 받지 말라 그리하면 네 하나님 여호와께서 네가 들어가서 차지할 땅에서 네 손으로 하는 범사에 복을 내리시리라." 여기 나오는 마지막 이야기에 관심을 가져 봅시다. "…네 형제에게 꾸어 주거든 이자를 받지 말라 그리하면 네 하나님 여호와께서 네가 들어가서 차지할 땅에서 네 손으로 하는 범사에 복을 내리시리라"라는 것과 레위기 25장 38절 "나는 너희의 하나님이 되며 또 가나안 땅을 너희에게 주려고 애굽 땅에서 너희를 인도하여 낸 너희의 하나님 여호와니라"를 주의해서 보십시오. 이스라엘 백성이 형성되고 그들이 가나안에 살도록 한 것이 하나님이시라고 말하고 있습니다. 너희에게 재물을 주신 분이 누구냐, 너희들이 먹고살 수 있도록 한 것이 누구 때문이냐? 여호와 하나님이십니다. 이스라엘 백성은 오직 여호와의 축복으로 사는 사람들이므로 돈이나 식물에서 오는 이득으로 재물을 축적하려고 하지 말라, 하나님이 모든 것에 복 주시겠다고 말씀하십니다. 이스라엘 백성들끼리는 이자 돈을 받지 말라고 하시지만 이자 자체가 곧 악이라고는 할 수 없다는 것이 방금 읽은 구절에 나옵니다. 신명기 23장 20절 "타국인에게 네가 꾸어 주면 이자를 받아도 되거니와 네 형제에게 꾸어 주거든 이자를 받지 말라…" 왜냐하면 이스라엘은 하나님의 축복으로 살아가는 백성이므로 이자를 통해 재물을 축적하지 말라는 것이고 타국인에게는 이자를 받아도 가하다는 말을 하고 있습니다.

이스라엘은 일종의 신정국가적인 체제였고 현재 우리는 그와 동일한 상황에 처해 있지 않습니다. 그렇기 때문에 이자가 부당하지는 않다는 것이 칼뱅의 또 다른 논지입니다. 그래서 칼뱅은 먹고살기 위해서 돈을 빌려 준 경우에는 이자를 받아서는 안 되고, 산업 자금을 위해서는 가능하다고 하는 것입니다. 그리고 이자를 지나치게 많이 받아서도 안 된다는 제한을 하고 있습니다. 그럼에도 우리는 재물에 대해 끝없는 관심을 갖습니다. 어떤 방식으로든지 돈을 더 벌고자 하고 또 돈이 우리의 미래를 보장을 해 주리라는 기대를 하게 됩니다. 왜 그렇습니까? 우선 우리가 이 땅에서 살아갈 때 돈만큼 확실하게 우리의 존재를 보장해 주는 것이 없어 보이기 때문입니다. 형제도 배반하고 부모도 배반하고 다 배반하지만 돈만은 배반하지 않을 것같이, 돈은 이 세상에 있는 것 중 가장 견고한 것같이 보입니다. 앞서 살펴본 마태복음 6장에서 너희가 하나님과 돈, 둘 중 하나를 섬겨야지 같이 섬기지는 못한다고 말하고 있습니다. 이때 재물이라는 말이 그리스어 성경에 '맘몬'이라고 되어 있습니다. '맘몬'에 관해서는 앞서 1계명을 다룰 때 설명한 적이 있습니다.

그러면 우리가 돈의 우상에 빠지지 않으려면 어떤 태도를 취해야 합니까? 돈의 힘을 약화시키는 것밖에 없습니다. 돈의 힘이라는 것은 '거래 관계'에 근거합니다. 거래 관계라고 하는 것이 없다면 돈은 아무 쓸모없는 종이입니다. 그러므로 거래 관계가 개입하는 모든 것에는 돈이 개입될 수 있고 돈이 힘을 발휘할 수 있습니다. 그렇다면 돈의 힘을 약화시키는 방법은 거래 관계를 벗어난 관계를 형성하는 것입니다. 모든 것이 거래 관계라면 돈의 힘에 짓눌릴 수밖에 없습니다. 거래 관계를 벗어나는 관계를 성경에서는 '은혜'라는 말로 표현하고 있습니다. 고린도후서 8장 1-2절에서 바울은 "형제들아 하나님께서 마게도냐 교회들에게 주신 은혜를 우리가 너희에게 알리노니 환난의 많은 시련 가운데서 그들의 넘치는 기쁨과 극심한 가난이 그들의 풍성한 연보를 넘치도록 하게 하였느니라"라고 하면서 4-6절에서 "이 은혜와 성도 섬기는 일에 참여함에 대하여 우리에게 간절히 구하니 우리가 바라던 것뿐 아니라 그들이 먼저 자신을 주께 드리고 또 하나님의 뜻을 따라 우리에게 주었도다 그러므로 우리가 디도를 권하여 그가 이미 너희 가운데서 시작하였은즉 이 은혜를 그대로 성취하게 하라 하였노라"고 말합니다. 여기에 은혜라는 말이 계속 나오는데 곧 성도를 위해서 거저 준 연보를 두고 한 말입니다. 연보를 '은혜'란 말로 표현했고 그것을 곧 '성도 섬기는 일'이라고 불렀습니다. '연보'가 곧 코이노니아, 성도의 교제입니다. 연보가 성도의 교제요, 거저 주는 것, 곧 은혜입니다. 그리고 8-9절에 가서 "내가 명령으로 하는 말이 아니요 오직 다른 이들의 간절함을 가지고 너희의 사랑의 진실함을 증명하고자 함이로라 우리 주 예수 그리스도의 은혜를 너희가 알거니와 부요하신 이로서 너희를 위하여 가난하게 되심은 그의 가난함으로 말미암아 너희를 부요하게 하려 하심이라"라고 하였습니다. 여기서 그리스도가 우리를 위해서 돌아가시고 거저 주신 은혜와 가난한 형제를 돕기 위해서 낸 연보를 같은 것으로 보고 있습니다. 예수님이 값을 주고 우리를 피로 사셨다는 것은 우리와 예수님의 관계는 전혀 거래 관계가 아니라는 것입니다. 거저 주는 것! 은혜, '카리스'(*charis*)는 '거저 준다, 공짜다'라는 말입니다. 거래 관계에서는 공짜로 주는 것이 있을 수 없습니다. 그래서 돈의 힘에서 벗어나기 위해서는 거래 관계를 벗어난 삶을 살 수 있어야 합니다.

4. 도둑질하지 않기 위해서 무엇을 해야 하는가?

8계명은 도둑질하지 말라는 내용입니다. 도둑질에는 여러 가지가 있습니다. 남의 물건을 훔친다든지, 공금을 횡령한다든지, 뇌물을 받는다든지 또는 가짜 물건을 만든다든지, 부실 공사를 한다든지, 커닝을 한다든지, 자기가 가진 그 이상의 것으로 포장하고, 자기가 가지지 않은 남의 것을 탈취하는 모든 것이 도둑질에 속합니다.

사실 우리에게는 자기가 가진 것보다 더 많은 것을 가지려 하고 또 자기에게 있는 것보다 더 많이 있는 것처럼 보이려는 경향이 있습니다. 9계명을 공부하면서 좀더 살펴보겠지만, 이것은 거짓과 관련된 것일 수 있습니다. 재산이든 실력이든 남들이 가진 것보다 훨씬 더 많이 가진 것처럼 보이고자 하는 일종의 자기 과시, 자기를 내세우고자 하는 자기 주장, 그래서 남보다 더 많은 힘을 발휘하고 남의 인정을 받고자 하는 욕심, 욕구들이 도둑질의 근본 이유일 수 있습니다. 그 다음은 역시 탐심일 것입니다. 자기 것에 대해 자족하지 않고 남의 것에 탐욕을 품고 욕심을 갖는 것입니다. 그래서 8, 9, 10계명이 서로 연결되어 있습니다.

그러면 성경에서는 도둑질하지 않기 위해서는 어떻게 해야 한다고 가르치는지 정리해 보겠습니다. 성경은 도둑질하지 않기 위해서 열심히 일해야 한다고 가르칩니다. 에베소서 4장 28절 말씀에 "도둑질하는 자는 다시 도둑질하지 말고 돌이켜 가난한 자에게 구제할 수 있도록 자기 손으로 수고하여 선한 일을 하라"라고 했습니다. 재산을 모으든지 실력을 쌓든지 아니면 명성을 얻든지 간에 이 모든 것은 일의 소산, 노력의 결과여야 하지 도둑질한 것의 결과여서는 안 된다는 것입니다. 열심히 땀 흘려서 일을 해야 한다는 것입니다. 아마 열심히 땀 흘려 일하지 않고도 재산을 더 많이 늘리려고 하거나 더 많은 실력이 있는 것처럼 보이고자 하면 필연적으로 도둑질을 할 수밖에 없습니다. 물건을 만들 때도 마찬가지입니다. 좀더 많은 돈을 벌기 위해서 충분히 노력하거나 정성을 들이지 않고 물건을 만들 수 있습니다. 결국은 불량품을 만들면 생산율도 떨어지고 그러면 장사가 되지 않을 것이 뻔한데도 불량품을 만들어 내기도 합니다.

그런데 일한다는 것은 고통스럽습니다. 그래서 아담과 하와가 불순종한 후에 하나님이 주신 벌이 땀 흘려서 일해야 한다는 것이었습니다. 사실 일한다는 것은 벌이 아닙니다. 오히려 에덴동산을 만드시고 나서 하나님이 축복하시면서 이 동산을 가꾸고 지키라고 하셨는데 이것은 노동 명령입니다. 그런데 이 노동이 괴로워진 이유는 불순종의 결과 때문입니다. 실컷 일해도 그만큼의 결과를 얻지 못하고, 일이 즐겁기보다는 괴로움이 더 따르는 것은 죄의 결과 때문이지 노동 자체 때문은 아닙니다. 어떻게 보면 역설적인 것이, 같은 일을 하더라도 먹고살기 위해서 하는 일이 더 괴롭습니다. 가령 축구를 생각해 봅시다. 아무 생각 없이 신나게 공을 차는 아이들은 즐겁기만 합니다. 그렇지만 프로 축구선수들에게는 공을 차는 것이 매일 항상 즐거운 일은 아닐 수도 있습니다. 이 세상 모든 일이 다 그렇습니다. 먹고사는 문제와 관련된 것은 괴로운 일들입니다. 어떻게 보면 자기가 가장 좋아하고 즐거워하는 일은 직업으로 삼으면 안 될 것 같기도 합니다. 이렇듯 이 세상 일에는 역설적인 것들이 있습니다. 이 괴로움이 성경에서 보면 죄 탓입니다. 가장 이상적인 상태는 일을 해도 괴롭지 않고 거기서 즐거움을 얻는 것입니다. 그래서 놀이와 일이 분리되지 않고 일 자체가 놀이가 될 수 있을 때가 가장 이상적인 상태일 것입니다. 그러나 아직까지 죄 아래에 있는 현재의 우리 시대에서는 가능하진 않습니다.

　어느 날 저희 아이와 대화중에 저는 "나는 살아오면서 돈을 벌려고 한 적이 없는 것 같다"고 말했습니다. 30대 중반까지 공부를 했고, 그 뒤에는 교수가 되어 또 계속 공부하고, 글을 쓰고, 가르치는 일을 해 왔습니다. 그런데 돈을 벌기 위해 이 일을 한다고 생각해 본 적이 없습니다. 제가 공부하고, 글을 쓰고, 가르치니까 돈을 받게 된 것이지 제가 돈 받기 위해서 공부하고, 글 쓰고, 가르친 것이 아니기 때문입니다. 그러자 아이가, 만일 월급을 주지 않았다면 가르쳤겠느냐고 물었습니다. 그렇지는 않았겠지요. 그러나 월급 받는 것이 제가 공부하는 이유는 아닙니다. 만일 그랬다면 지금처럼 하지 않고 적당히 해도 얼마든지 월급은 받을 수 있었겠지요. 제가 애써 노력하고, 땀 흘리는 것은 제가 은사로 받은 일을 하는 것이 무엇보다 재미있고 좋기 때문입니다. 생각하고, 묻고, 읽고, 쓰는 것이, 때로는 힘이 들기는 하지만, 참 좋습니다. 그래서 하는 것이지요.

호사스러운 이야기인 줄 압니다만 세상에는 돈 벌기 위해서 하는 것이 아니라 그 일을 하니까, 큰돈은 아니지만 먹고살고 아이들 키울 만큼은 돈이 주어지는 경우가 있음을 말씀드리기 위한 것입니다.

두 번째 성경의 가르침은 빌립보서 4장 11절에서 보듯이 도둑질하지 않으려면 일단 우리가 가진 것에 스스로 만족할 수 있어야 합니다. 어떤 형편이든지 내가 자족하기를 배웠다고 바울 사도는 말합니다. 비천에 처할 줄도 알고 풍부에 처할 줄도 알아서 배고픔과 궁핍과 모든 것을 견뎌낼 수 있는 일체의 비결을 배웠다고 합니다. 자족한다는 것은 무슨 말입니까? 어떤 상황에 처하든지 그 상황을 하나님이 주신 줄 알고 만족하는 것입니다. 만족하지 못할 때, 그 상황을 극복하려는 마음이 생길 수 있는데 이 마음이 자신의 능력 안에서 이루어진다면 생산적이 될 수 있습니다. 어떤 경우는 완전히 자신의 상태에 만족하는 것보다 어느 정도는 자신에게 불만을 갖는 것이 발전하는 길일 수도 있습니다. 만일 이것이 없다면, 예를 들어 사업하시는 분이 상황에 완전히 만족해서 선한 방식으로 좀더 많은 이익을 거두려고 하지 않는다면 사업은 발전하지 않을 것이고 마침내는 문을 닫게 될 수도 있습니다. 그러므로 어느 정도의 목표가 설정될 수 있어야 하고 어느 정도는 현재 상태보다는 좀더 나은 것을 추구하려는 노력이 있어야 합니다. 여기서 자족을 이야기하는 것은 이런 것조차 하지 말라는 말이 아닙니다.

바울이 가르치는 자족은 두 가지 전혀 다른 상황에서의 자족입니다. 하나는 빈곤한 상황입니다. 바울은 전도 여행을 다니면서 옥에 갇히기도 하고, 매를 맞기도 하고, 쫓겨나기도 했습니다. 이런 상황에서도 불만스럽게 생각하지 않고 만족할 수 있는 것이 자족입니다. 감옥에 갇힌 사람이 그 상황을 만족하지 않는다면 감옥을 나가려고 할 것이고 탈옥이라도 시도하게 될 것입니다. 그런데 그런 태도를 취하지 않고 그런 상황조차 하나님이 주신 줄 알고 만족했다는 말입니다. 또한 풍부에 처할 줄도 알았다고 합니다. 많은 것을 누릴 줄도 알았다는 말입니다. 가난한 것으로만 자족한 것이 아니라 많이 주어졌을 때에도 주어진 것으로 만족할 줄 알았다는 것입니다. 칼뱅은 8계명을 설명하면서 두 번째 경우의 자족을 더 강조하고 있습니다. 우리가 비천한 가운데서는 만족할 수 있지만 부요한 가운데서 만족하는 것이 사실은 더 힘들다는 것입니다. 왜냐하면 비천한 것은 하나님이 주신 시련이라고 생각하면서 견딜 수가 있는데, 많은 것이 주어져서 풍부한 경우는 그것을 복으로 생각하고 만족하는 것이 아니라 더 많이 가지려고 탐심을 품을 수 있다는 것입니다. 우리가 많이 가졌든 적게 가졌든 그 상황에 대해서 만족할 수 있어야 이 8계명을 지킬 수 있습니다. 우리의 상황에 만족하면서 우리에게 주어진 힘과 능력과 모든 것을 다해서 우리의 부를 늘릴 수가 있고 더 많은 노력을 해서 더 좋은 결과를 얻으려고 할 수는 있습니다. 그러나 이때조차도 우리에게 필요한 것은 자족하는 마음입니다. 그렇지 않다면 사람이 상합니다. 더 많은 것을 얻으려 하고, 더 많은 것을 가지려 할 경우, 항상 자신의 현재 상태에 대해 불만을 품게 되고, 이것은 결국 자신과 타인에게 상처를 주게 됩니다. 그러므로 온전한 삶을 위해 필요한 것은 자족입니다.

세 번째로 도둑질하지 말라는 것은 타인의 것을 존중해야 한다는 것입니다. 내 것과 네 것을 구별할 수 있어야 합니다. 도둑질하지 말라는 계명 자체가 내 것과 네 것의 구별이 있음을 전제하고 있습니다. 이 전제가 없다면, 남의 것을 가져다 쓴다고 해도 그것은 도둑질이 아닐 것입니다. 어떤 사람들은 초대교회의 상태, 즉 유무상통(有無相通)한 것을 보고는 원시 공산사회라고 부르기도 합니다. 그러나 성경을 자세히 읽어 보면 그것은 공산주의 상태가 아닙니다. 사도행전 2장에 보면 "믿는 사람이 다 함께 있어 모든 물건을 서로 통용하고 또 재산과 소유를 팔아 각 사람의 필요를 따라 나눠 주며"(행 2:44-45)라는 기사가 나옵니다. 여기서 마르크스주의의 중요한 구호가 된 "능력에 따라 일하고 필요에 따라 나누어 준다"는 원칙이 나왔습니다.

그런데 사도행전 5장에서 아나니아와 삽비라의 이야기를 보십시오. "아나니아라 하는 사람이 그의 아내 삽비라와 더불어 소유를 팔아 그 값에서 얼마를 감추매 그 아내도 알더라 얼마만 가져다가 사도들의 발 앞에 두니 베드로가 이르되 아나니아야 어찌하여 사탄이 네 마음에 가득하여 네가 성령을 속이고 땅 값 얼마를 감추었느냐 땅이 그대로 있을 때에는 네 땅이 아니며 판 후에도 네 마음대로 할 수가 없더냐 어찌하여 이 일을 네 마음에 두었느냐 사람에게 거짓말한 것이 아니요 하나님께로다"(행 5:1-4). 이것은, 땅이 네 것이었으면 판 후에도 역시 네 소유이므로 네가 마음대로 할 수 있는 것이지 (공산주의 사회처럼) 모두 다 헌납하거나 귀속시키라고 하는 것이 아니지 않느냐는 말입니다. 아나니아는 그렇게 오해를 했을 수도 있습니다. 성령 충만한 이후에 모든 사람이 자신의 재산을 팔아서 유무상통하고 필요한 사람에게 나눠 주니까 자신도 그렇게 해야 하는 줄만 알고 팔기는 했는데, 전부 내어 놓기는 아까워서 일부를 숨기고 사도에게 온 것일 수 있습니다. 그런데 베드로의 이야기가

"땅이 그대로 있을 때에는 네 땅이 아니며 판 후에도 네 마음대로 할 수가 없더냐…" 그러니까 결국 그것은 너의 소유이지 공동의 소유는 아니다, 라고 하는 것입니다. "…어찌하여 이 일을 네 마음에 두었느냐 사람에게 거짓말한 것이 아니요 하나님께로다." 결국 아나니아는 죽게 됩니다.

우리는 타인의 것과 내 것의 구별을 존중해야 합니다. 성경에서 사유재산 제도를 인정한다고 해서 가진 사람들이 철저하게 자기 것을 주장하고 남에게 내놓아서는 안 된다고 가르치는 것은 아님을 동시에 기억해야 합니다. 요즘 흔히 자본주의 사회에서 자기가 가진 것을 가지고 자기 마음대로 하는 것은 당연하다고 말하는데, 자본주의 사회가 절대적인 사회도 아니며 자본주의 체제가 하나님이 세우신 수정 불가능한 체제도 아닙니다. 우리가 실험해 본 결과 그래도 이 체제가 개인의 재산과 인격을 보호할 수 있는 방법이고 더 많은 생산성을 얻을 수 있는 제도라고 하는 것이지, 하나님이 처음부터 자본주의 제도를 주셔서 반드시 고수하라고 하신 것은 아닙니다. 자본주의 제도는 얼마든지 수정될 수 있고 이것이 불의할 때는 부정될 수도 있습니다. 그리고 사실상 자본주의 역사는 수정되어 온 역사입니다. 사회주의가 등장하자 사회주의의 영향을 많이 받아서 자본주의 내에 있는 굉장한 병폐가 수정되었습니다. 사회주의가 몰락한 지금, 특히 금융 중심의 자본주의는 큰 위기를 맞이하고 있습니다. 노동이나 기술, 지식의 개발보다는 돈으로 돈을 벌고자 하는 탐심이 오늘의 자본주의를 위기에 몰아넣고 있습니다.

그래서 우리가 네 번째로 이야기할 수 있는 것은, 네 것과 내 것이 구분되면서도 동시에 나누어 가질 것을 성경은 말하고 있다는 것입니다. 로마법 전통에서는 정의(justice)를 '각자의 것은 각자에게 나누어 주는 것'(suum cuique distributare)이라고 표현했습니다. '정의로운' 사람이라고 할 때는 의협심이 강하거나 용감한 사람을 의미하지만 이와는 조금 달리 우리가 '정의로운 사회'라고 할 때는 법이 제대로 집행되는 사회와 네 것과 내 것이 정당하게 구분되고 존중되는 사회를 말합니다. 현대에 이르러 좀더 발전된 개념은 더 많이 필요한 경우에 더 많이 주는 것을 말합니다. 가진 사람보다는 가지지 못한 사람에게 더 많은 관심을 보이는 것이 훨씬 더 정의로운 것이라는 말입니다. 구약성경에 정의를 가리키는 말이 두 가지 있는데 '미쉬파트'와 '츠다카'입니다. '미쉬파트'는 공정한 것을 의미합니다. 신명기에 보면 부자라고 해서 봐주거나, 가난한 자라고 해서 재판에서 봐주는 일은 없어야 한다고 말합니다. 부자나 가난한 자나, 배운 사람이나 배우지 못한 사람이나 모두 공정하게 재판을 해야 한다는 것이 공정성이란 의미의 '미쉬파트'입니다. 또 다른 면으로 정의는 '츠다카'인데, 이것은 특별히 가지지 못한 자들에게 더 많은 관심을 가지는 것을 말합니다. 그래서 라인홀드 니버(Reinhold Niebuhr)는 이런 의미에서 정의는 '기득권이 없는 사람에 대한 편견된 사랑'(the biased love for the unpriviliged)이라고까지 표현을 했습니다.[7]

성경에는 말하는 정의 개념은 두 가지입니다. 모든 일에서 공정해야 하면서도 분배와 관련해서는 가지지 못한 자들에게 좀더 많은 혜택이 돌아가도록 해야 한다는 것입니다. 왜냐하면 많이 가진 자들은 조금 덜 갖게 되더라도 얼마든지 살아갈 수 있고, 가지지 못한 자들에게 좀더 주더라도 가진 자들에게 이를 수는 없습니다. 그래서 어느 정도 공평하게 된다는 것입니다. 이 원리를 현대에 와서 하버드 대학교의 정치철학 교수였던 존 롤즈(John Rawls, 1921-2002)가 '최소 수혜자의 최대 혜택'이라는 방식으로 표현했습니다.[8] 이 자체는 성경에서 나온 원리라고 저는 생각합니다. 로마법적인 방식으로 '네 것은 네 것이고 내 것은 내 것이다'만 아니라, 타인의 궁핍과 필요를 고려하는 정의 개념이라 할 수 있습니다.

다섯 번째, 8계명과 연관해 볼 수 있는 것은 검소, 절제와 관련된 것입니다. 많은 것을 바라는 사람에게는 사실상 어떤 것도 충분하지가 않고 적은 것을 바라는 사람에게는 매우 적은 것만으로도 충족될 수 있습니다. 많은 것을 바라는 사람에게 그 많은 것을 충족시킬 수 있는 방법이나 끝이 없습니다. 고린도전서 7장 31절을 보면 "세상 물건을 쓰는 자들은 다 쓰지 못하는 자같이 하라"라고 이르고 있습니다. 디도서 2장 11-12을 보면 좀더 분명합니다. "모든 사람에게 구원을 주시는 하나님의 은혜가 나타나 우리를 양육하시되 경건하지 않은 것과 이 세상 정욕을 다 버리고 신중함과 의로움과 경건함으로 이 세상에 살고"라고 되어 있습니다. 이 세상을 살아갈 때 먼저 버려야 할 것들은 버리고 취할 것들을 취하라는 말씀입니다. 경건하지 않은 것과 세상 정욕은 버리되, 신중함과 의로움과 경건함을 가져야 한다는 것이지요. 이때 신중함이란 문자 그대로는 '술 취하지 않고 깨어 있는 상태'를 말합니다. 칼뱅은 이것을 근검절약과 관련해서 보고 있습니다. 물건들을 지나치게 쓰지 않고 꼭 필요한 것만 취하는 것입니다. 물론 옷을 입더라도 그냥 천을 두르는 것이 아니라 장식할 수 있고 좀더 예쁘게 입어야 합니다. 음식을 먹더라도 요리를 해서 맛있고 보기 좋게 먹어야지요. 그렇지만 지나치지 말고 항상 근검하고 절약할 수 있어야 한다고 칼뱅은 강조합니다. 이렇게 해야 에베소서 4장 28절에서 보았듯이 남에게 나누어 여유분이 생깁니다. 우리가 모두 써 버리면 남는 것이 없습니다. 그리스도인들도 멋을 내고, 아담하고 예쁘게 집을 가꾸며 살 수 있습니다. 그러나 언제나 하나님이 이 모든 것을 주신 줄 알고 자족하면서, 검소하고 절제하며 사는 것이 그리스도인의 모습입니다.

9계명

1. 재판에서의 거짓 증언
2. 여러 가지 거짓말들
3. 거짓말을 할 수 있는 경우
4. 진실해야 할 의무

네 이웃에 대하여 거짓 증거하지 말라.

출 20:16

9계명도 6, 7, 8계명과 마찬가지로 짧은 문장으로 되어 있습니다. 자세한 설명 없이 간단하게 "네 이웃에 대하여 거짓 증거하지 말라"고 말합니다. 모든 종류의 거짓말을 금지하는 내용이 9계명에 담겨 있다고 봐야 합니다. 하지만 이스라엘 전통에서 9계명은 법정에서 재판을 할 때 이웃에 대해서 위증하지 말라는 것이 우선임을 기억할 필요가 있습니다.

1. 재판에서의 거짓 증언

이스라엘의 재판 제도에서는 증인의 역할이 매우 중요했습니다. 물론 오늘날에도 모든 재판에는 필요할 경우, 증인이 선서를 하고 법정에 서는 경우가 많지만 사람의 증언보다는 범죄에 사용된 칼이나 옷, 장갑 등을 찾아내거나 지문 채취 등 물증이 중요합니다. 그러나 과거 이스라엘에서는, 자세히 조사를 해야 하지만(신 19:18) 오늘처럼 이른바 '과학적 수사법' 같은 것은 없었습니다. 국가 체제를 갖추기 전에는 특별한 법정이 있던 것도 아니어서 재판은 성문 앞에서 했던 것으로 보입니다. 룻기 4장에서 보아스가 룻과 결혼하기 위하여 룻의 시집 유산을 성문 앞에서 재판을 통해 인수하는 과정을 보면 당시 재판이 어떤 형태였는지를 대략 그려 볼 수 있습니다.

거짓 재판이기는 하지만 증인에 대한 이야기를 열왕기상 21장에서 볼 수 있습니다. 아합 왕과 이세벨이 나봇의 포도원을 탐내서 그를 죽일 궁리를 하고 있었습니다. 7-10절을 보십시오. "그의 아내 이세벨이 그에게 이르되 왕이 지금 이스라엘 나라를 다스리시나이까 일어나 식사를 하시고 마음을 즐겁게 하소서 내가 이스르엘 사람 나봇의 포도원을 왕께 드리리이다 하고 아합의 이름으로 편지들을 쓰고 그 인을 치고 봉하여 그의 성읍에서 나봇과 함께 사는 장로와 귀족들에게 보내니 그 편지 사연에 이르기를 금식을 선포하고 나봇을 백성 가운데에 높이 앉힌 후에 불량자 두 사람을 그의 앞에 마주앉히고 그에게 대하여 증거하기를 네가 하나님과 왕을 저주하였다 하게 하고 곧 그를 끌고 나가서 돌로 쳐죽이라 하였더라." 이세벨이 계교를 꾸민 것입니다. 나봇을 앉히고 두 불량자를 증인으로 등장시켰습니다. 그들이 하나님과 왕을 나봇이 저주했다고 거짓 증언하여 나봇을 돌로 쳐 죽일 계략을 세운 것이지요. 그랬더니 11-15절에 그 뒤의 일에 대하여 이렇게 기록되어 있습니다. "그의 성읍 사람 곧 그의 성읍에 사는 장로와 귀족들이 이세벨의 지시 곧 그가 자기들에게 보낸 편지에 쓴 대로 하여 금식을 선포하고 나봇을 백성 가운데 높이 앉히매 때에 불량자 두 사람이 들어와 그의 앞에 앉고 백성 앞에서 나봇에게 대하여 증언을 하여 이르기를 나봇이 하나님과 왕을 저주하였다 하매 무리가 그를 성읍 밖으로 끌고 나가서 돌로 쳐 죽이고 이세벨에게 통보하기를 나봇이 돌에 맞아 죽었나이다 하니 이세벨이 나봇이 돌에 맞아 죽었다 함을 듣고 이세벨이 아합에게 이르되 일어나 그 이스르엘 사람 나봇이 돈으로 바꾸어 주기를 싫어하던 나봇의 포도원을 차지하소서 나봇이 살아 있지 아니하고 죽었나이다." 그래서 나봇의 포도원을 아합 왕이 취하였습니다. 어떤 물증이나 증거 없이 그냥 증인 두 사람을 세워서 이런 죄를 지었다고 말하게 만들고는 바로 돌로 쳐 죽게 한 것입니다. 거짓 증거가 무엇인지, 왜 하나님이 그것을 금하셨는지를 보여 주는 경우입니다. 증언은 사람을 살리기도 하고 죽이기도 할 수 있는 무서운 도구였습니다.

비슷한 예를 예수님의 재판에서도 볼 수 있습니다. 마태복음 26장 59-68절을 보십시오. "대제사장들과 온 공회가 예수를 죽이려고 그를 칠 거짓 증거를 찾으매 거짓 증인이 많이 왔으나 얻지 못하더니 후에 두 사람이 와서 이르되 이 사람의 말이 내가 하나님의 성전을 헐고 사흘 동안에 지을 수 있다 하더라 하니 대제사장이 일어서서 예수께 묻되 아무 대답도 없느냐 이 사람들이 너를 치는 증거가 어떠하냐 하되 예수께서 침묵하시거늘 대제사장이 이르되 내가 너로 살아 계신 하나님께 맹세하게 하노니 네가 하나님의 아들 그리스도인지 우리에게 말하라 예수께서 이르시되 네가 말하였느니라 그러나 내가 너희에게 이르노니 이후에 인자가 권능의 우편에 앉아 있는 것과 하늘 구름을 타고 오는 것을 너희가 보리라 하시니 이에 대제사장이 자기 옷을 찢으며 이르되 그가 신성모독 하는 말을 하였으니 어찌 더 증인을 요구하리요 보라 너희가 지금 이 신성모독 하는 말을 들었도다 너희 생각은 어떠하냐 대답하여 이르되 그는 사형에 해당하니라 하고 이에 예수의 얼굴에 침 뱉으며 주먹으로 치고 어떤 사람은 손바닥으로 때리며 이르되 그리스도야 우리에게 선지자 노릇을 하라 너를 친 자가 누구냐 하더라." 예수님의 재판에서도 증인 두 사람이 나서서 예수님이 성전을 헐고 사흘 만에 다시 지으리라 말하였다고 증언하였습니다. 예수님의 말을 왜곡한 것입니다. 예수님의 말은 부활을 두고 하신 말씀이었는데 이렇게 그들에게 전달이 되어서 예수님은 사형 판결을 받게 되었습니다.

그런데 어떤 근거에서 증인을 세워 사람을 죽게 하는 것입니까? 신명기 17장 6-7절을 보십시오. "죽일 자를 두 사람이나 세 사람의 증언으로 죽일 것이요 한 사람의 증언으로는 죽이지 말 것이며 이런 자를 죽이기 위하여는 증인이 먼저 그에게 손을 댄 후에 뭇 백성이 손을 댈지니라 너는 이와 같이 하여 너희 중에서 악을 제할지니라." 증인을 세우되 한 사람으로는 충분하지 않고 최소한 두 사람 이상은 되어야 했습니다. 신명기 19장 15절을 보면 "사람의 모든 악에 관하여 또한 모든 죄에 관하여는 한 증인으로만 정할 것이 아니요 두 증인의 입으로나 또는 세 증인의 입으로 그 사건을 확정할 것이며"라고 하여 복수 증인 제도를 말하고 있습니다. 그러므로 예수님의 재판에서 보는 것처럼 사람을 죽이려면 최소한 증인 두 사람만 확보하면 되는 것입니다. 증인의 역할이 이렇게 중요했습니다.

증거에 대해서 얼마나 무겁게 취급하고 있는지를 보여 주는 성경 구절들이 있습니다. 우선 하나는, 거짓 증언을 했는데 그것이 위증으로 밝혀지면 그 위증자가 그 죄를 덮어 써야 했습니다. 신명기 19장 16-19절 "만일 위증하는 자가 있어 어떤 사람이 악을 행하였다고 말하면 그 논쟁하는 쌍방이 같이 하나님 앞에 나아가 그 당시의 제사장과 재판장 앞에 설 것이요 재판장은 자세히 조사하여 그 증인이 거짓 증거하여 그 형제를 거짓으로 모함한 것이 판명되면 그가 그의 형제에게 행하려고 꾀한 그대로 그에게 행하여 너희 중에서 악을 제하라." 위증한 경우에는 자기가 위증한 내용대로 처벌을 받는다는 것을 보여 주고 있습니다. 뿐만 아니라 어떤 사람이 증언을 해서 한 사람이 죽임을 당하도록 하면 이때에 먼저 돌을 던져서 사람을 죽게 하는 것도 증인이 해야 하는 일이었습니다. 신명기 17장 7절 "이런 자를 죽이기 위하여는 (증인의 등장으로 어떤 사람이 죽임을 당하게 되면) 증인이 먼저 그에게 손을 댄 후에 뭇 백성이 손을 댈지니라." 군중심리라는 것이 있으니까 여러 사람이 돌을 던지는 중에 끼어서 돌 하나 던지는 것은 그리 어려운 일이 아니지만, 어려운 것은 처음 공격하는 사람입니다. 맨 처음에 공격한다는 것은 대단한 용기를 필요로 합니다. 물론 이 용기라는 것이 사악한 것일 수 있지만 용기가 있어야 일어서서 증언을 할 수가 있을 것입니다. 이와 같이 사람을 죽일 때에도 증언했던 그 사람이 먼저 돌을 들어 치도록 했습니다.

이처럼 9계명은 사람의 생명과 관련된, 매우 중요한 계명이었습니다. 그래서 잠언에서도 거짓 증거에 대해 이렇게 말하고 있습니다. "자기의 이웃을 쳐서 거짓 증거하는 사람은 방망이요 칼이요 뾰족한 화살이니라"(잠 25:18). 거짓 증언의 화살로 사람을 죽이는 것은 칼이나 방망이로 사람을 죽이는 것과 같다는 말입니다. 거짓 증거는 이렇게 무서운 살인 도구가 될 수 있습니다. 그렇기 때문에 증언을 한다는 것, 법정에서 이웃의 죄에 대해 증언한다는 것은 무겁고 중요한 일입니다.

그런데 현실적으로는 재판이 제대로 되지 않을 경우가 있습니다. 거짓 증인을 동원해서 재판이 잘못될 수도 있고 재판관이 뇌물을 받고 재판을 잘못할 수도 있습니다. 이런 경우 거짓 증언을 한 사람뿐 아니라 재판관도 9계명을 범한 것이 됩니다. 출애굽기 18장을 보면 모세의 장인 이드로가 모세가 재판하는 일로 격무에 시달리는 것을 보고 사람을 세우라고 충고합니다. 이드로가 중요하게 생각한 것은 세 가지 자질이었습니다. 출애굽기 18장 21-22절을 보십시오. "능력 있는 사람들 곧 하나님을 두려워하며 진실하며 불의한 이익을 미워하는 자를 살펴서 백성 위에 세워 천부장과 백부장과 오십부장과 십부장을 삼아 그들이 때를 따라 백성을 재판하게 하라 큰일은 모두 네게 가져갈 것이요 작은 일은 모두 그들이 스스로 재판할 것이니 그리하면 그들이 너와 함께 담당할 것인즉 일이 네게 쉬우리라." 하나님을 두려워하며 진실하며 불의한 이익을 미워하는 자, 이것이 재판을 맡은 사람의 자질입니다. 그렇지 않고서는 돈을 받거나, 연고에 이끌리거나, 자신의 이익을 위해서 판단하게 되고, 재판을 그르치게 됩니다.

신명기 16장 18-19절을 보면 이것이 더욱 강조되어 있습니다. "네 하나님 여호와께서 네게 주시는 각 성에서 네 지파를 따라 재판장들과 지도자들을 둘 것이요 그들은 공의로 백성을 재판할 것이니라 너는 재판을 굽게 하지 말며 사람을 외모로 보지 말며 또 뇌물을 받지 말라 뇌물은 지혜자의 눈을 어둡게 하고 의인의 말을 굽게 하느니라 너는 마땅히 공의만을 따르라 그리하면 네가 살겠고 네 하나님 여호와께서 네게 주시는 땅을 차지하리라." 재판에서 공의가 매우 강조되어 있습니다. 공의는 무엇보다 사람을 외모로 보지 않는 데 있습니다. 여기서 '외모를 보지 않는다'는 말은 문제된 사람이 가난한 자든, 부자든 따지지 않고 오직 사안 자체만을 공정하게 다루는 것을 두고 한 말입니다. 그리고 또한 공의는 뇌물을 받지 않는 데서 찾아볼 수 있습니다. 출애굽기 23장 1-3절에도 비슷한 얘기가 나옵니다. "너는 거짓된 풍설을 퍼뜨리지 말며 악인과 연합하여 위증하는 증인이 되지 말며 다수를 따라 악을 행하지 말며 송사에 다수를 따라 부당한 증언을 하지 말며 가난한 자의 송사라고 해서 편벽되이 두둔하지 말지니라." 레위기 19장 15절에도 "너희는 재판할 때에 불의를 행하지 말며 가난한 자의 편을 들지 말며 세력 있는 자라고 두둔하지 말고 공의로 사람을 재판할지며"라고 말합니다. 가난하다고 잘 봐주고, 힘이 있고 부자라고 더 잘 봐주지 말라는 것입니다. 오직 '미슈팟', 곧 공의로 재판하라는 것입니다. 오늘날의 표현으로는 공정성(fairness)입니다.

지금은 근대 국가 개념이 형성되면서 법질서에 못지않게 중요해진 것이 경제입니다. 그래서 국가의 이념이 법치국가에서 복지국가로 점점 전환되었습니다. 대통령의 역할도 법을 잘 지키고 집행하는 것뿐 아니라 경제를 잘 운용하는 일로 중점이 옮겨 갔습니다. 그래서 이른바 '경제 대통령'이 강조되고 있습니다. 대통령이 이제는 일종의 세일즈맨이 된 것이지요. 대학 총장도 그렇습니다. 과거에 대학 총장은 학자로서 탁월성을 인정받은 분이 하는 것으로 이해되었습니다. 그러나 이제 대학 총장은 대학발전기금을 많이 모을 수 있는 사람이어야 한다는 생각을 하게 되었습니다. 대학에서도 학문 자체보다 돈이 그만큼 중시된 탓입니다. 목사님도 마찬가지 아닙니까? 하나님 말씀을 잘 가르칠 뿐 아니라 말씀대로 철저하게 살아가는 분을 정말 좋은 목사님으로 생각하기보다는 설교를 재미있게 하고, 교인 수를 크게 늘리는 목사님을 좋은 목사로 생각하는 것이 우리의 풍조가 되었습니다. 재미와 숫자를 숭배하는 문화 때문입니다.

오늘날의 이런 문화와 달리 이스라엘에서는 통치자의 가장 중요한 역할이 바로 제대로 된 법집행이라고 생각했습니다. 법을 잘 집행하는 것은 재판에서 드러납니다. 그래서 솔로몬은 왕이 되었을 때 하나님께 지혜를 주시기를 간청했습니다. 지혜는 다름이 아니라 재판을 잘하는 지혜입니다. 왜냐하면 구약성경에서 지혜라는 말의 일차적 의미는 선과 악을 분별하는 능력이기 때문입니다. 무엇이 선이고 무엇이 악인지, 무엇이 옳고 무엇이 그릇된 것인지 판단하는 능력은 많이 배운다고 얻을 수 있는 것이 아닙니다. 물리학을 잘하고 수학을 잘한다고 해서 선과 악을 가려낼 수 없습니다. 수학과 물리학은 사물에 대한 지식의 문제지만, 선과 악을 잘 가려내는 일은 지식의 문제가 아니라 지혜의 문제입니다. 그래서 솔로몬은 하나님께 재물이나 건강이나 다른 명예보다는 지혜를 구한 것입니다. 지혜는 무엇이 옳은지, 무엇이 정당한지, 무엇이 선한지를 가려내고, 판단하고, 때와 장소에 따라, 적합하게 처신해야 할 지도자에게는 매우 중요한 자질입니다.

우리의 현실을 보면 안타까운 일이 많습니다. 유전무죄(有錢無罪) 무전유죄(無錢有罪)란 말이 있습니다. "돈이 있으면 죄가 없고 돈이 없으면 죄가 있다"는 말입니다. 우리 사회 풍조, 특히 사법과 관련된 관행을 풍자하고 있습니다. 돈 있고 권력 있는 사람들에 대해 재판하는 것을 보십시오. 재벌 총수치고 실형을 받아 감옥에 간 경우가 거의 없는 것이 우리 사회의 왜곡된 재판을 보여 줍니다. 우리나라에 통용되는 이른바 '전관예우'라는 것도 그렇습니다. 어떻게 전임 상관이 변호하는 재판이라고 이길 수 있고 그렇지 않은 경우는 지게 됩니까? 공의롭게 재판을 하지 않기 때문에 그렇습니다.

성경은 재판에 대해 거듭해서 공의롭게 하라고 명령합니다. 8계명에서도 언급했지만, 강조하기 위해 한 번 더 말씀드리겠습니다. 성경에는 두 가지 정의 개념이 있습니다. 하나는 특별히 가난한 사람, 가지지 못한 사람, 소외된 사람들에게 관심을 갖는 것입니다. 이른바 '사회적 약자'들이 혜택을 볼 수 있도록 사회제도나 경제 질서를 잡아 가는 것입니다. 그래야 약자들이 희생되는 일을 최대한 막을 수 있기 때문입니다. 이렇게 보면 성경에서 말하는 정의는 일차적으로 철저히 '희생자 중심'(victim-centered)입니다.[1] 또 다른 정의 개념은 지금 우리가 거론하고 있는 공의로서의 정의입니다. 가난한 자라고 해서 봐주거나 부자라고 해서 봐주어서는 안 된다는 것입니다. 그러므로 경제적 문제와 사회적 문제에서는 가난한 자들에게 혜택이 갈 수 있도록 하고 법을 집행할 때는 엄정하고 공정하게 하는 것이 정의롭다고 보는 것입니다.

네덜란드에 있을 때 저는 레이든 대학교 전임강사로 1년간 학생들을 가르친 적이 있습니다. 그때 제 봉급과 제 지도교수의 봉급을 비교해 보았습니다. 제 지도교수는 정교수 봉급에서 약 70퍼센트를 세금으로 냈습니다. 하지만 그렇게 하고도 실수령액은 전임강사인 제가 35퍼센트 정도의 세금을 내고 받는 실제 봉급보다도 세배는 많았습니다. 대학교수로 처음 시작한 사람과 정년을 앞둔 정교수의 차이였습니다. 중요한 것은 소득이 많으면 많을수록 사회적 기여를 그만큼 크게 하도록 만든다는 것입니다. 가진 것이 없으면 없을수록 사회적, 경제적 부담을 줄여 주는 것, 이것이 정의롭다고 생각하기 때문입니다.

지금까지의 내용을 요약해 보겠습니다. 첫째, 9계명의 기본 정신은 이웃 보호에 있습니다. 거짓 증거 때문에 이웃이 해를 받는 일이 없도록 하기 위함입니다. 거짓 증거는 이웃을 죽게 할 수도 있기 때문입니다. 둘째, 9계명은 법질서 자체를 지키기 위한 것이었습니다. 거짓 증거로 인해서 사실상 무너지는 것은 법 자체입니다. 법을 이용해서, 법을 통해서 사람을 죽인다면 사람뿐 아니라 법제도 자체가 죽습니다. 만일 법제도가 지켜지지 않는다면 6, 7, 8계명에서 얘기하는 것들도 제대로 보호될 수 없습니다. 도둑질한 사람에 대해서, 간음한 자에 대해서, 살인한 자에 대해서 무슨 근거로 재판을 할 수 있겠습니까? 사회제도라는 것 자체가 지켜질 수 없게 됩니다. 그러므로 하나님은 이웃에 대하여 거짓 증거하지 말라고 명령하십니다.

2. 여러 가지 거짓말들

그런데 9계명을 법정에서의 거짓 증거에 한정되는 것으로 생각한다면 9계명은 우리와 별로 상관이 없을 것입니다. 우리는 법정에 설 일이 거의 없기 때문에 거짓 증거할 일도 거의 없기 때문입니다. 그런데 성경을 보면 9계명이 단지 법정에서 거짓 증거하는 것에만 관계된 것이 아니라 우리 일상생활에서 할 수 있는 모든 종류의 거짓말과 관련되어 있음을 알 수 있습니다. 호세아서 4장 2절을 보면 당시 이스라엘 사람들이 저지르고 있던 범죄에 관해서 호세아가 이렇게 열거합니다. "오직 저주와 속임과 살인과 도둑질과 간음뿐이요 포악하여 피가 피를 뒤이음이라." "거짓 증거하지 말라"는 9계명이 여기서는 '속임', 곧 '거짓말하는 것'으로 번역되어 있습니다. 에베소서 4장 25절에서 "거짓을 버리고 각각 그 이웃과 더불어 참된 것을 말하라"라고 한 것을 보면 9계명이 단지 법정에서 하는 거짓 증거뿐 아니라 모든 종류의 거짓말과 관련되어 있다고 봐야 합니다.

"거짓 증거하지 말라"는 9계명의 내용을 좀더 포괄적으로 확장해 보면 무엇보다도 이웃의 이름, 이웃의 명예를 보호하라는 것과 관련된다고 할 수 있습니다. 6계명 "살인하지 말라"는 이웃의 생명을 보호하는 것이고, 7계명 "간음하지 말라"는 이웃의 순결과 남편과 아내의 신뢰 관계를 훼손하지 말라는 것입니다. 8계명 "도둑질하지 말라"는 이웃의 재산을 손상하지 말 것을 명령하고 있듯이 9계명은 이웃의 명예, 이웃의 좋은 이름을 해치지 말라는 것과 관련이 있습니다. 그렇게 하기 위해서는 무엇보다도 거짓 증거를 해서는 안됩니다. 두 번째는 다른 사람의 말을 왜곡되게 전해서는 안 됩니다. 세 번째는 남의 뒤에서 수군거리거나 모함해서는 안 됩니다. 네 번째는 제대로 들어 보지도 않고 남을 판단하지 말아야 합니다. 그리고 다섯 번째는 모든 종류의 거짓말과 모든 종류의 사기 치는 일을 해서는 안 됩니다. 오히려 진리를 사랑하고 정직하게 말하고 고백해야 하고 이웃의 명예와 이웃에 대한 선한 소식이 다른 사람에게 전해지도록 최선을 다해서 노력해야 합니다. 그러므로 단지 법정에서 하는 거짓 증거뿐 아니라 남의 뒤에서 수군거리거나 중상모략하거나 거짓말하는 것이 9계명이 금지하는 것에 모두 포함되어 있다고 우리는 이해해야 할 것입니다.[2] 이 가운데 몇 가지를 간단하게 생각해 보도록 하겠습니다.

먼저 수군거림에 대한 것입니다. 수군거림 자체는 거짓말이 아닙니다. 그런데 이것이 어떤 경우에는 잘못될 수가 있습니다. 다른 사람에 관해 말할 때 좋은 이야기는 그렇게 많지 않습니다. 오히려 나쁜 이야기만 많이 할 수가 있고 이렇게 다른 사람에 대해 수군거리면서 얘기하는 사람은 그렇게 하는 것을 즐길 수가 있습니다. 로마서 1장 28-32절을 보면 여러 죄 가운데 수군거리고 남을 비방하는 죄가 들어 있습니다. 뒤에서 수군거리거나 흉보는 일을 해서는 안 된다는 것이 9계명 내용 중에 포함된 줄 알고 삼가는 것이 좋습니다.

성급한 판단의 경우는 제대로 검토해 보지 않은 채 소문만 듣고 어떤 사람이나 일을 판단하는 것입니다. 구약성경 사무엘하 16장 1-4절에서 그런 예를 찾아볼 수 있습니다. 요나단의 아들 므비보셋의 하인 시바가 주인을 모함했습니다. 자기 아버지의 나라, 자기 할아버지의 나라를 자신이 되돌려 받겠다는 말을 므비보셋이 했다는 것이지요. 다윗은 이것에 대해 정확히 알아보지도 않고 시바의 말을 그대로 믿었습니다. 성급한 판단을 했던 것입니다. 그래서 시바에게 이르기를 므비보셋에게 있는 것이 모두 네 것이라고 하고 므비보셋의 재산을 전부 압수해서 그 하인 시바에게 주었습니다. 모함이고 위증임에도 다윗이 제대로 챙기지 못한 것입니다. 그러나 나중에는 친구 요나단과 한 약속 때문에 다윗은 친구의 아들이요 지체 장애가 있던 므비보셋을 끝까지 보호합니다. 신문이나 텔레비전 보도 혹은 남이 한 말만 듣고 쉽게 판단할 수 있습니다.

꽤 오래 전 헤이코 오버르만(Heiko Oberman)이라는 유명한 종교개혁 연구가가 서울에 와서 칼뱅에 관한 강의를 했습니다. 그 자리에는 어느 교단 신문 기자들이 있었는데, 뒤에 그 신문에 나온 기사에는 엉터리가 많았습니다. 그런데 그 신문만 읽은 사람들은 그 기사가 모두 사실인 줄 알았을 것입니다. 그때 그곳에 있었던 저는 현장에서는 전혀 일어나지 않은 이야기가 기사로 적혀 있는 것을 보고 놀랐던 기억이 있습니다. 이런 일들이 비일비재하게 일어나곤 합니다. 우리가 잘 알고 있거나 개입된 일과 관련해서 신문이나 방송에 잘못 보도되는 경우를 많이 봅니다. 그래서 사람들은 우리가 사는 이 시대를 '루머의 시대'라고 말하기도 합니다. 실제로 무엇이 일어났는지 직접 가 볼 수 없고 확인할 수도 없기 때문에 약간씩은 조작된 이야기들이 마치 사실인 양 알려지곤 합니다. 신문을 읽거나 방송을 들을 때, 또는 인터넷을 통해 기사나 소식을 접할 때, 우리는 신중하게 듣고 신중하게 판단을 내려야 합니다.

우리가 살아가는 데는 객관적인 태도가 필요합니다. 무엇이 사실인지 알려고 노력하며 나의 이해관계와 어느 정도 거리를 두고 사태를 분석할 수 있어야 합니다. 그런데 우리는 자칫 그렇게 하지 못할 수가 있습니다. 항상 내가 보는 관점에서, 나의 이익과 관련해서 사물과 사람을 판단하는 경향이 있습니다. 내가 좋아하는 사람은 모든 것이 좋아 보이고, 싫어하는 사람은 무엇을 해도 옳지 않아 보일 수 있습니다. 그러므로 자기가 싫어하는 사람일지라도 객관적 입장에서 이해하려고 애써야 합니다. 객관성이라는 것은 거리를 두고 사물을 판단하는 것입니다. 약간의 거리를 두고 사물의 요모조모를 따져서 공정하게 판단한다는 말입니다. 그래서 네덜란드의 철학자 도이여베이르트(Herman Dooyeweerd)는 객관성을 유지하는 것을 하나의 윤리적 덕목으로 보았습니다.[3] 우리가 연구를 하고 이론을 검토하거나 세워 나갈 때, 어떤 일을 보도하거나 사실을 제보할 때, 어떤 사람에 관해서 이야기할 때, 공정한 태도를 취해야 한다는 것입니다.

그런데 한걸음 물러나, 우리 인간이 도대체 어떤 존재인지 생각해 보십시오. 사람에게는 거짓말을 하고자 하는 유혹이 있습니다. 남에 관해서 이야기를 하되 조금 나쁘게 말하려는 성향이 있습니다. 좋은 말을 해주면 좋을 그런 자리에서도 나쁜 말을 하거나 아니면 거짓말을 해서 남을 곤경에 빠뜨리고자 하는 성향이 누구에게나 조금씩은 있습니다. 잠언 18장 8절에 "남의 말 하기를 좋아하는 자의 말은 별식과 같아서 뱃속 깊은 데로 내려가느니라"라고 했습니다. 똑같은 말씀이 26장 22절에도 있습니다. 남에 관해서 하는 말, 특히 남에 관해서 하는 나쁜 말은 별식처럼 아주 맛있다는 것입니다. 뱃속 깊이 내려간다는 말은 무엇입니까? 소화를 잘 시켜서 온몸에 깊은 영향(물론 나쁜 영향)을 주어 우리 삶에 미치게 된다는 말입니다.

야고보서 3장 2절을 보면, 혀를 큰 배를 움직이는 키, 곧 방향타에 비교하고 있습니다. 조그마한 방향타가 큰 배를 움직이듯이 우리 몸의 작은 혀가 사람의 온 삶을 다스리고 있습니다. 그래서 6절에 "혀는 곧 불이요 불의의 세계라 혀는 우리 지체 중에서 온 몸을 더럽히고 삶의 수레바퀴를 불사르나니 그 사르는 것이 지옥 불에서 나느니라"라고 말합니다. 혀는 모든 것을 다 태워 버릴 수 있다는 것이지요. 그래서 말의 실수가 없는 자가 곧 온전한 사람이라고 가르칩니다. 또 같은 혀를 통해서 하나님을 찬양하기도 하고 하나님의 형상으로 지음받은 사람을 저주하기도 한다고 말합니다.

야고보서 1장을 보면, 우리가 혀를 통제한다는 것, 곧 이웃에 대해서 나쁜 말을 하지 않고 중상모략하지 않고 거짓말하지 않는 것, 말에 있어서 우리가 지켜야 할 것을 지키는 것을 경건과 관련지어 이야기하고 있습니다. 야고보서 1장을 보면 경건에 대해서 세 가지를 열거하고 있습니다. "누구든지 스스로 경건하다 생각하며 자기 혀를 재갈 물리지 아니하고 자기 마음을 속이면 이 사람의 경건은 헛것이라"(야 1:26). 첫째, 경건은 혀를 재갈 물리는 것이라 했습니다. 말을 해야 할 때 하고, 말을 하지 말아야 할 때는 말을 하지 않는 것, 이것이 바로 경건이라는 말입니다. 다른 사람에 관해서 이야기할 때 좋은 말을 하고 거짓말을 하지 않는 것이 곧 경건입니다. 둘째, 경건은 환난 중에 있는 고아와 과부를 돌아보는 것이고, 셋째, 경건은 자기를 지켜 세속에 물들지 않는 것이라고 소개하고 있습니다.

신약성경에는 경건이라는 말이 두 가지로 표현되는데 하나는 '유세베이아'(eusebeia)로 '하나님을 두려워한다'는 의미이고, 야고보서 1장 26-27절에 나오는 경건은 '트레스케이아'(threskeia)로 라틴어로는 '렐리기오'(religio), 예배 또는 종교라고 번역되는 말입니다. 여기서 보면 우리가 올바르게 종교 생활을 한다는 것, 올바른 종교인으로 생활한다는 것은 세 가지를 포함합니다. 환난 중에 있는 사람들을 돌보고 세속의 가치에서 초월할 수 있고, 혀를 재갈 물릴 수 있어야 한다는 것입니다. 혀를 재갈 물린다는 것은 우리가 할 말을 통제하는 것인데 참말을 해야 할 때에 참말을 하고 거짓말을 하지 않는 것입니다. 우리의 언어 생활에서 진실을 말하고 거짓말을 하지 않는 것이 흠 없고 순전한 경건을 지켜 가는 데 매우 중요합니다.

그런데 누가 이렇게 경건하게 살 수 있습니까? 어떻게 우리가 혀에 재갈을 물려서 참되게 말해야 할 때 참되게 말하며 거짓말을 하지 않을 수 있습니까? 우리의 본질을 보면 이것이 불가능하다는 것을 알 수 있습니다. 요한복음 8장 44절에 보면 우리가 거짓말하고 사기치고 남을 속이고 중상모략 하는 것은 본질적으로 타락한 우리에게는 어쩔 수 없는 일입니다. 그러므로 예수 그리스도의 보혈을 통해서 씻김을 받기 전에는 그렇게 할 수밖에 없습니다. 요한복음 8장 32절을 보면 예수님이 "진리를 알지니 진리가 너희를 자유롭게 하리라"라고 하신 말씀이 있습니다. 진리가 무엇입니까? 진리는 예수님 자신입니다. 우리가 자유로울 수 있는 것은 오직 예수 그리스도를 통해서만 가능합니다. 그런데 예수님의 이 말씀에 유대인들이 자신들은 아브라함의 자손이므로 누구에게도 종이 된 적이 없다고 답합니다(요 8:33).

예수님의 말씀을 보면 거짓은 진리와 대립됩니다(요한 8:37-44). 이 대립은 원칙의 대립이 아닙니다. 어떤 원리의 대립, 명제로 표현할 수 있는 형이상학적 원리의 대립이 아닙니다. 예수님은 진리와 거짓의 대립을 가령 유물론과 관념론의 대립으로 말하지 않고 하나님과 사탄의 대립으로 말하고 있습니다. 하나님이냐 사탄이냐? 모든 거짓은 궁극적으로 사탄에서 나오므로 우리의 존재가 사탄의 자식이면 우리의 말과 행위가 필연적으로 거짓일 수밖에 없다고 말하는 것입니다. 그래서 로마서 3장 9-18절에서 바울도 비슷하게 말합니다. 타락한 이후 인간 본성 자체가 거짓되다는 것이 핵심입니다. 그러므로 의인은 없나니 하나도 없다고 바울은 말할 수 있었습니다.

거짓의 문제는 이렇게 보면 단지 윤리적 문제에 그치지 않습니다. 본질적으로 존재론적 문제입니다. 내 자신이 사탄의 지배 아래 있다면 나는 거짓말을 하지 않으려고 해도, 거짓된 행동을 하지 않으려 해도 하지 않을 수 없습니다. 여기에 근본적 존재의 변화가 있어야 합니다. 십자가를 통한 예수 그리스도의 화해는 우리와 하나님 사이의 막힌 담을 열어 하나님과 우리를 화목케 하신 일일뿐 아니라 그렇게 해서 우리 자신의 존재를 어둠에서 빛으로 완전히 변화시킨 사건입니다. 그러므로 예수 그리스도의 십자가와 함께 죽고, 예수 그리스도의 부활과 함께 살아나는 경험을 하지 않고서는 우리는 거짓으로부터 벗어날 수 없습니다. 예수가 못 박히심은 단지 우리의 죄사함뿐 아니라 우리의 존재를 옛사람에서 새사람으로 변화시키고자 하는 것입니다. 그렇기 때문에 단지 죄와 율법의 매임에서 우리를 해방시켰을 뿐 아니라 우리 자신의 존재를 처음부터 완전히 새롭게 바꾸었습니다.

에베소서 5장 8절에서 바울은 "너희가 전에는 어둠이더니 이제는 주 안에서 빛이라 빛의 자녀들처럼 행하라"라고 말했습니다. 그러고는 "빛의 열매는 모든 착함과 의로움과 진실함에 있느니라"라고 덧붙입니다. 우리에게 완전한 존재의 변화가 일어난다면 이 존재의 변화는 윤리적 열매를 수반합니다. 이것이 기독교 윤리의 핵심입니다. 우리의 행위가 문제가 아니라 존재가 문제입니다. 그렇지 않고서는 윤리가 가능하지 않습니다. 그런데 존재 변화가 일어났다고 해서 갑자기 선한 사람이 되는 것은 아닙니다. 우리 본성 자체가 어려서부터 거짓에 익숙해 있습니다. 어린 아이들을 보면 말을 배우기 시작하면서부터 거짓말을 시작합니다. 교육학자들은 거짓말하는 것은 상상력을 키우는 데 유용하다고 말합니다. 사람이 말을 할 수 있고 생각할 수 있고 상상할 수 있기 때문에 거짓말을 할 수 있습니다. 교육적 효과를 부인하지는 않습니다. 그러나 그 가운데 인간의 근본악이 숨어 있다는 것을 알아야 합니다. 이 악은 쉽게 제거되지 않습니다.

불교에서는 최근 몇 십 년 동안 '돈점'(頓漸) 논쟁이라는 것을 하고 있습니다. 돈오돈수(頓悟頓修)냐 돈오점수(頓悟漸修)냐 하는 것입니다. 지눌에서 이어지는 조계종 전통은 사람이 한 번 깨치고 나서 그 다음에는 악업을 하나씩 벗어나는 수행을 해야 한다고 가르칩니다. 한 번 깨친 사람도 점진적인 수행을 통해서 자기가 가지고 있는 악업에서 벗어날 수 있다는 것입니다. 여기에 반대해서 해인사에서 오랫동안 방장으로 지낸 성철 스님은 한 번 깨치면 그것으로 악행과 악습도 한꺼번에 씻는다고 가르칩니다. 돈오(頓悟)하면 곧 돈수(頓修)한다는 것이지요. 돈오돈수를 내세우는 해인사파와 돈오점수를 내세우는 순천 송광사파의 대립이 지금도 계속되고 있습니다.

성경에서 가르치는 바로는, 우리가 죄사함을 받았다고 하더라도 그 자체로 우리가 완전히 깨끗하게 되지는 않는다고 봐야 할 것입니다. 이른바 '구원파'라는 데서는 일종의 돈오돈수를 가르칩니다. 구원받은 사람은 죄짓지 않는다는 것입니다. 하지만 그렇지 않습니다. 구원을 받고 예수 그리스도에 의해서 죄사함을 받았다 해도, 우리는 여전히 죄를 짓고 죄 아래 있을 수가 있습니다. 그러므로 예수 그리스도를 주로 고백하는 삶 속에서 죄를 씻고 죄를 멀리하고자 노력하는 과정이 그리스도인에게는 필요합니다. 예수를 믿었다고 해서 죄로부터 완전히 해방되거나 구속에서 완전히 다 풀려나는 것은 아닙니다. 여전히 죄와 싸워야 하고 고통을 겪어야 합니다. 그래서 우리가 예수 그리스도를 믿고 따르는 과정에, 비록 완전한 존재론적 변화가 일어났다고 하더라도, 성화 과정에서 끊임없는 투쟁이 있다고 말하지 않겠습니까?

3. 거짓말을 할 수 있는 경우

그러면 어떤 경우에도 거짓말을 해서는 안 됩니까? 거짓말이 허용되는 경우가 없는가 하는 물음입니다. 예를 들어, 말기 암 환자에게 의사는 언제나 "당신은 곧 죽을 것입니다"라고 말해야 합니까? 아니면 "집에 가서 쉬시면 괜찮아질 것입니다"라고 말해야 합니까? 학생들이 추천서를 써 달라고 할 때가 종종 있습니다. 때로 추천서가 당락을 결정할 정도로 중요할 경우도 있습니다. 추천서를 부탁한 학생이 행실이 좋지 않다거나 할 경우, 곧이곧대로 써 주어야 합니까, 아니면 조금 미화해서 좋은 면도 드러내 써 주어야 합니까? 삶에 지쳐서 목사님이나 상담자에게 찾아와서 자기에 대한 스스로의 평가를 털어놓는 사람이 있다고 합시다. "나는 참 형편없는 사람이고 살 만한 가치도 없는 사람이고 도무지 쓸모없는 사람입니다. 나는 죽어 없어져야 할 사람입니다"라고 말한다고 합시다. 그러면 그 사람에게 "예, 제가 봐도 그렇군요. 죽으십시오!" 그렇게 말해야 합니까? 아니면, "아닙니다. 선생님은 참 가능성이 많은 분으로 보입니다. 용기를 내어 살아 보십시오"라고 얘기해서 용기와 희망을 북돋아 주어야 합니까?

1930년대, 40년도 초반 독일에서는 히틀러 아래서 나치들, 곧 국가사회주의자들이 권력을 잡았습니다. 이들은 유대인들을 조직적으로 없애고자 했습니다. 죽은 사람들이 모두 600만 정도나 됩니다. 이것을 일컬어 유대인들은 '쇼와'(*Shoah*)라고 부르고 서양 사람들은 '홀로코스트'라고 부릅니다. '번제'라는 뜻이지요. 한꺼번에 불로 태우는 제사를 드렸다는 말입니다. 2차대전 중 유대인을 숨겨 준 네덜란드인 집에 게슈타포가 찾아와 이렇게 물었습니다. "이 집에 유대인이 있습니까?" 그러자 유대인을 숨겨 준 사람이 식탁을 큰 소리 나게 치면서 "여기에는 없습니다"라고 말했습니다. 그 사람이 거짓말을 했습니까, 하지 않았습니까? 식탁을 치면서, 여기에는 없다고 했으니 거짓말한 게 아니지요. 식탁에는 분명 유대인을 숨겨 두지 않았으니까요. 그런데 여기를 식탁이 아니라 집으로 생각하면 그 사람은 거짓말을 한 것이지요. 그렇다면 그 사람은 9계명을 어겼습니까?

거짓말에는 사실 여러 가지 종류가 있습니다. 첫째, 악의에 찬 거짓말입니다. 명백하게 남을 속일 의도로 하는 거짓말이죠. 둘째, 사람들을 즐겁게 하기 위해서 하는 거짓말입니다. 텔레비전 코미디 프로그램 같은 경우가 되겠지요. 사람을 놀릴 의도로 거짓말을 하는 경우도 있습니다. 만우절 날 하는 거짓말은 분명 악의는 없이 재미로 하는 경우입니다. 만우절에 좀 심각한 일이 있을 순 있지만 결국은 밝혀지기 때문에 큰 문제가 없겠지요. 그리고 소설이나 연극, 연속극이나 코미디에서 설사 수많은 거짓말이 있다고 해도 거짓말인 줄 알고 보고 듣기 때문에 악의에서 하는 거짓말과는 분명히 다릅니다.

그런데 이런 것과는 다른 종류의 거짓말이 있습니다. 그것을 대개 우리는 '선의의 거짓말'이라고 말합니다. 라틴어로는 '멘다시움 오피시오숨'(mendacium officiosum)이라고 부르는 것입니다.⁴⁾ '오피시오숨'은 어떤 무엇을 섬기기 위해서, 곧 이웃을 섬기기 위해서 하는 거짓말이라는 뜻입니다. 영어로는 이런 종류의 거짓말을 '하얀 거짓말'(white lie)이라고 합니다. 거짓말에도 색깔이 있는지 '검은 거짓말'은 악의가 있는 것이고 '하얀 거짓말'은 악의 없이, 오히려 이웃을 보호하기 위해서 하는 거짓말이라고 보는 것입니다. 앞에서 예로 든 것처럼 사람을 구하기 위해 거짓말을 한다든지, 사람에게 용기를 주기 위해 하는 거짓말입니다.

그러면 이러한 긴급한 상황에 사람의 목숨을 구하기 위해서 하는 거짓말, 이것이 정당화됩니까? 성경은 이런 종류의 거짓말은 허용할까요? 아우구스티누스는 어떤 경우에도 거짓말을 해서는 안 된다고 주장했습니다. 아우구스티누스는 거짓말에 관해서 책을 두 권 썼습니다. 이것은 역사상 처음입니다. 이전에는 동양이나 서양에서 어느 사상가나 철학자도 거짓말에 대해서 책을 쓴 적이 없습니다. 아우구스티누스는 사람의 목숨을 살리기 위한 의도라 해도 거짓말을 해서는 안 된다고 말합니다. 왜냐하면 사람의 생명을 죽이려는 사람은 그 사람의 육신은 죽일 수 있을지 몰라도 그 영혼은 죽일 수 없는데, 만약 내가 그의 육신을 살리기 위해서 거짓말을 하게 된다면 그의 육신은 살릴 수 있을지 몰라도 내 영혼을 죽이게 된다는 것입니다. 그러니까 다른 사람의 육신을 살리기 위해서 내 영혼을 죽여서는 안 된다는 것입니다.[5]

여기서 아우구스티누스가 이웃 사랑에 관해서 논의한 것이 적용됩니다. 아우구스티누스는 "네 이웃을 네 몸과 같이 사랑하라"라는 말을 이웃을 사랑하되 내 몸처럼 사랑해야 한다, 그래서 일차적으로 자신을 사랑하는 것이 이웃 사랑의 잣대가 되고 표준이 되고 선행되어야 한다고 해석합니다. 자기 사랑이 이웃 사랑에 앞서고 자기를 사랑하지 않는 사람은 이웃을 사랑할 수 없다고 봅니다. 그래서 자기 영혼을 사랑하고 구원을 기대하는 것이 타인의 육신의 생명을 보호하는 것보다 훨씬 더 중요하다고 합니다. 물론 여기에는 육신은 일시적인 것이고 영원한 삶은 영원하므로 영원한 생명을 일시적인 생명을 위해서 포기할 수 없다는 가치관이 들어 있습니다. 그래서 아우구스티누스는 어떠한 경우에라도, 다른 사람의 생명과 관련된 경우조차도 거짓말을 해서는 안 된다고 가르쳤습니다.

아우구스티누스가 근거로 드는 성경구절이 있습니다. 잠언 1장 10-12절입니다. "내 아들아 악한 자가 너를 꾈지라도 따르지 말라 그들이 네게 말하기를 우리와 함께 가자 우리가 가만히 엎드렸다가 사람의 피를 흘리자 죄 없는 자를 까닭 없이 숨어 기다리다가 스올 같이 그들을 산 채로 삼키며 무덤에 내려가는 자들같이 통으로 삼키자." 아우구스티누스는 시편 5장 6절도 인용합니다. "거짓말하는 자들을 멸망시키시리이다 여호와께서는 피 흘리기를 즐기는 자와 속이는 자를 싫어하시나이다." 거짓말하는 자를 반드시 하나님이 멸하시기 때문에 절대로 거짓말해서는 안 된다는 것입니다. 그리고 마지막으로 아우구스티누스는 요한일서 2장 22-23절을 제시합니다. "거짓말하는 자가 누구냐 예수께서 그리스도이심을 부인하는 자가 아니냐 아버지와 아들을 부인하는 그가 적그리스도니 아들을 부인하는 자에게는 또한 아버지가 없으되 아들을 시인하는 자에게는 아버지도 있느니라."

그러나 아우구스티누스는 만일 어떤 사람이 칼을 들고 찾아와서, 자기가 찾는 아무개가 있느냐고 물을 때, "예, 아무개가 있습니다" 이렇게 대답하라고 가르치지는 않습니다. 그리고 "아무개가 없습니다"라고도 하지 말라고 합니다. 그렇게 되면 명백한 거짓말이니까요. 그 대신 두 가지 방법이 있다고 합니다. 하나는 침묵을 지키는 것입니다. 또 하나는 대답을 거부하는 것입니다. 이런 상황은 거짓말을 할 수도 없고 자기에게 찾아온 친구를 배반할 수도 없는 상황입니다. 이것을 일컬어 논리학 용어로는 '딜레마'라고 부르지요. 그래서 아우구스티누스는 침묵하거나 대답을 거부하라고 말하고 있습니다. 아우구스티누스의 입장은 칸트에게 커다란 영향을 미쳤습니다. 칸트도 아우구스티누스와 마찬가지로 어떤 경우에도 거짓말을 해서는 안 된다고 가르칩니다. 칸트가 거짓말에 관해서 쓴 글들이 있습니다. 그 가운데 가장 유명한 것이 "인간애 때문에 거짓말을 할 권리가 있다는 잘못된 주장에 관해서"(1797)라는 글입니다.[6]

그런데 칸트의 요지는 아우구스티누스와는 좀 다릅니다. 아우구스티누스는 사람의 몸을 살리기 위해서 사람의 영혼을 죽여서는 안 된다, 다른 사람의 육신을 살리기 위해서 내 영혼을 죽여서는 안 된다, 내 영혼이 다른 사람의 육신을 살리는 것보다 훨씬 더 귀하다는 논지였습니다. 칸트의 논지는 이와 달리, 내가 거짓말을 한다면 거짓말을 해도 된다는 것이 하나의 보편적인 법칙이 될 것이고, 만일 그렇게 되면 자기모순에 빠지기 때문입니다. 말은 신뢰를 바탕으로 합니다. 신뢰를 바탕으로 하는 말을 믿을 수 없다면 말할 필요가 없고, 말을 해도 믿을 필요가 없습니다. 그러므로 말을 하면서 말의 성립을 불가능하게 하는 거짓말을 한다면 거짓말을 하는 사람은 말은 하면서도 말의 존립 근거를 허물어 버리기 때문에 거짓말을 해서는 안 된다고 보는 것입니다.

칸트의 정언명법이라는 것이 있습니다. 우리가 어떤 행동을 할 때 어떻게 해야 하는가? 예를 들어, 거짓말해야 하는 상황, 살인해야 하는 상황에 있을 때, 이렇게 물어 보라고 칸트는 권고합니다. 내가 행동할 때 따르는 규칙이 보편적인 법칙이 될 수 있는가? 가령 살인을 해야 될 경우가 있습니다. 그러면 이렇게 물어 보라는 것이지요. 살인을 해도 된다는 규칙을 보편적인 규칙으로 삼을 수 있는가? 다시 말해 살인해도 된다는 것을 언제, 어디서, 누구에게나 적용되는 규칙으로 삼을 수 있는가 물어 보라는 것입니다. 만일 그렇지 않다면 살인하지 말라는 것입니다. 거짓말의 경우도, 그것이 보편화될 수 없다면 하지 말라는 것입니다. 여기에는 어떤 예외도 있을 수 없다고 칸트는 보았습니다.

칼을 들고 어떤 사람이 나에게 찾아와서 자기가 찾는 아무개가 여기 있지 않느냐고 물었다고 합시다. 그 상황에서 거짓말을 해야 하는가, 진실을 말해야 하는가? 칸트는 진실을 말해야 한다고 말합니다. 그러면 그 사람이 죽임을 당할 수도 있지 않겠습니까? 칸트는 이렇게 답합니다. "이 집에 있다"는 말을 듣고 숨어 있던 사람이 도망을 갈 수도 있고 살인자가 그를 찾는 동안 이웃을 불러와서 살인을 막을 수도 있다는 것입니다. 오히려 "여기에 없다"는 말을 듣고 살인자가 그냥 돌아갔는데, 숨어 있던 사람이 그것을 모르고 혼자 몰래 나갔다가 길에서 만나 죽임을 당할 수도 있지 않느냐고 칸트는 반문합니다. 예로 들고 있는 것이 굉장히 인위적이고 크게 설득력이 없어 보이긴 합니다. 어쨌든 칸트는 사람의 생명이 걸린 일조차도 절대 거짓말을 해서는 안 된다고 가르치고 있습니다.

그런데 성경에 나타난 몇 가지 예를 통해서 우리는 아우구스티누스나 칸트가 가르치는 것과는 다른 점을 찾아볼 수 있습니다. 그 중 하나는 출애굽기 1장에서 모세의 출생과 관련된 예입니다. 이스라엘 백성들이 애굽에서 번성하니, 바로가 남자 아이가 태어나면 다 죽이라고 산파들에게 명령을 했습니다. 출애굽기 1장 15-21절을 보면 산파들에 대한 기록이 나옵니다. "애굽 왕이 히브리 산파 십브라라 하는 사람과 부아라 하는 사람에게 말하여 이르되 너희는 히브리 여인을 위하여 해산을 도울 때에 그 자리를 살펴서 아들이거든 그를 죽이고 딸이거든 살려 두라 그러나 산파들이 하나님을 두려워하여 애굽 왕의 명령을 어기고 남자 아기들을 살린지라 애굽 왕이 산파를 불러 그들에게 이르되 너희가 어찌하여 이같이 남자 아기들을 살렸느냐 산파가 바로에게 대답하되 히브리 여인은 애굽 여인과 같지 아니하고 건장하여 산파가 그들에게 이르기 전에 해산하였더이다 하매 하나님이 그 산파들에게 은혜를 베푸시니 그 백성은 번성하고 매우 강해지니라 그 산파들은 하나님을 경외하였으므로 하나님이 그들의 집안을 흥왕하게 하신지라." 이 기록을 보면 산파들은 명백하게 거짓말을 했습니다. 그들이 도착하기 전에 아이가 태어났을 수도 있지만 이들이 하나님을 두려워하였다는 말을 보면 분명 이스라엘 여인들이 남자아이를 낳았을 때에도 산파들은 그들을 죽이지 않고 살렸을 것입니다. 모세의 경우도 이렇게 살아난 것입니다. 이스라엘 아이들을 살려 주면서 거짓말을 한 산파들에 대해서 성경은 "하나님이 은혜를 베푸시니라"라고 할 뿐 아니라 "그들의 집안을 흥왕하게 하신지라"라고 쓰고 있습니다. 만일 어떤 경우에도 거짓말을 해서는 안 된다면 이러한 긍정적인 결과를 가져오지 못했을 것입니다.

라합의 경우를 봅시다. 여호수아서 2장 1-6절을 보면 이렇게 기록되어 있습니다. "눈의 아들 여호수아가 싯딤에서 두 사람을 정탐꾼으로 보내며 이르되 가서 그 땅과 여리고를 엿보라 하매 그들이 가서 라합이라 하는 기생의 집에 들어가 거기서 유숙하더니 어떤 사람이 여리고 왕에게 말하여 이르되 보소서 이 밤에 이스라엘 자손 중의 몇 사람이 이 땅을 정탐하러 이리로 들어왔나이다 여리고 왕이 라합에게 사람을 보내어 이르되 네게로 와서 네 집에 들어간 그 사람들을 끌어내라 그들은 이 온 땅을 정탐하러 왔느니라 그 여인이 그 두 사람을 이미 숨긴지라 이르되 과연 그 사람들이 내게 왔었으나 그들이 어디에서 왔는지 나는 알지 못하였고 그 사람들이 어두워 성문을 닫을 때쯤 되어 나갔으니 어디로 갔는지 내가 알지 못하나 급히 따라가라 그리하면 그들을 따라잡으리라 하였으나 그가 이미 그들을 이끌고 지붕에 올라가서 그 지붕에 벌여 놓은 삼대에 숨겼더라." 라합의 경우도 명백한 거짓말을 했습니다 두 정탐꾼을 보호하기 위해서 한 거짓말인데 이 거짓말에 대해 신약성경에는 두 군데에서 평가하고 있습니다. 히브리서 11장 31절에서 거짓말한 것을 믿음의 행위로 평가하고 있고, 야고보서 2장 25절에서는 기생 라합이 구원받은 이야기를 하면서 행위를 강조하고 있습니다. 이때 믿음과 행위는 사실상 하나입니다. 행위로써 믿음이 표현된 것이고 하나님을 믿었기 때문에 그와 같은 행위가 가능한 것이지요. 그래서 야고보서에서 "또 이와 같이 기생 라합이 사자들을 접대하여 다른 길로 나가게 할 때에 행함으로 의롭다 하심을 받은 것이 아니냐" 하고 이렇게 거짓말한 행위를 오히려 믿음의 행위로 평가하고 있습니다.

또 다른 경우를 사무엘하 17장 17-20절에서 볼 수 있습니다. "그때에 요나단과 아히마아스가 사람이 볼까 두려워하여 감히 성에 들어가지 못하고 에느로겔 가에 머물고 어떤 여종은 그들에게 나와서 말하고 그들은 가서 다윗 왕에게 알리더니 한 청년이 그들을 보고 압살롬에게 알린지라 그 두 사람이 빨리 달려서 바후림 어떤 사람의 집으로 들어가서 그의 뜰에 있는 우물 속으로 내려가니 그 집 여인이 덮을 것을 가져다가 우물 아귀를 덮고 찧은 곡식을 그 위에 널매 전혀 알지 못하더라 압살롬의 종들이 그 집에 와서 여인에게 묻되 아히마아스와 요나단이 어디 있느냐 하니 여인이 그들에게 이르되 그들이 시내를 건너가더라 하니 그들이 찾아도 만나지 못하고 예루살렘으로 돌아가니라." 요나단과 아히마아스가 쫓길 때 압살롬의 부하들이 그들을 잡으러 왔으나 바후림에 있던 어느 여인이 그들을 우물에 숨겨 두고는 시내를 건너가는 것을 보았다고 거짓말을 하였습니다. 그래서 압살롬의 부하들이 요나단과 아히마아스를 잡을 수 없었습니다.

　세 경우 공통점이 무엇입니까? 모두 거짓말을 했습니다. 첫 번째는 산파들이 거짓말을 했고, 두 번째는 기생 라합이 거짓말을 했습니다. 그리고 세 번째 경우는 어느 여인이 거짓말을 했습니다. 그런데 이 세 경우 모두 거짓말을 한 동기가 동일합니다. 곧 타인의 생명을 살리기 위한 것입니다. 타인의 생명을 살리기 위한 경우에는 거짓말이 부당하기보다는 오히려 정당하고 산파와 라합의 경우에는 하나님을 향한 두려움과 믿음의 결과로 평가되고 있습니다. 물론 여기에는 해석상의 문제가 있을 수 있습니다. 구약성경이나 신약성경에 나오는 개별적인 행위를 보편화할 수 있는가의 물음입니다. 해석상의 문제라는 것은, 역사적인 텍스트를 다룰 때 그것을 하나의 예로 보아서 그들의 행위를 우리가 따라야 한다고 말해야 하는지, 아니면 하나님이 구원 역사의 도구로, 그 시점, 그 순간에 사용하신 것으로 봐야 하는지(따라서 이 경우에는 전혀 윤리적 모범의 경우로 사용할 수 없다고 봐야 하는지) 하는 물음이 있습니다. 역사적인 사건을 서술한 텍스트를 다룰 때, 특히 설교나 공부를 통해서 가르칠 때, 그것을 구속사적인 관점에서 봐야 하는지, 모범론적으로 봐야 하는지에 대한 논쟁이 신학자들 사이에 있습니다.[7)]

그런데 사실은 이 두 가지가 그렇게 딱 부러지게 구분되지는 않는다는 것이 제 생각입니다. 생명을 살리기 위해서 거짓말을 하는 것은 하나님의 구원 역사를 이루는 중요한 일, 특히 라합의 경우가 그러했고 부아와 십브라의 경우(출 1:15)에도 구원 역사를 이루는 데 중요한 기여를 했습니다. 그렇게 해서 이스라엘 백성들을 살렸고 특히 모세를 살려 냈습니다. 모세를 살림으로 이스라엘 백성을 애굽에서 가나안으로 데려갈 수 있는, 하나님의 구원 역사의 중요한 도구로 사용될 수 있게 했습니다. 이런 의미에서 거짓말은 경우에 따라 정당화될 수 있다고 말할 수 있습니다. 그들의 개별 행위가 하나님의 구원을 이뤄 가는 데 역할을 했을 뿐 아니라 생명과 관련된 부분에서도 정당한 행위였다고 평가할 수 있습니다.

4. 진실해야 할 의무

성경을 보면 정당화될 수 없는 경우가 몇 가지 나타나는데 대표적인 예가 아브라함의 경우입니다. 아브라함은 애굽 사람들에게 자기 부인 사라를 누이라고 속였습니다. 사라가 몹시도 아리따웠기 때문에 자기를 죽이고 아내를 빼앗아 갈까 봐 두려워서 거짓말을 했습니다. 그래서 바로가 사라를 아내로 삼았고 그로 인해 바로의 집에 큰 재앙이 내렸습니다. 자기 목숨을 위해 거짓말을 한 대표적인 경우이고 정당화될 수 없는 거짓말이었습니다.

베드로의 경우도 마찬가지입니다. 마가복음 14장을 보면 베드로가 세 번이나 거짓말한 사실이 드러납니다. 세 번째는 심지어 "저주하며 맹세하되 나는 너희가 말하는 이 사람을 알지 못하노라"(막 14:71)라고까지 말합니다. 사도행전에 나오는 아나니아와 삽비라는 자신들의 재산을 보호하기 위해 거짓말을 했습니다. 이렇게 자신을 위해 거짓말을 하는 경우가 있습니다. 이런 거짓말은 비록 타인에게 큰 손해를 주는 것이 아니라 할지라도 옳다고 할 수 없습니다.

예수를 따르는 제자들은 자기 자신을 보호하기 위해, 자신의 이익을 위해, 혹시 큰 악의는 없더라도, 가볍게 하는 거짓말조차 하지 않도록 자신을 경계해야 합니다. 한국에 사는 우리 그리스도인들에게는 거짓말을 하지 않고 진실을 말해야 할 의무가 어느 나라보다 더 크다는 것을 기억해야 합니다. 왜냐하면 우리에게는 거짓말을 허용하고 거짓말을 아무렇지 않게 여기는 문화가 뿌리 깊이 깔려 있기 때문입니다. 350여 년 전 한국을 찾아와 서양 세계에 한국을 최초로 자세하게 알린 하멜(Hendrik Hamel)을 기억하시지요? 원래는 그냥 「일기」(*Het journaal*)라는 기록인데 우리에게는 「하멜 표류기」로 알려져 있습니다. 하멜은 당시 조선 사람들의 도덕 기준에 관해서 다음과 같이 쓰고 있습니다.

> 도덕적 기준에 대해서는 조선 사람들은 내 것과 네 것에 대해서 그렇게 엄격하지 않을 뿐더러 거짓말을 하며 속이므로 신뢰할 수 없는 사람들이라고 말해야 할 것이다. 조선 사람들은 누군가를 속였으면 그것에 대해서 자랑스럽게 생각하고 그것이 부끄러운 일이라 생각하지 않는다. 그렇기 때문에 말이나 소를 사고서도 산 사람이 속아서 산 것이 명백하

다면 넉 달 뒤에도 되물릴 수 있다. 그러나 땅이나 다른 부동산을 팔았을 경우, 양도증서를 건네받기 전에만 되물릴 수 있다. 그러면서도 조선 사람들은 쉽게 속는다. 어떤 것을 가지고서도 우리는 조선 사람들을 속일 수 있었다. 특히 절의 스님들을 속이기가 더 쉬웠는데 이 사람들은 바깥 나라와 사람들에 대해서 이야기 듣기를 좋아했다.[8]

하멜의 기록 가운데 "조선 사람들은 내 것과 네 것에 대해서 그렇게 엄격하지 않다"고 한 것은 도둑질을 잘한다는 말입니다. 그리고 거짓말을 하고 남을 속이기 때문에 신뢰할 수 없는 사람들이라는 평가를 하고 있습니다. 참 부끄럽기 짝이 없는 묘사입니다. 우리 문화가 부정직을 그렇게 심각하게 생각하지 않는다는 것만은 사실입니다.

예를 하나 들겠습니다. 손봉호 교수님의 발표를 보면 2천 년 한 해 동안 우리나라에서 위증으로 기소된 사람이 1,198명이었습니다. 같은 해 일본에서는 다섯 명이었다고 합니다. 우리나라가 무려 240배나 많이 위증으로 기소되었습니다. 인구 비례로 하면 이 차이가 더욱 크게 벌어집니다. 무고로 기소된 경우가 우리나라에서는 2,961명이었는데 일본에서는 두 명이었다고 합니다. 1996년과 비교해 볼 때 우리나라는 위증이나 무고의 경우가 더 늘어났고 일본의 경우에는 줄었다고 합니다.[9] 법원에 기소된 것이 이렇습니다. 실제로 우리는 크고 작은 거짓말을 양심의 가책 없이 주고받습니다. '정직하면 손해 본다'는 생각이 우리의 생각을 지배하고 있기 때문입니다. 이것이 하나의 문화가 되었습니다.

몇 년 전 저는 미국 미시간에 있는 칼빈 칼리지에서 14개월간 가르친 적이 있습니다. 서양철학과 고대중국철학을 합쳐 모두 다섯 과목을 250시간 정도 가르쳤습니다. 칼리지 옆에 같이 있는 기관이 칼빈 세미너리, 곧 칼빈 신학교입니다. 여기 교수들의 가장 큰 고민은 동양 학생들의 표절 문제입니다. 남의 글을 인용 표시도 없이 마치 자신이 쓴 글처럼 곧장 베껴 쓰는 일이 많다는 것입니다. 일본이나 중국 학생들보다 한국 학생들이 훨씬 더 많기 때문에 동양 학생들의 문제는 곧 한국 학생들의 문제로 인식되고 있습니다. 표절 문제로 한국 학생들이 소리 소문 없이 학교에서 쫓겨나는 경우가 있습니다. 미국 교육에서는 남의 것을 베끼는 일에 대해서 일체 용납하지 않습니다.

한번은 초등학교 2학년에 다니던 저희 아이가 숙제하는 것을 도운 적이 있습니다. 아이가 인터넷에서 자료를 찾아 공부한 다음 보고서를 만들고 있었습니다. 제가 무심히 "여기 이 내용을 옮겨 쓰면 되겠네!" 했더니 아이가 "That's cheating"(그건 컨닝이에요)이라고 하지 않겠습니까? 대학교수인 제가 정신이 번쩍 든 순간이었습니다. 저희 아이가 자기 자신의 말로 바꾸지 않고 남의 글을 한 문장이라도 베끼는 것은 곧 도둑질이고 거짓말하는 것임을 미국 학교에서부터 철저히 배웠기 때문입니다. 너무 쉽게 남의 것을 갖다 쓰기 때문에 골똘히 생각하여 새로운 것을 만들어 내는 능력을 충분히 개발하지 못하는 것이 현재 우리 문화와 교육의 수준입니다. 이러한 문화를 바꾸는 일에 예수의 제자인 그리스도인들이 앞장서야 합니다.

에베소서 5장에서 말하고 있는 빛의 열매를 보십시오. 착함과 의로움과 진실함입니다. 이 세 가지가 사실은 우리가 다루고 있는 9

계명과 관련 있습니다. 이 중에서도 특히 세 번째 열매로 지목되는 진실함을 보십시오. 그런데 오늘 우리 한국 그리스도인들이 진실하다는 말을 듣습니까? 그렇지 못합니다. 제가 오랫동안 관여해 온 기독교윤리실천운동(기윤실)에서 최근 한국 교회 신뢰도 조사를 했습니다. 한국 교회를 신뢰하느냐는 물음에 대해서 '신뢰한다'가 18.4퍼센트, '신뢰하지 않는다'가 48.5퍼센트가 나왔습니다. 기독교인들 중에는 38.41퍼센트가 '매우 신뢰한다'고 답하고, 비기독교인 중에는 0.98퍼센트가 '매우 신뢰한다'고 답했습니다. 비기독교인 중에 28.41퍼센트가 '전혀 신뢰하지 않는다'고 답하고, 기독교인 중에는 3.46퍼센트가 '전혀 신뢰하지 않는다'고 답했습니다. 기독교인들이 스스로 평가한 신뢰 지수는 67.6점으로 B-정도의 점수를 얻었고 비기독교인들의 신뢰 지수는 35.0점으로 D+였습니다. 모두 합쳐 한국 교회의 신뢰 지수는 C-가 나왔습니다. 젊은 층으로 갈수록 한국 교회 지도자와 교인들에 대한 불신의 정도가 더 높았습니다. 심각한 문제는 이렇게 해서는 더 이상 전도가 되지 않는다는 것입니다. 신뢰하지 못하는 사람의 증거를 믿을 수 없기 때문입니다. 기윤실 운동은 향후 거의 모든 힘을 한국 교회 신뢰도를 높이는 일에 집중하고 있습니다.

그런데 앞에서도 이야기했듯이 거짓말하는 것이 하나의 문화로 정착한 상황에서 개인의 노력은 지극히 미약할 수 있습니다. 문화는 개인의 문제가 아니라 집단의 문제입니다. 그러므로 문화를 바꾸려면 집단의 사고와 행동양식을 바꾸어야 합니다. 정직하면 이익을 보고 부정직하면 손해를 보는 방식으로 사회가 다시 바뀌지 않으면 부정직으로 인한 악순환의 고리를 벗어날 길이 없습니다. 만일 거짓말을 하게 하는 법이 있으면 그 법을 바꾸고, 거짓말을 하게 하는 제도가 있다면 그 제도를 바꿔야 합니다. 그러나 법도 중요하고 제도도 중요하지만 궁극적으로는 사람이 문제입니다. 사람이 바뀌지 않고서는 안 됩니다. 이 일을 위해서 우리가 부름받았다고 믿고 하나님이 지으신 이 세계가 신뢰할 수 있는 사회가 되도록 우리 그리스도인들이 앞장서서 노력해야 합니다. 타인의 생명을 살리고, 타인의 삶에 용기를 주는 일에는 어느 정도 거짓말이 허용될 수 있습니다. "성도님, 참 예쁘시네요", "성도님이 계시니, 저희들이 얼마나 행복한지 모릅니다" 등등 설사 어느 정도는 거짓이 섞였을지라도, 사람에게 용기를 주고, 힘을 내게 하는 일은 좋습니다. 그러나 나의 이익을 위해서, 남에게 인정받기 위해서 거짓말을 해서는 안 됩니다. 잠시 내가 손해 보는 일이 있더라도 결국은 하나님이 아시고 갚아 주실 것이라는 믿음으로 주어진 손해를 감수하는 용기와 믿음이 필요합니다.

다른 방법이 없습니다. 말씀대로 진실하게 사는 것입니다. "오직 너희의 심령이 새롭게 되어 하나님을 따라 의와 진리의 거룩함으로 지으심을 받은 새사람을 입으라 그런즉 거짓을 버리고 각각 그 이웃과 더불어 참된 것을 말하라"(엡 4:23-25). 진실하게 살자면, 이웃과 더불어 참된 것을 말하자면 욕심을 버려야 합니다. 남에게 인정받고자 하는 욕심, 남에게 나를 과시하고자 하는 욕심, 남의 것을 내 것으로 만들어 이득을 취하고자 하는 욕심을 버리지 않고서는 거짓말하는 습관에서 자유로울 수 없습니다. 그러므로 9계명은 10계명과 따로 떼어 생각할 수 없습니다.

10계명

1. 무엇이 탐내는 것인가?
2. 어떤 욕망이라도 버려야 하는가?
3. 욕구와 욕망, 이성과 정욕
4. 누가 이웃인가?

네 이웃의 집을 탐내지 말라 네 이웃의 아내나 그의 남종이나 그의 여종이나 그의 소나 그의 나귀나 무릇 네 이웃의 소유를 탐내지 말라.
출 20:17

네 이웃의 아내를 탐내지 말지니라 네 이웃의 집이나 그의 밭이나 그의 남종이나 그의 여종이나 그의 소나 그의 나귀나 네 이웃의 모든 소유를 탐내지 말지니라.
신명기 5:21

이제 열 번째 계명입니다. 강의 처음에 언급했듯이, 계명을 분류할 때 로마가톨릭교회 전통과 루터파교회 그리고 칼뱅을 따르는 개혁파교회 전통의 계명을 나누는 방법이 각각 다릅니다.

1. 무엇이 탐내는 것인가?

로마가톨릭교회와 독일의 루터파교회에서는 "나 외에는 다른 신들을 두지 말라"는 1계명과 "우상을 만들지 말라"는 2계명을 하나의 계명으로 봅니다. 그러고는 열 번째 계명을 둘로 나누어서 각각 9계명과 10계명으로 삼습니다. 그런데 루터파교회와 로마가톨릭교회가 무엇을 9계명으로 보고, 무엇을 10계명으로 보느냐는 각각 다릅니다. 로마가톨릭교회는 신명기 5장 21을 근거로 해서 9, 10계명을 나누고 루터파는 출애굽기 20장을 기초로 해서 나눕니다. 그래서 9계명과 10계명의 내용이 각각 달라집니다.

신명기 5장 21절에 "네 이웃의 아내를 탐내지 말지니라"라는 것이 가톨릭의 9계명입니다. 그리고 10계명은 이웃의 재산에 관한 계명으로 봅니다. 그런데 루터파의 전통에서는 출애굽기 20장에 "네 이웃의 집을 탐내지 말라"는 것이 먼저 나오므로 이것을 9계명으로 삼고 그 다음에 "네 이웃의 아내나 그의 남종이나 그의 여종이나 그의 소나 그의 나귀나 무릇 네 이웃의 모든 소유를 탐내지 말지니라"는 것이 10계명입니다.

그런데 자세히 살펴보면 이것이 상당히 인위적임을 알 수 있습니다. 출애굽기 20장 "네 이웃의 집을 탐내지 말라"에 근거해서 루터 전통에서는 이것이 9계명으로 소유에 관한 것이고 10계명은 사람에 관한 것이라고 말합니다. 그러나 곧이어 소나 나귀같이 소유에 관한 이야기가 다시 나오는 것을 보면 그렇게 나눌 수 없다는 것을 금방 알 수 있습니다. 또 신명기 5장 21절에서 "네 이웃의 아내를 탐내지 말라"고 하고 있습니다. 이것이 로마가톨릭교회에서 말하는 9계명입니다. 그런데 곧 이어 남종과 여종에 관한 언급이 나옵니다. 오히려 개혁파의 전통은 유대교 전통을 따라 나눈 것인데, 우리가 알고 있는 10계명의 내용입니다.

그런데 계명을 이렇게 구분하는 문제를 떠나서 열 번째 계명과 관련된 또 다른 문제가 있습니다. 그것은 네 이웃의 여종이나 남종이나 아내나 소나 나귀를 탐내지 말라는 것은 이미 앞의 계명에서 언급했지 않느냐는 질문입니다. 7계명 "간음하지 말라"는 이웃의 아내를 탐내는 것과 관련이 있습니다. 그리고 8계명 "도둑질하지 말라"는 말 속에 이웃의 아내나 여종이나 남종, 이웃의 소나 나귀를 탐내는 것이 포함될 수 있습니다. 왜냐하면 간음을 한다든지 도둑질을 하는 것은 단지 행위만이 아닙니다. 예수님의 가르침에서도 행위를 하게 하는 탐심을 경고했습니다. 이렇게 보면 10계명은 앞에서 명령한 것을 한 번 더 반복한 것이 아닌가 하는 의문을 가질 수 있습니다. 그러나 일곱, 여덟 번째 계명은 행동에 관한 것이고 열 번째 계명은 행동의 바탕이 되는 마음에 관한 것이라고 보면 이 의문은 해소될 수 있습니다. 그래서 10계명은 밖으로 드러나지 않는 내면적인 죄를 다룬다는 방식으로 이해해 볼 수 있습니다. 그렇게 말이 되지 않는 제안은 아니라고 생각합니다.

그런데 여기서 좀더 세분화해서 생각해 봐야 합니다. 전통적으로 여러 학자들은 열 번째 계명을 다루면서, 마음에서 시작하여 행동에 이르기까지 네 단계로 나누어 설명하고 있습니다. 첫 번째는 남의 아내나 소나 나귀나 여종이나 남종에 대한 음욕이나 소유욕이 생기는 단계입니다. 우리 속담에 견물생심(見物生心)이란 말이 있습니다. 물건을 보면 마음이 생긴다는 말입니다. 그러나 마음이 생겼다가도 곧 없어질 수 있습니다. 음욕이 잠시 생기거나 물건을 갖고 싶은 마음이 잠시 들더라도, 이 마음이 계속되지 않고 없어질 수 있습니다. 그런데 이것이 없어지지 않고 지속적으로 가지고자 하는 마음이 두 번째 단계입니다. 마음이 생기고, 그것을 계속해서 추구하고 갈망하는 것이지요. 세 번째는 추구하고 갈망하는 것으로 그치지 않고 어떻게 그것을 가질 수 있을까 계획을 세우는 단계입니다. 그 다음 네 번째는 실행에 옮기는 단계입니다. 마음속에 품은 일이 책임을 물을 수 있는 외적 행동으로 나타나는 데는 이렇게 네 단계를 거치게 됩니다. 처음에 마음이 생기고, 다음에는 갈망하게 되고, 그러고는 실행할 계획을 세우고, 마지막으로 실행에 옮기는 것이지요. 교회의 전통에서 가르쳐 온 것은 7계명과 8계명은 이 네 번째인 실행의 단계라는 것입니다. 열 번째 계명은 첫 번째 단계에서 세 번째 단계, 곧 마음이 생기고, 끊임없이 갈망하고, 계획을 세우는 단계까지를 포함하는 것으로 전통적으로 해석해 왔습니다.

다시 계명을 읽어 봅시다. 출애굽기 20장 17절 "네 이웃의 집을 탐내지 말라 네 이웃의 아내나 그의 남종이나 그의 여종이나 그의 소나 그의 나귀나 무릇 네 이웃의 소유를 탐내지 말라." 한마디로 '네 이웃의 소유를 탐내지 말라'고 줄여 말할 수 있겠지요. 그런데, '탐낸다'는 것이 무슨 말입니까? 탐을 낸다는 것이 무엇인지는 우리가 경험을 통해서 알고 있습니다. 그렇다면 다른 말로 뭐라고 표현할 수 있습니까? 어디에 마음을 두다, 마음을 두되 마음만을 두는 것이 아니라 욕심을 내고, 가지고 싶어하고, 빼앗고 싶어하고, 그래서 내가 소유하고 싶어하는 것을 의미합니다. 탐낸다는 것은 단지 관심을 둘 뿐 아니라 자기 손에 넣고자 하는 마음을 가지는 것입니다. 이 마음을 일컬어 '탐심'이라고 하지요. 탐심에는 마음을 두는 것뿐 아니라 빼앗아 가지고 싶어하는 마음이 포함되어 있습니다. 그렇기 때문에 행동과 완전히 다른, 단지 내면의 상태라고만 할 수 없습니다. 탐을 낼 때는, 아직 행동으로 완전히 옮기지는 않았지만 행동으로 옮아갈 가능성을 이미 그 속에 품고 있습니다.

성경에서 나타나는 예를 몇 가지 살펴봅시다. 여호수아서 7장에는 이스라엘 백성들이 가나안으로 들어가서 아이 성을 침공할 때 실패한 이야기가 실려 있습니다. 실패한 원인이 무엇입니까? 아간의 범죄 때문이었습니다. 성에 있는 물건을 아무것도 갖지 말라고 했는데 아간이 거기에 있는 시날 산(產)의 수놓은 외투 한 벌(시날은 고대 바벨론, 지금 이라크의 옛 이름입니다), 은 이백 세겔과 그 무게가 오십 세겔 나가는 금덩이 하나를 보고 탐내어 몰래 숨겨 자기 것으로 만들었습니다. 이 경우를 보면 탐낸다는 것은 '내가 저것을 가졌으면' 하고 마음속에 품는 정도가 아니라 결국 손을 대어 갖도록 만드는 것입니다. 우리가 어떤 물건을 보고 '좋다'고 생각할 수가 있습니다. '참 쓸 만하다'든지 '참 예쁘다'든지 그런 생각을 할 수는 있지만 이것을 가리켜 탐심이라고 하지는 않습니다. 탐심은 좋다고 생각할 뿐 아니라 그것을 가졌으면 하는 욕심을 내는 좀더 구체적인 행위입니다.

똑같은 일을 미가 선지자의 글에서 읽을 수 있습니다. 미가 2장

1-2절에 보면 "그들이 침상에서 죄를 꾀하며 악을 꾸미고 날이 밝으면 그 손에 힘이 있으므로 그것을 행하는 자는 화 있을진저 밭들을 탐하여 빼앗고 집들을 탐하여 차지하니 그들이 남자와 그의 집과 사람과 그의 산업을 강탈하도다"라고 쓰여 있습니다. 여기서 말하는 '그들'은 당시의 권력자들을 두고 하는 말입니다. 권력자가 아니고서는 어떻게 남의 밭을 빼앗고 남의 집을 마음대로 자기 것으로 취할 수 있겠습니까? 권력자, 곧 힘 있는 사람만이 할 수 있습니다. 이 사람들에게 화가 있을 것이라고 선지자는 말합니다.

9계명을 다룰 때 언급했듯이 나봇의 포도원을 빼앗은 아합과 이세벨이 그런 경우입니다. 그들이 나봇의 포도원을 갖고 싶어서 거짓 증인을 내세워 나봇을 죽이고 결국 그것을 취하였습니다. 이것이 탐하는 것입니다. 아합과 이세벨의 경우는 물론 우상숭배의 죄가 크게 지적되지만, 탐하는 것을 통해서 십계명의 열 번째 계명을 범할 뿐 아니라 살인하지 말라고 하는 여섯 번째 계명, 거짓 증거하지 말라고 하는 아홉 번째 계명을 같이 범하였습니다. 미가서에는 탐한다는 것 다음에 항상 빼앗는다든지 차지한다는 동사가 따라오는 것을 볼 수 있습니다. 그들에 대해서 하나님이 재앙을 내리실 것이라고 선지자 미가는 말합니다. "그들이 남자와 그의 집과 사람과 그의 산업을 강탈하도다 그러므로 여호와의 말씀에 내가 이 족속에게 재앙을 계획하나니 너희의 목이 이에서 벗어나지 못할 것이요 또한 교만하게 다니지 못할 것이라 이는 재앙의 때임이라 하셨느니라"(미 2:3).

이것을 보면 네 이웃의 아내나 남종이나 여종이나 소나 나귀를 탐내지 말라는 것은 어떤 것에 관심을 가질 뿐 아니라 그것을 빼앗고자 하는 강한 욕망을 갖지 말라는 것입니다.

그러면 이러한 탐심이 어디에 자리잡고 있습니까? 물건에 있습니까, 아니면 우리 마음에 있습니까? 물건이 탐심을 자극하는 원인이 될 수 있습니다. 예컨대 바닷가에 있는 조약돌이 우리에게 탐심을 만들지 못합니다. 그러나 예쁘게 생긴 조약돌, 뭔가 의미 있는 조약돌에 대해서는 갖고 싶은 마음이 생길 수 있습니다. 그런데 예쁘게 생겼다, 의미 있다는 생각이 어떻게 가능합니까? 우리에게 마음이 있기 때문입니다. 우리에게 좋다든지, 예쁘다든지, 그래서 갖고 싶다든지 하는 마음이 없다면 탐심, 곧 탐하는 마음이 생길 수 없습니다.

마가복음 7장 18-23절을 보십시오. "예수께서 이르시되 너희도 이렇게 깨달음이 없느냐 무엇이든지 밖에서 들어가는 것이 능히 사람을 더럽게 하지 못함을 알지 못하느냐 이는 마음으로 들어가지 아니하고 배로 들어가 뒤로 나감이라 이러므로 모든 음식물을 깨끗하다 하시니라 또 이르시되 사람에게서 나오는 그것이 사람을 더럽게 하느니라 속에서 곧 사람의 마음에서 나오는 것은 악한 생각 곧 음란과 도둑질과 살인과 간음과 탐욕과 악독과 속임과 음탕과 질투와 비방과 교만과 우매함이니 이 모든 악한 것이 다 속에서 나와서 사람을 더럽게 하느니라." 이 말씀을 보면 열 번째 계명뿐 아니라 6, 7, 8, 9계명과 관련된 모든 것이 사람의 마음에서 나옵니다. 이 마음은 타락한 마음을 두고 말하는 것입니다. 타락한 마음에서 음란, 도둑질, 살인, 간음, 탐욕, 악독, 속임, 음탕, 질투, 비방, 교만, 우매함이 나옵니다.

욕망에 관해서는 기독교만 가르치는 것이 아닙니다. 대개의 중요한 종교들이 다 가르치고 있습니다. 불교에서는 사람이 피하여 멀리 해야 할 것으로 탐(貪), 진(瞋), 치(痴), 세 가지를 들고 있습니다. 삼독(三毒)이라고 하지요. 탐은 탐냄이고 진은 분냄이고 치는 어리석음입니다. 탐욕과 성냄과 어리석음에서 사람이 벗어나야 하는데 그러기 위해서는 끊임없이 숫양을 해야 한다고 가르칩니다. 공자가 가르치는 내용에 사람이 조심해야 할 것이 세 가지가 있는데, 젊을 때는 음욕을 조심하고 나이가 들면 물욕을 조심해야 하고 나이가 더 들면 명예욕을 조심해야 한다고 합니다. 나이에 상관없이 음욕과 물욕과 명예욕을 가질 수는 있지만 나이에 따라서 특별히 조심해야 할 욕망이 있다는 것을 공자는 보여 주었습니다. 성경도 이 점에서는 마찬가지입니다. 자기 이름을 내세우려고 하는 것이나 다른 사람을 지배하고 다스리려고 하는 것, 특히 예수님의 제자들이 하나님의 나라에서 우편과 좌편에 앉게 해 달라고 했을 때 예수님이 천국은 섬기는 것이라고 가르치신 사건에서도 볼 수 있듯이 명예욕을 추구하는 것에 대해서 경계하고 있습니다.

2. 어떤 욕망이라도 버려야 하는가?

그러면 우리는 아무것도 욕망해서는 안 됩니까? 모든 욕망을 마치 불을 꺼버리듯이 그렇게 꺼버려야 합니까? 불교에서는 모든 욕망에서 벗어나야 한다, 심지어 욕망을 벗어나고자 하는 욕망에서도 벗어나야 한다고 가르칩니다. 욕망을 벗어나고자 하는 것이 더 큰 욕망으로 오히려 사람을 사로잡을 수 있기 때문입니다. 그래서 불교에서 '깨달았다', '해탈했다'고 하는 것은 욕망을 벗어나고자 하는 것에서도 벗어나 자유롭게 살아가는 것을 두고 말합니다.

그런데 성경에서는 우리의 욕망을 버려라, 욕망을 버리고자 하는 욕망마저도 버리라고 가르치는 곳은 어디에도 없습니다. 우리의 욕망을 인정하고 있습니다. 음욕은 무엇과 관련 있습니까? 성욕과 관련된 것입니다. 성욕이 없다면 어떻게 남녀가 이끌리고 결혼을 하고 아이를 낳을 수 있습니까? 그리고 소유욕이 전혀 없다면 어떻게 노동을 하고 열심히 일을 하려고 하겠습니까? 자기 이름을 잘 관리하고 보존하고자 하는 욕망이 없다면 어떻게 스스로에 대해서 자긍심과 자존심을 가지고 살 수 있습니까? 그러니까 성경에서는 성욕이든, 소유에 관한 것이든, 이름에 관한 것이든 욕망을 완전히 버리라고 가르치고 있지 않습니다.

예컨대 성(性)에 관해서 성경에서 가르치는 것을 보십시오. 성의 아름다움에 대해서는 아가서에서 구구절절이 이야기하고 있습니다. 옛날 교회 전통에서는 아가서를 청년들이 읽지 못하도록 했습니다. 왜냐하면 표현들이 너무 적나라하기 때문입니다. 우리 번역 성경에는 그렇게 적나라하지는 않지만, 새번역 성경에는 좀더 원래의 연애시답게 번역해 놓았습니다. 성경에 이런 내용이 어떻게 들어갔을까 할 정도로 때로는 노골적입니다. 이스라엘 사람들에게는 아가서가 하나의 연애시였습니다. 이러한 연애시가 성경에 포함된 것이 성경이 위대한 이유 중 하나입니다. 성경은 사람의 성정을 숨기지 않습니다. 사람의 어두운 면도 숨기지 않고 드러냅니다. 아브라함을 보십시오. 다윗을 보십시오. 솔로몬을 보십시오. 베드로의 모습을 보십시오. 전도서 같은 책이 어떻게 성경에 들어갔을까 하고 의문을 품는 사람들도 있습니다. 그러나 인간의 통상적인 지혜를 완전히 뒤집어보는 책이 전도서입니다. 이런 책들이 성경을 얼마나 풍부하게 해주는지 모릅니다. 연애시인 「아가서」는 남자와 여자의 성적인 즐거운 관계를 통해서 하나님과 하나님의 백성, 하나님과 교회의 관계를 상징하는 것으로 이해되었습니다. 그런데 어떻게 남녀 사이의 성의 즐거움을 완전히 무시하고 이런 비유를 쓸 수 있겠습니까? 교회와 하나님 사이, 하나님과 하나님의 백성 사이를 남녀가 나누는 사랑의 관계로 묘사했다는 것은, 반대로 뒤집어 보면 성이란 것이 얼마나 아름답고, 얼마나 희열을 주는 것인지, 얼마나 숨통을 터 주고 다시 힘을 얻게 하는 관계인지를 보여 주는 것이라 말할 수 있습니다.

빌립보서 4장 8절의 가르침을 보십시오. "끝으로 형제들아 무엇에든지 참되며 무엇에든지 경건하며 무엇에든지 옳으며 무엇에든지 정결하며 무엇에든지 사랑받을 만하며 무엇에든지 칭찬받을 만하며 무슨 덕이 있든지 무슨 기림이 있든지 이것들을 생각하라." 이 말씀을 보면서 우리는 욕망을 버릴 수 없다는 사실을 인식해야 합니다. 불교의 가르침처럼 욕망을 버리고 욕망을 버리고자 하는 욕망까지 우리는 버릴 수 없습니다. 우리의 마음은 언제나 어딘가로 향하게 되어 있습니다. 철학자들은 이것을 마음의 '지향성'이라 부릅니다. 우리의 의식, 우리의 마음은 언제나 무엇에 대한 의식이요, 무엇에 대한 마음입니다. 우리의 의식, 우리의 마음은 무엇에 관심을 두고 무엇을 하고자 하고 무엇을 추구합니다. 그러므로 문제는 무엇에 관심을 두는가, 무엇을 추구하는가입니다. 다시 말해 무엇으로 우리의 욕망을 채우느냐, 무엇으로 우리의 관심의 길을 트는가의 문제입니다. 그래서 빌립보 교회에 보낸 편지에서 바울은 참된 것이면 무엇이나, 경건한 것이면 무엇이나, 옳은 것이면 무엇이나, 정결한 것이면 무엇이나, 사랑할 만한 것이면 무엇이나, 칭찬할 만한 것이면 무엇이나, 덕이 될 만한 것이 있거나 사람들이 기릴 만한 것이 있으면 무엇이나 그것을 생각하고 그것을 욕망하고 그것을 추구하라고 권합니다. 욕망하지 말고 생각하지 말고 탐내지 말라는 것이 아니라, 남의 재산, 남의 아내, 남이 얻은 명성을 탐내기보다는 오히려 참되고 경건하고 옳고 사랑할 만하며 칭찬할 만한 것을 생각하고 탐내고 관심을 두라는 말입니다. 그렇게 할 때, 음욕이나 물욕이나 명예욕이 우리 마음을 차지할 자리가 없습니다.

    그러면 어떻게 할 때 탐욕을 없앨 수 있습니까? 빌립보서에서 읽은 대로 참되고 경건하고 옳은 것을 '탐내기' 위해서는 조건이 하나 있습니다. 현재 내게 주어진 것, 내 아내나 나의 집이나 나의 위치가 어떠한 것이든 이것들로 감사하고 만족하지 않으면 탐심이 일어날 수밖에 없습니다. 만족하지 않는 마음에는 끊임없이 탐심이 일어납니다. 전도서 5장 10-12절을 보면 "은을 사랑하는 자는 은으로 만족하지 못하고 풍요를 사랑하는 자는 소득으로 만족하지 아니하나니 이것도 헛되도다 재산이 많아지면 먹는 자들도 많아지나니 그 소유주들은 눈으로 보는 것 외에 무엇이 유익하랴 노동자는 먹는 것이 많든지 적든지 잠을 달게 자거니와 부자는 그 부요함 때문에 자지 못하느니라"라고 했습니다. 만족하지 못하는 인간의 마음을 잘 그려 둔 것입니다. 고린도후서 9장 6-8절에는 "이것이 곧 적게 심는 자는 적게 거두고 많이 심는 자는 많이 거둔다 하는 말이로다 각각 그 마음에 정한 대로 할 것이요 인색함으로나 억지로 하지 말지니 하나님은 즐겨 내는 자를 사랑하시느니라 하나님이 능히 모든 은혜를 너희에게 넘치게 하시나니 이는 너희로 모든 일에 항상 모든 것이 넉넉하여 모든 착한 일을 넘치게 하게 하려 하심이라"라는 말씀이 있습니다. '모든 것이 넉넉하다'고 할 때 바울이 쓴 말은 빌립보서에서 '자족한다'고 할 때 쓴 말과 그리스어로 같은 낱말입니다. 빌립보서 4장 11-13절에서 바울은 "내가 궁핍하므로 말하는 것이 아니니라 어떠한 형편에든지 나는 자족하기를 배웠노니 나는 비천에 처할 줄도 알고 풍부에 처할 줄도 알아 모든 일 곧 배부름과 배고픔과 풍부와 궁핍에도 처할 줄 아는 일체의 비결을 배웠노라 내게 능력 주시는 자 안에서 내가 모든 것을 할 수 있느니라"라고 말합니다.

바울은 '자족하기'를 배웠다고 합니다. 자족한다는 것, '아우타르케이아'(autarkeia)는 내가 나 자신을 스스로 지배하기, 스스로 통제하기란 뜻입니다. 여기서 '내가 스스로 만족한다', 곧 자족(自足)이란 말이 가능한 것이지요. 자기에게, 자기 자신에게 만족한다기보다는 하나님이 자기에게 주신 것에 만족한다는 뜻입니다. 하나님이 주신 나의 삶을 만족스럽게 생각하고 더 많은 것을 탐내거나 기웃거리지 않을 뿐 아니라 그로 인해 즐거워하고 기뻐한다는 말입니다. 자기 아내가 남보다 예뻤으면 하는 마음, 자기 남편이 남보다 더 잘 생기고, 남들에게 내세울 수 있었으면, 또는 자기 아이들이 남의 아이들보다 공부도 더 잘하고, 모든 일이 더 잘 풀렸으면 하는 소원을 가질 수 있습니다. 이것이 지나치면 자신의 현실에 불만이 생기고 불만이 생기면 탐심이 생기고 그것이 충족되지 않을 때, 미움이나 원망이 생길 수 있습니다.

어떤 사람들은 많이 있어야, 더 좋아야 만족하지 않겠느냐고 주장합니다. 그러나 진정 자족하게 삶을 받아들이고 기뻐하자면 하나님이 이런저런 것들을 우리에게 주셨다는 그 자체로 만족하고 감사할 수 있어야 합니다. 삶 자체, 우리의 삶 전체를 진정 하나님이 우리에게 거저 주신 선물로 생각하고 받아들인다면 우리는 탐내지 않을 수 있습니다. 그러므로 이웃의 것을 탐내지 말라는 계명을 좀더 적극적으로 말하자면 주어진 삶을 감사함으로 받아들여, 항상 즐거워하고 항상 기뻐하라는 말로 바꿀 수 있습니다. 하나님은 이것을 위해 우리를 부르셨고 우리를 이렇게 살도록 하셨습니다.

3. 욕구와 욕망, 이성과 정욕

그런데 왜 사람은 끝없는 욕망을 가지고 있을까요? 소나 개나 돼지를 보십시오. 이것들도 먹고 싶어하고, 가지고 싶어하는 것은 사람과 마찬가지입니다. 그런데 사람과 차이가 무엇입니까? 사람과 달리 이 짐승들은 먹을 것을 쌓아 두지 않습니다. 벌이나 다람쥐나 개미는 이런 짐승과 달리 먹을 것을 저장하는 동물입니다. 그러나 이것들조차도 한 해 겨울을 날 수 있는 정도만 쌓을 뿐 무제한 쌓지는 않습니다. 그런데 사람은 쌓고 또 쌓고, 모으고 또 모읍니다. 땅을 많이 가진 사람은 더 많은 땅을 가지려고 합니다. 옷이 많은 사람은 더 많은 좋은 옷, 예쁜 옷을 가지려고 합니다. 동물들은 자신들의 필요 이상을 축적하지 않습니다. 그러나 사람은 자신의 필요를 훨씬 넘어, 더 많은 것을 축적합니다. 그것들을 팔아 돈을 만들고, 돈으로 다른 것들을 사지만, 돈에 다시 돈을 더 쌓기를 원합니다. 더 이상 필요 없다고 만족하는 경우는 참으로 드문 일입니다.

여기서 우리는 욕구(needs)와 욕망(desire)을 구별할 수 있습니다. 욕구는 필요한 것이 주어지면 그것으로 충족됩니다. 예컨대 목마른 사람에게 물을 주면, 당장은 더 이상 물을 찾지 않습니다. 배고픈 사람에게 밥을 주면 당장은 더 밥을 찾지 않습니다. 왜냐하면 욕구가 충족되었기 때문입니다. 그런데 욕구는 계속 반복된다는 특징이 있습니다. 당장 충족되었다고 해도 다시 찾아옵니다. 한 번 먹었다고 해서 평생 먹지 않는 일이 없습니다. 왜냐하면 배고픔이나 목마름, 성욕 같은 경우는 다시 찾아오기 때문입니다. 이 점에서 사람은 다른 동물들과 비슷합니다. 그러나 사람에게는 다른 동물들과 본질적으로 다른 능력이 있습니다. 미래를 예측할 수 있고 계획할 수 있는 능력입니다. 미리 미래에 쓸 일을 생각하고 지금 어느 정도 절약할 수도 있고, 금욕할 수도 있습니다. 당장은 고생스럽더라도 미래의 행복을 생각하며 지금의 고생을 참는 계산 능력이 사람에게는 있습니다. 동물에게도 이것이 전혀 없지는 않습니다. 다람쥐 같은 경우에 도토리를 당장 모두 먹어치우지 않고 겨울을 나기 위해 저장합니다.

    그러나 짐승은 가진 것보다 더 가지려고 애를 쓰지는 않습니다. 예컨대 사자는 먹이를 잡아먹은 뒤에도 나중에 먹을 것을 저장하기 위해 또 사냥을 하는 경우는 거의 없습니다. 짐승의 경우는 배가 부르면 아무리 먹을 것이 있어도 더 잡아먹지 않습니다. 성욕에서도 마찬가집니다. 짐승은 발정기를 지나서는 성욕을 표현하는 일도 없고 성행위를 하지 않습니다. 사람도 어느 정도 그럴 수 있습니다. 여자의 경우, 배란기에는 다른 때보다 성욕을 더 느낄 수 있습니다. 그렇지만 사람이 성욕을 갖는 데는 시도 때도 없습니다. 정해진 때가 없어, 보는 것만으로도 생각하는 것만으로도 성욕을 느끼는 것이 사람입니다.

왜 그럴까요? 사람에게는 단지 욕구뿐만 아니라 욕망이 있기 때문입니다. 성욕의 경우는 욕구의 차원이 있기 때문에, 한 번 충족되면 당분간은—그 시기야 사람마다 다르지만—다시 성욕을 갖는 데 어느 정도 시간이 지나가야 합니다. 그렇지만 발정기가 있는 동물과 달리 사람은 시시때때로 성욕을 느낄 수 있습니다. 소유욕, 권력욕, 명예욕도 마찬가지입니다. 현재 가진 것에 만족하지 않고 계속 더 가지려는 욕심을 갖습니다. 이런 의미에서 성욕이나 소유욕, 권력욕이나 명예욕은 단순한 욕구가 아니라 욕망의 성격을 갖습니다. 일단 그 대상은 있지만(예컨대 소유욕의 경우는 돈이나 부동산과 같은 대상이 있습니다), 대상이 주어진 것으로 만족하지 않고, 끊임없이 더 추구합니다. 뭘 추구합니까? 돈과 재물, 권력입니까? 궁극적으로는 자기 자신을 보장하고 자신의 존재를 상승시킬 힘을 추구합니다. 추상적으로 표현하자면 결국 자기 자신의 존재를 완전히 자신의 힘으로 자유롭게 보장하고, 남조차도 자신의 힘 아래에 두고자 하는 욕망입니다.

그런데 이런 욕망, 절대적 존재에의 욕망이 어떻게 가능합니까? 우선 사람에게 이성이 있다는 사실에서 이것을 설명할 수 있습니다. 이성이 있다는 것은 생각할 수 있다는 말입니다. 생각의 여러 형태가 있지만 그중 하나가 비교하고 계산하는 능력입니다. 짐승에게도 비교 능력이 있습니다. 그러나 그것은 힘 센 놈과 약한 놈의 비교입니다. 이 차이는 넘어설 수 없습니다. 사람의 경우에는 힘 센 사람과 약한 사람, 많이 가진 사람과 가지지 못한 사람을 비교할 수 있습니다. 이성은 비교를 근거로 더 많은 것을 얻으려고 머리를 쓰는 수단으로 사용됩니다. 인간이 동물들보다 더 탐욕스럽고, 끝없는 욕망을 가질 수 있는 것은 바로 이 이성 때문입니다.

그러나 이것만으로 욕망에 대한 설명은 충분하지 않습니다. 이성은 계산 능력이고 비교 능력이지만 동시에 사고 능력이고 자기비판 능력이기도 합니다. 그러므로 이성을 잘 쓰기만 하면 잘못된 것이 무엇인지 알 수 있습니다. 그러나 욕망은 사실 이것보다 더 넓고, 더 깊고, 더 큰, 인간의 근본적 존재 노력, 자기 유지 노력에서 나온다고 할 수 있습니다.

이것을 철학적으로 설명하기보다는 성경의 예를 드는 것이 훨씬 더 가깝게 다가오리라 생각합니다. 창세기 3장을 보십시오. 아담과 하와가 선악을 알게 하는 나무의 열매를 따먹는 이야기가 나옵니다. 3장 6절입니다. "여자가 그 나무를 본즉 먹음직도 하고 보암직도 하고 지혜롭게 할 만큼 탐스럽기도 한 나무인지라 여자가 그 열매를 따먹고 자기와 함께 있는 남편에게도 주매 그도 먹은지라." 인간이 최초로 하나님과 멀어진 사건입니다. 이 이야기를 보면 먼저, 선악을 알게 하는 나무는 우리의 관심을, 정욕을 끌 만큼 아름답고 탐스럽습니다. 탐스럽지도 아름답지도 않은데 끌리는 경우는 드뭅니다. 대상이 그런 성격을 갖는 경우가 대부분입니다. 두 번째는 우리의 정욕이 바로 그 대상에 이끌렸다는 것입니다. 비교하고 계산하는 능력 밑바탕에는 인간을 사악하고 탐욕스럽게 하는 '정욕'이 깔려 있습니다. 그런데 그 정욕의 밑바닥에는 무엇이 있을까요? 뱀이 여자를 유혹할 때 무엇이라고 했습니까?

창세기 3장 1-4절을 보십시오. "그런데 뱀은 여호와 하나님이 지으신 들짐승 중에 가장 간교하니라 뱀이 여자에게 물어 이르되 하나님이 참으로 너희에게 동산 모든 나무의 열매를 먹지 말라 하시더냐 여자가 뱀에게 말하되 동산 나무의 열매를 우리가 먹을 수 있으나 동산 중앙에 있는 나무의 열매는 하나님의 말씀에 너희는 먹지도 말고 만지지도 말라 너희가 죽을까 하노라 하셨느니라 뱀이 여자에게 이르되 너희가 결코 죽지 아니하리라." 신구약 성경의 첫 질문이 여기에 나옵니다. "하나님이 참으로 너희에게 동산 모든 나무의 열매를 먹지 말라 하시더냐?" 뱀은 논리적으로 포괄적인 수량을 표시하는 ― 이것을 일컬어 논리학에서는 '양화사'(quantifier)라고 부릅니다 ― '모든'이란 말을 씁니다. '모든' 속에는 그야말로 모두가 포함됩니다. 어떤 것도 예외일 수 없습니다. 그런데 만일 이것이 부정된다면, 다시 말해 '모든' 것 속에 포함되지 않는 것이 있을 수 있다면, 그 속에 포함되는 것조차도, 포함되지 않는 것처럼 시도해 볼 수 있지 않느냐는 유혹이 이 질문 속에 담겨 있습니다.

하나님은 분명히 먹을 수 있는 것과 없는 것을 구별해서 주셨습니다. 그러나 뱀의 질문은 그 구별을 삭제할 가능성이 정말 없겠느냐는 것을, 은근히 보여 줍니다. 이렇게 구별을 삭제하려는, 경계를 지우려는 가운데 우리를 넘어지게 하는 덫이 놓여 있을 수 있습니다. 그런데 왜 아담과 하와는 뱀에게 넘어갔습니까? 뱀의 사악성, 사탄의 사악성 때문입니까? '죄가 왜 생겼느냐'는 질문은 기독교 전통에 따라서 약간씩 답이 다릅니다. 로마가톨릭교회에서는 인간의 정욕이 죄의 원인입니다. 선악을 알게 하는 나무의 열매는 먹음직하고 보암직할 뿐 아니라 탐스럽기조차 했습니다. 그러므로 과거의 가톨릭 전통은 감각적인 것에 이끌리는 이런 성향을 죄의 근원으로 보기 때문에 우리의 감각, 곧 보고 듣고 만지는 신체 기관을 매우 위험스러운 것으로 생각했습니다.

아우구스티누스와 라인홀드 니버는 사람의 정욕 밑에는 교만이 깔려 있다고 생각했습니다.[1] 교만이 곧 죄의 근원이라고 본 것입니다. 그런데 이 교만이 다른 사람보다 조금 더 높아지고자 하는 정도가 아니라 그 본질은 '하나님과 같이'(sicut deus esti) 되고자 하는 것입니다. 자기의 삶을 홀로, 인간 스스로 주인이 되어서 주장하고자 하는 것입니다. 뱀이 사람을 유혹할 때 뭐라고 했습니까? 선악을 알게 하는 나무의 열매를 먹으면 눈이 밝아져 "하나님과 같이 될 것"이라고 했습니다. 하나님과 같이 자신들의 삶을 스스로 주장할 수 있는 지혜를 얻게 될 것이라는 말입니다. '선과 악을 알게 하는 나무'가 가진 의미와 하나님이 되고자 하는 교만(hubris)은 밀접하게 관련되어 있습니다. 선과 악이란 도덕적 의미에서 선이나 악을 말하기보다는 우리에게 무엇이 좋고, 무엇이 나쁜지를 말합니다. 우리에게 좋은 것은 선이고 우리에게 나쁜 것은 악입니다. 그런데 이 나무의 열매를 먹지 말라는 것은 우리에게 좋은 것과 나쁜 것은 하나님이 알아서 하신다는 뜻입니다. 그런데 그런 지혜를 인간이 스스로 갖게 되었다는 것은 인간이 스스로 하나님처럼 자신을 주장하는 자가 되었다는 말입니다. 우리에게 하나님과 같이 되고자 하는 욕망보다 더 큰 욕망이 어디 있겠습니까? 그런데 사실 우리는 하나님을 닮은 존재로 지음받았습니다. 그러므로 뱀이 말한 것이 새빨간 거짓말은 아닙니다. 진리의 요소가 있는 것이지요. 그러나 크게 왜곡했습니다. 우리는 하나님과 관계할 때 비로소 하나님을 닮은 존재로 귀한 가치를 발휘할 수 있습니다. 그러나 하나님과 관계가 단절되면서 '하나님과 같이 된다'는 것은 인간에게는 재앙입니다. 왜냐하면 하나님의 형상, 하나님을 닮은 모습으로 지음받은 우리의 모습이 제값을 충분히 발휘할 수 없기 때문입니다.

개혁파 전통은 가톨릭 전통과 아우구스티누스, 니버가 말하는 것보다 한걸음 더 나아갑니다. 인간이 죄를 지은 것은 정욕 때문이기도 하고 하나님같이 되고자 하는 욕망 때문이기도 합니다. 그렇지만 죄를 짓지 않을 가능성도 있었습니다. 그러므로 결국 죄의 근원은 하나님의 명령을 듣지 않은 불순종에 있었다고 볼 수 있습니다. 그런데 불순종이 무엇입니까? 하나님이 왜 사람을 불순종하게 만드셨는가? 사람이 순종할 수 있다는 것은 순종하지 않을 수도 있음을 함축합니다. 하나님이 아무리 명령하시더라도 명령을 듣지 않을 가능성이 얼마든지 있습니다. 명령을 듣지 않을 가능성이 아예 처음부터 차단되어 있다면 하나님이 명령을 하실 필요가 없습니다. 다른 짐승들에게는 하나님이 무엇을 명령하시지 않았습니다. 십계명을 우리에게 주신 것도 우리에게 십계명을 어길 수 있는 성향이 얼마든지 있기 때문입니다. 그렇기 때문에 명령이라는 것이 의미가 있습니다. 그런데 이렇게 어길 수 있다는 것은 우리가 선택할 수 있고, 선택할 수 있다는 것은 우리에게 자유가 있다는 말입니다. 타락하기 이전에 아담과 하와에게는 죄를 짓지 않을 가능성(*posse non peccare*)도 있고 죄를 지을 가능성(*posse peccare*)도 있었습니다.[2] 그런데 아담과 하와는 죄를 지을 가능성을 선택하여 죄를 지었기 때문에 죄가 인간에게 들어왔습니다. 이것이 곧 인간의 불순종입니다. 그런데 왜 불순종했습니까? 하나님이 되고자 했기 때문입니다. 자기 자신의 삶을 스스로 주장하고자 했던 것이지요. 정욕은 여기서 일종의 계기, 접촉점, 또는 도화선이라고 할 수 있습니다. 그로 인해 죄의 불꽃과 연결되어 결국 죄를 짓게 된 것입니다.

이런 방식으로 인간의 탐심의 근원을 파헤쳐 본다면 열 번째 계명은 첫 번째 계명과 떼놓고 볼 수 없습니다. 물론 모든 계명이 서로 연관되어 있습니다. 삼위일체 하나님의 상호연관을 신학 용어로 '페리코레시스'(*perichoresis*)라고 말합니다. 십계명의 각 계명간의 연관도 페리코레시스란 말로 설명할 수 있습니다. 그런데 분명한 것은 1계명과 10계명이 마치 머리와 꼬리처럼 서로 물려 있다는 점입니다. 이것을 수사학에서 '수미상관'(*inclusio*)이라고 합니다. 열 번째 계명인 "네 이웃의 아내나 집이나 남종이나 여종이나 소유를 탐내지 말라"에서 '탐내지 말라'는 것과 첫 번째 계명에서 "나 외에 다른 신들을 네게 두지 말라"는 것은 밀접한 관련이 있습니다. 탐낸다는 것은, 그것이 성욕이든지 아니면 명예욕이든지 결국 그것을 통하여서 나 자신을 주장하고자 하는 욕망과 관련 있습니다. 나 자신을 주장하고자 하는 것은 앞에서 말한 대로 내가 내 삶의 주인이 되고자 하는 것이지요. 쾌락이나 재물은 결국 나 자신을 주장하고 내가 절대 권력을 갖는 수단입니다. 하나님에 대한 깊은 신뢰가 없다면 우리는 이렇게 될 수밖에 없습니다. 우리는 단순한 욕구를 넘어 욕망 실현을 무한히 추구할 수밖에 없습니다. 절대 권력, 절대 자기 유지와 자기 보존은 실제로 손에 쥘 수 없기 때문에 그것을 위한 수단으로 생각되는 재물, 쾌락, 권력을 추구할 수밖에 없는 것이 인간 실존의 현실적인 모습입니다.

앞의 강의에서 말씀드렸듯이, 예수님이 인격이 없는 사물을 일컬어 마치 인격을 가진 것처럼 표현하신 경우는 별로 없습니다. 그런데 유독 재물에 관해서는 인격화해서 말씀하셨습니다. "너희가 하나님과 재물을 겸하여 섬기지 못한다", "하나님을 사랑하게 되면 재물을 미워하고 재물을 사랑하게 되면 하나님을 미워하게 된다"라고 말씀하십니다. 아무도 돈을 쌓아 두고 돈 앞에서 절을 하지는 않습니다. 돈은 재물에 대한 우리의 욕망, 소유에 대한 우리의 욕망을 상징하는 가시적인 상징일 뿐입니다. 그런데 재물은 우리가 만들어 낸 신입니다. 참 하나님과 우상의 차이가 여기에 있습니다. 우상은 우리 마음, 우리의 탐심이 만들어 낸 우리의 피조물입니다. 우리의 생각, 우리의 욕망이 우상을 만들었습니다. 우상을 영어로는 '아이돌'(idol)이라고 합니다. 라틴어 '이돌라'(*idola*)에서 온 말입니다. 이 말은 다시 그리스어 '에이돌론'(*eidolon*), 곧 '보인 것들'이란 말에서 왔습니다. 내가 보고, 내가 생각하고, 내가 겨냥하고, 그래서 내가 마치 신처럼 섬기게 됨으로 '만들어 낸 신'이 우상입니다. 그러므로 돈의 문제, 재물의 문제는 단지 물질의 문제가 아니라 근본적으로 영혼의 문제이고 영성의 문제입니다. 그러므로 돈과 재물을 다룰 때, 우리는 단순히 물질을 다루듯이 다룰 수 없습니다. 영적인 힘이기 때문에 돈과 재물을 다루는 방식도 영적이어야 합니다. 영적인 것은 헌신을 요구합니다. 시간을 요구합니다. 우리의 관심과 에너지를 요구합니다. 돈과 재물이 영적 실체라는 사실을 예수님이 가르쳐 주십니다. 이것이 예수님이 "하나님이냐 재물이냐"를 양자택일의 문제로 우리에게 제시하신 까닭입니다.

재물을 선택하면 어떻게 됩니까? 우리가 재물의 힘에 종속됩니다. 재물이 나의 주인이 됩니다. 그래서 예수님은 "두 주인을 함께 섬기지 못한다"라고 하십니다. 그러나 우리는 마치 두 남자를 상대하는 여인처럼 한쪽에서는 하나님을 섬긴다고 하면서 다른 한쪽에서는 재물을 섬길 수 있습니다. 그러므로 예수님이 경고하신 것입니다. 여기서 하나님 아닌 다른 신을 섬기는 것과 탐욕이 밀접하게 연관되어 있음이 분명하게 드러납니다. 하나님을 진정 섬기지 못한다면 돈과 재물을 섬기거나 그 외에 다른 것들로 하나님 자리를 채울 수밖에 없는 존재가 우리 인간임을 자각해야 합니다. 그러므로 열 번째 계명을 따라 살자면 첫 번째 계명에서 얘기하는 하나님에 대해서 절대 신뢰와 절대 믿음이 있어야 합니다.

그런데 믿음이 무엇입니까? 믿음이라고 하면 흔히 심리적으로 이해하기 쉽습니다. 내가 무엇이라고 생각한다거나 뭐라고 추측하는 것을 일컬어 믿음이라 부르는 경우가 흔합니다. 성경에서 가르치는 믿음은 이보다 더 근본적으로, 의심 없이 확실히 수용하고, 나 자신을 맡기고, 의뢰하는 행위를 의미합니다. 특별히 복음서는 의심 없이 하늘에 계신 아버지를 절대 신뢰하는 것과 관련해서 예수님이 믿음을 언급하신 예가 여러 번 나옵니다. 마태복음 14장에 나타난 베드로의 예를 보십시오. 예수님이 물 위로 걸어오시는 것을 보고 베드로는 (그리스어 원문을 그대로 직역하자면) "주여, 만일 당신이오면 명령하셔서 제가 물 위를 걸어 당신에게로 가게 하소서"라고 말했습니다. 믿음의 행위였습니다. 예수님에 대한 일종의 신앙 고백을 하기 전입니다. 그런데 결과가 어떻습니까? 물에 빠졌습니다. 그랬더니 예수님이 물에 빠진 베드로를 건져 주시면서 이렇게 말씀하셨지요. "믿음이 작은 자여 왜 의심하느냐?" 그리스어로 보면 "얼마 되지 않는 믿음, 적은 믿음을 가진 이여, 어찌하여 두 마음을 가지느냐?"라고 다시 번역해 읽을 수 있습니다. 두 마음이란 믿는 마음과 믿지 않는 마음이 뒤섞인 것을 두고 하는 말입니다. 그러므로 예수님은 베드로를 믿음이 적은 이, 적은 믿음을 가진 이라고 말하고 있습니다. 비록 예수님을 주님, 곧 주인님이라고 부르면서도 베드로는 자신을 완전히 하나님께 맡기지 못하고 두 마음을 품은 것이지요.

성경에서 말하는 '믿음'은 그리스 철학 전통에서 말하는 믿음과는 다릅니다. 그리스 전통은 믿음을 늘 앎과 대립해서 이야기해 왔습니다. 아는 것과 믿는 것은 다르다고 본 것이지요. 안다는 것은 사물을 있는 그대로, 참된 모습 그대로 보는 것을 말하고, 믿는다는 것은 그런 것처럼 나타나는 대로, 곧 현상만을 보고 마치 참된 것을 보는 것처럼 생각한다는 것입니다. 그리스 전통과 기독교 전통이 만나면서 이처럼 이성과 신앙의 대립 구도가 생겼습니다. 그런데 성경 전통에서 말하는 믿음을 자세히 들여다보면, 믿음은 앎과 대립되는 것이 아니라 하나님께 우리 자신을 완전히 맡기는 태도와 그렇지 못하고 의심하는 태도 사이의 대립을 통해 이야기된다고 말할 수 있습니다. 그러므로 믿음은 단지 어떤 심적 상태가 아니라 삶 전체를 하나님께 온전히 맡기고 따르는 행위입니다. 이것 없이 우리는 하나님 아닌 다른 것에 탐을 내어서, 마치 그것이 우리에게 하나님처럼 되어 주기를 기대할 수밖에 없습니다. 여기에 우상숭배의 근원이 있습니다. 우상은 우리의 욕망이 만들어 낸 것일 뿐 실체도 없습니다. 우리 자신이 우상이 되고(이것을 농담으로 하면 언제나 나를 내세우는 '나나교'입니다), 대학이 우상이 되고('대학교'입니다), 가문이 우상이 되고('가문교'), 가족이 우상이 될 수 있습니다('가족교'). 그런데 이 가운데 '나나교'는 하나의 교회나 집단을 이루지 못하고 자기 자신만 홀로 남아 있을 수밖에 없습니다. 왜냐하면 이 종교에 설득된 사람은 곧장 자기 자신을 언제나 앞세워야 하기 때문에 자기 자신만 남을 수밖에 없기 때문입니다.

"나 외에 다른 신들을 네게 두지 말라"는 1계명을 따라 삶의 길을 자유롭게 걸어갈 수 없는 사람은 십계명 가운데 어떤 계명도 자신의 삶의 길로 삼을 수 없습니다. 하나님 외에는 다른 어떤 신도 우리 앞에 두지 않는 길을 따라갈 때, 비로소 우리는 다른 계명들을 올바르게 따라 살 수 있습니다. 우리가 하나님 외에, 다른 어떤 무엇에 정말 깊이 연연하고, 주야로 묵상하고 생각한다면, 우리에게 하늘에 계신 아버지에 대한 참된 믿음, 참된 신뢰가 없다고 봐야 할 것입니다. 하나님에 대한 참된 신뢰가 있고 하나님께 우리 자신을 완전히 맡길 수 있다면 우리는 탐내지 않을 수 있습니다. 탐심은 하나님께 우리 자신을 온전히 맡기는 삶과는 정반대되는 개념입니다.

4. 누가 이웃인가?

마지막으로 우리가 생각해 봐야 할 것은 이웃에 관한 것입니다. 9계명부터는 이웃을 언급하고 있습니다. 거짓 증거를 하지 말되, 이웃에 대해서 그렇게 하지 말라는 것입니다. 열 번째 계명도 분명히 이웃을 언급하고 있습니다. 그런데 이웃이 누구입니까? 이스라엘 사람들이 생각하기에는 자신들의 동족이 이웃입니다. 하나님과 언약을 맺은 백성, 오직 야웨 하나님만 섬기겠다는 약속에 참여한 공동체의 일원을 향하여 이웃이라 부를 수 있습니다. 그래서 이스라엘 백성의 자존심은 대단한 것일 수 있었습니다. 공간적으로 인접해 있는 사람들뿐 아니라 멀리 있더라도 동일한 역사와 신앙 공동체에 속한 사람들을 이웃이라 볼 수 있었던 것이지요. 이스라엘의 이웃 개념은 사실 여기서 한걸음 더 나아갑니다. 출애굽기 23장 4절 이하에 나타난 대로 자기 나라에 살고 있는 타국 백성도 이웃에 들어갑니다.

그런데 우리 전통에서는 어떻습니까? 누가 이웃입니까? 이웃은 그야말로 이웃에 사는 사람입니다. 예를 들어, 서울에 사는 우리 동족을 일컬어 내 민족, 내 동포라 부르기는 해도 내 이웃이라 부르지는 않습니다. 사실 우리의 이웃 개념은 이스라엘 사람들보다 훨씬 더 좁습니다. 옆집에 사는 사람, 공간적으로 나와 인접해 있는 사람에 제한됩니다.

예수님의 오심과 함께 우리에게 보여 준 이웃 개념이 무엇입니까? 누가복음 10장에 나오는 선한 사마리아인의 비유는 새로운 이웃 개념을 잘 보여 줍니다. 율법사가 예수님에게 이웃이 누구냐고 물었습니다. 그랬더니 예수님은 비유를 통해서 분명하게 이웃이 누군지 제시해 주셨습니다. 이야기 속에는 강도를 만나 곤경에 처한 사람이 있습니다. "네 이웃을 네 몸과 같이 사랑하라"는 말을 들을 때, 우리가 한 번이라도 관심을 갖고 돌봐야 하는 이웃은 잘 먹고 잘살고, 사회적으로 행세하는 사람이 아니라 힘들고 어려운 사람이라는 것을 예수님은 비유를 들어 말씀하시는 가운데 은연중 보여 주십니다. 동족이냐 아니냐, 내 가까이에 있느냐 멀리 있느냐, 내가 좋아하는 사람이냐 아니냐와는 무관하게, 지금 여기서 내 손이 갈 수 있고, 내가 할 수 있는 범위에서 곤경에 처한 사람이 이웃이라는 것이지요. 심지어 나의 원수라 하더라도, 그가 곤경 중에 있다면 그가 내 이웃이라는 것입니다. 9계명에서 언급했던 야고보서 1장 27절을 보면, 흠 없고 정결하고 참된 경건에 관해서 말할 때 "고아와 과부를 그 환난 중에 돌아보며"라고 했습니다. 고아와 과부, 사회적으로 힘없고 배운 것 없고 가진 것 없는 이들을, 무엇보다 먼저 교회 안에 있는 그들을 살펴보고 돌보며 그들이 살 수 있도록 하는 것이 참된 경건, 참된 종교, 참된 예배입니다.

그런데 누가복음 10장 36절을 보십시오. "네 생각에는 이 세 사람 중에 누가 강도 만난 자의 이웃이 되겠느냐"라고 예수님이 율법사에게 되물으셨습니다. 율법사가 처음에 했던 질문, 곧 "이웃이 누구입니까"라는 질문은 이야기하는 과정에 이미 주어졌습니다. 곧 곤경에 처한 사람이라는 것이지요. 그 사람을 돌아보는 것, 그것이 하나님의 나라에 들어가는 방법이며 영생을 누리는 길임을 예수님은 보여 주셨습니다. 그런데 이야기가 끝난 뒤, 느닷없이 예수님은 율법사에게 되물으셨습니다. 아마 율법사는 당황했을 것입니다. 그러나 생각할 능력이 있는 사람으로서는 예수님의 질문을 피할 도리가 없습니다. 그래서 뭐라고 답했습니까? "자비를 베푼 자니이다"(눅 10:37).

여기서 이웃 개념이 완전히 뒤집어집니다. "율법 중에 무엇이 제일 되는 것인가"라는 질문에 율법사는 "하나님을 사랑하는 것과 이웃을 내 몸과 같이 사랑하는 것"이라고 요약했습니다. 그랬더니 예수님이 그대로 행하면 살리라고 하셨지요. 그랬더니 율법사가 다시 "이웃이 누구냐"고 질문했습니다. 이때 예수님은 "네 옆집에 사는 사람이다, 네 부모다, 네 형제다"라고 말씀하시지 않았습니다. 사마리아인이 강도 만난 사람을 도와준 이야기를 들려주시면서 강도 만난 사람이 이웃이라는 것을 보여 주었습니다. 그리고 다시 문기를 누가 강도 만난 자의 이웃이 되어 주었냐고 했더니, 율법사가 자비를 베푼 자라고 대답했습니다. 여기서 이웃은 두 가지의 개념으로 제시됩니다. 하나는 앞에서 얘기한 대로 곤궁에 처한 사람입니다. 그가 누구이든, 그가 무엇이든 간에 말입니다. 두 번째는 나 자신이 곧 이웃이 되어 주어야 한다는 것입니다. 이웃이 따로 있는 게 아니라 내가 다가가서 이웃이 되어 주어야 한다는 말입니다. 이웃을 마치 대상인 것처럼 본다면 곤궁에 처한 사람이 이웃입니다. 그러나 대상이 아닌 주체로 본다면 이웃은 저 바깥에 있는 게 아니라 바로 나 자신이 타인에게 이웃이 되어야 한다는 말입니다. 만일 이웃이 따로 어디엔가 있는 누구라고 한다면 범위는 한정됩니다.

사실 오늘 우리가 살고 있는 삶의 공간은 과거에는 생각할 수 없을 정도로 가까이 있습니다. 아파트를 보십시오. 과거에는 생각도 할 수 없는 거리입니다. 공간적인 거리, 물리적인 거리로 보면 과거 어느 때보다 우리는 가깝게 살고 있습니다. 지하철을 타 보십시오. 옆 사람의 숨결을 느낄 정도입니다. 어떻게 사람이 그렇게 가깝게 있을 수 있습니까? 그렇지만 그 순간에 아무도 옆 사람을 이웃이라고 느끼지는 않습니다. 우리가 길 가면서 만나는 모든 사람에게 공손하게 인사하고 아는 척하고 눈짓을 하면서 지나간다면 이상한 현상이 벌어질 것입니다. 대개 모른 척하고 무관심하게 지나가는 것이 사회를 유지하는 것처럼 보입니다. 그래서 이웃을 나와 가까이 있는 사람이라고 정의할 수 없게 되었습니다. 이렇게 공간적으로 물리적인 거리가 점점 더 가까워짐에 따라, 오히려 사람들의 사회적, 심리적 거리는 어떤 의미에서 점점 더 멀어지고 있습니다. 반면에 사회적, 심리적 거리는 공간의 인접성에 따라 좌우되기보다는 오히려 사회적 계층이나 관심, 취향, 문화적 유사성 등이 더 중요한 요인으로 작용하게 되었습니다.

예수님의 가르침은 두 가지 의미에서 이웃 개념을 완전히 바꾸어 놓았습니다. 첫째, 이웃이란 공간적 인접성에 따라 결정되는 것이 아니라, 공간적으로는 아무리 멀더라도 그의 처한 상황이 관심과 개입을 요구하느냐, 하지 않느냐에 따라 정해집니다. 두 번째, 이웃은 내가 먼저 되어 주어야 한다는 것입니다. 이웃을 찾아가야 하기도 하지만 내가 먼저 나를 필요로 하는 사람에게 이웃이 되어 주어야 합니다. "가서 너도 그렇게 하라!" 이것이 예수님의 가르침입니다.

사마리아인의 모습에서 예수님의 모습을 보는 것은 당연합니다. 사마리아인의 비유 가운데 나오는 인물과 사건 하나하나에 의미를 부여하는 이른바 '풍유적 해석'은 잘못된 것일 수 있습니다. 현대 비유 연구는 이 점을 잘 보여 주었습니다.[3] 그러나 사마리아인의 모습에서 예수님의 모습을 보고, 나 자신에게서 강도 만난 자의 모습을 보는 것은, 이 비유를 듣고 읽을 때 내가 보일 수 있는 자연스러운 반응이라고 생각합니다. 강도 만난 자처럼 곤경에 처해 있을 때 우리 구주 예수님은 우리를 찾아오시고, 그분의 고난 가운데서 우리와 함께, 우리도 함께 고난당함으로, 하나님과 화평을 누리도록 하셨습니다. 그리스도인이 원칙적으로 다른 사람들과 다를 수 있는 근거가 여기에 있습니다. 예수 그리스도와 함께 고난받고, 함께 죽고, 함께 살아남으로 하나님과 화평을 누린 사람으로 살 수 있게 되었습니다. 그러므로 삶의 원칙이 이웃이 가진 것에 탐욕을 부리거나 탐심을 가질 수 없습니다. 오히려 예수님이 우리의 이웃이 되어 주었듯이, 우리가 먼저 고통받는 사람의 이웃이 되어 주어, 이웃에 대한 탐욕과 탐심에서 자유로울 수 있습니다. 그러므로 예수 그리스도와의 연합은, 그리고 예수 그리스도를 통해서 성령 안에서 하나님 아버지와의 화목과 연합은 우리가 이웃과 화목하고 연합하는 조건이 됩니다. 이때 비로소 우리는 이웃에 대해서 탐심을 내지 않고 오히려 이웃의 소유와 재산과 생명과 인격, 이웃의 가정과 명예를 존중하고 아끼고, 나 자신보다 이웃이 먼저 하나님 안에서 번성하고 복 받는 삶을 살 수 있도록 복을 빌어 줄 수 있습니다. 이 점에서 그리스도인은 세상 사람과 다른 삶의 가치를 가지고 있습니다.

강의를 닫으며

십계명에 관하여 가끔 이런 질문을 접합니다. 3천 년 전 이스라엘 백성에게 주어진 계명이 오늘에도 여전히 유효할 수 있는가? 열 번째 계명에서 말하는 남종이나 여종, 이웃의 소나 말이 더 이상 존재하지 않는 오늘날, 십계명이 과연 타당할 수 있는가?

이 질문은 십계명이 한 시대, 한 인물, 한 백성에게 주어진 것일 뿐 시대와 문화, 사회가 그때와는 비교할 수 없을 정도로 바뀐 오늘에는 타당하지 않다는 전제를 깔고 있습니다. 이와는 반대로 십계명이 오늘에도 여전히 타당하다고 생각하는 사람들도 있습니다. 2005년 겨울 미국 칼빈 신학교에서 윤리학을 가르치는 교수와 만나서 지금의 세계화 상황에서 세계인 모두에게 타당한 윤리가 성립될 수 있을 것인가 하는 물음을 두고 토론한 적이 있습니다. 그 교수는 십계명이야말로 세계 윤리로 가장 적합하다고 말했습니다. 왜냐하면 십계명은 한 시대나 역사에 매여 있는 계명이 아니라 초시간적, 무시간적인 보편성을 띠고 있기 때문이라는 거였지요. 저는 유보적이었습니다. 예컨대 불교인이나 유교신자에게도 십계명을 지키자고 할 수 있는가 하는 물음이 저에게 있었기 때문입니다. 그 교수는 서슴지 않고, 불교신자나 유교신자에게도 적용된다고 말했습니다.[1]

십계명에 대해서 이렇게 두 입장으로 나누어질 수 있다는 것을 저는 경험했습니다. 한편으로는 십계명의 시대성, 역사성, 문화 제약성을 강조하는 입장이 가능하고, 다른 한편으로는 십계명의 보편성, 초역사성, 영원성을 강조하는 입장도 가능합니다. 하지만 저는 십계명은 그렇게 초역사적이고 시대와 관계없는 영원한 규약도 아니고, 또 그렇다고 해서 시대에 제약되어서 한 시대에만 국한되는 계명도 아니라고 생각합니다. 왜 그런지는 먼저 다른 논의를 한 뒤에 답변하도록 하겠습니다.

1. 십계명 : 존재 질서의 표현인가 하나님 뜻의 표현인가?

신학이나 철학에서 있어 온 논쟁 가운데 "하나님이 원하셨기 때문에 선인가, 선이기 때문에 하나님이 원하셨는가" 하는 물음이 있습니다. 이른바 '유티프론의 문제'(The Euthyphro Problem)입니다. 하나님이 원하시는 것이 선이고 원하시지 않는 것이 악이라는 입장이 있습니다. 그렇다면 무엇이 선이고 무엇이 악인가 하는 것은 어떤 존재론적 질서에 따라 결정되는 것이 아니라 하나님이 원하심, 곧 하나님의 뜻에 따라 결정됩니다. 이 경우, 하나님의 뜻, 곧 하나님이 원하시는 것이 선과 악보다 상위(上位)에 있게 됩니다. 선과 악은 하나님의 뜻, 곧 하나님의 의지에 달려 있기 때문에 하나님이 어떻게 생각하고 어떻게 원하시는지에 따라 선과 악이 결정되므로,

선과 악은 근본적으로 자의적(恣意的) 성격을 띠게 됩니다.

이와는 달리, 어떤 것이 선이기 때문에 하나님이 원하셨고 악이기 때문에 원하지 않으셨다는 입장도 가능합니다. 이럴 경우, 선과 악은 하나님의 원하심과는 상관없이 그 자체로 존재하는 질서여야 합니다. 이런 의미에서 선과 악은 하나님의 의지에 앞서, 그보다 상위의 존재론적 독립성을 띠게 됩니다. 신학 전통을 보면 앞의 전통을 강하게 주장한 사람이 중세의 둔스 스코투스(Duns Scotus)였고, 뒤의 주장은 라이프니츠에게서 분명하게 발견할 수 있습니다.[2]

두 주장은 각각 일리가 있습니다. 하나님이 전능하고 전지하신 분이며, 온전한 사랑이시라면, 그분 자신이 선 자체이시며, 그분이 원하신 것은 곧 선이라고 해야 할 것입니다. 만일 그렇다면 그분이 원하시지 않는 것, 그분의 뜻과 대립된 것이 악일 것입니다. 이것이 옳다면 하나님의 뜻에 대립되는 것을 일컫는 악은 어떤 실체성을 가지지 않는다고 말해야 할 것입니다. 그러므로 아우구스티누스는 악을 일컬어 '선의 결여'(*privatio boni*), '존재의 결여'(*privatio entis*)라고 말했습니다. 그러나 이 경우, 선과 악은 하나님의 뜻에 달려 있고, 하나님의 뜻은 어떠한 제약이나 조건에 종속되지 않으므로, 그야말로 완전히 자유롭게, 이렇게 또는 저렇게 마음대로 될 가능성이 있습니다. 그러므로 논리적으로 가만히 생각해 보면 하나님이라 하더라도 그분 마음대로 할 수 없는 어떤 불변의 선의 질서가 있어야 하고, 하나님조차도 그 선의 질서에 종속될 수 있어야, 비합리적인 분이 아니라 합리적인 분으로 우리가 하나님을 표상할 수 있을 것입니다. 따라서 하나님이 무엇을 원하셨다면 그 원함은 그분의 고유한 자유의지로 일어난 일이지만, 이때 원함은 아무런 조건이나 동기, 이유가 없는 것이 아니라, 그럴 만한 조건이 이미 하나님이 원하신 것에 갖춰져 있다고 보게 됩니다. 앞의 주장은 하나님의 절대 의지를 강조할 수 있는 반면, 하나님의 원하심이 자의적이 될 수 있다는 맹점을 안고 있고, 뒤의 주장은 하나님의 의지에 앞서 선의 존재론적 독립성을 강조할 수 있는 반면, 하나님이 일종의 합리성의 존재론적 구조에 종속된다는 맹점을 안고 있습니다.

그러나 하나님이 진정 창조주시고 만물의 근원이시고 만물을 그분 뜻대로 운행하고 보존하고 회복하는 분이시라면, 저는 앞의 주장이 훨씬 더 설득력 있다고 생각합니다. 하나님은 논리를 무시하고, 논리와 무관하게 생각하고 행동하는 분은 아니지만, 그렇다고 논리에 매여 있다고 볼 수도 없습니다. 그분의 무한한 사랑 때문에 그분은 하나님이 아닌 인간으로 오실 수 있고, 그분 자신이 그분과는 다른 존재들을 창조하여, 어떤 의미에서 자신의 존재에 제약을 가져올 수도 있습니다. 그러므로 어떤 무엇이 선이기 때문에 하나님이 원하셨다고 보기보다는, 하나님이 원하셨기 때문에 선이라고 보는 입장이 성경적 전통에서 우리가 고백하는 하나님의 성격에 더 어울린다고 생각합니다. 그렇다고 하나님은 무조건 무엇을 원하십니까? 하나님이 원하신 것이 선이라면, 그렇게 원하셔서 선이 되게 하실 때 하나님께 무슨 동기가 전혀 없다고 봐야 할까요?

십계명의 경우는 하나님이 원하신 것입니다. 하나님이 원하셔서, 이스라엘을 자기 백성으로 삼으시고, 이스라엘 백성들에게 언약의 표로 십계명을 주시고, 다시 신약 교회에, 그리스도 안에서 언약 백성이 된 교회 공동체에 십계명을 주셨습니다. 그렇다면 십계명은 언약 공동체에 속한 사람들에게 선한 것으로 하나님이 주신 것입니다.

"선하기 때문에 하나님이 원하셨다"는 말에 참의 요소가 있다면, 그것에 선행하는 선의 질서에 하나님의 뜻이 종속된다는 의미에서가 아니라 십계명이 사람에게 선하기 때문에, 곧 사람에게 좋은 것이기 때문에 하나님이 원하셔서 주셨다고 이해할 수 있습니다. 다시 말해 십계명을 하나님이 원하신 까닭은, 그것이 택한 백성들이 걸어가야 할 삶의 길을 보여 준다는 점에서 선하기 때문에 하나님이 원하셨다고 말할 수 있다는 것입니다. 질서로 얘기하자면 하나님이 나 외에 다른 신들을 두지 말라, 우상을 만들지 말라, 내 이름을 망령되이 부르지 말라, 안식일을 기억하여 거룩히 지키라, 네 부모를 공경하라, 살인하지 말라, 도둑질하지 말라, 거짓 증거하지 말라, 그리고 탐내지 말라는 이 계명들을 자신의 언약 백성들이 따라 걸어가도록, 그리하여 하나님의 백성으로서 자유와 평화와 풍요를 누릴 수 있기를 원하셨다는 것입니다.

왜 하나님이 십계명에 명시된 내용들을 원하셨습니까? 이것이 자신의 백성들에게 선이 될 뿐 아니라 좋은 길을 보여 주기 때문입니다. 하나님의 백성들이 이 명령을 따라서 살 때 개인뿐 아니라 그들이 속해 있는 사회가 유지되고, 하나님이 원래 인간을 창조하신 뜻이 실현될 수 있다는 의미에서 선하다는 것입니다.

그런데 이러한 하나님의 뜻은 역사적, 시대적인 것과 무관하지 않습니다. 십계명을 하나님은 초시간적으로, 초역사적으로 주신 것이 아닙니다. 출애굽기 20장에서 하나님이 십계명을 주실 때, 그보다 앞선 사건이 있습니다. 바로 출애굽입니다. 이스라엘 백성들을 바로의 압제에서 해방시킨 사건이 앞서 있고 나서 계명을 주십니다. 출애굽기 20장 2절의 "나는 너를 애굽 땅 종 되었던 집에서 인도하여 낸 네 하나님 여호와로라" 하는 말씀이 항상 십계명의 단서입니다. 초시간적, 초역사적인 것이 아니라 역사적인 사건과 함께 주신 말씀입니다. "나는 너를 애굽 땅 종 되었던 집에서 인도하여 낸 네 하나님 여호와로라 그렇기 때문에 살인하지 말라", "나는 너를 애굽 땅 종 되었던 집에서 인도하여 낸 네 하나님 여호와로라 그렇기 때문에 간음하지 말라…." 이 단서의 말씀이 없다면 십계명은 일반적인 도덕 규칙이 될 것입니다.

어느 사회든지 그 사회를 유지하기 위한 일반적인 규칙과 규약이 있습니다. 그런데 십계명이 일반적인 사회 규칙과 다른 것은 "애굽 땅 종 되었던 집에서 인도하여 낸 너의 하나님 여호와가 너희에게 이렇게 말한다"라는 단서 때문입니다. 그러니까 하나님이 우리를 해방시켜 주신 사건, 이 언약이 선행되고 난 후에 주신 말씀이 십계명이라는 것입니다. 그러므로 십계명은 역사를 벗어나고 시간을 벗어난 초월적 말씀이 아니라 한 역사의 순간에, 구원을 이룬 순간에 주신 말씀이라는 것을 기억할 필요가 있습니다. 우리가 초두에서 공부할 때 이야기했듯이 십계명은 "나는 너의 하나님이 되고 너는 나의 백성"이라는 언약을 전제하고 있습니다.

2. 우리 삶의 질서와 십계명

우리가 사는 삶의 질서는 과거 농경 사회와는 많이 다릅니다. 호롱불을 켜던 시절, 한 집에 호롱불이 꺼진다고 큰일이 나지는 않았습니다. 그러나 오늘날 도시의 정전(停電) 사고를 보십시오. 똑같은 정전이라도 시골보다 도시에서 일어나는 정전 사고가 엄청난 윤리적 결과를 불러옵니다. 예컨대 중환자실에 정전이 되었는데도 긴급 조치가 불가능할 경우, 많은 사람들의 목숨이 위기에 처합니다.

성수대교가 무너진 뒤에야 우리는 다리를 건설할 때 정확한 용량을 사용하고, 제때 수리하고 보수 작업하는 것이 많은 목숨을 살리고 보존하는 사랑의 행위라는 것을 깨달았습니다. 이것은 개인적으로 정직을 지키는 일일 뿐 아니라 많은 사람들의 생명을 보존하는 일입니다.

기독교적인 사랑을 실천하기 위해서는 적극적으로 나서서 행동해야 합니다. 그러나 그리스도인들이 성실하고 진실하게 말씀을 따라 사는 것 자체가 벌써 사랑의 실천임을 잊어서는 안 됩니다. 아이들을 돌보고, 만나는 사람들과 진실하고 평화롭게 지내고, 성실하게 일하는 삶 자체가 곧 사랑의 실천을 포함합니다. 세금을 내는 것도 마찬가지입니다. 과거 한때 세금은 수탈의 수단으로 악용되었습니다. 그러나 이제는 사회적 기여가 되었습니다. 세금을 많이 내면 낼수록 사회적 기여가 그만큼 크다는 자부심을 가져야 합니다. 길을 닦고 교육을 하고 일할 수 없는 사람들을 보호하는 것은 세금 없이는 불가능합니다. 그러므로 세금을 낸다는 것은 이렇게 사회 전체에 기여하는 일입니다. 좋은 시민이라고 해서 반드시 훌륭한 그리스도인은 아닙니다. 그리스도인이 되는 데는 좋은 시민이 되는 것 외에도 더 필요한 조건들이 있습니다. 그러나 참된 그리스도인은 동시에 훌륭한 시민이어야 합니다. 교통질서를 지키고, 정직하게 세금 내고, 정직하게 살아가는 것이 참된 그리스도인이 거두어야 할 열매입니다.

그런데 십계명의 열 가지 내용을 따라 삶의 걸음을 걸어가는 데는 장애물이 많을 수 있습니다. 제대로 따라 걸어가지 못하고 도중에 넘어질 수 있습니다. 더구나 산상설교에서 십계명의 뿌리에서부터 철저하게 그 의미를 새기신 예수님의 가르침을 보면 때로 절망하게 됩니다. 우리가 이렇게 절망할 때, 때로 장애물에 걸려 넘어질 때, 그 순간에 다시 일어나 제대로 걸어갈 수 있도록 바울은 이렇게 충고합니다. 갈라디아서 5장 16절 이하를 보십시오. "내가 이르노니 너희는 성령을 따라 행하라 그리하면 육체의 욕심을 이루지 아니하리라."

1계명에서 10계명까지의 계명을 지키는 데 방해되는 것은 결국 '육체의 욕심'입니다. 우리 자신을 내세우고자 하는 것입니다. 우리 자신을 내세우고 우리 자신을 보존하고 우리 자신을 주장하려고 할 때에 여기서 말하는 여러 가지 육체의 소욕들, 육체가 원하는 바들이 겉으로 나타날 수가 있습니다. 그래서 "너희는 성령을 따라 행하라"라고 바울은 권면하고 있습니다.

갈라디아서 5장 17-21절을 보십시오. "육체의 소욕은 성령을 거스르고 성령은 육체를 거스르나니 이 둘이 서로 대적함으로 너희가 원하는 것을 하지 못하게 하려 함이니라 너희가 만일 성령의 인도하시는 바가 되면 율법 아래에 있지 아니하리라 육체의 일은 분명하니 곧 음행과 더러운 것과 호색과 우상숭배와 주술과 원수 맺는 것과 분쟁과 시기와 분냄과 당 짓는 것과 분열함과 이단과 투기와 술 취함과 방탕함과 또 그와 같은 것들이라." 십계명의 내용이 이 속에 다 포함되어 있습니다. 그 다음 21-26절을 보십시오. "전에 너희에게 경계한 것같이 경계하노니 이런 일을 하는 자들은 하나님의 나라를 유업으로 받지 못할 것이요 오직 성령의 열매는 사랑과 희락과 화평과 오래 참음과 자비와 양선과 충성과 온유와 절제니 이같은 것을 금지할 법이 없느니라 그리스도 예수의 사람들은 육체와 함께 그 정욕과 탐심을 십자가에 못 박았느니라 만일 우리가 성령으로 살면 또한 성령으로 행할지니 헛된 영광을 구하여 서로 노엽게 하거나 서로 투기하지 말지니라." 성령 하나님이 우리를 겸손하게 하시고 우리에게 힘을 주실 때, 하나님이 언약 백성들에게 원하신 길을 걸어갈 수 있습니다.

3. 채찍, 거울, 등불의 비유

끝으로 십계명이 우리에게 어떤 역할을 할 수 있는지 칼뱅이 말한 율법의 세 가지 기능을 원용해서 말씀드리겠습니다. 칼뱅은 「기독교 강요」 2권 7장 6-15절까지 법의 기능을 세 가지로 설명하고 있습니다. 아마도 전통적인 신학 사상에서 칼뱅만큼 법에 대해 이렇게 분명하게 이야기하는 사람도 없을 것입니다. 물론 그 자신이 법학자였으므로 성경에 나와 있는 법의 정신을 아주 분명하게 표현하고 있습니다.

우선 가장 손쉽게 이야기할 수 있는 법의 기능은 악한 사람들이 악한 짓을 할 수 없도록 통제하고 제어하는 기능입니다. 법이 없다면 어떤 악행이든 서슴지 않을 사람도 법이 있기 때문에 마음대로 악행을 저지르지 못한다는 것입니다. 디모데전서 1장을 찾아보십시오. "율법은 사람이 그것을 적법하게만 쓰면 선한 것임을 우리는 아노라"(딤전 1:8)라는 말씀이 나오고 그 다음으로 율법이 어떤 선한 기능을 하는지 나옵니다. "알 것은 이것이니 율법은 옳은 사람을 위하여 세운 것이 아니요 오직 불법한 자와 복종하지 아니하는 자와 경건하지 아니한 자와 죄인과 거룩하지 아니한 자와 망령된 자와 아버지를 죽이는 자와 어머니를 죽이는 자와 살인하는 자며 음행하는 자와 남색하는 자와 인신매매를 하는 자와 거짓말하는 자와 거짓맹세 하는 자와 기타 바른 교훈을 거스르는 자를 위함이니"(딤전 1:9-10). 법이 존재하는 까닭은 음행하는 자, 도둑질하는 자, 인신매매하는 자, 거짓말하는 자(여기에 십계명의 내용이 거의 다 들어가 있습니다) 때문이라는 것이지요. 법은 이렇게 고삐 역할을 하고 사람들을 경책하고 심판하고 제어하는 기능이 있습니다. 갈라디아서 3장 4절을 보면, 율법을 '몽학 선생'이라고 부릅니다. 선생이라고 하니 마치 가르치는 사람 같지만—물론 거기서 영어의 '페다고그'(pedagogue, 아이를 가르치는 사람)라는 말이 나왔습니다—여기서 몽학 선생이라는 것은 가르치는 사람이라기보다는 주인 밑에서 일하는 노예로, 어린아이가 위험한 일을 하지 않도록 매어서 꼼짝 못하게 지키는 사람을 말합니다. 잘못하면 채찍을 치기도 하고요. 그러니까 몽학 선생은 좋은 것을 가르쳐 주는 사람이라기보다는 잘못할 때 채찍을 치고 나쁜 짓을 하지 않도록 막는 일종의 감독관 역할을 말하는 것입니다. 법이라는 것은 그런 의미로 필요하다고 하는 것입니다. 이것이 법의 첫째 기능입니다.

법의 둘째 기능은 의(義)를 보여 주는 것입니다. 하나님이 원하시는 의, 하나님이 받아들이시는 의가 무엇인지를 법이 보여 준다는 것이지요. 하나님의 법을 통해서 우리가 얼마나 불의한지 볼 수 있다는 말입니다. 법이 우리에게 의가 무엇이고, 불의가 무엇인지 알려

주고 우리가 불의를 저지를 때 경고하고 또 정죄한다는 것입니다. 로마서 7장 7절을 보십시오. "그런즉 우리가 무슨 말을 하리요 율법이 죄냐 그럴 수 없느니라 율법으로 말미암지 않고는 내가 죄를 알지 못하였으니 곧 율법이 탐내지 말라 하지 아니하였더라면 내가 탐심을 알지 못하였으리라." 물론 율법이 탐내지 말라 하지 않았더라도 나에게 탐심이 있었을 것입니다. 그러나 그것이 탐심인지는 모른다는 것입니다. 율법을 통해서 비로소 내 모습을 볼 수 있습니다. 율법이 없었더라면 죄가 무엇인지도 모르고 탐심이 무언지도 모를 텐데, 율법을 통해서 내가 의롭지 않은 존재임을 깨닫게 됩니다. 그러니 법은 거울과 같습니다. 얼굴에 온갖 더러운 것이 묻은 사람이 있습니다. 그런데 거울을 보지 않으면 자기 얼굴에 뭐가 묻었는지 잘 모릅니다. 다른 사람은 그를 보고 웃는데, 정작 자기는 사람들이 왜 웃는지 모릅니다. 그런데 거울을 들여다보면 자기 얼굴을 보게 됩니다. 하나님의 법이 이런 역할을 한다는 것이지요. 우리에게 죄가 있는지 없는지 율법을 들여다보지 않으면 모른다는 것이 성경의 가르침입니다. 예수 믿지 않는 사람들은, "당신, 죄인이요" 하고 말하면 대부분 "내가 무슨 죄를 지었다고 죄인인가? 나는 죄가 전혀 없어!"라는 반응을 보입니다. 그래서 율법을 들여다봐야 비로소 자기가 죄인임을 알 수 있는 것입니다. 로마서 3장 20절에서 바울이 "율법으로는 죄를 깨달음이니라"라고 말한 것이 이 때문입니다. 하나님이 우리에게 계명을 주신 것은, 우리가 얼마나 의롭지 못한지, 우리가 얼마나 탐심에 빠져 있고, 얼마나 음욕에 빠져 있고, 얼마나 사람들을 미워하고 죽이려고 하는지를 알려 주시기 위해서라는 것입니다.

그러면 세 번째 율법의 기능은 무엇입니까? 여기서 칼뱅과 루터 사이에 차이가 있습니다. 루터의 경우, 율법은 우리에게 죄를 깨닫게 해 주는 거울이라는 사실을 매우 강조했습니다. 그래서 율법과 복음을 지나칠 정도로 대립시켰습니다. 율법은 복음에 이르는 전단계이고 복음을 가진 사람은 더 이상 율법이 필요 없다고 봤습니다. 칼뱅은 한걸음 더 나아가서 율법의 진정한 기능은 이 세 번째 기능에 있다고 보았습니다. 루터를 직접 거명하지는 않지만 루터에 대한 비판이 담겨 있음을 부인할 수 없습니다. 율법의 세 번째 기능은 더 이상 육신의 소욕 아래 있지 않고, 성령 안에 있는 사람들과 관련된 것입니다. 이미 성령 하나님이 내주하시는 그리스도인들에게는 율법이 바로 이런 세 번째의 기능을 갖는다는 것입니다. 그것은 하나님이 원하시는 바를 우리에게 날마다 보여 준다는 것입니다. 즉 하나님이 우리가 어떻게 살아야 할지, 우리가 어떤 길을 걸어가야 할 것인지를 날마다 하나님의 말씀, 율법을 통해서 우리에게 보여 준다는 것입니다. 시편 19편 7-8절 말씀을 보십시오. "여호와의 율법은 완전하여 영혼을 소성시키며 여호와의 증거는 확실하여 우둔한 자를 지혜롭게 하며 여호와의 교훈은 정직하여 마음을 기쁘게 하고 여호와의 계명은 순결하여 눈을 밝게 하시도다." 여기 보면 주어와 동사, 즉 문장이 몇 개 병치되어 있습니다. 주어가 뭡니까? 여호와의 율법, 여호와의 증거, 여호와의 교훈, 그리고 여호와의 계명입니다. 그런데 성경을 보면 여호와의 율법 십계명을 일컬어 뭐라고 부릅니까? 십계명 두 돌판을 일컬어 증거판이라고 하지 않았습니까? 즉 율법, 증거, 교훈, 계명이 다 같은 말입니다. 같은 말을 그렇게 표현한 것입니다.

무엇보다도 여호와의 율법은 완전하여 영혼을 소성시킨다고 말합니다. 여호와의 율법이 우리를 채찍질하거나 우리의 불의함을 들여다보는 거울에 그치지 않고, 한걸음 더 나아가서 우리 영혼을 새롭게 하고 우리 영혼에 힘을 준다는 것입니다. 둘째, 여호와의 증거는 확실하여 우둔한 자로 지혜롭게 한다고 말합니다. 지혜라는 것은 일차적으로 시시비비를 가리는 능력입니다. 옳고 그름이 무언지를 알고 그래서 옳은 것을 택하고 그른 것을 버리는 사람을 일컬어서 지혜롭다고 합니다. 지식이 많다고 될 수 있는 일은 아니지요. 옳고 그른 것을 어디서 배웁니까? 하나님 말씀을 통해서, 하나님 율법을 통해서, 하나님의 법과 교훈을 통해서 배운다는 것이 성경의 가르침입니다. 그런 의미에서 여호와의 증거는 확실하여 우둔한 자로 지혜롭게 할 수 있다는 것입니다. 셋째, 여호와의 교훈은 정직하여 마음을 기쁘게 한다고 말합니다. 우리의 마음을 어둡게 하고 짓누르는 것이 아니라는 것입니다. 물론 율법은 그런 기능이 있습니다. 거울이나 채찍의 기능이 있습니다. 그러나 거기서 그치는 것이 아니라 우리의 마음을 기쁘게 한다는 것입니다. "여호와의 계명은 순결하여 눈을 밝게 한다"라고 말합니다. 이와 관련해서 시편 119편 105절을 읽어 보십시오. "주의 말씀은 내 발에 등이요 내 길에 빛이니이다." 주의 말씀은 어두움을 밝혀 주고, 어디로 가야 할지를 가르쳐 주는 역할을 한다는 것입니다.

이와 같이 율법이 가진 세 가지 기능을 구별하지 못했기 때문에 교회사를 보면 두 가지 극단적인 태도가 나타났습니다. 한쪽은 율법이 전혀 쓸모없다는 입장입니다. 이제 우리는 성령 안에 있으니 하나님의 법이니 계명이니 율법이 다 필요 없다고 생각하는 사람들입니다. 역사적으로 보면 몬타누스파(Montanism)가 그런 사람들이 었고,[3] 루터의 친구요 동역자였던 요하네스 아그리콜라(Johannes Agricola, 1494-1566)도 그런 사람이었습니다. 그리스도 안에 있는 사람은 이제 율법은 전혀 필요 없다면서 사실상 구약성경을 모두 거부했습니다. 이러한 입장을 일컬어 영어로는 안티노미아니즘(antinomianism), 곧 반율법주의 또는 율법폐기론이라 부릅니다. 또 다른 한 극단은, 율법의 문자, 자구 하나에까지 충실하게 지키려고 하는 것입니다. 율법주의라고 할 수 있습니다. 율법과 관련하여 이런 두 극단이 있을 수 있습니다.

율법이 한편으로는 채찍의 역할, 거울의 역할을 하지만 또 다른 한편으로는 우리를 자유롭게 하고 우리를 해방시키고 우리의 길을 비춰 주는 선한 역할을 한다는 것을 기억하는 것은 우리의 신앙생활에 매우 유익합니다. 이것을 모세에게서도 찾아 볼 수가 있습니다. 신명기 32장 46-47절을 보십시오. 모세는 "오늘 너희에게 증언한 모든 말을 너희의 마음에 두고 너희의 자녀에게 명령하여 이 율법의 모든 말씀을 지켜 행하게 하라 이는 너희에게 헛된 일이 아니라 너희의 생명이니"라고 말했습니다. 율법을 지켜 행하는 것은 헛된 일이 아니라 우리에게 생명이 된다는 것입니다. 시편 1편 2절에도 복 있는 사람은 "오직 여호와의 율법을 즐거워하여 그 율법을 주야로 묵상하는 자로다"라고 했습니다. 율법을 통해서 우리가 걸어가야 할 길, 우리가 살아야 할 삶의 방법을 배울 수 있다는 것입니다.

마지막으로 비유를 하나 들겠습니다. 지금 우리 사회는 교통질서를 지키지 않고는 살 수가 없습니다. 그런데 교통법규라는 것을 생각해 보십시오. 그것은 하나의 채찍 역할을 합니다. 신호를 어겼을 때는 어떻게 됩니까? 벌금을 내야 합니다. 물론 경찰이 보지 않으면 신호를 어길 수도 있지만, 규칙을 어겼을 때는 벌을 받아야 한다고 누구나 생각합니다. 교통법규는 그런 채찍의 역할을 한다고 할 수 있습니다. 그런데 교통법규가 없다고 생각해 보십시오. 빨간 신호일 때 가서는 안 된다는 규칙이 없다면, 빨간 신호일 때 지나갔다고 해서 죄가 되지는 않습니다. 법규가 있기 때문에 죄가 되는 것입니다. 법규를 통해서 죄가 무엇인지, 어긴 것이 무엇인지를 알 수 있습니다. 그런데 이 교통법규도 단지 채찍의 역할이나 거울의 역할을 할 뿐 아니라, 궁극적으로는 사람들을 안전하게 보호하는 것이 그 목적입니다. 자동차를 안전하게 운전하고, 걸어가는 사람들을 보호한다는 목적 말입니다. 모든 법규가 가지고 있는 선한 목적은 사람의 생명을 보호하자는 데 있습니다. 그렇다면 하나님의 말씀은 오죽하겠습니까? 우리에게 생명을 주고 삶의 길을 보여 주는 것, 이것이 하나님의 말씀, 곧 계명의 궁극적 의도입니다.

감사의 글

독자들은 지금, 15년의 세월을 겪은 뒤 제 주위에 계신 여러 분들의 관심과 독촉으로 나온 책을 손에 들고 계십니다. 강의를 준비하고, 정리된 원고를 다듬고, 그것을 토대로 다시 강의를 한 것은 저 자신이지만, 많은 분들의 사랑과 관심이 없었더라면 이 책은 나올 수 없었습니다. 1994년, 제가 마흔 세 살이던 해, 서울 두레교회(예장 고신·오세택 목사 시무)에서 1부와 2부 예배 시간 사이 36주간, 그러니까 꼬박 36시간 했던 강의가 바탕이 되었습니다. 서론을 강의하느라 6주를 보내고, 1계명부터 10계명까지 각각 3주씩 강의하느라 30주를 보냈습니다. 이때 강의 녹취 원고가 200자 원고지 분량으로 2천 매가 넘었습니다. 근 15년을 묵혀 두었던 녹취 원고를 다시 다듬어서 2008년 9월부터 2009년 1월까지, 제가 중고등학교 시절을 보낸 모교회인 경남 사천 삼천포 삼한교회에서 주일 오후 예배 시간에 열두 차례에 걸쳐 저는 두 번째로 십계명 강의를 하였습니다. 2009년 3월말부터 5월까지 서울 명동에 자리 잡은 청어람 아카데미(원장 김동호 목사)에서 매주 월요일 다섯 차례, 전체를 줄여 십계명 강의를 다시 하였습니다. 이렇게 세 번에 걸쳐 한 강의를 바탕으로 원고를 다듬어 만든 책을 여러분은 지금 보고 계십니다.

세 차례 강의를 거쳐 책의 형태를 갖추기까지에는 많은 분들의 관심과 애씀이 있었습니다. 두레교회에서 십계명 강의를 독려하셨던, 그리고 이 책이 나오길 기다리고 계셨던, 당시 두레교회 담임 장희종 목사님(현재 대구 명덕교회 담임)을 누구보다 먼저 떠올립니다. 장 목사님과의 인연은 1971년으로 거슬러 올라갑니다. 저는 신학교 1학년생이었고 장 목사님은 4학년생이었는데, 당시 장 목사님은 부산지역 고교 SFC(학생신앙운동)를 이끌고 계셨고 저는 부산고등학교와 경남여고를 맡아 장 목사님을 도우면서 활동하였습니다. 그 후, 암스테르담 한인교회에서 장 목사님과 같이 몇 년을 지냈습니다. 두레교회에서 십계명 강의를 끝낸 뒤에, 장 목사님은 저를 만날 때마다 십계명 강의 책이 언제 나오느냐고 물었습니다. 이제야 목사님께 그때의 강의를 활자화된 모습으로 드리게 되어 무엇보다 감사하게 생각합니다. 녹취에 수고한 김효권 형제(당시 서울대 재학, 현재 LG근무), 정경덕 자매(당시 고려대 재학, 현재 고양외고 영어교사), 정영훈 형제(당시 서울대 재학, 현재 경상대 국문과 교수)의 수고를 잊을 수 없습니다. 지금은 어엿한 성년이 된 이 분들께 감사를 드립니다. 강의 녹음을 책임졌던, 당시 두레교회 전도사였던 유계섭 목사님(현재 김포 주님의보배교회 담임목사)과 김대진 목사님(현재 미국 거주)께도 감사를 드립니다. 6주간의 강의가 녹음되지 않아 녹취에서 빠졌지만, 이 분들의 노고 없이는, 애써 했던 강의는 소리가 되어 사라지고 말았을 것입니다. 두레교회에서 강의를 할 때 한 번도 빠지지 않고, 시간도 어김없이 맨 앞자리에 앉아, 처음부터 끝까지 강의를 들어 주신, 지금은 고인이 된 한윤정 장로님과 지금도 두레교회에서 젊은이들에게 신앙의 모범이 되시는 오황해 권사님을 기억하고 감사를 드립니다.

오랜 세월이 지난 뒤 십계명 강의 녹취 원고를 다시 보고, 다시 다듬을 기회를 주신 분은 삼한교회 이만수 목사님이었습니다. 올바른 가르침에 관심이 많은 이 목사님과 삼천포에서 나눈 대화는 건강을 되찾아 회복의 시기를 보내고 있던 저에게 큰 위로가 되었습니다. 쉽지 않을 뿐 아니라 매번 1시간을 넘은 강의에도 지루하게 여기지 않고 경청해 주신 삼한교회 성도님들께도 감사의 말씀을 드립니다. 연로하신 분들이 많이 계시지만 "무슨 말인지 알아듣겠다"고 그분들이 저를 격려해 주실 때마다 저에게 큰 힘이 되었습니다. 까까머리 중고등학교 시절을 보낸 교회일 뿐 아니라 얼마 전에 돌아가신 저의 어머님이 신앙을 배운 교회인지라 그 교회에서 성도님들을 섬기는 일은 저에게 대단히 즐겁고 기쁜 일이었습니다. 청어람 아카데미의 양희송 실장님, 촬영팀을 지휘하면서 수고하신 한병선 간사님과 자원 봉사자들, 강의에 참여해 격려해 주신 웨스트민스터신학대학원의 구약학자 전성민 교수님, 출판을 기획해 준 IVP 옥명호 간사님, 출판 가능한 상태로 원고를 대폭 수정하고 다시 편집하느라 너무나 많은 고생을 하신 한수경 자매에게 감사의 말씀을 드립니다. 부산 수정침례교회 김기현 목사님, 시카고에 거주하면서 번역에 전념하는 김재영 목사님의 여러 제언에 감사를 드립니다. 그리고 저를 위해 기도해 주시는 손봉호 선생님 내외분, 두레교회 성도님들과 김포 주님의보배교회 성도님들, 고향 교회 친구들과 후배들 모임인 동북교우회 회원들, 언제나 좋은 친구가 되어 준 유해무 교수 내외분, 집을 자주 떠나 있는 남편과 아버지를 지원해 준 아내와 아이들에게 감사의 말씀을 드립니다.

제가 지금까지 쓴 책과는 달리, 이 책에서는 주석을 최대한 줄였습니다. 편집자가 필요하다고 요구한 부분에 대해서만 후주를 붙였습니다. 15년 전 강의를 시작할 때, 네덜란드 깜쁜 신학교 교수로 봉직했던 다우마(J. Douma) 교수의 (네덜란드어로 쓴) *De tien geboden*(십계명·전3권)과 칼뱅의 「기독교 강요」와 「십계명 설교」, 그리고 바르트를 이어 바젤 대학 교의학 교수를 지냈던 헝가리 출신 교수 로흐만(Lochman)의 (독일어로 쓴) *Wegweisung der Freiheit*(자유의 이정표)가 저에게 많은 도움이 되었습니다. 주에 전혀 반영하지 않았지만 최근 국내에 번역된 몇몇 대표적인 십계명 강의를 참고하시길 바랍니다. 신학을 좋아하고 신학 책을 줄곧 읽어 왔지만, 그럼에도 역시 철학자일 수밖에 없는 한 평신도가, 급변하는 사회와 문화 속에 살고 있는 그리스도인들을 생각하면서, 교회에서 한 강의임을 염두에 두고 이 책을 읽으시길 바랍니다.

주

강의를 열며

1) 레슬리 뉴비긴이 '근대성의 문화'를 가장 분명하게 서술한 책은 1983년 세계교회협의회를 통해 출판된 책일 것이다. Lesslie Newbigin, *The Other Side of 1984. Questions for the Churches* (Geneva: World Council of Churches, 1983) 참조. 「서구 기독교의 위기」(서정운 옮김, 대한기독교서회, 1987, 절판) 참조.
2) 흄에 관해서는 강영안, 「강교수의 철학이야기: 데카르트에서 칸트까지」 (IVP, 2000), pp. 207-230 참조.
3) '증거론적 무신론'과 '혐의론적 무신론'에 대해서는 강영안, 「신을 모르는 시대의 하나님」(IVP, 2007), pp. 68-89 참조.
4) 로크가 내세우는 의무를 월터스토프는 '증거의 원리', '평가의 원리', '비례의 원리' 세 가지로 나누어 다룬다. 강영안, 「강교수의 철학이야기」, pp. 172-174 참조. 더 자세한 논의는 Nicholas Wolterstorff, *John Locke and the Ethics of Belief* (Cambrdige: Cambridge University Press, 1996), pp. 60-86 참조.
5) Peter L. Berger, *The Heretical Imperative* (Garden City, New York:

Anchor Press, 1980), pp. 24-29.
6) Hans Küng, *Projekt Weltethos* (München: R. Piper, 1990), pp. 95-103 참조.
7) Lesslie Newbigin, *The Gospel in a Pluralist Society* (Grand Rapids, Michigan: Eerdmans, 1989), p. 183. 「다원주의 사회 속에서의 복음」(홍병룡 옮김, IVP, 2007) pp. 338-339 참조.
8) 이 두 표현은 안셀무스의 「프로스로기온」에 등장한다. 손쉽게 구해 볼 수 있는 책은 Anselm of Canterbury, *The Major Works* (Oxford: Oxford University Press, 1998), pp. 82-87 참조. 「프로스로기온: 신 존재 증명」(전경연 옮김, 한들, 1997) 참조.
9) 「하이델베르크 교리문답」은 1562년 팔츠 공국의 선제후 프리드리히 3세가 하이델베르크 대학 교수 자카리우스 우르시누스와 공국의 감독이었던 카스파르 올레비우누스에게 작성하도록 맡겨 초안한 것으로 개혁교회의 공식 문서로 채택된 것이다. 총 129문으로 되어 52주로 나누어 교육하도록 설계되어 있다.
10) 성도를 온전케 하는 목회에 대해서 좀더 자세한 내용은 강영안, '한국 교회와 목회 윤리', "신앙과 학문" 1999년 가을호(제4권 3호), pp. 59-82 참조.

십계명 서론

1) 「웨스트민스터 교리문답」은 대교리문답과 소교리문답으로 나누어져 있으며 장로교회들이 공식적으로 채택하고 있는 교리문서다. 웨스트민스터 총회가 작성한 이 교리문답서는 1647년 영국 의회에 상정되어 1648년 승인을 받았다. 한국 장로교회도 이 교리문답서를 공식 문서로 채택하고 있다.
2) 여기서 다루는 가언명법과 정언명법 또는 조건명법과 무조건명법에 대해서는 강영안, 「도덕은 무엇으로부터 오는가」(소나무, 2000)와 칸트의 「도덕 형이상학을 위한 기초 놓기」(이원봉 옮김, 책세상, 2002) 2장 참조.

3) 조약의 형식에 대한 자세한 설명은 John Bright, *A History of Israel*, Revised Edition (London: SCM, 1972), pp. 140-165 참조.「이스라엘의 역사」(엄성옥 옮김, 은성, 2002) 참조.
4) 하나님의 pathos에 관해서는 Abraham Heschel, *The Prophets* (New York & San Franscisco: Harper&Row, 1962), 1권, p. 23, p. 92 이하, p. 111 이하, pp. 217-220 참조.「예언자들」(이현주 옮김, 삼인, 2004) 참조.

1계명

1) Horacce G. Underwood,「한영자전-한영자뎐 - *A Concise Dictionary of the Korean Language*」(Yokohama, Shanghai: Kelly & Walsh, 1890), p. 15 참조.
2) '당신에 대한 청원'과 '우리에 대한 청원'으로 나누는 것은 보편적으로 수용되는 구분이다. 주기도문에 관한 가장 간단하면서도 심도 깊은 논의는 역시 요아킴 예레미아스의 글이 아닌가 생각한다. Joachim Jeremias, *Das Vater-Unser im Lichte der neureren Forschung* (Stuttgart: Calwer Verlag, 1962) 참조. 주기도문에 관해서는 최갑종 교수의「1세기 문맥에서 본 주기도문」(성광문화사, 1985)과 김세윤 교수의「주기도문 강해」(두란노, 2000) 참조.
3) 칼뱅은「기독교 강요」2권 8장에서 십계명에 관한 논의를 하고 있다. 2계명에 관해서 칼뱅은 하나님을 올바르게 예배할 수 있는 방법을 가르치는 것으로 이해한다. J. Calvin, *Institutes of Christian Religion*. Edited by John T. McNeil & Translated by Ford Lewis Battles (Philadelphia: The Westminster Press, 1960), vol.1, pp. 383-384 참조. J. Douma, *De tien geboden* (Kampen: Van denn Berg, 1985), 1권, p. 51 이하 참조.
4) J. I. Packer, *Knowing God* (Downers Grove, Illinois: IVP, 1973), p. 38 이하 참조.「하나님을 아는 지식」(정옥배 옮김, IVP, 2008), p. 67 이하 참조.

5) Richard J. Mouw, *Distorted Truth* (San Francisco: Harper&Row, 1989), p. 1에서 인용.
6) 「성 어거스틴의 고백록」(선한용 옮김, 대한기독교서회, 1990), 1권 1장 1절.
7) 하웃즈바르트는 네덜란드어로 쓴 「선하도록 강요받음」이라고 번역할 수 있는 책(*Genoodzaakt goed te wezen*)에서 이 견해를 제시하였다. 이 책은 영어로 번역되었고 우리말로는 「현대, 우상, 이데올로기」란 제목으로 김재영 목사가 번역하고 IVP에서 출판되었다.
8) 맘모니즘에 관해서는 자크 엘룰, 「하나님이냐 돈이냐」(양명수 옮김, 대장간, 2008) 참조.
9) Pierre Pellegrin, *Dictionaire Aristote* (Paris: Ellipses Edition Marketing, 2007), p. 176 이하.

2계명

1) 헤인스는 장소화, 조종, 그리고 여기서는 논외로 한 참여 동기를 각각 들고 있다. 얼굴과 얼굴을 마주 보는 것처럼 신을 마주하고 싶은 마음이 우상숭배에 있다고 본다. J. A. Heyns, *Die nuwe mens onderweg. Oor die tien gebooie*(Kaapstad & Johannesber: Tafelberg, 1970), pp. 125-126 참조.
2) Joel Carpenter, "Sallman's Head of Christ, Chicagoland Fundamentalism, and the Mid-Century Revival," in *The House of God: Religious Observation within American Protestant Homes*. Center Art Gallery Calvin College, 8 January throught 13 February 2003, Cocurated by Magaret Bendroth and Henry Luttikhuizen (Calvin College, 2003), pp. 29-49 참조.
3) 하나님을 볼 수 있는 형태로 만드는 것에 대한 정교한 논의와 정확한 비판은 칼뱅의 「기독교 강요」 1권 11장 참조.
4) J. Douma, *De tien geboden*(Kampen: Van denn Berg, 1985), 1권, p. 57

이하 참조.
5) J. Douma, 앞의 책, p. 61 이하.
6) 이 표현은 포이어바흐의 주저라 할 수 있는 「기독교의 본질」(강대석 옮김, 한길사, 2008)에는 나오지 않고 「종교의 본질에 대하여」(강대석 옮김, 한길사, 2006) 제3강에 나온다.
7) 야고서 1장 27절에 대한 칼뱅의 주석은 http://www.ccel.org/ccel/calvin/calcom45.txt 참조.
8) 안토니 드 멜로, 「맷돌」(타임기획, 1992), p. 19 참조.

3계명

1) Phyllis Trible, Mollenkott, Van Wijk-Bos 등 하나님은 무엇보다도 어머니임을 주장하는 신학자들의 해석이다. 자세한 것은 John W. Cooper, *Our Father in Heaven* (Grand Rapids, Michigan: Baker Books, 1998), p. 84 이하 참조.
2) 전능자와 복 주시는 분의 연관성에 대해서 좀더 자세한 논의는 강영안, 「신을 모르는 시대의 하나님」(IVP, 2007), pp. 184-188 참조.
3) 이 점을 나에게 처음 알게 해 준 분은, 대학 시절 네덜란드어로 읽은 반 퍼슨(C. A. van Perusen) 교수의 「다시 그분이시다」(*Hij is het weer*) (Kampen: Kok, 1965)였다. 이 책은 영어로 *Him again* (Richmond, Virginia: John Knox Press, 1969)으로 번역되었다.
4) C. A. 반 퍼슨, 「급변하는 흐름 속의 문화」(강영안 옮김, 서광사, 1994), pp. 65-67 참조.

4계명

1) J. Douma, *De tien geboden*, 2권, p. 10 이하 참조.
2) W. Rordorf, *Sabbat und Sonntag in der Alten Kirche* (Zurich, 1972), p.

117. Douma의 앞의 책, p. 31 참조.

3) Gnana Robinson, *The Origin and Development of the Old Testament Sabbath. A Comprensive Exegetical Approach* (Hamburg Dissertation, 1975), pp. 430-431.

4) 아브라함 헤셀, 「안식」(김순현 옮김, 복 있는 사람, 2007) 참조.

5계명

1) 이덕주, 「한국 그리스도인들의 改宗 이야기」(展望社, 1990), pp. 54-55.
2) 이 계명은 서양에서는 상대적으로 강조되지 않았다. 예컨대 루터 전통에서 십계명을 논의한 *I am the Lord Your God* (Carl E. Braaten & Christopher R. Seitg 편집(Grand Rapids, Michigan ; Eerdmans, 2005)에는 부모 공경에 대한 계명은 아예 빠져 있다.
3) Abraham Kuyper, *E voto dordraceno. Toelichting op den Heidelbergschen catechismus*(Kampen : Kok, 1904), 4권, pp. 51-56.
4) Jan Waterink, "Principe en gezag in de hedendaagse psychologie en paedagogiek," in *Ter afscheid van dr. J. Waterink* (Watgeningen : Zomer & Keunings, 1961), pp. 9-27 참조. Hans Rookmaker, "Authority and Permissiveness," in *The Creative Gift* (Illinois : Clarendon, 1981), pp. 77-83. 「예술과 그리스도인의 생활」(정중은 옮김, 생명의말씀사, 1993).
5) P. A. Schouls, *Insight, Authority and Power*(Toronto : Wedge, 1972), p. 12 이하.
6) Max Weber, *Wirtschaft und Gesellschaft* (Tübingen : Mohr, 1947^a), p. 16 이하, p. 122 이하 참조.
7) 벤자민 스포크(Benjamin Spock)는 1946년 출판한 「육아법」(*The Common Sense Book of Baby and Child Care*)으로 육아법에 혁신을 일으켰다. 엄격하고 통제적인 육아법 대신 아이 중심적이고 허용적인 육아법을 제창하였다.

8) Abraham Kuyper, *De souverniteit in eigen kring* (Amsterdam, 1880).
9) John R. W. Stott, *God's New Society*(Leichester, England/Downers Grove, Illinois: IVP, 1979), p. 248에서 재인용. 「에베소서 강해」(정옥배 옮김, IVP, 2007).

6계명

1) Ronald S. Wallace, *Calvin's Doctrine of the Christian Life* (London: Oliver and Boyd, 1959), p. 149 참조. 「칼빈의 기독교 생활 원리」(나용화 옮김, CLC, 1988).
2) '하나님의 형상'에 대한 이해가 서구 신학 전통의 진전에 따라 어떻게 변화되었는지 짧은 개관을 우리는 라인홀드 니버의 다음 책에서 발견할 수 있다. Reinhold Niebuhr, *Nature and Destiny of Man* (Charles Scribner's Son, 1964) 1권, pp. 150-177.
3) Gehardt von Rad, *Theologie des Alten Testament* (Muenchen: Kaiser, 1957) 1권, pp. 158-161.
4) J. J. Stamm, "Sprachliche Erwägung zum Gebot: Du sollst nicht töten", *Theologische Zeitschrift* 1(1945), pp. 81-90 참조.
5) J. Douma, *De tien geboden*, 2권, p. 148 참조.
6) 소극적 안락사에 대해서「소극적 안락사, 무엇이 문제인가」(기윤실 부설 윤리연구소 엮음, 예영커뮤니케이션, 2007) 참조.
7) J. Douma, 앞의 책, p. 156 참조.
8) 예수 기도에 대해서는「기도」(오강남 옮김, 대한기독교서회, 2003) 참조.

7계명

1) Ari L. Goldman, *The Search for God at Harvard* (New York: The Ballantine Books, 1991).

2) Karl Barth, *Die Kirchliche Dogmatik* III/1 (Zurich: Theologische Verlag, 1988⁵), p. 206 이하 참조.
3) 플라톤, 「향연-사랑에 관하여」(박희영 옮김, 문학과지성사, 2003), pp. 82-91 참조.
4) Ronald J. Feenstra & Cornelius Plantinga, *Trinity, Incarnation, and Atonement: Philosophical and Theological Essays* (South Bend, Indiana: University of Notre Dame Press, 1990)와 Stanley J. Grenz, *The Social God and the Relational Self: A Trinitarian Theology of the Imago Dei*(Westminster John Knox Press, 2001) 참조.
5) Erasmus, *Moriae Encomium*, 11절 참조. (http://smith2.sewanee.edu/erasmus/ME.html)
6) Karl Barth, *Die Kirchliche Dogmatik* III/4, 148 (Zürich: EVZ- Verlag, 1969), p. 148.
7) John Stott, *The Message of the Sermon on the Mount. Christian Counter-Culture*(Inter-Varsity Press, 1978), p. 29. 「존 스토트의 산상수훈」(정옥배 옮김, 생명의말씀사, 2011).

8계명

1) Albrecht Alt, "Das Verbot des Diebstahls im Dekalog,"(1953). 자세한 것은 Jan Milič Lochman, *Wegweisung der Freiheit. Abriss der Ethik in der Perspektive des Dekalogs*(Güterloh: Güterloher Verlaghaus Mohn, 1979), p. 114 이하 참조.
2) G. Voetius, *Catechisatie over den Heidelbergschen Catechismus*(ed. A. Kuyper)(Rotterdam 1891), II, p. 1052 이하. 간단한 요약은 J. Douma, *De tien geboden*, 3권, p. 63 이하 참조.
3) 황금률의 해석에 대해서는 Young Ahn Kang, "Global Ethics and A Common Morality," *Philosophia Reformata* 71 (2006), pp. 79-95 참조.

4) 위에서 소개한 여러 가지 소유권 이론에 대해서는 J. Douma, *Vrede in de maatschappij*(Kampen: Van den Berg, 1986²), p. 113 이하 참조.

5) André Biéler, *La pensée économique et sociale de Calvin*(Genéve: Georg et Cie, 1959) 참조. 이 책의 주요 논지는 비엘레의 소책자 *Le humanisme sociale de Calvin*(Genéeve: Editions Fides et Labor, 1961)에 담겨 있다. 우리말로는 「칼뱅의 사회적 휴머니즘」(박성원 옮김, 기독교서회, 2003)으로 번역되었다.

6) 비엘레의 책은 이와 관련해 가장 상세하고 체계적인 논의를 제공해 준다.

7) 니버의 이런 사상은 최근에 나온 월터스토프의 연구와 맥을 같이한다. N. Wolterstorff, *Justice: Rights & Wrongs*(Princeton: Princeton University Press, 2009) 참조.

8) 존 롤즈, 「정의론」(황경식 옮김, 이학사, 2003) 참조.

9계명

1) N. Wolterstorff, *Justice: Rights & Wrongs*(Princeton: Princeton University Press, 2009) 참조.

2) 「하이델베르크 교리문답」 112문에 대한 답이 이것들을 언급하고 있다.

3) Herman Dooyeweerd, *A New Critique of Theoretical Thought* (Amsterdam), 2권, p. 152 참조.

4) 이보민(Bo Min Lee) 교수의 *Mendacium officisiosum*(Groningen: De Vuurbak, 1979) 참조.

5) J. Douma, *De tien geboden*, 3권, p. 113 이하 참조.

6) 독일어로는 "*Ueber ein vermeinte Recht aus Menschenliebe zu luegen*"이라는 논문이다. 이 글은 바이쉐델이 편집한 칸트 선집 8권에 실려 있다.

7) Sidney Greidanus, *Sola scriptura: Problems and Principles in Preaching Historical Texts*(Toronto: Wedge, 1970) 참조. 「구속사적 설교의 원리」(권수경 옮김, SFC).

8) 인용은 http://www.hendrick-hamel.henny-savenije.pe.kr/holland12. htm에 실려 있는 영문을 토대로 한 것이다.
9) 2005년 4월 28일 기윤실 윤리연구소 창립포럼에서 한 손봉호 교수의 강연, 기윤실 자료집, p. 2 참조.

10계명

1) 이것에 관해서는 앞에서 언급한 적이 있는 니버 *Nature and Destiniy of Man*에서 자세하게 읽을 수 있다.
2) Hendrik Berkhof, *De mens onderweg* (Den Haag: Boekencentrum, 1969) 참조.
3) 대표적인 연구로는 요아킴 예레미아스, 「예수의 비유」(분도출판사, 1974) 와 사이먼 J. 키스트메이커, 「예수님의 비유」(기독교문서선교회, 2002) 참조.

강의를 닫으며

1) Young Ahn Kang, "Global Ethics and A Common Morality", *Philosophia Reformata* 71(2006), pp. 79-95 참조.
2) 둔스 스코투스의 '명령의 윤리'와 관련해서 최근에 나온 연구로는 John E. Hare, *God and Morality*(Oxford: Oxford University Press, 2007), 2장 참고. 라이프니츠의 사상이 잘 드러난 저서는 「형이상학강론」(*Discours metaphysique*)이다. 이 책은 영어로는 *Discourse on Metaphysics*로 번역되어 있다.
3) Williston Walker & Richard A. Norris, David W. Lotz, Robert T. Handy, *A History of the Christian Church*(1918, 1985^4), p. 69 이하 참조.

강영안 교수의 십계명 강의

초판 발행 2009년 11월 27일
초판 10쇄 2025년 2월 5일

지은이 강영안
펴낸이 정모세

편집 이종연 이성민 이혜영 심혜인 설요한 양지영 박예찬
디자인 한현아 서린나 | 마케팅 오인표 | 영업·제작 정성운 이은주 조수영
경영지원 이혜선 이은희 | 물류 박세율 김대훈 정용탁

펴낸곳 한국기독학생회출판부 | 등록번호 제2001-000198호(1978.6.1)
주소 04031 서울시 마포구 동교로 156-10
대표 전화 (02) 337-2257 | 팩스 (02) 337-2258
영업 전화 (02) 338-2282 | 팩스 080-915-1515
홈페이지 http://www.ivp.co.kr | 이메일 ivp@ivp.co.kr
ISBN 978-89-328-1486-5

ⓒ 강영안 2009

책값은 뒤표지에 있습니다.
무단 전재와 복제를 금합니다.